社会的経済セクターの分析

一橋大学経済研究叢書 別冊

社会的経済セクターの分析
——民間非営利組織の理論と実践——

富沢賢治 著

岩波書店

経済研究叢書発刊に際して

　経済学の対象は私たちの棲んでいる社会である．それは，自然科学の対象である自然界とはちがって，たえず変化する．同じ現象が何回となく繰返されるのではなくて，過去のうえに現在が成立ち，現在のうえに将来が生みだされるという形で，社会の組立てやそれを支配する法則も，時代とともに変ってゆくのが普通である．したがって私たちの学問も時代とともに新しくなってゆかねばならぬ．先人の業績を土台として一つの建造物をつくりあげたと思った瞬間には，私たちは新しい現実のチャレンジを受け，時には全く新しい問題の解決をせまられるのである．

　いいかえれば経済学者は，いつも模索し，試作し，作り直すという仕事を，性こりもなく続けなければならない．経済研究所の存在意義も，この点にこそあると思われる．私たちの研究所も，一つの実験の場である．あるいは，所詮完全なものとはなりえない統計を，すこしでも完全なものに近づけることに努力したり，あるいは，その統計を利用して現実の経済の動きの中に発展の法則を発見しようとしたり，あるいは，分析の道具そのものをみがくことに専念したり，あるいは，外国の経済の研究をとおして日本経済分析のための手がかりとしたり，あるいは，先人のきわめようとした原理を追求することによって今日の分析のための参考としたり，私たちの仕事はきわめて多岐にわたる．こうした仕事の成果を，その都度一書にまとめて刊行しようというのが本叢書の趣旨にほかならない．ときには試論の域を出でないものがあるとしても，それは学問の性質上，同学の方々の鞭撻と批判を受けることの重要さを思い，あえて刊行を躊躇しないことにした．ねがわくば，読者はこの点を諒承していただきたい．

　本叢書は，一橋大学経済研究所の関係者の筆になるものをもって構成する．必らずしも定期の刊行は予定していないが，一年間に少なくとも三冊は上梓の

はこびとなろう．こうした専門の学術書は，元来その公刊が容易でないのだが，私たちの身勝手な注文を心よくききいれて出版の仕事を受諾された岩波書店と，研究調査の過程で財政的な援助を与えられた東京商科大学財団とには，研究所一同を代表して，この機会に深く謝意を表したい．

1953年8月

一橋大学経済研究所所長
都 留 重 人

経済研究叢書別冊の刊行について

　経済研究所関係者のいろいろの分野における研究成果のうち，経済研究叢書として発表されたものは，その発刊以来既に32冊を数えている．これらの既刊の叢書は，200-250ページのサイズで公表されるのを通例としていた．しかしながら，われわれの研究過程において，時に大部の研究成果を世に問う必要も生ずる．そのため，これまでにも，一橋大学経済研究所編『解説日本経済統計——特に戦後の分析のために——』，1961年，および篠原三代平編『地域経済構造の計量分析』，1965年が，経済研究叢書別冊として出版された．

　今回，改めて研究所内にこの種の大部の研究成果を出版することについての要望が高まり，岩波書店と協議の上，数年に一点程度は，大部の研究成果をこの叢書の別冊として上梓することとした．近年，研究専門書の出版が，極めてきびしい事情にあるにもかかわらず，われわれ研究所の希望を聞き入れられ，経済研究叢書にこの別冊を継続的に設けられることを快諾された岩波書店に心からお礼申し上げる次第である．

1982年9月

一橋大学経済研究所所長
藤 野 正 三 郎

はしがき

　最近の経済現象の1つの特色として先進資本主義諸国における民間非営利組織の増加があげられる．ヨーロッパではEU（欧州連合）が協同組合，共済組織，NPOなどの民間非営利組織が担う経済を「社会的経済」(social economy)というコンセプトで把握し，社会的経済の振興を政策目標にしている．

　従来，協同組合，共済組織，NPOのそれぞれについての研究はかなりなされてきたが，民間非営利組織の総体を1つのセクターとして分析対象とする研究は比較的手薄であった．ところが，市場経済に基礎を置く混合経済体制の中で私的セクターにも公共セクターにも所属しない民間非営利セクターにおける経済活動が最近多くの国で活発化してきている．このような事実を背景にして，民間非営利組織の増加という現象をどのように理解すべきか，またこの種の経済活動の社会的意義をどのように把握すべきかという問題をめぐって国際的な規模で研究が開始されている．

　しかしながら，この領域にどのような名称を付すべきかという基本的な問題についてすら研究者間でまだ合意が得られていない．私的セクターにも公共セクターにも所属しない独自のセクターなので「第3セクター」と呼ばれることが多いが，その他にも「非営利セクター」「市民セクター」「社会的セクター」「社会的経済セクター」など，種々の名称が付されている．現象の変化が先行し，研究者がそれに追い付くことができず，研究はまだカオス的状況にあるといえよう．この種の問題は，新しい現象を科学的に把握する場合に当然起こりうることである．

　「第3セクター」という名称は，第1セクターでも第2セクターでもない残余のセクターという意味合いが強い．「非営利セクター」という名称は，「営利ではない」という否定形による規定であり，当該セクターの中身を肯定形で表現できていない．「市民セクター」という名称は，当該セクターの担い手を市

民と規定する点で,国家に対する民間性を強調している.「社会的セクター」という名称は,一方では国家ではない社会,他方では「経済と社会」という場合の社会を強調している.「社会的経済セクター」という名称は,上述の「社会的」という意味合いを含んだうえで,セクターの担い手として経済活動をする組織を重視している.

社会的経済に関する議論は古くからあるが,現代的形態での社会的経済論は,混合経済体制のなかでの民間非営利セクターを研究対象とする比較的新しい学問領域である.市場経済の全体を研究対象とする学問が一般の経済学であり,そのうちもっぱら政府部門を研究対象とする学問が公共経済学だとすると,社会的経済論は「民間非営利部門の経済学」だと言える.公共経済学の主要な研究目的は,経済社会の諸問題について,政府や地方自治体が何をなすべきか,いかになすべきか,その結果として何が期待しうるか,を検討することである.これとの対比で言えば,社会的経済論の主要な研究目的は,経済社会の諸問題について,民間非営利組織が何をなすべきか,いかになすべきか,その結果として何が期待しうるか,を検討することである.

公共セクターを主要な研究対象とする学問が財政学,公共経済学として確立されているのに対して,民間非営利セクターの経済学としての社会的経済論はいまだ発展途上の学問領域だと言える.

本書は,現在EU諸国を中心に展開されている社会的経済論と民間非営利組織の実態を分析することによって,社会的経済セクターの解明に迫ろうとするものである.民間非営利組織は多様であるが,本書は基本的な考察対象をワーカーズコープに定める.理由は2つある.

1つは,社会的経済にかかわる諸組織のなかでも経済活動組織として基軸をなしているのは協同組合であり,協同組合のなかで最も目的意識的に社会的経済の推進を図っているのはワーカーズコープだからである.このような意味で,ワーカーズコープは社会的経済組織を考察するさいの1つのモデルとなりうる.

もう1つの理由は,ワーカーズコープが財とサービスの提供組織だからである.一般的に言えば,経済力の基礎は生産力にあり,財とサービスを提供する

組織が生産力の担い手となる．社会的経済セクターは自足的な存在ではなく，他のセクターと共存するものであるが，そのことを前提としてもなお，社会的経済セクター内における財とサービスの提供組織のあり方が社会的経済セクターのもつ生産力に大きく影響する．「ワーカーズコープは，あらゆる種類の協同組合のなかでおそらく一番複雑で，スムースかつ成功裡に運営することの難しい協同組合である」(Laidlaw 1980, p.61, 邦訳 p.162)と認識されている．ワーカーズコープが現在のような厳しい市場条件のもとで私的企業と競合しつつ生き残れるのかどうかも定かではない．しかし，それ故にこそワーカーズコープは，社会的経済の担い手である民間非営利組織一般の経済的活力を検証するうえで，また社会的経済セクターの viability を確かめるうえで，重要なテストケースとなりうる．

　私が社会的経済に強い関心をもち始めたのも，ワーカーズコープの研究が契機となっている．1960年代から70年代にかけて「労働の社会化」という観点から労働過程論と社会変動論に関心を抱いていた私は，80年代から労働の社会化の現代的担い手であるワーカーズコープに注目し始めた．そして，労働過程の自主管理組織であるワーカーズコープを「労働者自身による労働の社会化」という観点から研究するに至った．

　伝統的な生産協同組合は協同組合運動の歴史において常に傍流の位置にあった．事実，多くの生産協同組合は短命であった．19世紀のイギリスにおける生産協同組合を分析したB.ポッターは，生産協同組合は継続的な力をもちえないと結論した．20世紀後半まで彼女の見解は妥当性を有しているように見えた．ところが，1970年代になるといくつかの国で伝統的な生産協同組合とは性格を異にする新しいタイプの生産協同組合が形成され発展してきた．それらの協同組合は，それぞれの国に特有な条件のもとで形成されてきたので，国によって異なる名称を有していたが，やがてワーカーズコープという名称で一般化するようになった．そして，どのような社会的・経済的条件の変化が生産協同組合の再生あるいはワーカーズコープの新生を可能としているのかという問題を明らかにすることが，各国の研究者の課題となっていった．

このような研究状況のもとで，私は1987年にスペインのモンドラゴン協同組合グループの調査を行った．モンドラゴン協同組合グループ理事会の初代議長であるホセ・マリア・オルマエチェアは「モンドラゴン協同組合の実験を規定する基本的な特質は労働の協同化である．これこそ私たちのグループが世界の協同組合運動にもたらしている基本的な要素である」と述べているが，私はこの「労働の協同化」を「労働者自身による労働の社会化」として理解し，大きな共感を覚えた．

また，私が調査を行った1987年9月には，モンドラゴン協同組合の人たちは「モンドラゴン協同組合グループの実験の基本原則」についての議論に熱中していた．87年10月に決定されたこの「基本原則」は，「モンドラゴン協同組合は，国際的協同組合運動にふさわしい平和，正義，発展を目的とし，「社会的経済」の分野で経済民主主義のために活動しているすべての人びとと連帯することを表明する．これはモンドラゴン協同組合の国際的使命である」と宣言した．

拙稿「労働者協同組合の基本原則」(富沢 1989a)は，この「モンドラゴン協同組合グループの実験の基本原則」を主要な検討対象としたものであるが，この論文を発表した89年にはEC委員会が社会的経済を担当する部局を設置している．ECにおける経済的統合と社会的統合との関連に関心をもっていた私にとって，このような問題関心からしても社会的経済とその主導組織であるワーカーズコープとの関連を解明することが重要な研究課題となった．

本書は理論的な考察を中心とした第Ⅰ部「社会的経済とその担い手」，EU諸国の実態分析を中心とした第Ⅱ部「ヨーロッパの社会的経済」，アメリカと日本のケーススタディを行った第Ⅲ部「アメリカと日本の事例」から構成されている．

第Ⅰ部では，「社会的経済とは何か」(第1章)，「社会的経済セクターとは何か」(第2章)という問題についての概論的叙述に引き続き，第3章「社会的経済セクターの中心的構成要素」で，社会的経済の担い手のなかでも経済活動組

織として社会的経済セクターの中心的構成要素をなしている協同組合の特質を解明し，第4章「社会的経済の先導役」で，社会的経済の先導的役割を担っているワーカーズコープの特質について考察した．

　第Ⅱ部では，まず第5章「EUの政策」でEU諸国の社会的経済の政策的枠組みを明らかにし，第6章「EU諸国のワーカーズコープ」で運動の全体状況を概観した．ついで，第7章「社会的経済による地域社会の再生」で，社会的経済の推進を目標にして地域経済の活性化に成功したモンドラゴン協同組合グループの事例を検討し，第8章「ワーカーズコープ運動形成の歴史的条件」で，協同組合運動発展の典型国であるイギリスでワーカーズコープ運動がどのような歴史的条件のもとで形成されてきたかという問題の解明を試み，第9章「福祉国家と社会的経済」で，福祉国家の典型国と見なされてきたスウェーデンでワーカーズコープ運動の発展が協同組合セクターと福祉国家のあり方にどのような経済的・社会的変容をもたらしているかという問題を考察した．

　第Ⅲ部では，第10章「アメリカのNPO」で，NPOがもっとも発展している国と言われるアメリカでも最大規模のNPOとなっている全米退職者協会（AARP）を考察対象に取り上げ，第11章「日本のワーカーズコープ」では，社会的経済の推進に自覚的に取り組んでいる日本労働者協同組合連合会の事例を国際比較の視点から分析した．

　本書は上述のテーマをめぐって私が書いてきた諸論文（本書末の参考文献リストを参照）を基礎にしている．一書にまとめるにあたり，それらの論文を分解再編成し必要な加除を行った．論文利用を許可された青木書店，岩波書店，みんけん出版，日本経済評論社，シーアンドシー出版に感謝したい．

　また，本書においては，「社会的経済セクターの分析」と「民間非営利組織の理論と実践」という視点からある程度の体系化をはかるために，私の研究において欠如している箇所についてはかなり先行研究に依拠させていただいた．それにもかかわらず，実証研究の領域ではイタリアやフランスのワーカーズコープについての叙述を欠くなど，体系書としては不備である．さらに，「社会的経済セクターの分析」という見地からすると，理論面で未開拓領域が多く残

されたままである．体系書としての整備は他日を期したい．

　私はイギリスのワーカーズコープ調査（1985年）を皮切りに，多くの国でワーカーズコープと社会的経済の実態調査を行ってきたが，この間，イギリスのP. デリックさん，スペイン・モンドラゴン協同組合のホセ・ラモン・エロルサ・ゴロサベルさん，スウェーデンのV. ペストフ博士（セーダートーン大学）の協力をはじめとして海外の多くの方々の援助を得た．日本では一橋大学経済研究所，明治大学社会科学研究所，協同総合研究所，生協総合研究所などの支援を得て，それぞれの研究プロジェクトに参加し，多くの研究者と実践家の援助を得た．また，本書の第8章は，富沢賢治・佐藤誠「イギリスの労働者協同組合運動」（富沢・佐藤 1986）に依拠するところが大きいが，共著者の佐藤教授（立命館大学）は利用許可を快諾された．丁寧に原稿を読んでくれた明治大学の内山哲朗講師と岩波書店編集部の高橋弘さんからは貴重なコメントを得た．本書はこれらの人びとの協力の賜物である．

　また，私は国際基督教大学で武田清子教授，一橋大学大学院で高島善哉教授，一橋大学経済研究所で山田秀雄教授から指導を受けた．多くの点で教えを受けたが，とりわけ，武田教授からは「土着の思想と内発性」，高島教授からは「生産関係における労働関係」，山田教授からは「労働の社会化」という点で大きな示唆を与えられた．この3つの重要なコンセプトが本書の底流をなしている．3人の恩師にあつく感謝したい．

特定非営利活動促進法の施行日に，新世紀を垣間見つつ
1998年12月1日
富 沢 賢 治

目　次

はしがき

第Ⅰ部　社会的経済とその担い手 ……………………… 1

第1章　社会的経済とは何か …………………………… 3
1　社会的経済論の形成史 ………………………………… 3
2　民間非営利セクターの拡大 …………………………… 6
3　民間非営利セクター拡大の諸要因 …………………… 15
4　社会的経済の定義 ……………………………………… 18
5　社会的経済論に対する批判 …………………………… 21
6　社会的経済論の日本への適用 ………………………… 23

第2章　社会的経済セクターとは何か ………………… 33
1　問題の所在 ……………………………………………… 33
2　基本的な概念の整理 …………………………………… 35
3　ヨーロッパの第3セクター …………………………… 42
4　アメリカの第3セクター ……………………………… 49
5　第3セクターの評価 …………………………………… 54
6　むすび──要約と第3セクター論に対する示唆 ……… 63

第3章　社会的経済セクターの中心的構成要素
　　　　　協同組合とは何か ……………………………… 71
1　問題の所在 ……………………………………………… 71
2　ICA理事会の原則改訂案 ……………………………… 78
3　大会と総会での審議 …………………………………… 81
4　新　原　則 ……………………………………………… 84

5　「声明」の特徴 ………………………………………… 88
　　6　「声明」の逐条解釈 …………………………………… 93
　　7　むすび ………………………………………………… 103

第4章　社会的経済の先導役
　　　——ワーカーズコープとは何か ……………………… 111
　　1　問題の所在 …………………………………………… 111
　　2　ICA原則の限界 ……………………………………… 118
　　3　モンドラゴン協同組合の基本原則 ………………… 125
　　4　「基本原則」の特質 …………………………………… 130
　　5　「基本原則」の独自性 ………………………………… 132
　　6　ICA原則との対比 …………………………………… 141
　　7　「労働主権」原則の根源性 …………………………… 147
　　8　イギリスのワーカーズコープの原則 ……………… 148
　　9　むすび ………………………………………………… 150

第Ⅱ部　ヨーロッパの社会的経済 ……………………………… 155

第5章　EUの政策 ……………………………………………… 157
　　1　問題の所在 …………………………………………… 157
　　2　経済社会協議会による研究(1986年) ……………… 158
　　3　EC委員会の社会的経済論(1989年) ……………… 162
　　4　社会的経済部局の見解(1993年) …………………… 169
　　5　欧州委員会の行動計画(1994年) …………………… 171
　　6　社会的経済部局の活動(1995年) …………………… 175

第6章　EU諸国のワーカーズコープ ………………………… 179
　　1　はじめに ……………………………………………… 179
　　2　ヨーロッパ規模での運動展開の必要性 …………… 179
　　3　法 制 度 ……………………………………………… 180

4　国際組織 ································· 182
　　5　各国別の組織状況 ··························· 184

第7章　社会的経済による地域社会の再生
　　　──モンドラゴンの事例 ······················· 193
　　1　現　　状 ································· 193
　　2　歴　　史 ································· 195
　　3　発展の要因 ······························· 201
　　4　アリスメンディアリエタの思想 ················ 202

第8章　ワーカーズコープ運動形成の歴史的条件
　　　──イギリスの事例 ··························· 209
　　1　はじめに ································· 209
　　2　伝統的な生産協同組合の歴史 ················· 211
　　3　ワーカーズコープ運動の形成 ················· 214
　　4　ワーカーズコープ運動の発展 ················· 233
　　5　ICOMと社会的経済 ························ 254
　　6　地域社会での活動 ·························· 263

第9章　福祉国家と社会的経済
　　　──スウェーデンの事例 ······················· 271
　　1　はじめに ································· 271
　　2　歴史的背景 ······························· 272
　　3　EU加盟前の協同組合セクター ················ 276
　　4　新型協同組合の発展 ························ 282
　　5　EU加盟後の協同組合セクター ················ 291

第Ⅲ部　アメリカと日本の事例 ························ 307
　第10章　アメリカのNPO──AARPの事例 ·········· 309
　　1　はじめに ································· 309

2　AARPの歴史 ………………………………………309
　　3　AARPの現状 ………………………………………312
　　4　地域社会での活動 …………………………………316

第11章　日本のワーカーズコープ
　　　　――日本労働者協同組合連合会の事例 …………335
　　1　はじめに ……………………………………………335
　　2　日本のワーカーズコープ――概観 ………………343
　　3　ワーカーズ・コレクティブ ………………………344
　　4　日本労働者協同組合連合会の歴史 ………………346
　　5　1990年代の活動 ……………………………………358
　　6　1990年代後半の新しい課題 ………………………361

参考文献 …………………………………………………………369
索　　引 …………………………………………………………383

図表目次——xvii

図 目 次

図2.1 福祉3角形における第3セクター　65
図2.2 第3セクターの概念図　66
図7.1 モンドラゴン協同組合の基本組織　196
図7.2 モンドラゴン協同組合群の組織　200
図7.3 モンドラゴン協同組合群の新組織(1987年)　200
図8.1 スコット・ベイダー社の組織機構図　220
図8.2 ワーカーズコープと援助機関　242
図9.1 スウェーデンにおける協同組合とその類型　292
図10.1 AARPの会員数の推移　311
図10.2 AARPのボランティアとスタッフ　322
図11.1 日本労働者協同組合連合会の組織図　365

表 目 次

表2.1 社会的経済の規模(1990年)　44
表2.2 各国の社会的経済組織の組合員数(1990年)　45
表2.3 非営利セクターの規模の国際比較(1990年度)　52
表2.4 NPOセクターの財政基盤(1990年度)　53
表3.1 協同組合原則の変遷　73
表4.1 純剰余金の配分比率　139
表6.1 EU諸国のワーカーズコープ　184
表8.1 第2次大戦前の協同組合運動　212
表8.2 協同組合生産連合加盟の生産協同組合の数　214
表8.3 第2次大戦後のワーカーズコープ運動　219
表8.4 世界の協同組合運動(1984年)　235
表8.5 イギリスの協同組合(1985年3月)　235
表8.6 ワーカーズコープ数の急増　235
表8.7 ワーカーズコープの継続年数(1983年)　235
表8.8 ICOM型定款により登記したワーカーズコープ　235
表8.9 ワーカーズコープの職種別数と増加率　237
表8.10 ワーカーズコープの職種別従業員数(1982年)　238
表8.11 ワーカーズコープの地域分布(1983年)　240
表8.12 ワーカーズコープ数と従業員数の推移　255
表8.13 ICOM傘下のワーカーズコープセクターの数・規模・雇用数(1993年時点)　256
表9.1 消費協同組合グループ(1984年)　277
表9.2 全人口と農業人口の割合　279
表9.3 協同組合の企業数と従業員数(1984年)　281
表9.4 製造業と商業の協同組合従業員数(1984年)　282

第Ⅰ部　社会的経済とその担い手

第1章　社会的経済とは何か

1　社会的経済論の形成史

　社会的経済論の歴史は古く，すでに19世紀のフランスを中心に，資本主義的市場経済のもたらす悪弊の是正を目的とする理論と運動に関してéconomie socialeという概念が用いられていた[1]．

　H. デロッシュは社会的経済の理論家たちを4つの学派に分類している(Desroche 1987)．デロッシュの研究に依拠して，J. ドゥフルニもこの4つの学派について解説し(Defourny 1992)，西川潤も北島健一も同様の分類をしている(西川1994a，北島1994)．以下では西川の分類を中心にして社会的経済論の展開をたどることにしよう．

　社会的経済の理論は，1830年代にヨーロッパで提起された．

　1830年にシャルル・デュノワイエが『社会的経済新論』を刊行し，同じ30年代にベルギーのルーバン大学で社会的経済のコースが開かれた．当時の自由主義の代表的学者であるJ. B. セーも，コレージュ・ド・フランスでの晩年の講義で社会的経済の重要性を強調している．

　19世紀の経済学界では，国富の増大を目的に工業化と資本蓄積を重要視する政治経済学(エコノミ・ポリティーク)が主流を占めていたが，これに対してエコノミ・ソシアル派は経済の資本主義化に伴う社会問題の解決を主要な研究対象に据えたのである．

　エコノミ・ソシアル派はつぎの4つの学派に分類することができる．

　第1は社会主義的な伝統である．これはR. オウエンやW. トンプソンなどが，一方では資本主義化に伴う貧困化などの社会問題を解決するために，他方では国家の干渉主義に対して，それぞれ協同原理(アソシエーション)の優位を説くことから始まった．それはさらに，J. S. ミルにおいて協同組合主義を将

来社会の構成原理とする学説として発展していった．

　第2はキリスト教社会主義の伝統である．サンシモン主義の伝統をくむフランスのフィリップ・ビュシェは，生産者の労働・生活条件を改善するために生産者自身がアソシエーションを組織すべきだと主張した．カトリックの影響のもとで彼は有機的アソシアショニスムを唱えた．これがフレデリック・ル・プレなどのキリスト教社会主義者に引き継がれていった．ル・プレは1856年に社会的経済協会を設立し，『エコノミ・ソシアル』という雑誌を発刊し，社会的経済の運動を促進していった．ル・プレのキリスト教社会主義の立場からすると，産業革命に伴う社会問題を解決するために社会改革を推進することがエコノミ・ソシアル運動の使命であった．

　第3は自由主義の伝統である．自由主義者の中からもアソシエーションの重要性を強調することによってエコノミ・ソシアルに接近する者が現れた．彼らは国家の干渉に反対する一方，民衆のアソシエーションを支持し，協同組合主義とも結び付いていった．限界効用理論，一般均衡理論の創設者として有名な経済学者のレオン・ワルラスは，1865年に『消費，生産，信用に関する民衆のアソシエーション』を刊行し，社会組織の理想的形態として民衆の互助組織であるアソシエーションの重要性を強調した．

　第4は連帯主義の伝統である．連帯主義の理論家たちは，協同組合運動とも関連して，生産や消費などの経済領域における社会的連帯，協同の重要性を強調した．フランスの社会主義者の中ではジャン・ジョレスをあげることができるが，連帯主義の理論家としてはシャルル・ジードが有名である．彼は，1905年に『エコノミ・ソシアル』を刊行し，社会的連帯の理論を提唱した．彼はまた，コレージュ・ド・フランスで「連帯」(ソリダリテ)と題する講義を行っている．私有財産と自由の権利を犠牲にすることなく，連帯にもとづく相互扶助を発展させることによって資本主義社会を改良していくというフランス革命以来の思想が，ジードの基本的思想であった．彼はまた，今日で言う協同組合セクター論を提起し，その後の協同組合運動に大きな影響を与えた．

　以上の西川による分類に対して，ドゥフルニはJ. S. ミルを自由主義派に，

またデロッシュはワルラスを連帯派に位置づけている(Defourny 1992).

このようにエコノミ・ソシアルの理論は19世紀から20世紀の初頭にかけてある程度の発展を見たのであるが,その後,資本主義批判論が,一方ではマルクス主義に吸収され,他方では社会民主主義的な福祉国家論に吸収されていったことによって,エコノミ・ソシアルの理論は急速にその影響力を失っていった.

しかしながら,1970年代以降の大きな社会的変化,とりわけ社会主義諸国の経済的崩壊と先進資本主義諸国の福祉国家体制の弱化によって,また一般的には,政府の失敗と市場の失敗を重視して,経済のあり方に対する反省が高まり,経済的な効率と社会的な福祉との総合的な実現をはかる経済理論の再構築が求められるようになってきた.このような状況のもとでエコノミ・ソシアル理論の再検討が開始されるようになったのである.

ここで注意を要する点は,モンソン・カンポスが述べているように,「社会的経済の歴史的起源が19世紀初頭にまで遡るのは確かであるとしても,今日われわれが向き合っているのは新しい社会的経済である」ということである(Monzón Campos 1992, p.17, 邦訳 p.6).新しい社会的経済の理論の特徴は,市場経済に基礎を置く混合経済体制の中で,公共セクターとも私的セクターとも異なる独自の構成要素として発展しつつあるセクターの役割に注目している点に見出される.

このような観点からすれば,現代の社会的経済論は,上述のように今世紀初頭にジードが提起し,その後1935年にジョルジュ・フォーケが『協同組合セクター』(Fauquet 1935)で理論化し,最近では1980年にA. F. レイドローが『西暦2000年における協同組合』(Laidlaw 1980)で現代の協同組合運動の基本的方針として展開した協同組合セクター論の系譜をひくものと位置づけることができる.

また,19世紀には顕在化しなかった環境問題をも背景としているという点では,現代の社会的経済論は,人間の社会的生活だけでなく,その基盤をなす自然環境の保全をも目的とする経済運営のあり方を探る経済理論となっている.

その意味で現代の社会的経済論は，経済成長を基本目的とする政治経済学を批判して，人間と社会と自然のバランスのとれた人間社会の発展をめざす経済システムのあり方を探る経済理論だということができる．

では，現代の社会的経済論はどのような状況のもとで展開されているのだろうか．つぎに今日の社会的経済論再生の背景をなしている民間非営利セクター拡大の現状を見ることにしよう．

2　民間非営利セクターの拡大

最近，先進資本主義諸国を中心にして多くの国で民間非営利セクターが急速に拡大しつつある．この客観的事実が現代の社会的経済論再生の基本的要因をなしている．

2.1　アメリカ

アメリカでは，著名な経営学者であるP. F. ドラッカーが，民間非営利セクターの急増こそ現代社会の特徴をなす「新しい現実」だと述べ，近著(『新しい現実――政府と政治，経済とビジネス，社会および世界観にいま何がおこっているか』，『非営利組織の経営――原理と実践』，『未来企業――生き残る組織の条件』，『ポスト資本主義社会――21世紀の組織と人間はどう変わるか』)を民間非営利組織の分析にあてている(Drucker 1989, 1990, 1992, 1993)．

彼によれば，1972年からの10年間にアメリカの全就業者の伸び率は22％，営利セクターでの伸び率は21％であったが，民間非営利セクターでの伸び率は2倍近くの42％であった．その後も非営利セクターは増大し続けている．このような現象に注目して，彼は『新しい現実』の第13章でつぎのように述べている．

「1980年代のアメリカ社会における最大の成長産業」は第3セクター(民間非営利セクター)において見られる．今日，アメリカでは病院，学校，慈善団体，文化団体など民間部門の非営利組織から成る第3セクターで働く人びとが最大

の労働力集団となっている(Drucker 1989, p.181, 邦訳 p.269). 成人の半数である 9000 万人がなんらかのかたちで第 3 セクターで働いている. フルタイムに換算すると彼らの労働量は 750 万人に相当する(同上書, p.191, 邦訳 p. 285).

ドラッカーは最近著『ポスト資本主義社会』において, この「第 3 セクター」を「社会的セクター」と命名し,「社会的経済」のコンセプトへの接近を示している.

しかしながら, アメリカでは社会的経済セクターというタームが用いられることはあまりなく, 非営利セクターというタームが用いられることが多い. また, 社会的経済が協同組合, 共済組織, NPO(ヨーロッパではアソシエーションという言葉が用いられている)という 3 大組織をその基本的な担い手としているのに対して, アメリカの非営利セクターを構成する組織は, アメリカの税法によって非営利団体として連邦所得税の減免を申請できる組織に限定して理解されることが多く, この法的基準からするとアメリカの消費協同組合などは非営利セクターから除外されることになる.

L. M. サラモンによると, 非営利セクターを構成する組織に共通する特徴は, ①公に組織されたもの, 一般的には法人組織であること, ②民間の組織であること, ③利益配分をしないこと, ④自主管理をすること, ⑤自発的な有志による組織であること, ⑥公共の利益のための組織であること, である. 具体例として彼はつぎのような組織をあげている.「本書で使われている「民間非営利セクター」という用語は, 民間の法人組織でありながら, 保健, 教育, 科学の進歩, 社会福祉, 多元的価値観の促進といった公共の目的を追求する機関の集合体を意味している. したがって非営利セクターには, 何千ものデイケアセンター, 私立病院, 大学, 研究所, 地域開発機関, 里子養育施設, 社会福祉機関, 雇用促進・訓練センター, 博物館・美術館, アートギャラリー, 交響楽団, 動物園, 事業・職業組合, アドボカシー団体, その他多くの類似の機関が含まれる.」また, 非営利組織がフィランソロピー組織と混同されて用いられることがあるが, サラモンによれば,「「フィランソロピー」とは, 時間や貴重

品(現金,有価証券,財産)を,公共の目的のために寄贈することである.したがって,フィランソロピーあるいは慈善的寄贈は,民間非営利団体が収入を得る1つの方法である.たしかに非営利団体の中には,慈善的寄付を募ることを伝統的にその主要な目的としてきたところもあるが,……こういう組織だけが非営利団体だということではなく,また,民間による慈善的寄付が非営利団体の唯一の源でもないことは明らかである」(Salamon 1992, pp.5-7, 邦訳 pp.20-21).

なお,サラモンによれば,「1989年度のアメリカの非営利公益サービス団体の事業支出は,GNPの6%であった.多くの地域で,非営利セクターの支出は地方自治体のそれを超えている」(同上書, p.28, 邦訳 p.67).彼は調査・分析の最終的結論として,「民間の非営利団体は引き続きアメリカ社会で重要な役割を果たしていく」と述べている(同上書, p.105, 邦訳 p.226).

2.2 ヨーロッパ

ヨーロッパ諸国における非営利部門の拡大も著しい[2].ヨーロッパで特徴的なことは欧州連合(EU)がこの現象に注目し,非営利部門に対する支援を政策課題としていることである.

国境をこえて諸国家の統合をはかるEU統合は,現代史における最先端の実験である.EU統合においては,市場統合という経済面の統合だけではなく,それと並んで政治面の統合(とりわけ外交と安全)と社会面の統合がめざされている.社会的統合の基本的課題は,経済的統合にともなう社会問題(地域間格差や産業間格差に起因する過密・過疎問題,失業,労働条件の切り下げなどの問題)に対応するために,EU域内共通の社会政策を設定することである.そのための前提条件として現在,①EU域内の自由な人的移動とヨーロッパ市民権の確立,および②「労働者の基本的社会権に関する共同体憲章」(ヨーロッパ社会憲章,1989年)の具体的適用が推進されている.ヨーロッパ社会憲章は,域内移動の自由,労働権の保障,労働者の経営参加,社会保障,男女平等,高齢者・障害者援助などを定めたものである.このような社会的統合が目的とするのは「ソーシャル・ヨーロッパの建設」である(恒川 1992, 参照).

本書の観点から注目されるのは，EUにおいては経済的統合と社会的統合とをそれぞれ別個に並列的に進行させるのではなく，社会的経済の振興によって社会的統合に見合うかたちで経済的統合を進行させようとする試みがなされているという点である．すなわち，経済と社会とをそれぞれ別ものとして扱うのではなく，社会問題の発生を阻止しうるような経済運営の試みが検討されているという点である．前述のように，社会生活に適合する経済運営はまさに社会的経済論の基本問題をなすものであった．このように，EU統合という現代史の最先端の課題を背景として，社会的経済論は現代的なかたちで再生することになったのである．

EUの組織としては，1989年にEC委員会(国家の行政府に相当)の第23総局の内部に社会的経済部局が組織された．この点を含めて，社会的経済をめぐる最近の経緯を年表的に記述しておこう．

1976年にフランスで「共済組織，協同組合，アソシエーションの活動についての全国連絡委員会」(Comité National de Liaison des Activités Mutualistes, Coopératives et Associatives. CNLAMCA. クラムカ)が設立された．CNLAMCAの設立は，下記のように，その後のヨーロッパ規模の社会的経済の発展にとって大きな契機をなすものとなった．

1978年にはCNLAMCAが主催する「社会的経済に関するヨーロッパ会議」がブリュッセルで開かれた．

1980年6月11日にCNLAMCAが「社会的経済憲章」を発表し，社会的経済の担い手となる企業の特性をつぎのように規定した(Neurrisse 1983, pp. 5-6)．

① 社会的経済の企業は民主的に運営される．
② 社会的経済の企業のメンバーは，それぞれが選択した活動形態(協同組合，共済組織，アソシエーション)に従って，企業活動に責任を持つ．
③ すべての構成員が生産手段の所有者という資格を持つ社会的経済の企業は，教育・情報活動により，内部に新しい社会関係を創造するように努める．

④ 社会的経済の企業は，各企業の機会平等を要求する．また，その活動の自由を重視して発展の権利を認める．
⑤ 事業の剰余金は企業の発展と構成員へのよりよいサービスにのみ用いられる．
⑥ 社会的経済の企業は，個人と集団の向上をめざして，社会の調和ある発展に参加するよう努める．
⑦ 社会的経済の企業は人間への奉仕を目的とする．

1981年11月にはフランスでCNLAMCAが中心となり，社会的経済の企業の発展を援助するための「社会的経済基金」(Fondation de L'Economie Sociale. FONDES)が設立された．

1981年12月にはフランスで「社会的経済関連各省代表会議」(Délégation Interministérielle à L'Economie Sociale. DIES)が設立された．この組織は91年に「社会改革と社会的経済のための代表会議」(Délégation à L'Innovation Sociale et L'Economie Sociale)と改称された．この組織は首相に責任をもつ諮問委員と事務局から構成され，関係各省と協力して社会的経済組織の振興を図ることを目的とし，とりわけ社会的経済組織振興のための法制度を整えることを主要な課題とした．

1982年3月にはフランスで，首相あるいは首相指名の閣僚を議長とする「社会的経済諮問委員会」(Comité Consultatif à L'Economie Sociale)が設立された．

同じ1982年に「社会的経済関連資料振興協会」(Association pour le Développement de la Documentation sur L'Economie Sociale. ADDES)が設立され，その後毎年，国際シンポジュウムが開催された．

1983年3月にはフランスで，「社会的経済振興協会」(Institut de Développement de L'Economie Sociale. IDES)が設立された．これは社会的経済組織促進のための財政組織であり，その資金提供者は国家が20-25%，協同組合銀行が約40%，共済組織が約30%とされた．

1984年4月には，欧州議会が地域発展における協同組合の役割に関する決

議を採択した．同年6月には，EC理事会が雇用創出のための協同組合振興に関する決議を採択した．その提案内容は，ヨーロッパ協同組合法の制定，協同組合幹部教育のための学校の設立，資本主義的企業の協同組合への移行の促進，協同組合への政府の優遇措置などである．

1984年7月にはフランス政府内に「社会的経済事務局」(Secrétariat d'Etat à L'Economie Sociale)が設置された．

1986年にはEC社会経済評議会が，EC域内の社会的経済組織の実態に関する大冊の調査報告書『ヨーロッパにおける協同組合・共済組織・ノンプロフィットのセクターとその諸組織』(The Cooperative, Mutual and Nonprofit Sector and its Organizations in Europe)を刊行した．また，同年11月にEC社会経済評議会はEC委員会，欧州理事会，CNLAMCAと共催で「協同組合・共済組織・ノンプロフィットのセクター：ヨーロッパ建設に対する貢献」をテーマとする国際会議を開催した(その会議報告書は翌年刊行された)．

1987年には欧州議会が，協同組合と共済組織の役割に関する決議を採択した．

1989年にはベルギーで「ワロン地域社会的経済協議会」(Conseil Wallon de L'Economie Sociale)が設立された．

同年，ECは地域発展における協同組合の役割について報告した．また，EC委員会は，第23総局内に社会的経済部局を設置した．

同年，社会的経済に関する第1回ヨーロッパ会議(パリ)が開催された．

同年12月，EC委員会は閣僚理事会への通知(Communication from the Commission to the Council. "Businesses in the 'Economie Sociale' Sector in Europe's Frontier-Free Market")のなかで，協同組合，共済組織，アソシエーションを総括するカテゴリーとして「社会的経済」という用語を採択するとともに，つぎの諸点を指摘した(より詳しくは本書第5章，参照)．

- 社会的経済に対する認識がここ数年EC内で高まっている．
- 社会的経済の企業の主要な原則は連帯と参加(1人1票)である．
- 社会的経済の企業は自立とシティズンシップという価値を基礎としている．

- 社会的経済の企業は一般に，協同組合，共済組織，アソシエーションの法的形態にもとづいて組織化されている．
- EC内で消費協同組合はヨーロッパの小売り事業高の10%を占め，農協は農産物の60%を生産，加工，販売し，共済組織のメンバーは4000万人に達している．
- アソシエーションの活動分野としては，保健，教育，文化，スポーツ，レジャー，旅行，ホテル，環境保全，地域開発，貧困対策などがある．アソシエーションは公共的な活動への市民参加を促す．個人を守り，社会の基本的価値を守るうえで重要な役割を果たしている．

1990年には，社会的経済に関する第2回ヨーロッパ会議(ローマ)が開催された．この会議では，ヨーロッパ協同組合法案，共済組織法案，アソシエーション法案が検討されるとともに，ヨーロッパ諸国の社会的経済組織の交流機関の設置について審議がなされた．

この審議の結果として，1991年9月に「社会的経済ヨーロッパ・クラブ」(Club Européen de L'Economie Sociale. CEDES)が設立された．

同年，スペイン労働社会保障省が『スペイン社会的経済白書』(Libro Blanco de la Economía Social en España)を刊行した．

1992年，スペインの行政機関である「全国社会的経済助成局」(Instituto Nacional de Fomento de la Economía Social. INFES)が設立された．

同年，社会的経済に関する第3回ヨーロッパ会議(リスボン)が開催された．この会議では社会的経済セクターと公的セクターの関連などの問題が検討された．

1992年5月にはEC委員会がヨーロッパ協同組合法案，ヨーロッパ・アソシエーション法案，ヨーロッパ共済組織法案の最終ドラフトを発表した．

同年6月，スペインで「公共経済・社会的経済・協同組合経済に関する研究・情報のための国際センター」(Centre Inernatonal de Recherches et d'Information sur l'Economie Publique, Sociale et Coopérative. CIRIEC. 日本では「国際公共経済学会」として知られている)が第19回国際会議を開催し，これにあわ

せて J. Defourny and J. L. Monzón Campos (eds.) *Economie sociale
—— The Third Sector* が刊行された．この文献は社会的経済の理論と実態に
関する国際的共同研究の成果として高く評価されている．

1993年5月にはバルセロナで「第3セクターの強化によるヨーロッパの福
祉」(Well-Being in Europe by Strengthening the Third Sector: The Balance
between Social Responsibilities and Economic Action toward a New Concept of
Civil Society)をテーマとする国際会議が開催された．

同年11月には社会的経済に関する第4回ヨーロッパ会議(ブリュッセル)が開
催された．

1994年7月には国際第3セクター学会(The International Society for Third-
Sector Research)が設立された．

1995年10月には社会的経済に関する第5回ヨーロッパ会議(セビリア)が開
催された．

2.3 日 本

日本でも民間非営利セクターが拡大しつつある．川口清史は，統計的処理の
ために総務庁「事業所統計」経営組織分類における「会社以外の法人」および
「法人以外の団体」を非営利組織とみなしたうえで，つぎのように指摘してい
る(川口 1994, p.11)．

非営利組織の就業者総数は，1975年の237万6000人から86年の345万
3000人へと10年余りの間に1.5倍近い伸びを示している．全就業者に対する
構成比でも，5.3%から6.3%へと上昇し，91年には公共部門の財・サービス
供給の5.3%を上回っている．

川口の方法論にしたがって1972年から91年までの就業者数の推移を計算し
た西川潤によると，この間，全就業者数は4400万人から6000万人に増えてい
る．このうち，就業者数は民間営利セクターでは3870万人から5000万人に
(129%の増大)，公的セクターでは447万人から500万人に増えた(112%の増大)
のに対して，非営利セクターでは200万人から400万人へと20年間で2倍に

増えている(西川 1994b, p.66).

また，藤田暁男も，総務庁『産業連関表』を用いて各セクターの産出増加率を比較し，近年における「非営利組織の著しい増大の状況」を析出している(藤田 1993, p.4).

1993年の協同組合の組合員数をみると，農業協同組合，漁業協同組合，森林組合，生活協同組合，労働者共済生活協同組合，労働者協同組合の合計で約3984万人である．1人が複数の組合に所属していることを考慮すれば単純な比較はできないが，かりに日本の総人口と比較すると3人に1人という割合である．これに種々のNPOなどの参加者を加えると，その数は膨大なものになろう．

日本のNPOセクターを構成する組織としては，公益法人制度上の観点からは，民法人(社団法人，財団法人)，社会福祉法人，学校法人，医療法人などがあげられる．しかしこれらの組織に関しては，「市民の自主的な組織というイメージからほど遠く，これらをNPOとしては認めたがらない人々も少なくない」という指摘もある(電通総研編 1996, p.107).

法人格をとることが困難なところから任意団体としてのNPOが増加していることが最近の傾向である．これらの組織の実態把握は困難であるが，最近の推計としてはつぎのものがある(中村 1997, pp.401-402).

「市民公益団体の実態把握調査」(1996年3月発表，経済企画庁委託・住信基礎研究所受託)は，「継続的，自発的に社会的活動を行う，営利を目的としない団体で，公益法人ではないもの」を調査対象団体としたものであるが，それによると，市民公益団体数は約8万5000と推計され，「会員数は20人以上50人未満の団体が多いものの，会員数のばらつきが大きい」とされている．

別の調査によると，この種の団体の33%は1980年代後半に設立されている(同上書, p.407).

明らかに日本においてもNPOは総体として増加しつつある．1998年3月に成立した特定非営利活動促進法の影響もあって，市民の自主的な組織は多様な形態で今後ますます増加するであろう．

2.4 世　界

西川潤は非営利部門の世界的規模の拡大についてつぎのように総括している.

先進国では平均してみると,雇用の一割程度が非営利部門だろう.しかし,世界の協同組合員数が六億人といわれるように,その社会的影響は大きい.そして,経済サービス化とともに,非営利部門は成長を続けているし,同時に民間営利部門,個人部門とのネットワーク化も進んでいる.社会的セクターはその存在自体によって,営利一辺倒や権力一辺倒の社会のゆがみを正し,よりバランスのとれた社会像を提示する役割を果たしている.発展途上国でも実は事態は同様である.工業化,資本蓄積の中で,市場・国家独裁のゆがみを正すNGOや住民の社会運動が,それぞれの地域の文化伝統を踏まえて広がっている(西川 1994a).

上述のような非営利部門の拡大が近年における社会的経済論の発展の背景をなしているのであるが,では,このような非営利部門の拡大を生み出した基本的要因は何であろうか.つぎにこの問題を考察することにしよう.

3　民間非営利セクター拡大の諸要因

民間非営利セクター拡大の要因を経済的要因,社会的要因,政治的要因,文化的要因にわけて考察しよう.

経済的要因としては第1に産業構造の変化をあげることができる.経済成長にともないGDPや労働力人口における比率が第1次産業から第2次産業へ,そして第2次産業から第3次産業へとその重点を移行させることは,経済史学においてよく知られている事実である.多くの先進資本主義国において経済成長の現局面は第2次産業から第3次産業への重点の移行期にある.「経済のサービス化」「脱工業化社会」「情報化社会」などとも呼ばれている現象である.

日本でも,1990年の国内生産額のうち第3次産業の占める割合は48.7%と5年前より1.6ポイント上昇したのに対し,第2次産業の割合は49.2%と

50％を割り込み，経済のサービス化が一段と進んでいる．85年から90年までの国内生産額の伸びを見ると，第1次産業は0.3％増，第2次産業は25.8％増であったのに対し，第3次産業は32.9％増であった(総務庁「1990年産業連関表」1993年).

　資本集約的な製造業において非営利組織を設立することは困難であるが，これに対してサービス産業における非営利組織の設立は相対的に容易である．また，人と人との関係を中心とするサービス活動は非営利組織が得意とする領域でもある．経済のサービス化にともない，非営利組織にとっての市場と活動基盤が拡大したのである．

　消費，福祉サービスなどの分野で協同組合や非営利組織の数が近年急増している背景には，このように第3次産業の比重増大という経済構造の変化がある．

　さらに，技術面の要因としては，情報技術の進歩が民間非営利組織の活動基盤を強化している点をあげることができる．

　第2に，資本主義的経済運営が生み出す環境問題や社会問題がある．「市場の失敗」とも称される現象である．このような状況のもとで，環境問題に配慮した事業経営を試みる非営利組織が生れ，また，失業や社会的排除に抗して労働者自身による就業機会の創出を試みるワーカーズコープなどが急増したのである．

　第3に，国家指導型社会主義経済の崩壊がある．資本主義経済に対するオルターナティブとしての国家指導型計画経済モデルが崩壊することによって，資本主義経済運営を規制する別のオルターナティブが求められるようになった．経済の社会化を国有化に求めるのではなく，市民自身が運営する企業を中心に「社会的セクター」を拡大強化する方向に求める動きが現れてきたのである．国家主導による社会化ではなく，民間主導の自発性にもとづく社会化をめざす動きである．

　つぎに，社会的要因としては，社会の基盤をなす家族と地域社会の崩壊化現象がある．社会とは基本的に人と人とのつながりである．どのような社会体制のもとでも家族と地域社会が人と人とを結びつける基本的な核として機能して

きた．それは主に，家族と地域社会が生命の再生産の場であるとともに経済活動の担い手としての機能を果たしてきたからである．ところが社会の資本主義化にともなって，経済活動の担い手としての民間営利企業が生成発展し，独自の存在としてその勢力範囲を拡大していった．そしてついには現代のリバイアサンとでもいうべきほどの巨大な経済主体となり，家族と地域社会をその支配下におさめるようになった．いわゆる「会社本位主義」の成立である．そのような状況下で，職場における人と人とのつながり（金銭上のつながり）は強化されていったが，家族と地域社会における人と人とのつながりは稀薄化し，生命再生産の場としての家族と地域社会に種々の社会問題が多発するようになってきた．しかし，それにともなって，職場における労働の疎外，家族・地域社会における生命再生産機能のゆがみという問題に対する反省も一般化し，人間の社会生活に適合的な経済のあり方が強く求められるようになってきた．民間非営利組織の急増と社会的経済論の発展は，このような社会問題を背景としている．

　さらに，政治的要因としては，福祉国家体制のゆきづまりという現象がある．19世紀初頭から20世紀初頭にかけて発展してきた社会的経済論は，資本主義経済が生み出す社会問題をどのように解決すべきかという課題を追及してきたが，第1次大戦以降の社会主義諸国の成立と第2次大戦後の福祉国家体制の成立とが別様の解決方法を提示したことによって，その影響力を急速に失っていった．このうち国家指導型社会主義経済の崩壊についてはすでに述べた．1980年代の国家指導型社会主義経済の崩壊ほどドラスティックではないが，すでに70年代から先進資本主義諸国の福祉国家体制は急速な変貌を示しはじめていた．福祉国家体制の財政的基盤をなした高度経済成長が破綻したからである．それにともない，「福祉国家から福祉社会へ」が国家の社会政策の基軸をなすようになっていった．福祉の担い手を国家から個人，家族，地域社会，中間組織などへ移行させていく政策である．国有化に反対し民営化を主張する新自由主義経済論がこれをバックアップした．このような状況変化のもとで，現代の客観的条件に適合したかたちで福祉問題の解決を図ろうとする新しい社会政策

論と，それを支える経済論が求められるようになってきた．民間非営利組織セクターの拡大と社会的経済論の活性化は，このような時代の流れのなかで生じたのである．

最後に，文化的要因としては，価値観の変化がある．高度経済成長期に見られた「物の豊かさ」重視の価値観が反省され，「心の豊かさ」「人間関係の豊かさ」「余暇時間の豊かさ」を含む生活総体のあり方において「豊かさとはなにか」が問題とされるようになった．また，職場における「労働の人間化」が主張され，このような観点から経済運営のあり方に反省が求められるようになってきた（たとえば，都留 1994, 参照）．「24時間働けますか」の「会社人間」から家庭重視への価値観の移行，ボランティア活動への関心の高まり，地域社会の空洞化に抗する種々の「地域おこし」運動の活性化などに見られるように，会社本位主義から社会本位主義への転換が主張されるようになっている．また，社会活動参加に対する女性の関心も高まってきた．さらには，人間生活の基盤をなす自然環境の豊かさが問題とされている．そして実際に，これらの価値観にもとづいて活動する種々のNPO, NGOなどの非営利組織が多数生まれてきた．社会的経済論は，そのような運動を支援する理論的な支柱として展開されてきたのである．

民間非営利セクターの拡大に影響するこれらの要因の多くは一過性のものではなく，今後いっそう強まっていくであろう．それにともなって民間非営利セクターも拡大していくと予想される．

4　社会的経済の定義

民間非営利組織の急増現象をどのような理論的枠組みで把握するかという問題については，まだ各国の研究者間に共通の見解が成立していない．EUではフランスのイニシャティブのもとで非営利組織の経済活動をécnomie sociale（社会的経済）というタームで把握することが決まったが，EU諸国の研究者間ですらこの用語の妥当性について同意が得られていない．まず翻訳の段階で問

題が生じる．国によって文化が異なるので，économie sociale を直訳すると，このフランス語がもっている意味内容がそのまま伝わらないし，場合によっては別様の意味を帯びることになるからである．したがって，直訳ではなく，まったく別の用語をあてる場合もある．例えば，英訳にあたって the third sector という用語が用いられたりする．

しかしながら，文化の相違をこえて各国に共通する現象をとらえようとする場合，この種の問題は避けられないものである．まずなすべきことは「社会的経済」の意味内容を確定することである．そのあとでその意味内容を伝える最適な用語を各国で選択すればよいし，場合によっては，économie sociale を一定の約束ごとのもとで共通の国際語として一般化していってもよいであろう．

現在，比較的多数の研究者が「社会的経済」の意味内容に関してたたき台として引用するのは，1990 年にベルギーのワロン地域社会的経済協議会が提起したつぎの定義である (Defourny and Monzón Campos eds. 1992, pp.228-229, 邦訳 p. 201)．

> 社会的経済とは，主として協同組合，共済組織，アソシエーションといった組織によりなされる経済活動であり，その原則は以下のようである．
> (1) 利潤ではなく，組合員またはその集団へのサービスを究極目的とする．
> (2) 管理の独立．
> (3) 民主的な決定手続き．
> (4) 利益配分においては，資本に対して人間と労働を優先する．

なお，EU においては，協同組合は「国際協同組合同盟(ICA)の協同組合原則」を基礎とする組織として理解されている．共済組織は，EU の「ヨーロッパ共済組織法案」によれば，「貯蓄，保険，健康関連，信用などの事業を行う企業」であり，共済組織とその組合員との関係は，保険料の支払いなどによって，協同組合の場合より強い関係があり，非組合員に対してはより強い排除性がある．また，「ヨーロッパ・アソシエーション法案」によれば，「アソシエーションは，個人あるいは法人が集まり，幅広い分野，例えば科学，文化，慈善，フィランソロピー，健康，教育といった分野で，一般的な利益または職業や集

団の特別な利益を増進するために,自らの知識と活動を結集する組織である」.また,「アソシエーションは通常,収益経済活動をなしうるが,利益はその目的を遂行するためにのみ充当しなければならず,会員間で分配してはならない」とされている.すなわち,アメリカのNPOに相当する組織である.

国際的に著名な協同組合研究者であるH.ミュンクナーは社会的経済の組織の原則として,①自発性と加入脱退の自由,②民主的運営,③投機的利潤の排除,④政府からの独立,という4原則をあげている(Münkner 1992).

また,フランスの協同信用組合ナタンの刊行した社会的経済入門書によると,社会的経済組織は「①自発性と加入脱退の自由,②民主性,③資本に対する人間の優位性」という3原則を基礎とする組織として説明されている(Crédit Coopératif/Nathan 1988, p.11).これは,「政府からの独立」は社会的経済組織にとって当然の原則だという理解に立つものであろう.

なお,社会的経済は通俗的に「社会的ニーズに応える経済」(Tailor 1986, p.15),「心のこもった経済」(economía con corazón) (Unión de Cooperativas Madrileñas de Trabajo Asociado 1994, p.3)などと表現される場合もある.

以上の諸点を考慮すると,社会的経済組織,社会的経済,社会的経済セクターはつぎのように定義されうるであろう.

社会的経済組織とは,社会的目的をもった事業体であり,下記の諸原則にもとづいて組織され運営される組織である.

① 開放性(開かれた組織であること.自発性にもとづく加入脱退の自由をもつこと).
② 自立性(政府その他の権力の直接的統制下にない自治的組織であること).
③ 民主性(1人1票制を原則として民主主義と参加という価値にもとづいて運営される組織であること).
④ 非営利性.
　(1) 投機的利潤の排除(利潤獲得ではなく,メンバー相互の利益または一般の公共的福祉の向上を目的とする組織であること).
　(2) 資本に対する人間の優位性(活動の過程と利潤の分配において,資本の権利ではなく人間を優先させる組織であること).

①と②は組織原則であり，③と④は運営原則である．
　一言で言えば，社会的経済組織とは，営利目的ではなく社会的目的を実現するために経済活動をする開放的，自立的，民主的な組織である．
　社会的経済とは，このような社会的経済組織が行う経済活動である．
　社会的経済セクターとは，このような社会的経済組織が担う国民経済の1領域である．

5　社会的経済論に対する批判

　社会的経済論に対する外在的批判は多々あるが，内在的批判の1つの典型的な例はH.ミュンクナーに見られる(Münkner 1993)．彼の批判はつぎの2点に集約されうる(北島 1994，参照)．
　第1は，社会的経済の担い手として協同組合と共済組織とアソシエーションとを一括するのは国によっては無理があるという点である．
　ミュンクナーによれば，ドイツにおいては協同組合と共済組織との間には共通する性格が見られるが，アソシエーションは両者とは異質な組織であり，フランスにおいて見られるような3者間の同質性は存在しない．すなわち第1に，協同組合と共済組織はともに組合員の利益を目的とする自助組織として同質性を有するが，アソシエーションは第3者の利益を目的とする組織として協同組合および共済組織とは質を異にする．第2に，協同組合と共済組織はともに経済的目的をもって事業を営む事業体であるが，アソシエーションはもっぱら社会的目的をもって活動する非経済的組織である．第3に，運動の実態からしても，協同組合と共済組織との間には同盟関係が結ばれているが，アソシエーションはそれらとは協力関係になく，独立した立場を保っている．
　ミュンクナーの批判の第2点は社会問題解決の方法論と関連する．
　彼によれば，社会的経済論は混合経済体制のなかで社会的経済セクターを拡大強化することによって社会問題の解決をはかろうとするものであるが，ドイツはそれとは別の解決策をとり，それに一定程度の成功をおさめてきた．すな

わち，ドイツにおいてはすでに「社会的市場経済」(Soziale Marktwirtschaft)の伝統にたった経済運営がなされている．国民の福祉は法的に保障され，労働者の権利は労働法によって守られ，経営参加権も共同決定法によって保障されている．このような枠組みの外に「第3セクター」を形成するならば，その「第3セクター」の内部の労働者群は新しい労働市場を形成することになり，法的に無権利状態におかれかねない．ドイツでは協同組合も共済組織も既存のシステムに深く組み込まれ，明白に民間セクターの一部をなしていると認識されている．このような状況下で，私的セクターと公共セクターの他に第3のセクターを構想する政治的・経済的素地はない．

　ミュンクナーによれば，EUにおける社会的経済の展開に関心を寄せるドイツ人の多くは，フランスの社会党政府が活動家集団とともにEU内部でイニシャティブをとり，社会的経済論を展開するために様々な政治的・立法的措置を講じてきた，という印象をもっている．すなわち，社会的経済論は，実際的な経済論というより社会的・政治的色彩を強くおびたイデオロギーとして受けとられているというのである．

　なお，ミュンクナーは言及していないが，ドイツにおいても例えば社会民主党のベルリン綱領(1989年)に見られるように，「経済は国民の幸せのために奉仕している．経済はすべての人間に財やサービスを提供し，労働権を保障し，生活の基本である自然を保護し守らねばならない．資本は人間に奉仕すべきであって，人間が資本に奉仕すべきではない」という立場から，「社会的経済」(Sozialwirtschaft)が「社会に対して責任のある経済」として理解されており，さらに自助運動などの社会運動が発展しつつあることも無視されてはならない (田中洋子 1996, pp. 245-246)．

　ミュンクナーの批判は，上述のように，ドイツの社会運動の現状と法制度の立場からフランス的な社会的経済論の問題点を指摘したものである．しかしながら，ミュンクナーの批判は，たんにフランス的立場とドイツ的立場との相違という問題にとどまらず，フランス的な社会的経済論を他国に適用する場合に検討されるべき一般的な問題点をも示唆しているという点で重要である．

では，社会的経済論を日本に適用する場合に検討されるべき問題点はどのようなものであろうか．

6 社会的経済論の日本への適用

6.1 第3セクター概念の国際的理解と日本的理解

第3セクターに関する欧米における研究蓄積に比べると，日本の研究はかなり出遅れている．NPO研究が最近活発化しつつあるにもかかわらず，NPOを第3セクター論の見地から考察する研究が少ないのは，1つには日本における第3セクターの理解が特異なものであるからである．すなわち，日本においては私的セクターとも公共セクターとも異質なセクターとして独立の第3セクターを認識するのではなく，第3セクターを私的セクターと公的セクターの混合形態として位置づける理解が一般化しているために，NPOを担い手とした第3セクターという理解が成立しにくいのである．社会的経済論の日本への適用にあたってはまずこの問題点の理論的整理が必要とされる．

日本における「第3セクター」概念の成立経緯を考察した今村都南雄によると，「昭和40年代に経済企画庁の調査官がアメリカ駐在から帰国した後，「第3セクターの復活」という内部レポートでこの概念を使用したのがわが国における最初の紹介とされている」(今村 1993, p.45)．この調査官は，アメリカ社会においては公共セクターと民間セクターのほかに，第3のセクターとして非営利団体からなる独立セクターの役割が大きいとするアメリカの学者の見解を紹介したのであるが，その後，「第3セクター」という言葉が独り歩きを始めたのである．とりわけ，1972年に田中角栄『日本列島改造論』が「官民協調の第3セクター」の効用を説き(田中角栄 1972, pp.211-212)，翌73年に同主旨の内容を持った経済企画庁『経済社会基本計画』が閣議決定されたことが，官民共同出資による株式会社という意味で「第3セクター」が用いられるうえで大きな影響を与えた．そして，84年に三陸鉄道が「第3セクター方式」で開業されるなどして，その後この用語法が日常語として定着するに至ったのである．

このような事情を背景にして今村はつぎのように述べている．「「国際的にみれば，わが国で用いられている第三セクターの概念は通用しない」と言われる事情を率直に認める必要があるかもしれない．その点からするならば，わが国独自の概念構成にこだわり，特に株式会社形態の組織のみに焦点をおいて第三セクターをとらえようとすることは，今後の国際的な共同研究を展望するうえで大きな制約を課することになると思われる」(今村編著 1993, p.37)．

国民経済を3つのセクターに区分する場合，国家と地方自治体を担い手とする公共セクター，営利企業を担い手とする私的セクター，非営利企業を担い手とする第3セクターに区分するのが，国際的に一般化している見解である．また，企業形態論においても，企業形態は公企業，民間営利企業，民間非営利企業の3形態に区分されうる(小松 1990, 参照)．このような国際的理解と理論的把握を前提とすると，日本における第3セクター理解は特異なものと言わざるをえない．

社会的経済論の日本への適用にあたって必要とされる理論的枠組みは，国民経済の領域区分をするさいに，民間非営利組織を担い手とするセクターを公共セクターと私的セクターとならぶ第3の独立のセクターとして位置づけるものでなくてはならない．官民共同出資による経済事業のセクターという意味で用いられる日本型「第3セクター」は，自立のセクターではなく，公共セクターと私的セクターとを前提とする両者の混合形態と位置づけるべきである．

6.2 社会的領域の重要性

つぎに問題となるのは，民間非営利企業を担い手とする第3セクターの質的な内容をどう規定するかである．第1セクターと第2セクターの規定と比較すると，第3セクターの規定はかならずしも明確なものになっていない．第1セクターにも第2セクターにも所属しない残余が第3セクターを構成するという理解があるほどである．第3セクターを非営利企業を担い手とするセクターと規定する場合でも，それは形態上の規定であって，さらに質的な内容を問う必要がある．

ドラッカーは,『新しい現実』(1989年)で用いた「第3セクター」という用語を『ポスト資本主義社会』(1993年)では「社会的セクター」という用語に置き換えることによって,「第3セクター」の質的内容を説明している.そこで用いられている「社会的」という概念は,économie sociale の研究者が「社会的経済セクター」として表現する場合の「社会的」という概念と質的に重なりあうところがある.『ポスト資本主義社会』においては,「社会的」という概念はとりわけ「国家的」という概念と対置して用いられている.一般的に「社会的」は,「国家的」および「私的」という概念に対置される概念である.このような概念装置のもとで,「国家的セクター」とも「私的セクター」とも質を異にする「社会的セクター」の独自の位置が明確になる.
　ところが,日本においては国家の領域と私的な領域との区分ははっきりしているが,これに対して「社会的な領域」はかならずしも明確に認識されていない.「国家」と「私」についての認識にくらべて「社会」の認識が稀薄なのである.
　社会的経済論の日本への適用にあたっては,「国家」とも「私」とも異なる「社会」の領域の存在を確認し,その重要性を認識することが前提とされなければならない.この問題は日本における市民社会の確立という課題と密接に関連している.別言すれば,伝統的な共同体の解体現象が進展するなかで,自由な個人同士の結合を基礎とする新しい共同体をどのようにつくっていくかという課題である.現代の社会的経済論は,社会構造の基礎をなす経済のあり方を重視し,人間の社会的生活を豊かにするような経済運営を基礎に新しい共同体をつくるという政策課題と結びついている.このような政策課題を実現するためには,国家の領域と私的な領域とならんで社会の領域の重要性がまずもって認識されなければならない.「独自な領域としての社会」という認識が稀薄な日本においては,とりわけこのような意味での「社会の発見」あるいは「社会の再発見」が必要とされている.このことを抜きにしては「社会的経済」における「社会的」の意味も理解されえない.
　では,独自な領域としての社会とはなにか.

すでに述べたように，EU統合においては社会的統合が経済的統合と政治的統合とともにEU統合の3本柱として重要視されている．ここでは経済と政治とともに社会が独自な領域として位置づけられている．以下では，生活の構造のなかで社会的領域がどのような位置を占めているかという問題を考察することによって，「社会的経済」における「社会的」の意味内容の解明にアプローチすることにしよう．

人間社会の生活は大別すると，経済的生活，社会的生活，政治的生活，文化的生活という4つに分けることが可能である．これらの4つは相互に密接に関連しているが，本書の問題関心からすると，とりわけ経済的生活と社会的生活との関連を明らかにする必要がある．

経済的生活は生活に必要な財とサービスの生産，分配，交換，消費の過程から成っている．

これに対して社会的生活は，人を生み育て守るなど，人の生産と再生産の過程から成っている．

個体の存続と種の保存があらゆる生物の生命活動の核心をなしているのであるから，人間においても上述の意味の社会的生活が人間社会の中核の位置を占めている．すなわち，人間社会の基本的目的は人の生産と再生産にあり，経済，政治，文化はこの基本的目的を達成するための手段として位置づけられる．

このような見地からするならば，人の生産と再生産を主要機能とする社会的生活を維持するために，生活に必要な財とサービスを提供する経済的生活があると位置づけることができる．

以上，人間社会の4つの側面を機能別に分けて経済的生活と社会的生活との関連を見たが，つぎに経済的生活と社会的生活の関連を歴史的観点から考察することにしよう．

農業を基本的な産業として生活していた人間社会は，歴史上長いあいだ，家族と地域社会を基盤として経済的生活と社会的生活を営んできた．農業社会においては家族と地域社会が生活手段の生産単位であるとともに人間の生産単位でもあった．この歴史的段階では，生活手段の生産の領域である「経済的領

域」と人間の再生産の領域である「社会的領域」とは不可分離の結合状態にあった．

ところが，産業革命と経済の資本主義化にともなって，生活手段の生産を主として資本主義的企業が担うようになると，産業社会が自立化し，経済的領域と社会的領域との分離が始まり，産業社会の増大にともなって家族と地域社会が後景に退いていった．K. ポランニーの表現を用いるならば，人間の経済は原則として人間同士の社会的関係，すなわち地域のコミュニティのなかに埋まっているものであるが，資本主義化の進展にともなって経済が市場経済として社会から「離床」(disembed)して，逆に経済システムのなかに人間社会が埋没するという，まったく新奇で異常な状態が現出したのである(Polanyi 1977)．あるいはまた，H. ブレイヴァマンの表現を用いるならば，家族と地域社会のなかにまで市場関係が普遍化し，「普遍的市場」(universal market)が成立したのである(Braverman 1974)．

資本主義化を急速に推進してきた今日の日本においては，上記の現象は極限状態にまで達しつつある．すなわち，企業の占める領域が拡大するにつれて家族と地域社会が占める領域は企業の領域にますます浸蝕されてきている．経済的生活が肥大化し，社会的生活が衰退し，企業社会が肥大化するにつれて，生活全体が企業本位に営まれるようになっている．「社会」という2字が逆立ちして「会社」になりつつある．社会的動物としての人間がエコノミック・アニマル化，会社人間化しつつある．

資本主義化の進展とともに，日本社会はものづくりにはげみ，人づくりを軽視してきた．人づくりにはげむときも，人間性豊かな人をつくるというよりは，ものづくりのための労働力としての人をつくることを重視してきた．こうして，現在では人間発達の歪みが大きな社会問題となっている．

このように日本では現実の生活において「社会」が軽視されているために，言葉のうえでも「社会」のもつ意味内容が不明確にされている．

もっとも，現代の日本でも上述の意味内容に近いかたちで「社会」という言葉が用いられていないわけではない．新聞の「社会」欄である．国民生活を反

映する新聞は，経済欄，政治欄，文化欄のほかに，日常生活の身近な出来事を取り扱う社会欄をもっている．社会欄を埋めるのは，殺人や強盗などのいわゆる三面記事であるが，これは日常生活のなかの非日常的な出来事を取り扱ったものとみなすことができる．犬が人間に嚙みついても記事にならないが，人間が犬に嚙みつくと記事になるのである．

　日常生活のうちのもっとも日常的な行為は，殺人や強盗とは逆なこと，すなわち生命を生み育て守ることである．この生命を生み育て守ること，すなわち人づくりこそ「社会」の主要機能であり，その主要な担い手は家族と地域社会，あるいは人間の血縁関係と地縁関係である．

　人間発達の歪みが社会問題となっている今日，マスコミの世界にも日本社会における会社本位主義に対する反省が現れてきている．会社本位主義をどう克服すべきかというテーマに関して共通する1つの論調は，「生産条件より人間の生存条件を重視する」という視点の強調である(内橋・奥村・佐高 1992，参照)．これは換言すれば，人間としての生存条件を第一義的に考え，生産条件をそれに適合的に改めるべしという主張であり，「経済」を「社会」に適合的なかたち(社会的経済)に改めるべし，という主張に他ならない．

　このように今日の社会では「会社本位主義」から「社会本位主義」への転換が問われているのであり，「社会本位主義」の社会における経済のあり方(社会的経済)の問題が問われているのである．

　今日の日本社会においては，ものづくり中心の国民生活構造から人づくり中心の国民生活構造への転換が求められている．すなわち，国民生活の構造は，生命を生み育て守る「人づくり」(人間の生産)を行う「社会」の領域を中心として，それを包むように，人づくりのための「ものづくり」(生活手段の生産)を経済の領域が担当し，人づくりとものづくりのための人間関係の調整を政治の領域が担当し，理想的生活の構想を文化の領域が担当する，というように組み立てられなければならない．

　以上の観点からするならば，「社会的経済」は，人を生み育て守る「社会」に適合的な経済である，と規定することができよう．社会的経済論の日本への

適用にあたっては，その前提として，経済的領域のうちに埋没したかのようにみえる社会的領域を再発見することが必要とされているのである．

6.3 社会的経済の担い手

　ミュンクナーが指摘するように，社会的経済の担い手として協同組合と共済組織のほかにアソシエーションを加えるか否かという問題は，社会的経済論の日本への適用にあたっても検討する必要がある問題である．

　伝統的な経済理論によれば，広義の事業組織は経済事業組織とその他の事業組織とに大別される．経済事業は生活に必要な財とサービスの供給（生産，分配，交換，消費）を内容とする社会的業務であり，経済事業組織はこのような経済事業を営む事業組織である．これに対して，教育事業を営む学校，医療事業を営む病院，布教活動を行う教会，芸術・スポーツ・科学活動に関わる文化団体などにおいては，経済的側面は本来の事業を遂行していくための手段にすぎない．その意味でこれらの事業組織は経済事業組織とはみなされていない．

　しかしながら，現代の第3セクター論や社会的経済論は伝統的な経済理論に対してパラダイム転換を求めている．ドラッカーは『新しい現実』において，学校，病院などの非営利組織に共通する性格を「人間を変えるサービスを行う事業組織」としてとらえ，それらの組織を第3セクターの構成要素と位置づけたうえで，第3セクターで働く労働力人口を総労働力人口と対比し，そのサービス事業の成果をGNPと対比している．非経済事業組織やボランティアによって営まれる「シャドゥワーク」の増大現象を「新しい現実」と把握し，その新しい現実を経済理論に組み込もうとする試みである．社会的経済論もまた，人間の社会的生活を豊かにする事業という共通のメルクマールをもって，協同組合，共済組織，アソシエーションを同質性をもつ組織としてとらえ，それらを社会的経済の担い手としている．

　本章はこれまで「社会的経済」における「社会的」という意味の内容を問うてきた．しかし，ここでは経済という概念そのものが問われることになる．前述のように，経済は生活に必要な財とサービスの供給を内容とする活動である．

このような観点からするならば，生活に必要な教育や医療活動を行うサービス組織は経済組織であるとされてもよいはずである．ところが前述のように，伝統的な経済理論においてはこれらの組織は経済事業組織としては理解されていない．なぜか．その大きな理由の1つは，それらの組織が利潤獲得を目的にしていないからであるとされる．しかしながら，利潤獲得を目的としない組織ということをメルクマールとすると，協同組合も経済事業組織ではないことになる．そこで，協同組合が経済事業組織とされるのは，協同組合が，組織の存続のためとはいえ，利潤獲得活動を行っているからだとされる．いずれにもせよ，利潤獲得活動を伴うかどうかが，経済事業組織と非経済事業組織とを区別する判断基準とされることになる．だが，利潤獲得活動を経済活動の不可欠な要因とする理解は，社会の資本主義化にともなって一般化したものであって，経済の本来の意味(生活に必要な財とサービスの供給)を限定するものと言わざるをえない．社会的経済論はこの意味で，「社会」の意味の問いなおしとともに「経済」の意味の問いなおしをも現代社会に求めているのである．

さらに運動論の見地からすると，社会的経済の事業体と社会的経済の担い手とを区別する視点が必要となる．ある事業体が社会的経済の事業体か否かを決定する基準は，前述の社会的経済組織の原則(開放性，自立性，民主性，非営利性)である．社会的経済セクターはこのような事業体が中心となるが，それだけでなくそれらの事業体と連携してその運営を可能とする種々の組織を含むものである．社会的経済セクターはこれらの組織によって支えられているのであり，その意味でこれらの組織は社会的経済の担い手なのである．

社会的経済の発展のためには，社会的経済企業が中心となって生産から消費にいたるすべての経済活動をカバーするネットワークをつくりあげる必要がある．そして，スペインのモンドラゴン協同組合グループの事例(第4章，第7章，参照)が示すように，ネットワークの中核に金融組織を据える必要がある．日本の場合は労働金庫などを含め，できるだけ多くの民間非営利事業体をこのネットワーク形成に参加させることが望ましい．そのためには社会的経済の担い手を協同組合，共済組織，NPOという組織形態に限定してとらえるのではな

く，組織形態からすると社会的経済の事業体ではないが，国民経済の構造のなかに置かれている位置からして共通する経済要求を持つ中小零細企業や家内営業などとも連携を強め，ネットワークを拡大強化していくことが望ましい（ちなみにイタリアのレガ「協同組合共済組合全国連盟」の 1982 年第 31 回大会報告で提言された「第 3 セクター論」においては，中小零細企業や農業などの家内営業を含むセクターとして第 3 セクター論が展開されている）．

　社会的経済の発展のためには，財とサービスの供給主体のネットワーク化によって経済効率を高めるだけでなく，需要のための市場拡大が不可欠となる．そのためにも社会的経済の担い手を種々の NPO を含めて可能なかぎり広くとらえる必要がある．

　藤田は「本来の非営利組織」をつぎのように分類している (藤田 1993, p.8)．

　　1　社会的非営利組織
　　　① 協同型組織：協同組合，労働組合，消費者団体，環境保護団体等
　　　② 福祉型組織：医療組織，社会福祉組織，保健組織等
　　　③ 教育・研究・文化組織：教育組織，学術組織，文化組織等
　　2　住民的・同好的非営利組織
　　　① 住民型組織：町内会，老人クラブ等
　　　② 同好型組織：同窓会，スポーツクラブ，文化サークル等

これらの組織はいずれも社会的生活を豊かにするために活動する組織であり，社会的経済の需要市場としても重要な位置を占めている．

　すでに述べたように，社会的経済組織に関係する人びとの数はかなり多い．問題はこれらの人びとを社会的経済のための需要市場にどう組織化するかである．この意味でも，社会的経済の理念を明らかにし，それを一般化し，その理念のもとに運動を組織化することが求められているのである[3]．

　　1) 社会的経済論の学説史的研究としては Desroche(1987) の他に，Neurrisse (1983)，Monzón Campos(1992)，Defourny(1992) が，また邦語文献としては，西川(1994a)，北島(1994)，鈴木(1997a, 1997b) がある．本節の叙述はこれらの研究に

依拠するところが大きい．なお，社会的経済に関する最近の研究文献リストとしてはVienney(1994)所収の'Repères bibliographiques'(pp.118-124)が詳しい．

2) その詳細については Defourny and Monzón Campos eds.(1992)，邦語文献としては，佐藤誠(1992)，Vara(1993)，長岡(1994)，富沢・中川・柳沢編(1996)，参照．

3) そのための運動論上の課題については，富沢(1992)，参照．

第2章　社会的経済セクターとは何か

1　問題の所在

　1970年代以降，先進資本主義諸国をはじめとして多くの国で民間非営利組織が増加しつつある．たとえばフランスではNPO(フランスではassociationと呼ばれる)の増加数は，60年代は平均して1年に1万1000であったが，87年には1年間で5万4000以上のNPOが新設されている．伝統的にNPOの活動領域が大きいアメリカでも，82年の調査によれば，65%のNPOが60年以降に新設されている(Salamon 1994, p.111, 邦訳p.403)．また，協同組合に関しても，ワーカーズコープのような新しいタイプの協同組合が多くの国で増加しつつある．

　このような現象にともない，公共セクターでも私的セクターでもない，民間非営利組織から成る第3セクターの役割が世界各地で注目されるようになっている．民間非営利組織に関する国際比較調査を行ったサラモンとアンハイアーによれば，民間非営利組織はアメリカやイギリスでは政府の社会福祉活動を補完する機能，フランスでは貧困層の社会的排除の問題を解決する機能，スウェーデンでは多元主義を推進する機能を求められている．民間非営利組織はまた，ロシアや東欧では「市民社会」を育成するものと期待され，発展途上国では「自立のための援助」を重視する新しい開発問題へのアプローチのための重要な触媒と見られるようになってきている(Salamon and Anheier 1994, p.2, 邦訳pp.2-3)．

　しかしながら，サラモンとアンハイアーが述べているように，多くの国において公共セクターと私的セクターという2セクターモデルが支配的であったために，民間非営利組織から成る第3セクターの規模と特性はもちろんのこと，その存在もほとんど見過ごされてきた．非営利セクターという概念がすでに認

知されていたアメリカにおいてさえ，このセクターに関する基礎的情報は1980年代初期まで存在しなかった．他の諸国においては，第3セクターに関して利用可能な情報はさらに少ない．第3セクターは国民経済統計においては無視され，公的議論において注目されることもめったになく，公教育や研究調査においてもほとんど無視されてきた(同上書，p.116, 邦訳 p.159).

このような現状を背景として，CIRIEC(公共経済・社会的経済・協同組合経済に関する研究・情報のための国際センター)は，1988年以降，多数の研究者の協力を得て先進資本主義国9か国の調査を行い，92年にその研究結果を『社会的経済——資本制経済と公共経済との間にあるもの；第3セクター——協同組合，共済組織，NPO』(Defourny and Monzón Campos eds. 1992)として公刊した．これは第3セクターに関する初めての大規模な国際比較調査であった．

これに引き続き，1990年以降，アメリカのジョンズ・ホプキンス大学の研究者を中心に12か国200人以上の研究者が参加して12か国の第3セクター調査が行われ，その研究結果が94年に『台頭する非営利セクター』(Salamon and Anheier 1994)として公刊された．

前者はヨーロッパの研究者を中心としてなされた国際調査であり，後者はアメリカの研究者を中心としてなされた国際調査である．しかし，両者は第3セクターの理解において大きく異なっている．すなわち，前者は協同組合，共済組織，NPOが第3セクターを構成するとみなしているのに対して，後者はNPOが第3セクターを構成するとみなしている．

世界的に見ると，第3セクターの担い手に関しては現在3つの見方がある．

第1は，国あるいは地方公共団体と民間の共同出資によって設立された企業を第3セクターの担い手と理解する日本の見方である(以下，これを日本的見解と表現する).

第2は，ヨーロッパ諸国に多く見られる見解で，協同組合，共済組織，NPO(ヨーロッパ諸国ではアソシエーションとして表現されることが多いが，本書では，表現の統一性を考慮する場合は，アソシエーションをNPOと表記する)が第3セクターを構成するとするものである(以下，これをヨーロッパ的見解と表現する).

第3は，アメリカで多く見られる見解で，NPOが第3セクターを構成するとするものである(以下，これをアメリカ的見解と表現する).

前章で述べたように，日本的見解は国際的に見ると非常に特殊な見方であり，国際的に通用する理解とするのは困難である．したがって，第3セクターに関する先進資本主義諸国における見解の主要な相違はヨーロッパ的見解とアメリカ的見解に二分される．

私自身も，EU諸国のワーカーズコープの調査(富沢 1996b)，日本の民間非営利組織の調査(富沢・川口編 1997)，アメリカのNPOのケーススタディ(日本労働者協同組合連合会編 1997)などを行ってきたが，これらの調査の過程でいつも問題としてきたのは第3セクター論を一般論としてどう理解するかということであった．

本章では，第3セクターの理解に関する欧米の相違を考察することによって先進資本主義国における第3セクターの一般論にアプローチする．このような作業によって社会的経済セクターの特質を明らかにすることが本章の目的である．

2 基本的な概念の整理

第3セクターに関して協同組合，共済組織，NPO, NGOという用語が用いられているが，これらの用語が多義的に用いられているため，現在概念上の混乱が見られる．したがって，第3セクターの理解に関する欧米の相違を考察するさいには，協同組合，共済組織，NPO, NGOという基本的な概念について整理しておく必要がある．

一般的に述べれば，民間非営利組織という用語は，民間組織という意味ではNGO(Non-Governmental Organizaion)であり，非営利組織という意味ではNPO(Non-Profit Organizaion)である．このように，民間非営利組織は，公共セクターに対してはNGOという性格をもち，私的セクターに対してはNPOという性格をもっている．つまり，民間非営利組織はNGOとNPOという性

格を併わせ持つ組織であり，そのような意味で，民間非営利組織が構成する第3セクターは，政府組織が構成する第1セクターとも，営利組織が構成する第2セクターとも異なる独自のセクターをなしている．

しかし，第3セクターの担い手としての協同組合，共済組織，NPO，NGOを考察するさいには，それぞれの独自性と共通性について，より深く分析しておく必要がある．

まず最初に協同組合と共済組織との関連を問題としよう．一般に協同組合と共済組織はともに相互扶助組織であるという点で共通性をもつ．事実，協同組合という法人格をとって活動する共済組織が多くある．それらの組織は協同組合以外の法人格をとって活動する共済組織とともに国際協同組合・共済保険連合(International Co-operative and Mutual Insurance Federation, ICMIF)を結成している．そして，国際協同組合・共済保険連合は国際協同組合同盟(ICA)の専門機関として位置づけられている．ここでは共済組織は，協同組合という法人格の有無にかかわらず，その本質において保険事業を営む協同組合的組織と理解されていると言ってよかろう[1]．

つぎに，協同組合とNPOとの関連を問題としよう．

協同組合については，ICAによる下記の定義がある．

> 協同組合は，共同的に所有し民主的に管理する事業体(enterprise)を通じて，共通の経済的・社会的・文化的なニーズと願望を満たすために，自発的に結びついた人びとの自治的な結社(association)である(「ICA・協同組合のアイデンティティに関する声明」1995年)．

この定義の作成過程においては，おそらくILOによる協同組合の定義が参照されたと思われる．それはつぎのようである．

> 協同組合は，民主的に管理する組織の形成を通じて，共通の目的を達成するために自発的に結びついた人びとの結社(association)である．そこでは，必要とされる資金に対してメンバーが公正な拠出をし，自らが積極的に参加する事業体(undertaking)のリスクと利益を公正に受け入れる(ILO 1966)．

前者は協同組合の国際組織による定義であり，後者は国連の機関による定義である．しかも，両者ともその基本認識において共通している．したがって，両者の共通点をもって国際的に承認されている協同組合の定義と理解してよいであろう．

あらかじめ結論を述べれば，NPOと異なる協同組合の特徴は，上述の定義に見られるように，協同組合の目的がメンバーのニーズを満たすこと，あるいはメンバーが利益を受けることにある，という点にある．これに対して，NPOの特徴は，NPOの目的が，メンバーの利益の実現に限定されず，メンバー以外の他者の利益の実現をはかるという点にある．両者の異同を明確にするためにいささか粗雑な表現をとるならば，協同組合は自助の組織であり，NPOは他助の組織であると言える．しかしながら，両者は，利潤獲得を第一義的な目的としていない「非営利目的の組織」(Not-for-Profit Organization)であるという点では，共通している．

この結論を確認するために，つぎにNPOの定義を考察しよう．

NPOの国際的な定義としては，L. M. サラモンによる定義がよく援用される．彼は，各国研究者の支援を得て12か国のNPOの国際比較研究プロジェクトを組織するさいに，つぎの7つの特徴をもつ組織をNPOと定義している(Salamon and Anheier 1994, pp.13-15，邦訳 pp.21-24)．

① フォーマルに組織されていること．すなわち，組織としての体をなしていること．たとえば，定期的な会合をもつ組織，幹部スタッフをもつ組織，手続き規定をもつ組織，法人格をもつ組織など．一定程度の継続性を持つ組織であること．したがって，その場限りの一時的な会合などは含めない．
② 民間の組織であること．政府機構の一部でもなければ，政府の役人に支配された理事会によって統治される組織でもない．ただし，このことは，これらの組織が政府から支援を受けていないことを意味するわけでもなく，また政府の役人が理事会に参加できないということを意味するわけでもない．重要な点は，基本構造において本質的に民間の組織であるということである．

③ 利益配分［剰余金の個人配分］をしないこと．NPO はその事業から剰余金を得ることもあるが，その剰余金は組織の基本的使命のために用いられるべきであり，その組織の所有者あるいは理事会メンバーに配分されることはないということ．NPO はある程度の「公共」目的をもち，その活動と目的において本来営利的なものではない．このことが，NPO がその他の民間セクターのビジネス団体と異なる点である．

④ 自己統治．NPO は統治のための独自の組織内手続きをもち，外部の組織によってコントロールされていないということ．

⑤ ボランタリーであること．組織活動や業務の管理において，ある程度のボランタリーな参加があること．このことは組織の収入が自発的な寄付によることや，スタッフのほとんどがボランティアでなくてはならないということを意味しない．ある程度のボランタリーな要素があれば（たとえば理事会がボランティアによって構成されているということだけであっても），その組織はボランタリーな組織と言いうる．

⑥ 宗教団体でないこと．宗教にかかわりのある非営利のサービスを提供する組織は，本プロジェクトに含まれるが，礼拝や宗教的啓蒙をもっぱらとする宗教団体は，本プロジェクトを実行しやすくするために，分析対象から外す．

⑦ 政治団体でないこと．特定のトピック（たとえば公民権，環境など）にかかわって政府の政策を変更しようというアドボカシー活動をする組織は，本プロジェクトに含むが，政党その他おもに公職選挙活動に専念する政治団体は，本プロジェクトを実行しやすくするために，分析対象から外す．

　上述の NPO の 7 つの特徴は，そのほとんどが協同組合にあてはまる．相違点は第 3 の特徴「利益配分をしないこと」だけである．すなわち，協同組合は，その剰余金を組織の所有者（協同組合のメンバー）に配分しうるという点で，NPO とは異なることになる．

　以上は国際比較の視点からする NPO の規定であるが，つぎに，日本における NPO の規定を考察しよう．

日本におけるNPOの解釈は多様であるが，それらの解釈のうちでも現実的な視点からして無視しえないのは，特定非営利活動促進法(1998年3月成立)における「特定非営利活動法人」となりうる組織である．この法律に規定されるNPOが今後多く組織されることになると予測されるからである．

特定非営利活動促進法の第一章「総則」を見ると，この法律が規定する「特定非営利活動法人」がサラモンの規定するNPOとほぼ同様な性格を持つ組織であることがわかる．

第一条は法律の目的をつぎのように示している．

> この法律は，特定非営利活動を行う団体に法人格を付与すること等により，ボランティア活動をはじめとする市民が行う自由な社会貢献活動としての特定非営利活動の健全な発展を促進し，もって公益の増進に寄与することを目的とする．

第二条の第一項は「特定非営利活動」をつぎのように定義している．

> この法律において「特定非営利活動」とは，別表に掲げる活動に該当する活動であって，不特定かつ多数のものの利益の増進に寄与することを目的とするものをいう．

別表は下記のようになっている．

　一　保健，医療又は福祉の増進を図る活動
　二　社会教育の推進を図る活動
　三　まちづくりの推進を図る活動
　四　文化，芸術又はスポーツの振興を図る活動
　五　環境の保全を図る活動
　六　災害救援活動
　七　地域安全活動
　八　人権の擁護又は平和の推進を図る活動
　九　国際協力の活動
　十　男女共同参画社会の形成の促進を図る活動
　十一　子どもの健全育成を図る活動

十二　前各号に掲げる活動を行う団体の運営又は活動に関する連絡，助言又は援助の活動

第二条の第二項は「特定非営利活動法人」をつぎのように定義している．

　この法律において「特定非営利活動法人」とは，特定非営利活動を行うことを主たる目的とし，次の各号のいずれにも該当する団体であって，この法律の定めるところにより設立された法人をいう．

一　次のいずれにも該当する団体であって，営利を目的としないものであること．

　イ　社員の資格の得喪に関して，不当な条件を付さないこと．

　ロ　役員のうち報酬を受ける者の数が，役員総数の三分の一以下であること．

二　その行う活動が次のいずれにも該当する団体であること．

　イ　宗教の教義を広め，儀式行事を行い，及び信者を教化育成することを主たる目的とするものでないこと．

　ロ　政治上の主義を推進し，支持し，又はこれに反対することを主たる目的とするものでないこと．

　ハ　特定の公職(公職選挙法(昭和二五年法律第百号)第三条に規定する公職をいう．以下同じ．)の候補者(当該候補者になろうとする者を含む．)若しくは公職にある者又は政党を推薦し，支持し，又はこれらに反対することを目的とするものでないこと．

　この法律が規定する「特定非営利活動法人」は，「不特定かつ多数のものの利益の増進に寄与することを目的とする」活動を行う団体と規定されている点で，協同組合とその性格を異にしている．協同組合は，「不特定かつ多数のものの利益」ではなく，「組合員の利益」の増進を基本目的とする組織である．前述したように，NPOの基本性格が他助組織であるのに対して，協同組合の基本性格は集団的な自助組織であるという点にある．

　サラモンによるNPOの規定に関して，協同組合と異なるNPOの特徴として「利益配分をしないこと」をあげたが，この点は，特定非営利活動促進法で

は第五条(収益事業)でつぎのように規定されている．

> 特定非営利活動法人は，その行う特定非営利活動に係る事業に支障がない限り，その収益を当該事業に充てるため，収益を目的とする事業(以下「収益事業」という．)を行うことができる．

すなわち，ここでは「収益を当該事業に充てる」という表現がとられているが，これは「利益配分をしない」ということの別様な表現と解釈しうる．

以上によって，協同組合とNPOとの本質的な相違点は利益配分の有無にあるということが明確になったと思われる．

では，NGOとの相違はどう理解したらよいのであろうか．

NGO(Non-Governmental Organization)は，その字義通りに解釈すれば「非政府組織」となるので，政府関連組織でない組織のすべてを含みうる．実際そのような意味で用いられることも多くある．しかしながら，協同組合やNPOとの相違を明確にするためには，NGOという用語が使われてきた歴史的経緯を考慮して，NGOの意味を限定して用いる必要がある．

もともとNGOは，国連の経済社会理事会が定めた民間の国際諮問機関をさす用語である．国連憲章第71条によれば，経済社会理事会は「その権限内にある事項に関係のある民間団体と協議するために，適当な取り決めを行うことができる」とされている．そして，協議資格を与えられた機関が経済社会理事会NGOとして認定される．ユネスコ，ユニセフ，UNCTADなど多くの国連機関でもこの方法が踏襲されている．NGOは通常，国連との関連においては，その活動が広く社会的問題を対象とし，かつその活動領域が国際的である組織に限定され，営利を目的とする組織や政党は除外される．

このようにNGOはもともと，国連機関と協議する資格をもつ民間の国際組織をさす用語であったが，近年では国連に関連する組織にとどまらず，一般的に国際協力の活動をする民間組織を意味する言葉として用いられてきている．

上述のような事情を考慮するならば，今日の段階では，NGOを国連関連の組織にかぎるのは限定しすぎであり，また逆に，NGOを非政府組織一般を意味する言葉として理解するのは無限定にすぎると言えよう．NGOは国際協力

の活動をする民間非営利組織である，として理解するのが妥当である．

以上のように理解するならば，基本的な問題は協同組合とNPOとの関連如何ということになる．両者の共通点は，日本を含めて多くの国で，両者が「非営利目的の組織」(Not-for-Profit Organization)とみなされているという点にある．このような文脈で用いられる非営利目的組織という言葉は，すでに明らかなように，NPO(Non-Profit Organization)と同義ではない．つまり，非営利目的組織は協同組合とNPOに対して上位概念として位置している．協同組合が非営利目的組織の1形態であるのと同様に，NPOもまた非営利目的組織の1形態なのである．

以上の考察からして，ヨーロッパでは協同組合，共済組織，NPO, NGOが，営利目的の組織ではない(Not-for-Profit Organization)という共通の特質によって第3セクターの構成組織と理解されているのに対して，アメリカでは税法上の基準によってNPOとNGOが非営利組織として免税対象とされており，免税対象とされない協同組合と共済組織は民間営利セクターに所属すると理解されていると言ってよかろう．

3 ヨーロッパの第3セクター

3.1 社会的経済セクターづくりの運動の進展

ヨーロッパでは従来多くの論者が協同組合セクターの重要性を強調してきた．「協同組合間協同の原則」も協同組合セクターという構想と密接に関連している．

1966年のICA大会は新しい協同組合原則として「協同組合間協同」の原則を採用した．協同組合原則の成立史を研究した伊東勇夫はこの新原則を，つぎのように「20世紀後半を象徴する原則」として高く評価している．

> とくに付加された原則として重要なものは，1966年第23回ウィーン大会で採択された協同組合間協同の原則である．国際的規模の多国籍企業の出現，寡占企業の成立，巨大流通資本の出現，インテグレーションの発展，

寡占価格の市場支配などに対し消費者・小生産者の生活と生産を防衛するため地域のレベル，全国レベル，国際レベルの各種協同組合間の協同が不可欠だという認識に基づいたもので，20世紀後半を象徴する原則である（伊東 1986, p.70）.

この新原則に関して軽視されてならない点は，それが，個々の協同組合間協同の実践の重要性を意味するだけでなく，協同組合セクターという構想と結びついていたという点である．協同組合原則に関する先行研究のなかではこの点が軽視されているので，ICA の原則調査委員会報告書から関連箇所を引用しておこう．

　共に活動するということは，単に既存の種類の協同組合の中央会や連合会の内部での誠実な協力だけではなく，実行可能なあらゆる段階における各種の協同組合の間の，より緊密で有効な関係をも意味する．協同組合の異種部門の間の統一と結集が欠けているというだけのために，経済界における協同組合セクターという構想が，それにふさわしい物的現実性を伴わない知的観念にとどまっている場合があまりにも多すぎる（全国農業協同組合中央会他編 1977, pp.79-80. 訳文は変更した）.

1995年のICA大会における協同組合原則改定においても，「協同組合間協同」は7原則のうちの第6原則として重視されることとなった．しかし，協同組合セクターという構想との関連で言えば，90年代には66年の原則改定期とは異なる状況が見られた．すなわち，ヨーロッパの協同組合運動では，協同組合間協同の促進だけでなく，その枠をさらに広げて協同組合，共済組織，NPOの3者の間の協同を促進しようとする運動が進展しつつあったのである．

前章で述べたように，このような非営利セクターづくりの運動はフランスを中心にして始まり，EU（欧州連合）諸国に拡大していった．その背景には1970年代以降，先進資本主義諸国においてNPOが急増したという現実があった．

このような運動の高まりを背景にして，1989年にはEC委員会の第23総局内に社会的経済組織の振興を目的とする社会的経済部局が設置されるに至った．EC委員会のEC閣僚理事会への通知「国境なきヨーロッパ市場における社会

的経済セクター内の諸企業」(89年12月)によれば，社会的経済組織についての EC 委員会の基本的な認識はつぎのようであった(詳細については第5章，参照)．

① 定義：社会的経済の組織は，社会的目的をもった自立組織であり，連帯と1人1票制を基礎とするメンバー参加を基本的な原則としている．一般的に，これらの組織は協同組合，共済組合あるいはアソシエーションという法的形態をとっている．

② 評価：これまでの歴史において社会的経済組織は社会変化に対する適応能力を示し先駆的役割を果たしてきた．たとえば，社会保険，年金などの相互扶助組織をつくり，今日の社会保障制度の基礎を築いた．社会的経済組織は，社会的目的をもち，連帯の力によって社会的評価の高いビジネスを生み出す能力をもっている．また，市民，生産者，消費者の多様なニーズに多様な仕方で応えることによって新しい市場を開拓しうる．アソシエーションは，公共的な活動への市民参加を促し，個人を守り，社会の基本的価値を維持するうえで重要な役割を果たしている．

③ 政策：ECは，他の形態の企業が利用できる援助措置(情報提供，財政援助，

表2.1　社会的経済の規模(1990年)

	企業数	組合員数	従業員数	売上高(100万ECU)
社会的経済総計	268,679	182,505,251	2,860,805	1,553,870
協同組合	103,738	53,732,338	1,743,019	1,225,740
銀行・信用	12,088	28,694,982	401,610	924,193
保険・年金	251	6,000,000	19,301	2,518
農業	44,260	4,084,906	374,992	149,750
生産	26,958	997,674	213,955	22,385
商業(生協など)	6,760	9,309,537	409,533	87,416
その他	13,421	4,645,239	323,628	39,478
共済組合	13,929	96,612,538	226,319	76,470
銀行・信用	164	107,000	623	1,586
保険・年金	12,284	96,155,538	225,696	72,914
その他	1,481	350,000	—	1,970
非営利組織	151,012	32,160,375	891,467	251,660
銀行・信用(住宅)	1,029	9,867,211	83,043	218,083
その他	149,983	22,293,164	808,424	33,577

出所)　石塚(1997)，p.106．

表 2.2 各国の社会的経済組織の組合員数 (1990 年)

	EC 11か国	ベルギー	デンマーク	ドイツ	ルクセンブルク	ギリシャ	スペイン
協同組合	53,732,338	1,623,330	1,348,774	15,236,000	23,400	982,897	2,583,459
銀行・保険	34,694,982	1,060,000	—	11,421,000	—	—	940,619
農業	4,084,906	48,270	175,000	600,000	3,400	934,863	830,040
生産	997,674	—	—	—	—	—	—
商業 (生協他)	9,309,537	455,060	1,173,774	1,023,000	—	48,034	660,199
その他	4,645,239	60,000	—	2,192,000	20,000	—	152,601
共済組合	96,612,538	5,907,124	1,081,476	—	—	7,274	4,470,000
非営利組織	32,160,375	—	2,007,000	—	208,000	—	—

	フランス	アイルランド	イタリア		ポルトガル	イギリス
協同組合	14,228,755	1,276,044	5,798,209		590,279	10,041,191
銀行・保険	12,100,000	1,100,000	320,000		218,363	7,535,000
農業	—	166,539	971,348		83,630	271,816
生産	76,702	6,005	881,835		24,132	9,000
商業 (生協他)	2,021,600	—	3,625,026		182,844	100,000
その他	30,453	3,500	—		81,310	2,125,375
共済組合	62,000,000	—	2,514,000		676,695	19,747,969
非営利組織	21,737,000	1,136,211	—		522,690	6,757,474

注) オランダは不明.
出所) 石塚(1997), p. 109.

職業訓練への援助など)を社会的経済組織にも提供し，社会的経済組織がヨーロッパ統合市場から利益を得られるようにする．EC加盟国の国内法がそれを阻害する場合は，その改正に努める．

EUのこのような政策を背景にして，現在EU諸国では社会的経済セクターという構想のもとで，協同組合・共済組合・NPOの集合体としての民間非営利セクターづくりがすすめられている．表2.1と表2.2はその現勢を示している[2]．

3.2 協同組合運動の最近の動向

つぎに協同組合運動の最近の動向を検討することによって，協同組合運動とNPOの運動との共通基盤が強化されつつあるという点を指摘しておこう．

1995年の新しいICA協同組合原則では，従来のICA原則を基礎として，「自治と自立」および「コミュニティへの関与」という2つの新原則が付加されている．

「自治と自立」の原則の内容はつぎのようである．

> 協同組合は組合員が管理する自治的な自助組織である．政府を含む他の組織と取決めをしたり，外部から資本を調達する際には，協同組合は，組合員による民主的管理と協同組合の自治を維持しうる条件を確保する．

今日，「自治と自立」の原則にこたえる動きが実践面で見られるようになってきている．たとえば，従来多くの国で農協は政府の農政執行の仕組みとして利用され，それなりの国家保護も得てきたが，現在では規制緩和政策のもとでそのあり方の再検討が迫られている．このような状況下で，草の根レベルでは「地域社会のための組織」への再編成を求める動きが見られるようになっている．

「自治と自立」の原則は基本的には協同組合の組織としてのあり方にかかわるものであるが，ICAのもう1つの新原則「コミュニティへの関与」は協同組合の活動のあり方にかかわっている．この新原則の内容はつぎのようである．

> 協同組合は，組合員が承認する政策を通じて，コミュニティの持続可能

な発展のために活動する．

　この新原則は，協同組合が，組合員のための自助組織であるだけではなく，さらにコミュニティの発展のために活動する組織でもあることを明示している．協同組合の本質が協同組合原則によって規定されると理解するならば，この新原則は協同組合の本質の変更を迫るほどの意味をもっている．

　従前の協同組合原則が主に協同組合の内部に目を向けた内向的性格のものであったのに対して，この2つの新原則は，協同組合が地域社会の発展のために活動する住民の自立的な組織であることを示すことによって協同組合の社会的ポジションを明確にしているのである．前述したように，協同組合とNPOとの基本的な相違は，協同組合が自助組織であり，NPOが他助組織であるという点にあった．しかしながら，新原則のもとでは協同組合は，コミュニティのために活動するという点で，NPOとの共通基盤を強めることになったと言えよう．

　実践面でも，協同組合が地域づくりに貢献している例が多く見られる．後述するように，スペインのモンドラゴン協同組合はその典型例である（第7章，参照）．一般的に，ワーカーズコープは地域社会における就業機会の増大をめざして活動しているが，この活動は地域づくりと密接に関連せざるをえない．日本労働者協同組合連合会も「よい仕事をし，まちづくりに貢献します」という原則を労働者協同組合の7原則の1つとしており，実践面でも福祉組織，医療機関，教育機関，文化組織などのNPOとの連携を深めつつ，地域づくりのために活動している．

　その他にも地域貢献活動を重視している協同組合は多くある．社会的に大きく注目された最近の事例としては，1995年の阪神・淡路大震災のさいにコープこうべを中心とする生協が取り組んだ地域貢献活動がある．

　また，イタリアを中心にしてEU諸国に展開しつつある社会的協同組合は，形態は協同組合であるが，他助組織としての性格を強くもつという点で，活動目的からするとNPOに近似している．イタリアの1991年11月8日の法律・第381号「社会的協同組合の規定」によれば，社会的協同組合とは，「社会サ

ービス[ホームヘルプ,介護サービスなど],保健サービス,教育サービスを行う」(Aタイプ),あるいは「ハンディキャップをもつ人びとの就労を目的として農・工・商・サービス事業等の多様な活動を行う」(Bタイプ)ことを通じて,「市民の人間発達と社会的統合に向けたコミュニティの全般的利益の実現を目的とする」協同組合である.社会的協同組合は労働者,ボランティアおよび「本協同組合の活動に関心をもつ公私の法人組織」を組合員とすることができるとされている.また,Bタイプの社会的協同組合においては心身障害者,刑期終了後の受刑者などの社会的にハンディキャップをもつ人びとを組合員の30%以上とすることが要件とされており,それを条件に,地方公共団体が社会協同組合の促進策を講じ,税制面や施設や資源などを提供するさいの優遇措置が規定されている.このように社会的協同組合は異質の構成員から成るマルチステイクホルダー型の組織としての特質を有している.社会的協同組合は急増中であり,96年現在,イタリア全体で約2500組織,組合員約6万5000人となっている[3].

これらの事例に見られるように,協同組合とNPOは現在,活動面において共通の性格を強めつつあると言える.

3.3 NPOの最近の動向

つぎに,主としてNPOの最近の動向を見ることによって協同組合との関連を考察しよう.

まず最初に,ヨーロッパの社会的経済セクターのなかで占めるNPOの位置を見ておこう.EUROSTAT(EU統計局)が1993年に行った調査によれば,当時のEC12か国の全国組織に加盟する社会的経済組織数は26万9000,就業者数は290万人,事業高は1兆5500億ECUである.その内訳は,組織数に関しては,協同組合が39%,共済組合が5%,NPOが56%である.就業者数に関しては,協同組合が61%,共済組合が8%,NPOが31%である.事業高に関しては,協同組合が79%,共済組合が5%,NPOが16%である.メンバー数は,協同組合が5370万人,共済組合が9660万人,NPOが3210万

人である(富沢 1996b, pp.21-22).

　メンバー数の合計は1億8240万人となる．一人が複数の組織に加盟している場合があるので，実態は異なった数字となるが，かりにこのメンバー数を当時のEC 12か国の総人口3億2000万人と単純に比較をすると，総人口の約57％が社会的経済セクターに所属するメンバーの数となる．この他にボランティアの数を加えると，社会的経済セクターに関連する人びとの数はかなりの規模になろう．

　NPOのなかにはフルタイムで働くボランティアがかなりいるので，その数を含むと上記の就業者数は大きく変化する．EUの欧州委員会第23総局の社会的経済部局が1995年に作成した資料[4]によると，EU 15か国の社会的経済セクターの就業者数は1990年現在で640万人(総就業者数の4.4％)とされている．その内訳もNPOが59％，協同組合が34％，共済組合が7％と，NPOがトップの位置を占めることになる．

　参考までに前述のサラモンを中心とする非営利セクター国際比較プロジェクトの調査結果と比較すると，世界の主要7か国(アメリカ，イギリス，ドイツ，フランス，イタリア，ハンガリー，日本)のNPOセクターの就業者数(1990年)は1180万人であり，全就業者数の5％，サービス産業内の就業者数の12％を占めている．この他にフルタイムのボランティアが470万人いる．事業高は4730億ECUであり，全GDPの5％を占める．財政面を見ると，収入の47％が事業収入，43％が公共機関からの援助，10％が寄付収入であり，支出の75％は，教育，健康，社会サービス，文化・レクリエーションという4領域の活動にあてられている(Social Economy Unit of the European Commission 1995, pp.5-6).

4　アメリカの第3セクター

4.1　第3セクターの構成要素

　1970年代という比較的早い時期に第3セクター研究を開始したB. A. ワイ

スブロッドにも見られるように，アメリカでは一般に，NPO が第3セクターを構成すると理解されている (Weisbrod 1975, 1977).

最近ではサラモンが，アメリカの非営利セクターを構成する組織に共通する特徴として，前述の国際調査に用いた5つの特徴 (①フォーマルに組織されていること，②民間の組織であること，③利益配分をしないこと，④自己統治，⑤自発的であること) の他に，「公共の利益のためのもの」という特徴を付加している (Salamon 1992, pp.6-7, 邦訳 pp.21-23). そして，「フォーマルに設立された組織で，自主管理を行い，利益配分は行わず，有志によるものであって，公共の利益を追求する．これらの特徴によって，われわれが非営利セクターと呼ぶものが構成されている」と結論している (同上書, p.10, 邦訳 p.29).

さらに，サラモンとアンハイアーは第3セクターを端的に「形態は民間であるが目的が公的である組織の集合」としてとらえている (Salamon and Anheier 1994, p.2, 邦訳 p.3).

さらに，NPO にはつぎのような組織特性があるとされる.

NPO の最高経営組織である理事会のメンバーは，ボランティアによって構成される．理事会は，公共的利益のために活動するという団体の目的が適正に遂行されているかどうかを監視する役割をもつ．それゆえ，理事会メンバーは金銭的報酬のために団体に関わってはならず，ボランティアでなければならない．理事会の意志を受けて日常的に業務を執行するのがスタッフ (有給) である．そして，スタッフの仕事を助け事務補助の仕事や専門的な仕事などをするボランティアがいる (電通総研編 1996, p.47).

4.2 NPO に関する法制度

NPO は，①法人の設立，②税法上の優遇措置，③郵便料金の低減，などの点で優遇措置があり，その代わりに④内国歳入庁への報告，および情報の開示などの義務を負う (同上書, pp.32-48. および Salamon and Anheier 1994, pp.98-102, 邦訳 pp.130-136).

① **法人の設立**　民間非営利組織は NPO 法人として州法により設立が認め

られる．州によって若干異なるが，一般にNPOは法的には「非配当の原則」，すなわち活動によって生じる利益を設立者や出資者，また理事や会員に分配せず，そのすべてを目的とする活動に再投資することを誓約する民間法人と定義される．

設立に当たっては，州務省に法人登録する必要があるが，手続きは比較的容易である．名称，活動目的，所在住所，創設者(責任者)名を登録書式に記入し，法人登録税(州によって異なるが，カリフォルニア州では1991年現在800ドル)を払えばよい(これは後日租税控除特典が認められれば返却される)．この手続きは郵送でもよい．申請から認可までの期間は数日である．

② **税法上の優遇措置**　　税法上の優遇措置には連邦レベルと州レベルがある．

連邦税については，連邦政府内国歳入庁に対して，州の法人登録の証明書，定款，活動実績を示す書類等を提出して申請する．連邦の税制優遇措置には，所得控除と被寄付控除がある．被寄付控除は寄付をするものは法人，個人にかかわらず寄付金を課税所得から控除できるというものである．租税控除はNPOであればほとんどの場合受けられるが，被寄付控除は公益性が高いNPOに認められる．この規定が適用される範囲は内国歳入法の501(c)(3)に記されていることから，被寄付控除特典をもつNPOを「501(c)(3)団体」と呼ぶ．

501(c)(3)の地位に該当するかどうかは，内国歳入庁が組織の会則や事業目的の文書などを審査して確認を行うが，これはかなり日常的に行われている．

なお，内国歳入法第501項(c)(3)では，団体が政治的なロビー活動に携わることに一定の制限を設けている．ロビー活動に専念する団体は第501項(c)(4)のもとで免税資格を求めなければならない(ただし，税控除寄付をうけることはできない)．この項は「利益のために組織されたのではなく，もっぱら社会福祉の増進……のために運営される市民連盟や団体」のために設けられている．

州税に関する同様な控除特典は，州のフランチャイズ税局に申請して認可を受ける．

③ **郵便料金の低減**　　501(c)(3)団体は，郵政公社に申請することによって郵便料金の低レート(日本の場合の5分の1から10分の1ほどの料金)の適用が受け

られる.

④ **NPO の義務**　NPO は内国歳入庁に対して活動と財政の内容を報告する義務がある.また,活動内容など各種の情報を一般に開示しなければならない.

4.3　第3セクターの規模と財政構造

サラモンとアンハイアーの調査によれば,アメリカの第3セクターの規模と財政構造は以下のとおりである(Salamon and Anheier 1994, 同上ページ).

① **規模**　表2.3 が示すように,運営支出は 3410 億ドル(GDP 国内総生産の 6.3%)であり,712 万の雇用者(労働人口の 6.8%.パートタイム雇用者はフルタイム換算してある)がいる.

表 2.3　非営利セクターの規模の国際比較(1990年度)

	アメリカ		7か国平均	
1. 雇用(フルタイム換算)				
非営利部門総雇用者数(人)	7,120,000		1,682,257	
総就業者数に占める割合	6.8%		3.4%	
2. 運営支出				
総額(100万ドル)	341,000		85,958	
GDP に占める割合	6.3%		3.5%	
分野別比率	雇用	年間支出	雇用	年間支出
文化とレクリエーション	3.5%	3.2%	16.9%	16.5%
教育と研究	22.5	23.1	22.1	24.0
医療・保健	47.1	53.4	22.3	21.6
対人サービス(社会福祉)	14.4	10.1	24.5	19.6
環　　境	1.1	0.7	0.7	0.8
地域開発と住宅	6.0	3.1	4.2	5.0
市民運動	0.3	0.3	1.0	1.2
フィランソロピー	0.3	0.3	0.3	0.5
国　　際	0.1	0.1	0.8	9.2
経済・専門職団体	3.5	5.2	6.1	1.0
そ の 他	1.4	0.9	1.0	0.8
合　　計	100.0	100.0	100.0	100.0

注)　宗教団体除く.7か国はアメリカ,日本,イギリス,フランス,ドイツ,イタリア,ハンガリー.
出所)　電通総研編(1996), p.39.

これに加えて，フルタイムに換算して920万人に相当するボランティアがいると推定されている(1995年)．ボランティアはNPOをささえる大きな柱である．1995年にボランティア活動に参加した18歳以上のアメリカ人は，全体の49%にあたる9300万人で，1週間に平均4.2時間の活動をしている．本格的なボランティア活動に費やした総労働時間は年間157億時間となり，その労働価値は2015億ドル(GDPの約3%に相当)となる(NPOであるIndependent Sectorの調査による．1998年2月12日付『朝日新聞』)．

② **財政構造**　運営支出の4分の3を病院と高等教育機関が占める．とりわけ病院とその他の保健・医療サービス機関が占める割合が大きく，全体の50%以上を占める．全病院の半分以上が，かたちのうえでは民間の非営利組織である．公的施設は3分の1で，残り(約17%)は営利組織である．

教育・調査研究機関が支出の約4分の1を占める．なかでも高等教育機関が主要な地位を占める．非営利組織の大学は全大学数の約半分を占める．

社会福祉サービス組織の運営支出は全体の約10%である．しかし，社会福祉サービス分野で活動する組織の60%近くが非営利組織であることを考慮すると，この分野での非営利組織の重要性はかなり高い．こうした組織は，保育，カウンセリング，情報・紹介サービス，家族向けサービスなどの活動をしている．

表2.4　NPOセクターの財政基盤(1990年度)

	アメリカ	日本	7か国平均
全体に占める割合			
政　　府	30%	38%	43%
民間の寄付金，助成金	19	1	10
支払い等	51	61	47
合　　計	100%	100%	100%

注)　政府：助成金・補助金・事業委託など．
　　民間の寄付金，助成金：個人・企業からの寄付金・民間財団からの助成金．
　　支払い等：サービスへの支払い・会費など．
　　7か国は表2.3に同じ．
出所)　電通総研編(1996)，p.44．

同様に文化・レクリエーションの分野でも支出は全体の3%と少ないが，非営利組織の役割はかなり大きい．たとえば交響楽団，美術館，オペラ，博物館などはほとんどが非営利組織である．

収入は，表2.4が示すように，会費と事業収入が非営利セクターの全収入の半分以上を占める．そのほとんどは民間保険および患者からの医療費，大学の授業料というかたちをとる．収入の約30%は政府からの支払いである．その大半を占めるのは，高齢者と貧困者を対象とする公的健康保険制度による医療費の払い戻しである．残りは政府の助成金か，サービス購入契約にもとづく収入である．収入の19%は民間からの寄付金である．大部分は個人の寄付であり，基本財産を持つ財団や法人からの寄付は約20%を占める．

5 第3セクターの評価

第3セクターの評価に関しては欧米間で基本的な差違はない．それは，担い手に関しては理解の相違があるとはいえ，両者それぞれが理解する「第3セクター」が民間非営利セクターであるという点では共通しているからである．すなわち，第3セクターに対する欧米の評価は，民間非営利セクターの意義に関する評価という点では基本的な差違はないと言える．

5.1 EUの評価

社会的経済に対するEUの一般的な評価についてはすでに述べたので，ここではEUの欧州委員会で社会的経済を担当している第23総局のモルクテ局長の見解を付加しておこう．彼は，CIRIEC第21回大会(1996年5月，リスボン)の基調報告で，およそつぎのように述べている(Molkte 1996)．

経済的危機と福祉国家の危機の結果，社会的経済企業が増加している．
社会的経済企業は，生産から消費に至る経済活動のほとんどすべての領域で活動しており，そこで働く人数は増加し続けている．EU 15か国で現在600-650万人(総就業者数の5%に相当)を雇用している．民間非営利組織

の増大の背景にはとりわけつぎのような事情がある．
① 国と地方自治体の対人サービス機能が低下している．とりわけ医療，保育などの福祉サービスの領域でその傾向が強い．EU諸国のそれらの領域に関わる民間非営利組織の財源の50%以上は政府からの助成金である．
② 民間非営利組織は公共と個人のパートナーシップに適合的な組織である．それは集権的でも官僚主義的でもなく，利用者とともに活動しうる．また，労働者の自主的参加により効率を向上させうる．

5.2 CIRIEC 50周年記念大会での評価

第3セクターに関するヨーロッパの代表的見解は，ヨーロッパを中心に第3セクターの研究を行っているCIRIECにおいて見ることができる．

CIRIECはその50周年記念大会を1997年9月にブリュッセルで開催した．大会のテーマは，「公共的利益に対する公共経済・社会的経済・協同組合経済の貢献──21世紀における役割」であった．この大会には研究者だけでなくヨーロッパ諸国の政治家も参加したので，第3セクター評価の政治的背景，とりわけ社会的経済に対する政治家たちの評価を知るうえでも重要な会議であった．

CIRIECは公共経済と社会的経済を研究する国際的学会であるが，50周年記念大会での報告は，かなりの部分が社会的経済に関するものであり，公共セクターに関する独自の報告はなかった．これは，とりわけEU諸国における社会的経済セクターおよびアメリカにおける「第3セクター」の台頭という現実を受けて，社会的経済と「第3セクター」の解明が現時点における学会の緊急課題になっているということを意味するように思われる[5]．

大会冒頭の挨拶においてはM. Wulf-Mathies(欧州委員会の地域政策担当委員)が，EU統合においては経済的統合とならんで社会的融合(social cohesion)が重要問題となっていると述べて，問題解決のためのCIRIECの研究の重要性を強調した．

基調報告は Michel Rocard (元フランス首相,現欧州議会議員)が行ったが,彼はとりわけつぎの点を強調した.

　　私的セクター中心の経済システムも公的セクター中心の経済もともに限界をもっている.失業や貧困などのように,市場の資本主義的運営が生み出す社会問題はいぜんとして少なくない.失業がなく,労働時間が短縮され,社会福祉が完備されているシステムがつくられなければならない.現在のヨーロッパでは社会的疎外も問題となっている.労働疎外,人間疎外,社会的疎外から解放された,人間的な労働にもとづくコミュニティがつくられなければならない.そのためには,人間の尊厳と豊かな人間関係にもとづく労働の活性化と生命・生活の再活性化が必要とされる.このような社会をつくるためには,営利セクター中心の現在の社会経済システムを再編成することが必要となる.このような観点から経済学をどのように再構築するか.CIRIECのなすべき仕事はまことに大きい.

シンポジュウムでは,第3セクターに関してパネリストからつぎのような発言があった.

　　H. K. Anheier (アメリカ,Johns Hopkins 大学教授) 「多くの国でNPOが急成長している.NPOとの関連で公共財の提供の望ましいあり方を解明することが基本的な課題となる.」

　　P. Coldrick (European Trade Union Confederation[ETUC]の confederal secretary) 「伝統的に労働者は公共セクターによる問題解決を好む傾向が強いので,社会的経済に対する関心はそれほど高くない.しかし,現実には社会的経済が発展しているので,就業形態の多様化,労働市場の流動化などの問題が起きており,そのような問題に対して労働組合がどう対応すべきか,検討を迫られている.」

　　佐藤経明(横浜市立大学名誉教授) 「CIRIECは東欧の移行経済から学ぶものがある.経済システム移行の方法には2つある.1つは imperative method である.IMFと世界銀行の方式がこれで,ショック療法とも言われ,トップダウン方式だ.もう1つは漸進的方式で,経済的問題ととも

に社会的問題も重視する方式だ．この方式は CIRIEC の問題関心からして興味深い．」

　A. Castellano Auyanet (Centre Européen des Entreprises à Participation publique et des entreprises d'intérèt énomique général[CEEP]の会長)
「市民に近い組織(organizations closer to citizens)が現在急増しているが，今後は企業形態においても市民に近い組織がますます重要な意味をもってくるだろう．」

　G. J. Hamilton (Association Internationale de la Mutualité [AIM]の会長)　「社会保険の増大の結果，今後，共済組織によるケアの提供が増大するだろう．ヨーロッパ統合はこの傾向をすすめることになろう．このような事態に備えて協同組合共済組織も事業面で国際化を促進する必要がある．」

　B. Thordarson(国際協同組合同盟[ICA]の専務理事)　「協同組合と共済組織がどのような経済セクターに所属しているのかという問題については，国際的な共通理解はまだ存在しない．基本的なコンセプトの明確化，セクターの特質の解明，NPOを含めた社会的経済セクター内での戦略的連携のあり方などの問題について研究をすすめる必要がある．」

大会閉会前に CIRIEC 50 周年によせるスペインとベルギーの大臣の挨拶があった．

　Juan Carlos Aparicio(スペインの厚生・労働大臣)　「現在は福祉国家から福祉社会への移行期だ．21世紀は連帯に基礎をおく社会となろう．連帯に基礎を置く社会をつくるためには協同労働(associated work)が基礎となるような企業文化の創造が必要だ．社会的経済の倫理的な要素は連帯である．モンドラゴン協同組合がよい例を示している．メンバーの参加，失業問題への対応など，社会的経済の役割は重要である．社会的経済は富の不平等の是正，生活の質の向上，個人の尊厳の維持，移民の社会的統合など種々の社会問題の解決に重要な役割を果たしうる．スペイン政府は，社会的経済の役割として，財とサービスの生産の面だけではなく，就業機会

の増大を重視している．EUも同様な政策をとっている．」

　Y. Ylieff(ベルギーの文部大臣)「ベルギー政府は，公共セクターとともに社会的経済セクターを重視している．社会的ニーズをみたすために必要なセクターであるからだ．政府が責任をもつ公共的利益の確保と社会的経済がどのように関係するのか．このような問題をCIRIECは解明してほしい．」

5.3　CIRIECの最近の研究に見る第3セクター評価

　CIRIECの機関誌である *ANNALS OF PUBLIC AND COOPERATIVE ECONOMICS* は，その第68巻3号(September 1997)をCIRIEC 50周年記念号として刊行した．記念号のテーマは，'Structural Changes and General Interest: Which Paradigms for the Public, Social and Co-operative Economy?' である．

　この記念号の特徴は，ここでもまた第3セクターへの関心の高まりが見られるという点にある．この号に掲載された諸論文にかなり共通して見られる問題視角は，①公共セクターと私的セクターという2セクター構成ではなく，民間非営利セクターを加えた3セクター構成で社会経済システムをとらえる視角，および，②公共セクターだけでなく民間非営利セクターをも公共性の担い手としてとらえ，両セクターの関係を重視する視角である．

　記念号全体の序説をなす冒頭論文，Monnier, L. and B. Thiry, "Introduction: The General Interest: Its Architecture and Dynamics" では，つぎの点が強調されている．

　　　国家はもはや一般的利益の独占者ではない．現実における一般的利益の複雑なあり方を解明するためには，社会構造における一般的利益のメカニズムの解明からアプローチする必要がある．現在の社会経済システムにおいては，一般的利益の実現をめざす種々の組織(公共経済の諸組織と社会的経済の諸組織)が併存し，ときには相互補完的な機能を果たしている．このような問題を考察することが本記念号の目的である．

第2章 社会的経済セクターとは何か —— 59

記念号には14論文が掲載されているが，そのうちとくに上記のモニエとティリの問題提起に対応する論文としては，下記の7論文がある．

① Anheier, H. and A. Ben-Ner, "Shifting Boundaries: Long-term Changes in the Size of the For-Profit, Nonprofit, Co-operative and Government Sectors" は，営利セクター，非営利セクター，協同組合セクター，政府セクターの相互関係が現在大きく変化しつつあるとして，その実態を考察している．

② Lohrendahl, B., "Integrating Public and Co-operative/Social Economy: Towards a New Swedish Model" は，スウェーデンにおいて福祉国家の危機の結果として，公共セクターと社会的経済セクターとの協同関係が出現している点に注目し，それをもってスウェーデンモデルのパラダイム転換による新しいスウェーデンモデルと理解する．そして，このような現象はスウェーデンに特殊なものではなく，「第1セクターと第3セクターとの協同と相互作用は世界的に発展しつつある現象だ」(p.392)と述べている．

③ Monzón Campos, J. L., "Contributions of the Social Economy to the General Interest" は，完全雇用と社会福祉という一般的利益の実現は第1セクターと第2セクターだけでは困難になっていると述べ，一般的利益の種々の目的を実現しつつあるヨーロッパ諸国の社会的経済組織の現状を考察し，一般的利益に対する社会的経済の貢献を高く評価している．

④ Spear, R. and A. Thomas, "Comparative Perspective on Worker Co-operative Development in Several European Countires" は，ヨーロッパ諸国のワーカーズコープの実態を考察し，それらが一般的利益に貢献するところが大きいと結論している．

⑤ Kaplan de Drimer, A., "Will Co-operatives be able to Preserve Their Nature and Their Members' General Interest in the Face of Structural Changes?" は，社会経済システムの変化が協同組合に及ぼす影響について考察している．

⑥ Lévesque, B., M.-C. Malo and R. Rouzier, "The 'Caisse de Dépôt et Placement du Québec' and the 'Movement des Caisses populaires et d'Economie Desjardins': Two Financial Institutions, the Same Convergence towards the General Interest?" は，公的セクターにある信用機関と社会的経済セクターにある信用機関を比較考察して，一般的利益の実現という点で両者の共通性が増してきていると結論している．

⑦ Orbán, S. (ed.), W. Fremuth, G. Obermann and R. Schediwy, "Structural Changes and Preservation of the General Interest in Austria: The Influence of Accession to the European Union on the Development of the Public Economy and the Social Economy" は，EU 加盟による公共経済と社会的経済の変化がオーストリアの一般的利益のあり方に及ぼす影響について考察している．

5.4 その他の見解

社会的経済の意義に関する見解は，協同組合研究者たちの間でも多様であるが，参考までに，以下に協同組合研究者以外の見解を補足しておこう．

CFDT（フランス民主労働同盟）の全国書記として経済政策の立案に従事してきた P. エリティエは，その著書『オルタナティブ・エコノミーへの道』において，フランスの労働者人口の 6% にあたる 124 万人がすでに社会的経済セクターで働いていることに注目して，「自律と連帯のための地域ネットワークと「社会的経済」とを基盤とするオルタナティブ・エコノミー」(Héritier 1988, 邦訳 p.197) を構築すべきだと主張し，そのための具体的提言を行っている．

また，経済学者としてはレギュラシオン学派の A. リピエッツが，その著書『勇気ある選択』において，つぎのような構想を展開している (Lipietz 1989, ch.9)．

　　国家は福祉事業，住宅整備，環境改善事業など「社会的に有用な事業」を担う「第 3 セクター」の発展を積極的に援助すべきである．第 3 セクタ

ーの労働者は協同組合に組織される．そこでは新しい社会関係が形成される．すなわち，そこでは第1に，教育と活動が結合される．第2に，協同組合を利用する人たちはこれらの協同組合活動が実際に「社会的に有用であるかどうか」をチェックし民主的にコントロールする．「かかるセクターが実現されるならば，それは経済関係の人間化の新たな一歩になるだろう．」「このような社会的に有用な事業は，福祉国家の危機と闘うきわめて効果的な手段である．」「このような新しい同盟をつうじて，福祉国家が福祉共同体になってゆくことは明らかである．」

5.5 アメリカでの評価

第3セクターの担い手に関する理解は異なるが，アメリカにおいても第3セクターの意義に関する評価は基本的にヨーロッパと同様なものが見られる．

アメリカにおいてかなり早い時期に第3セクターの重要性を強調したのは，著名な経営学者であるP. F. ドラッカーであった．彼は『新しい現実——政府と政治，経済とビジネス，社会および世界観にいま何がおこっているか』と題する1989年刊行の著書(Drucker 1989)において，民間非営利組織の急増こそ現代社会の特徴をなす「新しい現実」だと述べて，それに続く諸著作(Drucker 1990, 1992, 1993)においても民間非営利組織の分析を継続している．

彼は『新しい現実』の第13章で第3セクターの意義に関してつぎのように述べている．

「第3セクターの重要性はもちろんのこと，その規模についてさえ，ほとんど知られていない．その存在に気づいている人さえあまりない．」しかし，第3セクターは1970年代以降急成長している．第3セクターはその参加者に対して「主体的かつ意義ある社会生活の場を提供している」．第3セクターで働いている人びとは社会に独自の貢献をしている．第3セクターに所属する諸組織に共通するのは，病院や学校の例に顕著に見られるように，「人間を変える」という目的である．したがって，民間非営利組織にとっては「まさに人間改革機関こそふさわしい名称であろう」．こ

のような機能が地域社会の自律的な団体によって果たされているところに，その特徴が見られる．「第3セクターは人びとが市民としての役割を果たす場をつくりだしている．」それだけではない．「今日，家庭や地域社会の崩壊について多くが論じられている．あらゆる先進国において伝統的な地域社会は弱体化しつつある．……しかし今やアメリカでは第3セクターによって地域社会の新しいきずながつくられつつある.」

第3セクターの国際調査を行ったサラモンとアンハイアーもつぎのように述べて，ドラッカーとほぼ同様な評価をしている．

「近代社会においては，何かよいことをしたい，公共的な仕事に参加したいという気持ちを抱いている市民に対して，そのための仕組みを用意することがきわめて重要である．このような気持ちは，政府の官僚組織でも営利企業でもあるいは政党でさえも満たすことはできない」(Salamon and Anheier 1994, 邦訳「日本語版への序文」p.iv)．このような「人びとのさまざまな期待に応え市民社会を確立するために幅広い役割を担ってきた」のが民間非営利組織である(同上書，邦訳 p.v)．アメリカでは「特に1960年以降，非営利セクターは過去30年間にわたりアメリカの政治を活気づけてきた多くの重要な社会運動，たとえば公民権運動，環境運動，消費者運動，同性愛者の権利を守る運動，女性運動その他の苗床として機能してきた」(同上書，邦訳 p.131)．

また，『エントロピーの法則』(1980)で熱力学的な汚れの増大の危険性を指摘することによって現代文明を告発して，世界的な反響を呼んだJ. リフキンは，『大失業時代』(1995)において，社会的経済というコンセプトにも触れながら，第3セクターの意義についてつぎのように述べている．

「フランスの社会科学者たちは1980年代に「社会的経済」という用語を導入し，第3セクターと市場交換経済との差違を明確にしようと試みた．……フランスの経済学者ティエリー・ジャンテによれば，旧来の経済学では測るすべもなく，また測りたいとも思わないようなものに対する重要な付加価値という視点からみたときに，社会的経済というものはもっともよ

く理解できる.」「第3セクターがになう社会的責任は,私的セクターや公共セクター以上に重い.それはこのセクターが,なんらかの理由で疎外され,見向きもされず,あるいは企業や政府によって充分に保護されてこなかった幾百万のもの人々の要求や希望をくみとり,それをかなえていくための分野だからである」(Rifkin 1995, 邦訳 pp.273-274).「民間市場における雇用が減り,国民の日常生活のなかではたす政府の役割が低下するにつれ,社会的経済は,歴史的移行期を迎えた人類文明が選択しうるもうひとつの機構的枠組みを再構築するための最後の,そして最良の希望となっているのである」(同上書,邦訳 p.315).

6 むすび——要約と第3セクター論に対する示唆

第3セクターの一般論にアプローチするためにはすくなくとも,①第3セクターをどう規定するかという問題と,②社会経済システムにおける第3セクターの位置と機能という問題について考察しておく必要がある.

6.1 第3セクターの規定

第3セクターの担い手とみなされる民間非営利組織が国によって異なるため,国際的に共通する第3セクターの定義を確定することは困難である.

すでに述べたように,大きく見ると第3セクターの担い手に関しては現在3つの見方がある.

第1は,国あるいは地方公共団体と民間の共同出資によって設立された企業を第3セクターの担い手と理解する日本の見方である.しかし,前述のように,これは国際的に見ると非常に特殊な見方であり,国際的に通用する理解とするのは困難である.

第2は,アメリカで多く見られる見解で,NPOが第3セクターを構成するとするものである.しかし,このアメリカ的見解は,協同組合と共済組織を営利セクターに位置づけるという点で,日本を含めて多くの国の実状に合わない.

したがって，国際的に見るとやや特殊な見解であり，これもまた国際的に共通の理解とするのは困難である．

第3は，ヨーロッパ諸国に多く見られる見解で，協同組合，共済組織，NPOが第3セクターを構成するとするものである．このヨーロッパ的見解は，協同組合，共済組織，NPOの共通特質を「営利目的ではなく社会的目的の実現を第一義とする組織」(Not-for-Profit Organization)としてとらえ，3者を「非営利組織」として一括して把握しようとするもので，かなり多くの国で受け入れられる見解である．

しかしながら，第3セクターの担い手を協同組合，共済組織，NPOという3つの組織形態に限定してとらえることも問題なしとは言えない．なぜならば，社会的目的の実現を第一義とする組織がこれらの3つの形態にとらわれず多様な形態で増加しつつあるし，今後も増加し続けると予測されるからである．したがって，ヨーロッパ的見解を前提としつつも，組織の形態にとらわれず組織の質を重視して第3セクターの担い手を理解する視点が必要となる．すなわち，前章で述べたように，第3セクターの担い手となる組織を「営利目的ではなく社会的目的を実現するために活動する開放的，自立的，民主的な組織」としてとらえる視点が必要となるのである．

6.2 社会経済システムにおける第3セクターの位置と機能

6.2.1 ペストフの見解

V. ペストフは，スウェーデン在住のアメリカ人で，アメリカとヨーロッパの第3セクターの実状に通じている．彼は従来型のスウェーデン福祉国家モデルの変化の方向として新しい福祉社会モデルを示そうとしている．ペストフの社会経済システム論は，「福祉3角形」(welfare triangle)モデルにもとづく「福祉ミックス」(welfare mix)論として特徴づけることができる(藤田 1994)．すなわち，彼は社会を構成する領域としての国家，市場，第3セクター，コミュニティを図2.1のような3角形に表し，第3セクターを他の3領域を関係づける中心に位置づける．そして，国家，市場，コミュニティのそれぞれの欠陥を補うものとして第3セクターのリーダーシップが

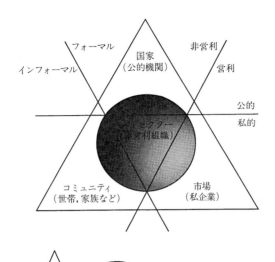

図 2.1　福祉 3 角形における第 3 セクター
出所）Pestoff (1992), 邦訳 p.9.

社会の諸領域の良好な混合システムをつくりだしていくと主張する．

　すなわち，彼によれば，消費者協同組合は消費者の力を強め，ワーカーズコープは労働者の労働生活を改善し豊富化することができる．NPO は公的サービスの補完機能を果たすことによって福祉国家の目的達成に大きな効果を発揮しうる．また，公的サービスの供給形態の多様化によって，サービスの提供者と利用者の双方にとって選択の自由が拡大する．このようにして第 3 セクターは，消費者の権利の強化，労働生活の改善と豊富化，そして公的セクターの再生と福祉国家の豊富化に貢献しうる．第 3 セクターの優位性は，消費者の権利の強化，労働生活の改善と豊富化，そして公共セクターの再生と福祉国家の豊富化にある．したがって，福祉の単純な民営化よりも第 3 セクターの力を活用することを考慮すべきである (Pestoff 1991, 1992)．

　ペストフの「福祉 3 角形」（図 2.1）においては，「福祉ミックス」という観点から第 3 セクターが他の 3 つの社会領域と重なるものとして図示されている．実態から見れば重複領域の存在は無視できないが，他の 3 領域と異なる独自の

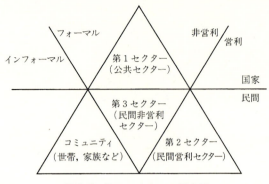

図2.2 第3セクターの概念図

領域としての第3セクターを明確に図示するためには，図2.2のようにペストフの図を若干改訂して単純化する必要がある．この図で改訂した点は，①理念型としての第3セクター概念を明示するために，重複領域をなくして境界線を引いたことと，②国家領域以外の3領域を「私的」という概念でくくるのは誤解を生じかねないので，「公的と私的」という対概念を「国家と民間」という対概念にかえたことである[6]．

6.2.2 サラモンの見解

サラモンは民間非営利組織が世界的な規模で増加している主要な原因として「4つの危機と2つの革命的変化」をあげている．すなわち，①福祉国家の危機(高負担)，②開発をめぐる危機(南北格差)，③環境の危機(地球環境)，④社会主義の危機(計画経済の失敗)，および，①コミュニケーション革命(情報技術の発展と教育レベルの上昇)と②経済成長の結果としての中産階級の形成である(Salamon 1994, pp.115-118, 邦訳 pp.406-409). 別言すれば，高度化した情報技術と教育レベル，および増大した中産階級を基盤として，4つの危機に対応するかたちで民間非営利組織が増大しているとされる．

さらにサラモンは，アメリカにおいて多数の民間非営利組織が存在する理由をつぎの5点に集約している(Salamon 1992, pp.7-10, 邦訳 pp.23-29).

① 歴史的理由：政府機関が住民共通の問題の解決に対処する立場につく以

前に，コミュニティが形成されており，住民自身が問題解決に従事していた．
② 市場の失敗：市場の限界を補うために，政府は国民全体のために公共財を提供し，非営利組織が特定の人びとのために共同財を提供する．
③ 政府の失敗：わずらわしさ，対応の遅さ，官僚的反応などを伴う政府行動の限界を補うために，非営利組織が活動する．
④ 自由と多元的価値観：個人の自由と多元的価値観を確保するために非営利組織が活動する．
⑤ 連帯：有志による自発的な共働を求めるという連帯の感情を具現するために，非営利組織が活動する．

①はアメリカに特有な歴史的理由であるが，他の4つの要因は一般的なものと理解されうる．サラモンによれば，「市場の失敗」と「政府の失敗」を補完するとともに「自由と多元的価値観」および「連帯」を実現するところに，第3セクターの主要機能が認められるということになろう．

6.2.3 第3セクターの市民社会形成機能　多くの第3セクター研究者が共通して強調している点として，第3セクターがもっている市民社会形成機能をあげることができる．

サラモンとアンハイアーは，「人びとのさまざまな期待に応え，市民社会を確立するために幅広い役割をになってきた組織」として民間非営利組織をとらえ(Salamon and Anheier 1994, 邦訳 p.V)，「第3セクターは，結局のところ，第一義的に「市民のセクター」なのである」と結論している(同上書, p.116, 邦訳 p.160)．

1992年に設立された「第3セクター研究のための国際学会」(International Society for Third Sector Research)も自らの組織を「フィランソロピー，市民社会，非営利セクターの領域の研究と教育を促進するための国際的学会」と規定して，第3セクターが「市民社会の領域」であることを強調している(同学会のインターネット・ホームページ, http://www.jhu.edu/~istr 1998年1月6日付)．

スウェーデンのウエストルンドとウエスタダールは,社会的経済の大衆向け説明として「社会的経済は,利潤最大化をめざす組織より成るセクターと税によって運営されるセクターとともに市場経済の内にあり,「市民によって運営される」第3のセクターを構成する」と述べている(Westlund and Westerdahl 1997, p.6).

また,スウェーデンの他の論者は,民間非営利組織から成る領域は「市民社会,社会的経済,第3セクター」と呼ばれている,と述べている(Apelqvist 1997, p.104).

日本でも第3セクターを「市民セクター」として把握する論者がかなりいる[7].

歴史的観点からすると,第3セクターがもつ市民社会形成機能はどのように評価されうるのであろうか.これまでの諸論者の見解を参考にして,最後に私見を述べておきたい.

近代社会の特徴を端的にあらわすものとして「身分から契約へ」(H. J. メーン),「ゲマインシャフトからゲゼルシャフトへ」(F. テンニース)という表現が用いられる.これは社会関係が個人の伝統的社会への帰属によって決定される社会から,自由な個人間の合意によって決定される社会への歴史的変化を示している.前掲の図2.2との関連でこの歴史的変化を述べるならば,インフォーマルな領域(コミュニティ)が縮小して,フォーマルな領域(第1セクター,第2セクター,第3セクター)が拡大することを意味する.さらに,これらの4つの領域との関連で歴史的変化を大きく見ると,原始社会ではコミュニティが支配的な位置を占め,農業社会では第1セクター(権力機構)が支配的な位置を占め,工業社会では市場が拡大して第2セクター(民間営利セクター)が支配的な位置を占め,第3次産業と情報化が進展するポスト工業社会では第3セクターと市民社会が発展する可能性が生じる,ということになる.

市民社会は伝統的共同体から自由になった個人としての市民が構成する社会であるが,共同体からの自由は一面では個人の孤立化を生じやすい.このような傾向に対して,民間非営利組織は市民社会における公共的活動を通じて諸個

人を結びつけ，グラスルーツから公共性をつくることによって，市民社会内部における新たな共同体を形成する機能をもつことが期待されていると言えよう[8]．

1) ICMIF の規約によれば，「国際協同組合・共済保険連合(以下，連合という)は，協同組合・相互保険組織の自発的な団体である．連合は，国際協同組合同盟の専門機関であり，会員間の相互活動にもとづいてその使命を追究するものである」．「私たちの目的は，世界的規模の金融サービス業界のなかで，独自な，結束力をもつ，強力な，そして影響力をもつ協同組合・相互保険セクターの発展を強め推進することである．」1996年度版 ICMIF 会員情報によると，正会員は82団体(52か国)，150保険組織である．そのうち協同組合形態をとるものは53.6%，相互会社形態は27.6%，株式会社形態は16%，その他は2.8%である．全体で世界の損害保険料の約4%，生命保険料の約2%を占めている(吉沢 1997, p.23)．

2) EU 統合下における社会的経済の現状については，石塚(1997)参照．

3) 佐藤一子(1997) pp.6-7. 社会的協同組合については，その他に，菅野(1996)，後(1996)，佐藤紘毅(1997)，参照．

4) Social Economy Unit of the European Commission (DG XXIII/A/4), *The Social Economy Unit Seville Update*, October 1995, p.1.

5) 大会に関する以下の記述は私の大会参加メモにもとづく．

6) 第3セクターに関する議論のなかでは「私的」という概念は民間営利セクターの特徴を表すものに限定して用いられることが多い．「公的と私的」という対概念の代わりに「国家と市民社会」という対概念を用いることも考えられるが，そうするとペストフの理解する市民社会と異なってしまうので，ペストフのオリジナルな構想を尊重して，この対概念も用いないことにした．ペストフによれば，市民社会の構成要素はコミュニティと第3セクターであり，「私的で営利を目的とする企業は市民社会に含まれない」とされるからである(Pestoff 1992, p.9)．

7) 最近の論文としては，藤井(1997a, 1997b)，橋本(1998a, 1998b)，参照．なお，NGO を「市民社会組織」(civil society organization)と表現する論者もいる(Ritchie 1997, p. 81)．

8) このような機能はまた，サラモンによれば，国家と市民の関係を変化させる可能性をもつ．この点に関して彼はつぎのように述べている．

民間非営利組織が世界的に急増しており，グローバルな規模で「結社革命」(associational revolution)が進行している．「こうしたグローバルな第3セクターを形成

する無数の自立的民間組織は,利益を株主や役員に配当することを目的とする利益組織とは異なる存在であり,国家の枠組みの外側で公共の目的を追求している.こうした組織が世界的に拡散していけば,国家と市民の関係が永続的に変化する可能性がある.」(Salamon 1994, p.109, 邦訳 p.401, 訳文は変更した).

　なお,公共性は本来的には社会構成員の一般的利益として存在し,社会の構成員が形成すべきものであるという見解からすれば,第1セクターを governmental,第2セクターを private,第3セクターを public として特徴づけることも可能である.さらにルソーの表現を借りると,社会構成員の「全体意志」を具現して社会の全体利益を守る領域,社会構成員の「特殊意志」を具現してその集団の共同利益を守る領域,「個別意志」によって私的利益を守る領域という3区分も可能となる.これはヘーゲル論理学における一般,特殊,個別という3区分にも対応し,それぞれの利益を公益,共益,私益と表現することもできよう.

第3章　社会的経済セクターの中心的構成要素
——協同組合とは何か

1　問題の所在

　社会的経済セクターのなかでも，経済活動組織として中心的位置を占めているのは協同組合である．したがって，社会的経済諸組織の特質を解明するためには，まずもって協同組合の特質を明らかにする必要がある．今日の国際諸機関においては，協同組合はICA(国際協同組合同盟)の協同組合原則に則って運営される組織として認識されている．本章では，このICAの協同組合原則を検討することによって協同組合の特質を明らかにしたい．

　ICAは，生協，農協，漁協など，世界のあらゆる業種の協同組合が加盟する国際組織である[1]．1997年現在，92か国の225の全国組織が加わり，組合員総数は8億9600万人にのぼる．組合員数の増加は，近年著しいものがある．37年から80年までの43年間で，1億4326万人から3億6279万人へと約2億2000万人増えたが，その後の17年間でさらに約5億3321万人増えている．現在，ICAは世界最大の非営利組織であり，国連の経済社会理事会に登録され諮問的地位をもつ最大のNGOでもある．

　ICAは1995年9月イギリスのマンチェスターで100周年記念大会と会員総会を開き，従来の協同組合原則を改訂し新原則を採択した．

　協同組合原則は，協同組合の組織と活動のあり方を規定することによって，協同組合とはなにか，協同組合はいかにあるべきか，を示すものとなっている．いわば協同組合の憲法とも言うべきものである．したがって，原則改訂は協同組合にとって憲法改正に匹敵する大問題であった．

　協同組合原則の歴史は古い．協同組合原則の原型はイギリスのロッチデール公正先駆者組合で形成されたもので，ロッチデール原則と呼ばれている．

ロッチデール公正先駆者組合の最初の「規約」(1844年)は，組合の目的と計画をつぎのように記している．

　　目的および計画：本組合の目的は組合員の金銭的利益ならびに社会的・家庭的状態を改善するための諸施策を行うことであり，その目的を達成するために1口1ポンドの出資金によって充分な資金を調達し，つぎのような計画と施策を行わんとするものである．①食料品，衣類等を売る店舗を設置すること．②自己の社会的および家庭的状態を改善するため相互扶助をしようとする組合員が，それぞれ居住しうる若干の住宅を建設または購入すること．③失業した組合員，あるいは賃金の引下げが続いて苦しんでいる組合員に職を与えるため，組合が規定した物品の製造を始めること．④組合員のいっそうの利益と安全を確保するために，組合は土地を購入ないし借り入れ，失業したり，不当な低賃金に苦しむ組合員にこれを耕作させること．⑤実行が可能になりしだい，できるだけ速やかに本組合は生産，消費，教育および管理の力を備えること．言いかえれば，共通の利益にもとづく自立した国内コロニーを建設し，同じようなコロニーをつくろうとする他の組合を援助すること．⑥禁酒を促進するため，実行が可能になりしだい，禁酒ホテルを組合の建物の1つに開設すること．

32条より成る規約には，表3.1のⅠ欄に見るように，のちにロッチデール原則と称される諸原則の基本的部分が含まれている．その後，先駆者組合の実践経験をふまえて，1856年にはロッチデール原則が第Ⅱ欄のように14の原則に整理されている．

ICAがその最初の協同組合原則を採択したのは，1937年であった．当時の世界の協同組合の多くはロッチデール原則を範として活動していた．ロッチデール公正先駆者組合は，そのすぐれた活動原則のために発展していったからである．37年のICA原則は，このロッチデール原則を基礎として，第Ⅲ欄で示すように，つぎの7原則から構成された．

　① 加入・脱退の自由，
　② 民主的管理(1人1票)，

表3.1 協同組合原則の変遷

I ロッチデール公正先駆者組合創設時規約の原則(1844年)	II ホリオーク記載のロッチデール原則(1856年)	III 1937年のICA原則	IV 1966年のICA原則	V 1995年のICA原則
	①主として組合員の出資金により開店する			
①品質や分量をごまかさない	②可能なかぎり純粋な生活物資を提供する ③分量をごまかさない			
	④市価で販売し,商人と競争しない			
②掛売りをしない	⑤掛売りをしない			
③代金は引渡しと同時に支払う		⑥現金取引		
④剰余は購買高に応じて組合員に配分する	⑥剰余は購買高に応じて組合員に配分する	③利用高配当	④剰余金の配分	③組合員の経済的参加
	⑦組合員が得た利益は組合銀行に貯蓄する			
⑤出資金に対する利子を3.5%に抑える	⑧出資金に対する利子を5%に抑える	④出資金利子制限	③出資金利子制限	
	⑨職場で得た利益は賃金に比例して配分する			
	⑩剰余金の2.5%を教育に充てる	⑦教育促進	⑤教育促進	⑤教育・訓練・広報
	⑪1人1票の民主的議決権をもつ	②民主的管理(1人1票)	②民主的管理	②組合員による民主的管理
	⑫産業都市をつくり協同組合の商工業を発展させる			
	⑬純良な生活物資を供給するために卸売購買組合をつくる			
	⑭自助努力により勤勉な者の道徳と能力が保証される新しい社会生活の萌芽として協同組合を位置づける			
		①加入・脱退の自由,公開	①公開	①自発的でオープンな組合員制度
		⑤政治的・宗教的中立		
			⑥協同組合間協同	⑥協同組合間協同
				④自治と自立
				⑦コミュニティへの関与

出所) 伊東(1986), p.69, の表を改訂.

③ 組合利用高に応じた配当,
④ 出資金に対する利子の制限,
⑤ 政治的・宗教的中立,
⑥ 現金取引,
⑦ 教育の促進.

最初の4原則は基本原則とされ,あとの3原則は倫理的規範とされた.

この1937年原則では,一般的企業形態である株式会社との対比において協同組合の特質が明示されている.とりわけ,1人1票の原則は,株数に応じた発言権ではなく1人1人が平等の発言権をもつことを保証することによって,協同組合が,資本を中心とする結社ではなく,人間中心の結社であることを示している.また,出資金に対する利子の制限の原則は,協同組合が組合員の集団的自助を目的とする非営利目的組織であることを示している.

原則は不変のものではなく,時代の変化を鋭敏に取り込んだものでなくてはならない.1963年のICA大会は協同組合原則の順守状況に関する調査委員会を任命した.この調査委員会は37年制定の7原則を検討し,第5原則「政治的・宗教的中立の原則」と第6原則「現金取引の原則」をはずし,新たに「協同組合間協同の原則」を付加した.調査委員会の最終成文は66年のICA大会で採択され,つぎの6原則が新原則として決定された.

① 協同組合への加入は自由意思によるべきであり,組合はその事業を利用しかつ組合員としての責任を引き受ける意思のあるすべての人に門戸を開くべきである.その際,人為的な制限や社会的・政治的・宗教的な差別があってはならない(公開の原則).
② 協同組合は民主的組織である.その業務は組合員が同意した方法で選挙されるか,もしくは任命された人びとによって管理されなければならず,また選ばれた人びとは組合員に対して責任を負わなければならない.単位協同組合の組合員は平等の議決権(1人1票)をもち,組合の諸決定に参加する権利を享受すべきである.単位協同組合以外の組織においては,民主主義を基本とし,それぞれに適したかたちでなされるべきである(民主的

第3章　社会的経済セクターの中心的構成要素――協同組合とは何か―― 75

管理の原則).
③ 出資金に対する利子は厳正に制限された利率によって支払わねばならない(出資金利子制限の原則).
④ 協同組合の運営によって生じた剰余金または節約金は組合員全員に帰属するものであり，これを組合員に払い戻すにあたっては，だれかの犠牲においてだれかが得をするなどのやり方を避けなければならない．組合員の決定によりつぎのように実施することができる．(1)協同組合の発展のための準備金．(2)共通サービスのための準備金．(3)組合利用高に比例した組合員への分配(剰余金配分の原則).
⑤ すべての協同組合は経済的活動と民主的運営の両面を含む協同組合の原則および技術について，組合員，役員，職員および一般大衆を対象とした教育を準備しなければならない(教育促進の原則).
⑥ すべての協同組合組織は，その組合員ならびにコミュニティの利益に最善の奉仕をするため，地域的，全国的，国際的レベルで，現実的な方法によって積極的に協同すべきである(協同組合間協同の原則).

　すでに述べたように，協同組合原則の成立史を研究した伊東勇夫は，この新たに付加された第6原則を「20世紀後半を象徴する原則」として高く評価している．

　では，21世紀をむかえる今日の時点で新たに必要とされる新原則はどのようなものであろうか．この問題を検討することが，ICA 100周年大会の主要課題であった．

　1世代はほぼ30年とされているが，ICAは1世代ごとに時代の変化に応じた原則改訂を迫られてきた．このような観点からすれば，1995年の新原則は，ほぼ21世紀の最初の4半世紀を見通したものとならなければならないものであった．新自由主義のもとで私企業化(privatization)と規制緩和が進み，営利企業形態が世界的に一般化し，さらに経済の国際化が進展し，競争が激化するこの激動の時代に，協同組合という組織形態は今なおなんらかの存在価値を有しているのであろうか．それとも協同組合はその歴史的役割をすでに果たし，

時代遅れの存在となってしまったのであろうか．協同組合は，今やまさにその存在価値そのものが疑問視されるにいたっている．このような状況下で協同組合が現代的条件に適合して生き残り発展しうるためには，どのような組織原則と活動原則が必要とされるのか．世界の協同組合は，まさにその存在をかけて根本的なリストラを迫られている．このような時代状況のなかで，原則改訂が論議されたのである．

原則改訂の本格的論議は，すでに80年代に始まっていた．ICAの80年大会で検討された「西暦2000年における協同組合」(レイドロー報告)は，協同組合はいまや協同組合らしさを喪失し思想的な危機に陥っていると指摘したうえで，ICA原則の見直しが必要だと強調した(Laidlaw 1980)．この問題提起を受けてICAは，原則改訂の問題を検討する前提として，現代社会における協同組合の価値はなにか，という根本的な問題から検討を開始した．

1988年のICA大会は「協同組合と基本的価値」をテーマとして開かれ，主としてL. マルコスICA会長の報告書『協同組合と基本的価値』(通称「マルコス報告」，Marcus 1988)をめぐって議論がなされた．

「マルコス報告」の特徴は，1980年の「レイドロー報告」に比べて協同組合運動の危機認識を一層深めている点に見られる．協同組合運動の「思想的な危機」を強調した「レイドロー報告」以降とりわけ顕著になったのは，ヨーロッパ諸国の大規模生協の衰退であった．フランスでは83年のブルターニュ生協の倒産，85年のローレーヌ生協の倒産，86年のフランス卸売連合会の倒産が見られ，イギリスではロンドン生協やロイヤルアーセナル生協の経営不振が顕著になった．「レイドロー報告」によれば，すでに克服されたはずの「経営の危機」の時代が再来したのである．

このような危機の状況下にある世界の協同組合運動にたいして，「マルコス報告」は，「協同組合の生成，発展，消滅に影響を与える人間行動の主要特徴」(同上書, p.85, 邦訳p.15)という分析視点から協同組合の基本的価値を検討した．そして，協同組合の基本的価値を，組合員の参加(member participation)，民主主義の徹底(adherence to democracy)，正直(honesty)，他者への配慮(caring for others)の4つの価値に集約し,これらの価値を実現することによって協同組合運動の活性化をはかろうと提言した.

これらの4つの価値は,相互にどのように関連しているのであろうか.

「組合員の参加」は民主主義の基本的要素である.また,「正直」の構成要素として「情報公開」が強調されているところを見ると,「正直」も民主主義の基本的要素とされてよいであろう.また,「他者への配慮」において,「組合員の意見をよく聞き,討論し,力を合せて行動する」(同上書,p.93,邦訳p.35)という例があげられているところを見ると,「他者への配慮」も民主主義の不可欠な要素としてよいであろう.このような解釈が許されるならば,4つの価値に共通するものは民主主義であり,4つの価値は民主主義に集約されるとしてもよいであろう.

このような観点からすれば,協同組合は民主主義を基盤に経済活動を行う組織と規定され,そこにこそ協同組合の基本的価値があるとされる.

「マルコス報告」は「協同組合の生成,発展,消滅に影響を与える人間行動の主要特徴」という側面から協同組合人が重視すべき価値を析出したが,ここで問題とされているのは協同組合人にとっての価値である.しかしながら,協同組合の価値の問題にとって重要なのは,それだけではない.社会的に見て,協同組合がいかなる価値を有するのかという「社会的な価値」の問題が明らかにされねばならない.そして,その社会的価値を実現することが同時に協同組合人にとっての価値でもあるというように,両者が関連づけられなければならない.

協同組合人が重視すべき価値と,協同組合の社会的価値とを結びつける結節点はどこにあるのか.すでに述べたように,「協同組合は民主主義を基盤に経済活動を行う組織である」というのが,マルコスの最大の強調点であったが,それが同時に協同組合の社会的価値をも示していることに注目する必要がある.

民主化が政治面にとどまらず経済面でも要請されているところに,現代世界の特徴が見られる.経済面での民主化をどのようなかたちで達成するかが世界的に問われていると言えよう.このような状況下で,協同組合は経済の領域に

おいて民主主義を基盤に活動する組織としてその社会的価値を世界に問うたのである．

1992年のICA大会では「変化する世界における協同組合の価値」(ベーク報告，Böök 1992)の審議にもとづき，基本的価値に関する決議が採択された．

ベーク報告は，協同を組織する基本的原理が民主主義であることを力説し，経済の領域における民主主義の担い手としての協同組合の価値を強調した．1992年大会決議では，協同組合が共有する社会的価値として「平等と公正」「自発的かつ相互的な自助」「経済的・社会的発展」があるとされ，協同組合としての価値の実現にあたっては，とりわけつぎの活動が重要だとされた．①人びとのニーズに応える経済活動，②参加型民主主義，③人的資源の開発，④社会的責任と環境に対する責任，⑤全国的・国際的な協同．

協同組合の価値に関するこのような検討をふまえて，95年大会で原則改訂に関するICA理事会案が審議され，新原則が採択されたのである．

以下，本章では新原則の成立過程を検討し(第2,3,4節)，ついで新原則の内容を考察することによって(第5,6,7節)，社会的経済セクターの中心的構成要素である協同組合の特質を解明することにしよう．

2　ICA理事会の原則改訂案

協同組合の価値について審議したICAの1992年大会は，今後の課題として現行の協同組合原則を検討し95年総会で原則改訂を行うことを決定した．

大会後，カナダのI.マクファーソン教授をコーディネーターとする原則改訂委員会(リソースグループ)が結成された．委員会はICA会員組織に対するアンケート調査と3回の会合(1993年9月，12月，94年4月)をふまえて「第1次案」を作成した．その後さらに各方面の意見を聴取しながら，「第2次案」(94年6月)と「第3次案」(94年8月)が作成され，94年10月の第4回委員会での議論をふまえて「最終案第1版」が作成された．最終案はさらに改訂され，「最終案第2版」(95年2月)を経て，95年3月に「最終案第3版」が作成され，

これが委員会の最終案としてICA理事会に提案された[2]．

　協同組合をめぐる環境の激変という客観的条件のもとで，原則改訂委員会は，協同組合のアイデンティティを明確化することを基本的課題とした．その結果，たんに原則を改訂するという作業にとどまらず，①協同組合の定義，②協同組合の価値，③協同組合の原則，という，協同組合の特性を構成する3つの要素とそれらの相互関連を検討することによって協同組合のアイデンティティを総合的に明示することとなった．

　協同組合の定義に関しては，とりわけILOによる定義[3]が重視され，その前半部分の内容が基本的に引き継がれた．

　協同組合の価値に関しては，マルコス報告とベーク報告をふまえつつ，協同組合運動のなかで伝統的に尊重されてきた価値と21世紀の協同組合運動にとって重要と考えられる価値が総合的に検討された．

　原則に関しては，1966年の原則の内容が基本的に継承されたうえで，「サービスの義務」「自治」「コミュニティに対する責任」という3つの原則が新たに付加された．

　1995年4月に開催されたICA理事会は，原則改訂委員会の最終案をさらに改訂した「理事会案」を作成し，それをICA大会検討資料として会員組織に送付した．理事会案は大筋においては原則改訂委員会案をふまえたものであったが，最大の相違点は委員会が新たに付加した上述の3原則のうち「サービスの義務」という原則を削除したところに見られる（この問題点については後述する）．

　以下は理事会案の全文である．

協同組合のアイデンティティに関する声明（ICA理事会案）

定　義

　協同組合は，共同的に所有し民主的に管理する事業体を通じて，共通の経済的・社会的・文化的なニーズと熱望を満たすために，自発的に結びついた人びとの自治的な組織である．

価 値

協同組合は，自助，民主主義，平等，公正，連帯という価値を基礎とする．協同組合の組合員は，正直，公開，社会的責任，他者への配慮という倫理的価値を信条とする．

原 則

協同組合原則は，協同組合がその価値を実践に移すための指針である．

第1原則　自発的でオープンな組合員制度

協同組合は，そのサービスを利用でき，組合員としての責任を負う意思があるすべての人に開かれている自発的な組織である．協同組合は，性的・社会的・人種的・政治的・宗教的な差別をしない．

第2原則　組合員による民主的管理

協同組合は組合員が管理する民主的な組織である．組合員はその政策策定と意思決定に積極的に参加する．選出された代表者として活動する男女は，組合員に責任を負う．単位協同組合の段階では，組合員は(1人1票という)平等の議決権を持つ．他の段階の協同組合も民主的な方法で組織される．

第3原則　組合員の経済的参加

組合員は，協同組合の資本を公正に拠出し，それを民主的に管理する．組合員は，組合員の条件として払い込んだ出資金に対して，配当がある場合でも，通常，制限された配当を受ける．組合員は，剰余金をつぎの目的のいずれか又はすべてのために配分する．協同組合の発展．協同組合の利用高に応じた組合員への還元．組合員が承認するその他の活動の支援．

第4原則　自治と自立

協同組合は組合員が管理する自治的な自助組織である．政府を含む他の組織と取決めをしたり，外部から資本を調達する際には，協同組合は，組合員による民主的管理と協同組合の自治を維持しうる条件を確保する．

第3章 社会的経済セクターの中心的構成要素——協同組合とは何か —— 81

第5原則　教育，訓練，広報

協同組合は，組合員，選出された代表，マネージャー，職員が組合の発展に効果的に貢献できるように，教育と訓練を行う．協同組合は，一般の人びと，とくに若い人とオピニオンリーダーに，協同組合運動の特質と利点についての広報を行う．

第6原則　協同組合間協同

協同組合は，地域的，全国的，広域的，国際的な組織を通じて協同することによって，もっとも効果的に組合員の役に立ち，協同組合運動を強化する．

第7原則　コミュニティへの関心

協同組合は，組合員のニーズと願いに焦点を合わせながら，コミュニティの持続可能な発展のために活動する．

3　大会と総会での審議

1995年9月20日から22日の午前にかけてICA 100周年記念大会が，22日の午後から23日の午前にかけてICA総会が開催された．協同組合原則の改訂は両会議を通じる最大テーマであった．以下はその検討過程である(私の会議参加メモによる)．

20日午後の会議は，①原則改訂委員会のコーディネーターであるI. マクファーソンの原則改訂問題全般にわたる報告，②審議経過に関するICA事務総局長B. ソーダーソンの説明，③原則改訂をめぐる論議，に当てられた．

マクファーソンは，原則改訂委員会での審議内容とICA理事会の原案「協同組合のアイデンティティに関する声明」について説明した後，9月18日のICA理事会の審議結果である再修正案を紹介し，それを支持する立場からコメントを加えた．

18日までに提起された種々の決議案や修正案を審議した結果，ICA理事会が18日にまとめた修正案はつぎの4点である(20日の会議に配布された理事会資

料による).

(1) 定義について.

「協同組合は，共同的に所有し民主的に管理する事業体を通じて，共通の経済的・社会的・文化的なニーズと熱望を満たすために，自発的に結びついた人びとの自治的な組織である」という原案から「文化的」を削除する.

(理由)「文化的」は，もし組合員がそのように望むならば，「社会的なニーズと熱望」という文言に含ませて理解することができるからである.

(2) 価値について.

協同組合が歴史的に重視してきた価値を考慮して，原案に対してつぎの下線部分を付加する.「協同組合は，自助，<u>自己責任</u>，民主主義，平等，公正，連帯という価値を基礎とする．協同組合の組合員は，<u>協同組合創設者たちの伝統に基づき</u>，正直，公開，社会的責任，他者への配慮という倫理的価値を信条とする.」

(理由) 付加された「自己責任」を含めて，それぞれの価値が歴史的伝統をもつものだからである.

(3) 第3原則について.

原案に対してつぎの下線部分を付加する.

「組合員は，協同組合の資本を公正に拠出し，それを民主的に管理する．<u>その資本の少なくとも一定部分は通常，協同組合の共同所有とされる</u>．組合員は，組合員の条件として払い込んだ出資金に対して，配当がある場合でも，通常，制限された配当を受ける．組合員は，剰余金をつぎの目的のいずれか又はすべてのために配分する．

<u>可能な限り，少なくとも一定部分を不分割としうる積立金をつくることによって</u>，協同組合の発展をはかること．

協同組合の利用高に応じた組合員への還元．

組合員が承認するその他の活動の支援.」

(理由) 不分割積立金の原則はほとんどのICA会員組織によって広範に

受け入れられているからである.

(4) 第7原則について.

「協同組合は，<u>組合員のニーズと願いに焦点を合わせながら</u>，コミュニティの持続可能な発展のために活動する」という原案から下線部分を削除し，「組合員が承認する政策を通じて」という文言を付加し，つぎのように修正する.「協同組合は，組合員が承認する政策を通じて，コミュニティの持続可能な発展のために活動する.」

(理由)この修正によって，協同組合が組合員の願いに応えて活動する組織であることが明瞭になるからである.

以上のような理事会案をめぐる討論では12人が発言した．すべての発言者が大筋で理事会案を支持するものであったが，つぎのような再修正意見も表明された．

日本生活協同組合連合会の内舘専務理事は，定義から「文化的」という文言を削除することに遺憾の意を表明した．インドの代表も同主旨の発言をした．

全国労働者共済生活協同組合連合会の小畔常務理事は，従業員の役割に関する文言を第2原則に付加することが望ましい，と主張した．

ICAの生産協同組合委員会(CICOPA)のレジス委員長は，不分割積立金の原則が付加されたことを評価しながらも，「可能な限り」(possibly, できるならば)という文言の付加に対して遺憾の意を表明した．

インドの代表は，定義に「自助と互助に基づいて活動する組織」という趣旨の文言を付加すべき，と主張した．

ブルガリアの代表は，定義に「協同組合間協同」を盛り込むべし，と主張した．

21日午前の会議で原則改訂問題の審議が継続された．7人が発言したが，多くは理事会案を基本的に支持するものであった．

討論の最後にマクファーソンが討論について総括的なコメントをし，結論的に理事会案を支持する発言をした．司会のマルコス会長は「大会での討論結果

を総会に引き継ぐ」とまとめた.

23日のICA総会ではソーダーソン事務総局長が,大会討論にもとづいて再度修正した理事会最終案(「文化的」という文言が復活)を提示し,協同組合の定義のなかに「文化的」という文言を復活させるという提案をした.ついで,日生協を代表して湯浅理事が「文化的」という文言の重要性を強調する発言を行い,削除要求をしていたドイツ代表との調整もついたという報告をした.

最終案は反対ゼロで採択された.ついで,協同組合原則に関する理事会決議も反対ゼロで採択された.

4 新原則

ICA総会で決定された「国際協同組合同盟・協同組合のアイデンティティに関する声明」の全文は以下のとおりである(日本生活協同組合連合会 1996, pp. 10-11).

The International Co-operative Alliance Statement on the Co-operative Identity

Definition

A co-oprative is an autonomous association of persons united voluntarily to meet their common economic, social and cultural needs and aspirations through a jointly-owned and democratically-controlled enterprise.

Values

Co-operatives are based on the values of self-help, self-responsibility, democracy, equality, equity, and solidarity. In the tradition of their founders, co-operative members believe in the ethical values of honesty, openness, social responsibility, and caring for others.

Principles

The co-operative principles are guidelines by which co-operatives put their values into practice.

1st Principle: Voluntary and Open Membership

Co-operatives are voluntary organisations, open to all persons able to use their services and willing to accept the responsibilities of membership, without gender, social, racial, political or religious discrimination.

2nd Principle: Democratic Member Control

Co-operatives are democratic organisations controlled by their members, who actively participate in setting their policies and making decisions. Men and women serving as elected representatives are accountable to the membership. In primary co-operatives members have equal rights (one member, one vote), and co-operatives at other levels are also organised in a democratic manner.

3rd Principle: Member Economic Participation

Members contribute equitably to, and democratically control, the capital of their co-operative. At least part of that capital is usually the common property of the co-operative. Members usually receive limited compensation, if any, on capital subscribed as a condition of membership. Members allocate surpluses for any or all of the following purposes: developing their co-operative, possibly by setting up reserves, part of which at least would be indivisible; benefiting members in proportion to their transactions with the co-operative; and supporting other activities approved by the membership.

4th Principle: Autonomy and Independence

Co-operatives are autonomous, self-help organisations controlled by their members. If they enter into agreements with other organisations, including governments, or raise capital from external sources, they do so on terms that ensure democratic control by their members and maintain their co-operative autonomy.

5th Principle: Education, Training and Information

Co-operatives provide education and training for their members, elected representatives, managers, and employees so that they can contribute effectively to the development of their co-operatives. They inform the general public — particularly young people and opinion leaders — about the nature and benefits of co-operation.

6th Principle: Co-operation among Co-operatives

Co-operatives serve their members most effectively and strengthen the co-operative movement by working together through local, national, regional, and international structures.

7th Principle: Concern for Community

Co-operatives work for the sustainable development of their communities through policies approved by their members.

国際協同組合同盟・協同組合のアイデンティティに関する声明

定 義

協同組合は，共同的に所有し民主的に管理する事業体を通じて，共通の経済的・社会的・文化的なニーズと熱望を満たすために，自発的に結びついた人びとの自治的な組織である。

価値

協同組合は，自助，自己責任，民主主義，平等，公正，連帯という価値を基礎とする．協同組合の組合員は，協同組合創設者たちの伝統に基づき，正直，公開，社会的責任，他者への配慮という倫理的価値を信条とする．

原則

協同組合原則は，協同組合がその価値を実践に移すための指針である．

第1原則　自発的でオープンな組合員制度

協同組合は，そのサービスを利用でき，組合員としての責任を負う意思があるすべての人に開かれている自発的な組織である．協同組合は，性的・社会的・人種的・政治的・宗教的な差別をしない．

第2原則　組合員による民主的管理

協同組合は組合員が管理する民主的な組織である．組合員はその政策策定と意思決定に積極的に参加する．選出された代表者として活動する男女は，組合員に責任を負う．単位協同組合の段階では，組合員は（1人1票という）平等の議決権を持つ．他の段階の協同組合も民主的な方法で組織される．

第3原則　組合員の経済的参加

組合員は，協同組合の資本を公正に拠出し，それを民主的に管理する．その資本の少なくとも一定部分は通常，協同組合の共同所有とされる．組合員は，組合員の条件として払い込んだ出資金に対して，配当がある場合でも，通常，制限された配当を受ける．組合員は，剰余金をつぎの目的のいずれか又はすべてのために配分する．

可能な限り，少なくとも一定部分を不分割としうる積立金をつくることによって，協同組合の発展をはかること．

協同組合の利用高に応じた組合員への還元．

組合員が承認するその他の活動の支援．

第4原則　自治と自立

協同組合は組合員が管理する自治的な自助組織である．政府を含む他

の組織と取決めをしたり，外部から資本を調達する際には，協同組合は，組合員による民主的管理と協同組合の自治を維持しうる条件を確保する．

第5原則　教育，訓練，広報

協同組合は，組合員，選出された代表，マネージャー，職員が組合の発展に効果的に貢献できるように，教育と訓練を行う．協同組合は，一般の人びと，とくに若い人とオピニオンリーダーに，協同組合運動の特質と利点についての広報を行う．

第6原則　協同組合間協同

協同組合は，地域的，全国的，広域的，国際的な組織を通じて協同することによって，もっとも効果的に組合員の役に立ち，協同組合運動を強化する．

第7原則　コミュニティへの関与

協同組合は，組合員が承認する政策を通じて，コミュニティの持続可能な発展のために活動する．

5　「声明」の特徴

「声明」の特徴はつぎの点に見られる．

① すでに述べたごとく，1980年のレイドロー報告は，現代の協同組合が協同組合らしさを喪失し思想的な危機に陥っているという問題提起をしたが，「声明」はこの問題提起に直接に応えるものとなっている．すなわち，激動する時代状況のもとで協同組合のアイデンティティを再確立することが「声明」の基本的なねらいである．

そのために，「声明」は，たんに協同組合の原則だけでなく，そのまえに協同組合の定義と価値についての記述を付加している．協同組合の定義，価値，原則を簡潔に記述することによって協同組合のアイデンティティを明示しようとするのである．

技術的には，この「声明」の全体を1ページにおさめるという工夫がこらさ

れている．すなわち，この「声明」は協同組合のIDカードもしくは名刺であり，協同組合のなんたるものかを端的に知ってもらおうとするものである．

② では，協同組合とはなにか．それをもっとも簡明に示すものが定義である．ICAはこれまで協同組合について多くを論じてきたが，なぜか協同組合を定義するということはしなかった．おそらく協同組合原則をもって協同組合の定義と理解することで，内部的には足りていたからであろう．しかしながら，協同組合の簡明な定義が必要であるとする内外からの要請に応えて，このたびICAは定義を1つのセンテンスとして表現することにあえて踏み切ったのである．

この定義においては，価値論議で強調された「参加型民主主義」という事業形態と「(営利目的ではなく) 人びとのニーズに応える経済活動」という事業目的とが明示されるとともに，新しい7原則のうちの最初の4原則にパラフレーズされる内容が簡潔に表現されている．すなわち，協同組合とは，「共同的に所有し民主的に管理する事業体」を通じて，組合員の「経済的・社会的・文化的なニーズ」を満たすために，「自発的に結びついた人びとの自治的な組織」と定義されたのである．

③ 定義が名刺における個人名に該当するものであるとすれば，「価値」は，その人がなにを大切にしているかを示すことによって，その人の特性を明らかにするものとなる．協同組合は組織として，自助，自己責任，民主主義，平等，公正，連帯を重視し，協同組合員は正直，公開，社会的責任，他者への配慮を重んじるというのである．

④ これらの価値を実践に移すときの行動基準を示すものが原則である．個人になぞらえれば，行動基準を知ることによってその人の人となりが，さらにはっきりと示されることになる．新原則においては，従前の6原則の基本的な内容が引き継がれたうえで若干修正され5原則に集約され，そのうえで新たに2つの原則が付加されている．

⑤ では，新たに付加された2つの原則はどのような現代的意義をもつものであろうか．

「自治と自立」の原則においては，協同組合が組合員による自治組織であり，他の組織に支配されない自立の組織であるべきだとされている．従来，とりわけ旧社会主義圏や発展途上国においては，多くの協同組合が国家の政策に左右される国家指導型組織であり，そのために組合員の自発性の発揮という点で大きな問題をかかえていた．現在においても，また発達した資本主義諸国においても，この種の協同組合は現存し，その多くが新自由主義政策への国家政策の変化によって存亡の危機に直面している．このような現状を見るとき，歴史の原点に立ち返って「組合員により管理される自治的な自助組織」として協同組合を再規定する「自治と自立」の原則は，草の根運動としての協同組合運動のルネッサンスを呼びかけるものとなっている．

「コミュニティへの関与」という新原則においては，協同組合が，組合員の自助組織であるだけでなく，コミュニティの発展のために活動する組織であることが明示されている．第7原則における「コミュニティ」とは，第一義的には生活の場としての地域社会を意味する．しかし，今日ではグローバリゼーションの進展にともない生活の場が拡大しているので，たんに1国内の地域社会にとどまらず，国際的な広がりをも持つコミュニティという意味あいでも用いられている（この点については，原則改訂委員会の委員であるH.ミュンクナー教授が原則改訂問題について講演した際に私が質問し確認している．1994年10月1日）．すなわち，この場合のcommunityはlocal communityにとどまらず，regional community, global communityなどを含む多層的な構造をもつものとして理解されうる．原則改訂委員会の最終案ではこの原則は「コミュニティに対する責任：協同組合は，協同組合が存在するコミュニティに関心をもっている．協同組合は，組合員のニーズに焦点を合わせながら，環境に配慮し組合員に受け入れられる政策を通じて，コミュニティの持続的発展のために活動する」と表現されていた．しかしながら，原則の簡潔化を重視したICA理事会は，地球環境の問題は「コミュニティの持続可能な発展」のなかに含ませて理解しうるという了解のもとで，「環境に配慮し」という文言を削除したのである．

今日の協同組合運動を律する基本原則として上述の2つの新原則が持つ意義

はまことに大きい．従前の協同組合原則が主に協同組合の内部に目をむけた内向的性格のものであるのに対して，2つの新原則は，協同組合が社会の発展のために活動する住民の自立的な組織であることを示すことによって協同組合の社会的ポジションを明確にしている[4]．21世紀を展望するとき，社会の発展のために活動する住民の自立的な組織は今後ますます多様な形態で成長し，その社会的重要性が認識されることになろう．1966年原則改訂のさいに新たに付加された「協同組合間協同」が「20世紀後半を象徴する原則」であるとすれば，この2原則は「21世紀前半を象徴する原則」と評価してもよかろう．

⑥ 原則改訂委員会の最終案に含まれていた「サービスの義務」という原則を理事会は採用しなかった．これは，理事会が原則をできるだけ簡潔なものにするという基本的なスタンスに立っていたからでもあるが，内容的にはこの原則に多様な要素が含まれていたために合意形成が困難になったものと思われる．

委員会の審議過程をふり返って見ると，この原則は「第2次案」ではじめて提起されているが，そのさいの内容はつぎのように簡潔なものであった．「サービス．できるかぎりよいサービスと製品を慎重，健全，効率的な仕方で提供することは協同組合の義務である．」この原則は，「第3次案」で削除されたが，そのつぎの「最終案第1版」では，「サービスの義務．協同組合の主要な目的は，効率的に組合員に奉仕することである．協同組合は組合員に，また適切な場合にはそれ以外の人に，最良の質の製品とサービスを合理的な価格で提供する」と改訂されて復活した．

第2次案においては，「できるかぎりよいサービスと製品を提供すること」と「慎重，健全，効率的な仕方で提供すること」は不可分で一体をなしていた．しかしながら，「最終案第1版」においては，「よいサービスと製品の提供」と「提供の仕方」とが文章的に分離され，しかも，「協同組合の主要な目的は，効率的に組合員に奉仕することである」という文章を原則の最初に置くことによって効率性が強調され，その結果，原則全体のトーンが変化したと言えよう．

「最終案第2版」では内容がさらにつぎのように改訂された（理事会に提案された「最終案第3版」も同文）．「協同組合は市場において効率的に競争的に活動

しなけらばならない．協同組合は，組合員（適切な場合にはそれ以外の人）に最良の質の製品とサービスを合理的な価格で提供する．協同組合の職員はよく訓練され公正に扱われるべきである．」ここでは第1に，「効率的に組合員に奉仕すること」が「市場において効率的に競争的に活動すること」に改められ，さらに第2に，「協同組合の職員はよく訓練され公正に扱われるべきである」という新しい内容が付加されている．このように「よいサービスと製品の提供」という基本的な原則の内包に複数の要素（市場，効率，競争，職員）が入れられたために，原則の外延がせばめられてしまったのである．原則改訂委員会の審議の過程で当初の簡潔な原則が複雑な内容をもつものに変化し，それだけに理事会での合意形成を困難にしたものと思われる．

　当初の簡潔なかたちでの「サービス」原則の内容は，まさにロッチデール原則の核心部分をなすものであり，伝統的に協同組合の活動原則の基礎をなしてきたものであった．この原則をICA原則として明示することは95年原則改訂の革新性を示すものとなりえたはずである．

　さらに，当初の簡潔なかたちでの「サービス」原則は，第7原則「コミュニティへの関与」を補完する意味においても重要な原則であった．すなわち，協同組合がコミュニティのために活動するさいの基本的活動は「よい製品とサービスの提供」であり，この点を明示することによって第7原則の画期的意義はさらにきわだったものになりえたであろう．

　このような意味をもつ「サービス」原則はまた，協同組合のアイデンティティと社会的ポジションを明らかにする点でも貢献しえたはずである．伝統的に協同組合は，生活の場（コミュニティ）で生活に役立つ製品とサービスを提供する住民の相互扶助組織として，そのアイデンティティと社会的ポジションを確立してきたからである．

　「サービス」原則を削除した理事会に対して日本労働者協同組合連合会などから，「よいサービスと製品の提供は協同組合の義務である」という主旨の簡潔な原則を復活すべきであるとする要請がなされたが，実現されなかった．

6 「声明」の逐条解釈

「協同組合のアイデンティティに関する声明」には「背景資料」(ICA 1995, pp.5-28)が添付されている．「声明」成立の背景と論点についてI．マクファーソンが執筆したものである．

以下はこの「背景資料」を素材とする「声明」の逐条解釈である．叙述の内容は基本的には「背景資料」に従っているが，たんなる要約ではなく，理解を容易にするために補足的な説明を加え，叙述の順序も論理的にわかりやすいように入れ替えた箇所がある．したがって，以下はいわば「背景資料」の再編集版である．「　」内の文章は「背景資料」からの直接的な引用であり，［　］内の文章は補足的な説明である．

6.1 はじめに

(1) 原則見直しの意義

原則見直しの意義は，協同組合運動の環境の変化に対応するために協同組合の原則と目的を再検討し，そのことによって協同組合運動の活性化をはかることにある．

(2) 「声明」の基礎をなす哲学

「声明」の基礎をなすのは，協同組合運動の歴史のなかで中核をなしてきたつぎのような哲学である．①人間とその相互扶助の能力に対する信頼．②経済活動に対する民主主義の適用は望ましく，かつ効率的であるという考え方．③民主的な組織が公共的な目的に役立つという考え方．

(3) 「声明」の目的

「声明」の目的は協同組合一般の規範(norms)を明らかにすることである．これによって，生活協同組合，労働者協同組合，信用協同組合，農業協同組合，サービス協同組合などの多様な協同組合が効果的に協同するための共通の基盤が提供されることにもなる．

(4) 原則改定の理由

1970年代以降，世界的な規模で市場経済の影響力が強大となった．自由貿易地域の創設，政府の農業援助の縮小，金融業界における規制緩和などにより，協同組合の従来の経済的枠組みが大きく変化している．経済的枠組みのこのような変化とその結果としての競争激化のもとで，協同組合の存在価値そのものが内外から疑問視されるにいたっている．協同組合運動をとりまくこのような環境の激変に協同組合がどう対応するかが問題となっている．このため，協同組合をユニークで価値のあるものにしているのは何かということに関して明確なビジョンを提供することが必要となった．原則改定を含めて「声明」全体で協同組合のアイデンティティを明らかにすることが基本目標とされたのは，このためである．

6.2 協同組合の定義

(1) 定義の特質

「声明」で確定された定義は，協同組合の完全な定義ではなく，最小限のポイントを押さえたものである．

(2) 協同組合の特徴

本定義は協同組合の特徴として以下の点を強調している．

① 自治的な組織

②「人びとの組織」(この場合の「人」は自然人でも法人でもありうる.)

③ 自発的な組織(組合への加入と脱退は強制的であってはならず，協同組合の目的と資源に応じて，自由であらねばならないということ.)

④ 組合員のための組織(協同組合の目的は「組合員の共通の経済的・社会的・文化的ニーズを満たすこと」である．ただし，個々の協同組合により組合員のニーズは単一でも多様でもありうる.)

⑤ 組合員が所有し管理する企業(これは「所有権と管理権が資本にある企業」とも「所有権と管理権が政府にある企業」とも異なる協同組合の特質である.)

6.3 協同組合の価値

(1) 自助について

自助は,協同組合の場合,他人との協同による集団的自助である.「「自助」の基礎をなすのは,人はすべて自分の運命をコントロールできるし,またそのように努力すべきだという信念である.しかし協同組合人は,個人の十分な発展は他人との協同によってのみ達成できると信じている.」「個人は協同の行動によって発達する.協同組合を発展させるために学ぶ技術,仲間の組合員に対する理解,社会についての理解の深まりによって,個人は発達する.」「協同組合は関係するすべての人びとの発達をうながす組織である.」

(2) 平等について

協同組合を構成する基礎単位は組合員である.組合員は経営参加,情報,意思決定などの権利において可能なかぎり平等に扱われるべきである.

(3) 公正について

公正という概念は,基本的には,協同組合のなかで組合員が公正に扱われるべきだということを意味する[5].組合員は協同組合への参加に対して報酬を受けるが,そのさい組合員は公正に扱われるべきである.通常,報酬は利用割戻金,組合員名義での資本準備金の積立,割引き料金などのかたちで与えられる.すなわち,投機ではなく参加にもとづいて収益や財産を分配する方法がとられる.

(4) 連帯について

協同組合の連帯は,協同組合内部の連帯であるとともに,外部との連帯でもある.

内部の連帯に関して述べれば,協同組合は,たんなる組合員の集合体(an association of members)以上のものであり,組合員の連帯を基礎とする共同体(a collectivity)である.内部連帯を強化するためにも,すべての組合員を公正に扱うこと,全体的な利益をつねに考慮すること,職員および協同組合に関係する非組合員を公正に扱うことが必要である.

連帯はまた,協同組合運動に関与する人びと及び協同組合が地域的,全国的,

広域的，国際的に相互協同の運動に取り組むことを意味する．協同組合運動に関与する人びと及び協同組合は，組合員に対して最低価格で最良の商品とサービスを提供するために協力する．異種の協同組合の間に共通性があることを認め相互連携を強化する．また，社会と政府に対して共同行動をとる．

(5) 正直について

正直は協同組合の伝統的な倫理的価値である．ロッチデール公正先駆者組合の例にも明らかなように，消費協同組合は商品の質，量，価格における正直さで評価されてきた．労働者協同組合は開かれた経営制度で正直さを示してきた．信用協同組合はその事業，とりわけ支払い利子の計算で正直さを示し，高い評価を得てきた．農業協同組合は生産物に対する正直な表示で評価されてきた．

(6) 公開について

協同組合は，自らの活動に関する情報を組合員，一般の人びと，政府に対して定期的に公開するオープンな組織である．

(7) 社会的責任について

社会的責任は，協同組合がコミュニティと密接な関わりをもっていることから生じる．協同組合はコミュニティの構成員に対して開かれた組織であり，個々人の自助努力を支援する組織である．伝統的に協同組合はコミュニティの構成員の福祉に関心を示してきた．協同組合はその活動において社会的に責任を負っている．

(8) 他者への配慮について

多くの協同組合がコミュニティに対して人的・財政的援助をなし，また，発展途上国の協同組合を援助してきた．他者への配慮は協同組合の誇るべき伝統である．

6.4 原則——序説

(1) 原則の意味

一般に，原則は行動や意思決定の是非について判断の基準(standards of

measurement)を示すものである．いわば行動や意思決定のさいの指針(guidelines)である．

協同組合の場合，原則は文字通りに従わなければならない戒律のようなものではない．原則は柔軟であり，異なる状況にある異なる種類の協同組合に異なる度合いで適用しうるものである．重要なことは，原則の精神に従うことであり，原則が有するビジョンが日常活動の基盤をなすということである．原則は協同組合を活性化する枠組み(empowering frameworks)であり，協同組合のエネルギーを生み出す力(energizing agents)である．このような枠組みと力によって協同組合は未来を切り開くことができる．

(2) 7原則の相互関連

7原則は相互に関連している．1つの原則が無視されると，他の原則の力も弱まる．7原則はバラバラではなく一体のもの(an entirety)として把握されなくてはならない．

(3) 原則の分類

7原則のうちの最初の3原則(「自発的でオープンな組合員制度」「組合員による民主的管理」「組合員の経済的参加」)は，協同組合の組織のあり方を示し，他の4原則(「自治と自立」「教育・訓練・広報」「協同組合間協同」「コミュニティへの関与」)は，協同組合の内部運営のあり方および外部との関わり方を示している．

6.5 第1原則「自発的でオープンな組合員制度」

(1) 自発的な組織

協同組合は自発的な組織である．だれも強制的に加入させられてはならない．組合員の自発性は協同組合にとって根本的な重要性を持つ．

しかし現実においては，多くの国で経済的理由や政府の規制のために人びとがいや応なく協同組合に加入させられてきた．このような場合，協同組合は，組合員の参加を十分に保証し，組合員が自発的に協同組合を支持するようにしなければならない．

(2) 差別をしない組織

協同組合は差別することなくすべての人びとの尊厳を認める組織である．「性的・社会的・人種的・政治的・宗教的な差別をしない」ということは，19世紀に登場して以来，協同組合が根本的な原理としてきたものである．

協同組合は，組合参加のときだけでなく，組合運営においても性的差別を除去するように努めなければならない．たとえば，リーダー養成計画においては可能なかぎり男女同数の参加をえるよう努めるべきである．

社会的差別は，社会階級による差別だけでなく，文化による差別も意味する．文化による差別には民族差別も含まれる．ある地域のマイノリティ・グループが協同組合を設立することがあるが，このような場合，他の同様な協同組合の組織化を阻止しないかぎり，また，地域の非組合員を搾取しないかぎり，また，地域の協同組合の発展を促進する責任を受け入れるかぎり，この種の協同組合は認められるべきである．

「人種的差別」という文言は，原則改定委員会の当初の原案にはなかった．「人種」という考え方は人類の分類方法としては不適切だという信念があったからである．「人種」という考え方は生物学的相違を人類にもちこむものであり，このような人間観が人類を分裂させ，戦争や大量殺害を生み出してきたのである．

しかし，原則改定委員会の当初の原案が世界中で検討された結果，「人種的差別」を含めないと誤解が生じうるという意見が提起された．たとえば，人種的差別に関する言及がないために「協同組合は人種的差別を認めている」という，あらぬ誤解が生じうるというのである．したがって，協同組合運動の立場を明らかにするために「人種的差別」という文言が付加されることになった．次回の原則改定のさいには，「人種」という言葉自体が問題とされてしかるべきである．

協同組合はまた政治的立場のいかんによって人を差別することはしない．初期の頃から協同組合運動は異なった政治的立場やイデオロギーの人びとに協同するように呼びかけてきた．協同組合は，種々の立場にある人びとを共通

の目的のために協同させうる能力を持っている．このような能力を示すことは，21世紀に向けて協同組合がなしうる大きな貢献である．

協同組合は宗教のいかんにかかわらず組合員の加入を認める組織である．宗教団体が協同組合を設立することがあるが，前述のマイノリティ・グループの協同組合の場合と同様な条件が守られるかぎり，この種の協同組合は認められるべきである．

(3) サービスを利用できる人に開かれている組織

「協同組合は，そのサービスを利用できる人に開かれている」ということは，それぞれの協同組合がそれぞれ独自の目的をもっていることから生じている．多くの場合，協同組合は特定の組合員のため，あるいは限定された人数の組合員のためにのみ効果的に奉仕することができる．たとえば，漁業協同組合は基本的には漁民に奉仕するものである．また，ワーカーズコープはその運営の必要上，一定の時期に一定の人数の組合員しか受け入れることができない．協同組合がその目的にしたがって組合員の属性と人数を限定せざるをえないのは，このような理由によるのである．

(4) 組合員としての責任を負う意思のある人に開かれている組織

「協同組合は，組合員としての責任を負う意思のある人に開かれている」ということは，組合員が協同組合に対して義務をもつことを意味する．協同組合によって異なるが，たとえば，会議へ参加すること，協同組合のサービスを利用すること，協同組合の必要に応じて出資金を拠出することなどである．ただし，これらの義務は組合員にとっても協同組合にとっても利益になるものでなければならない．

(5) 第1原則は，第2原則「組合員による民主的管理」および第5原則「教育・訓練・広報」と密接に関連している．組合員が役割を果たすためには，十分な情報が与えられ，また，組合員，役員，職員のあいだのコミュニケーションが十分なくてはならない．さらに，組合員の発言が保証されること，また，役員と職員が組合員を十分理解することが必要である．

(6) 第1原則は，他の原則に比べると軽視されがちである．第1原則は，協同

組合と組合員とのあいだには特別な関係，すなわち組合員を中心とする(the centrality of "membership")という関係，があるということを示している．「組合員を中心とする」という，この特別な関係を基礎にして協同組合の活動がすすめられるべきである．

6.6 第2原則「組合員による民主的管理」

(1) 協同組合における民主主義は，たんに一連の権利が組合員に認められるということを意味するにとどまらない．協同組合の民主主義においては，権利とともに責任が重視され，さらには民主主義の精神を育てること(fostering the spirit of democracy)が重視される．民主主義の育成は，終りのない困難な課題であるが，価値のある基本的な課題である．

(2) 「協同組合は，組合員によって管理される民主的な組織である．組合員はその政策策定と意思決定に積極的に参加する．」この文章においては，協同組合の究極的管理権が組合員にあること，管理が民主的になされること，が強調されている．

(3) 「選出された代表者として活動する男女は，組合員に責任を負う．」この文章は，協同組合が組合員に属し役員に属するものではないこと，役員の行動が組合員に対して責任を負うものであることを意味している．

(4) 「単位協同組合の段階では，組合員は(1人1票という)平等の議決権を持つ．他の段階の協同組合も民主的な方法で組織される．」この文章は投票に関する規則について述べている．単位協同組合の場合は自明である．メンバーが人であるため，各人が1票の議決権を持つ．単位協同組合などの組織をメンバーとしている上位組織(第2次組織，第3次組織などと称される)の場合は，議決権に関して具体的に規定することはしていない．状況に応じて民主的方法をとることが必要である．たとえば連合会においては，多くの場合，加盟組合の組合員数や関与の度合いなどに応じて比例投票制をとっている．このような比例投票制の場合は当票数の配分について定期的に見直す必要がある．また，小規模な協同組合の発言権が無視されないように配慮すべきである．

6.7 第3原則「組合員の経済的参加」

(1) 協同組合の基本的目的は人びとのニーズの実現であり，利潤の増大ではない．したがって，協同組合においては資本は手段であり組織の主人ではない．第3原則は，このような特質をもつ組織である協同組合に対する組合員の投資と剰余金の配分について規定している．

(2) 「組合員は，協同組合の資本を公正に拠出する．」この文章は，組合員が協同組合に資本を拠出すべきこと，また，公正な仕方で拠出すべきことを意味している．組合員による資本形成にはつぎのような仕方がある．

第1に，組合員は組合員資格を得るために出資する．この出資金に対しては利子が支払われないのが一般的である．

第2に，協同組合の収益の中から内部留保がなされる場合，その全部あるいは大部分は，組合員の集団的成果として集団的に所有される．多くの法制度においては，協同組合が解散する場合でも，この集団的「資本」は組合員に分割されることなく，コミュニティ企業あるいは他の関連協同組合に譲渡される．［個々の組合員に分割されないため，これは不分割積立金(indivisible reserves)と称される．］

第3に，協同組合がその事業収益から蓄えることができる以上の資本を必要とする場合，組合員は配当の一部を定期的に出資することがある．これに対しても利子が支払われないのが一般的である．

さらに大きな資本が必要とされる場合，協同組合は組合員に一層の出資を要請することになる．この種の出資金に対しては利子が支払われる．そのさいの利子率は「公正な」率でなければならない．競争的な率である必要はあるとしても，投機的な率であってはならない．たとえば，一般的な銀行利子率が判断基準となりえよう．

(3) 「組合員は，協同組合の資本を民主的に管理する．」組合員が資本を民主的に管理するためには，つぎの条件が必要である．第1に，資本の集め方のいかんにかかわらず，すべての決定の最終権限が組合員にあるようにしなけれ

ばならない．第2に，組合員は資本の一定部分を集団所有［不分割積立金］とする権利を持たなければならない．
(4) 剰余金配分の目的として，「協同組合の発展」と「組合員への還元」だけでなく，「その他の活動の支援」があげられている．協同組合運動を地域的・全国的・広域的・国際的に発展させる活動を支援することはとりわけ重要である．

6.8 第4原則「自治と自立」

(1) 「協同組合は組合員が管理する自治的な組織である．」協同組合はとりわけ国家から大きな影響を受けことが多い．自治を維持するためにはまず国家からの自立を確立する必要がある．
(2) 協同組合が私的企業と共同プロジェクトを組むケースが増えているが，この場合も協同組合の自治が侵されないようにしなければならない．

6.9 第5原則「教育・訓練・広報」

(1) 教育と訓練は協同組合にとって決定的に重要である．教育の基本的な目的は，協同組合に関わるすべての人が協同組合の理念と活動についての理解を十分に身につけることである．訓練の基本的な目的は，協同組合に関わるすべての人がその責任を果たすために必要な技能を身につけることである．教育と訓練においては組合員と役員との相互コミュニケーションがとりわけ重要である．
(2) 協同組合は一般の人びとに対して協同組合運動の特質と優れた点について理解を求める活動をする責任がある．とりわけ若い人びととオピニオンリーダー(政治家，公務員，マスコミ関係者，教育者など)を対象とする活動は重要である．この数十年間，多くの協同組合がこの責任を無視してきた．世論の支持を得て協同組合運動を発展させるためには，この責任を果たすことが不可欠である．

6.10　第6原則「協同組合間協同」

(1) 協同組合は伝統的に協同組合相互の協同を追及してきたが，今日，その重要性はもっとも大きなものになっている．協同組合の潜在力の完全な発揮は協同行動によってのみ可能となる．協同組合相互の事業提携の可能性を一層追及すべきである．また，国際的な協同事業を促進する必要がある．国家が国際経済を規制する力を失っている今日，一般の人びとの利害を直接に守る組織として協同組合が果たす役割はとりわけ大きい．

(2) 生協，農協などの各種協同組合の利害だけでなく協同組合運動全体としての利害に留意しなければならない．そのために，協同組合運動全体を支援する組織をつくり，その活動を強化する必要がある．異種の協同組合が連帯した共同行動をとることは，政府や世論に訴えるさいなど，決定的に重要である．

6.11　第7原則「コミュニティへの関与」

多くの場合，協同組合の組合員は一定の地域で生活している住民である．したがって，協同組合は住民の生活の場である地域社会のあり方に重大な関心をもっている．協同組合は，地域社会が経済的・社会的・文化的に発展していくように活動する特別の責任を負っている．生活の基盤をなす環境の保護のためにも活動する責任がある．しかしながら，これらの責任を果たす具体的な方法を決定する主体はいぜんとして組合員であることを，認識すべきである．

7　むすび

7.1　ICA大会の2大テーマ

協同組合のアイデンティティとともに今日における協同組合の存在意義を明らかにすることが，ICA100周年大会の基本的課題であった．そのためにICA大会は，「21世紀のための協同組合原則」(Co-operative Principles for the 21st Century) と「協同組合と持続可能な人間的な発展」(Co-operatives and

Sustainable Human Development)という2つのテーマを設定した．この2つのテーマは，ワンセットとして総合的に理解する必要がある．

まず最初に，「持続可能な人間的な発展」というコンセプトを理解するために，その成立の経緯を述べておこう．

「持続可能な人間的な発展」は「持続可能な開発」(sustainable development)という概念をさらに発展させたものである．

「持続可能な開発」というコンセプトを最初に世界に広めたのは，1980年3月に発表された国連環境計画・国際自然保護連合・世界自然保護基金『世界保全戦略』(World Conservation Strategy)であった．

国連の「環境と開発に関する世界委員会」(WCED)の第8回委員会の報告書(1987年)においても「持続可能な開発」が基本的概念として用いられた．

よく引用される定義はつぎのようである．「持続可能な開発とは，未来の世代が自らのニーズを満たす能力を損なうことなく，現在のニーズが満たされるような開発である」(環境と開発に関する世界委員会，ブルントラント報告) (cited in ICA 1995, p.3)．

1980年に『世界保全戦略』を発表した3団体は，その改訂版ともいえる『地球への配慮——持続可能な生活のための戦略』(Caring for the Earth —— A Strategy for Sustainable Living)を91年10月に刊行し，「持続可能な生活」というコンセプトを中心として人間の基本的なニーズを満たすための戦略を強調した．

そして，1991年12月に開催された世界NGO会議の中心テーマも，「人びとの基本的ニーズの充足」となった．

1992年6月にはリオデジャネイロで172か国が参加して首脳級の国連環境開発会議が開かれた．この会議は持続可能な開発を達成するための基本原理を規定した「環境と開発に関するリオデジャネイロ宣言」を発表し，さらに同宣言を21世紀に向けて実現するための行動計画「アジェンダ21」を採択した．「宣言」ではつぎのように述べられている．

　　第1原則: 持続可能な開発の中心的関心事は人間である．

第5原則: すべての国家とすべての人びとは,生活水準の不平等を減らし,世界の圧倒的多数の人びとのニーズをよりよく満たすために,持続可能な開発の不可欠の要件として,貧困の根絶という必須の任務の遂行に協力すべきである.

このようにして,「持続的な開発」に「人間的」(human)という要素が加味されてきた.文脈のこのような変化に応じて,従来「開発」と訳されてきたdevelopmentという英語も「発展」と訳されることが多くなっている.

よく引用される「持続可能な人間的な発展」の定義はつぎのようである.

> 持続可能な人間的な発展とは,未来の世代のニーズを損なうことなく,現在の世代のニーズをできるだけ公正に満たすために,社会資本の形成を通じて,人びとの選択と能力を拡大することである(国連環境計画)(cited in ICA 1995, p.3).

「アジェンダ21」を採択した1992年6月の国連環境開発会議に引き続き,同年10月に開催されたICA大会も,環境問題の決議を採択し,「協同組合のアジェンダ21」の作成を検討することとした.

このような経緯を経て1995年9月のICA大会は,「協同組合のアジェンダ21」を含む「協同組合と持続可能な人間的な発展」という大会議案書を審議し承認した.この文書は協同組合と「持続可能な人間的な発展」との関連についてつぎのように述べている.

> 持続可能な人間的な発展とは,経済成長と社会正義を統合した概念であり,その目的は,人間のニーズと願いを満たすための能力を現在と未来の双方にわたって高めることである(同上書,p.3).

「持続可能な人間的な発展」に対する協同組合の関係は明らかである.協同組合は,人間中心の組織として組合員のニーズを満たし,民主的組織として平等と公正を重視し,地域社会に根差す組織としてコミュニティにおける社会的正義と環境に配慮する.協同組合は,まさに「持続可能な人間的な発展」の担い手にふさわしい組織である.

15歳から60歳の総人口に占める協同組合員数の割合を見ると,発展途上国

で推定20%,市場経済に移行中の国で39%,先進市場経済の国で33%となっている.国連においても協同組合の重要性がつぎのように認識されている.

　　協同組合事業は,生産的雇用の創出,貧困の克服,社会的統合の達成という諸課題を非常に多くの人びとが自らのものとなしうるための組織的手段を提供するものである(1994年の国連総会に対する国連事務総長の報告).

　　現在,合計7億4000万の女性と男性が,ICA会員の各国連合会に加盟する協同組合事業体の組合員になっている.推定数では,協同組合の組合員の総数は世界で8億人にのぼり,加えて1億人の人びとが協同組合に雇用されている.さらに,協同組合事業は組合員と職員だけでなく,その家族に対しても経済的重要性をもつため,協同組合事業によってかなりの程度の生活が保証されている人びとの総数は30億人に達する.これは世界人口の半分にあたる(1995年開催の国連社会開発世界サミットにおける背景資料)(同上書, pp.4-5).

このようにICA 100周年大会は,2つのテーマを設定し,第1のテーマ「21世紀のための協同組合原則」において協同組合のアイデンティティを確立し,そのうえで,第2のテーマ「持続可能な人間的な発展」において経済成長と社会正義を統合する新しい「発展」理念を提示し,協同組合がその担い手として適合的な組織形態であることを示すことによって現代における協同組合の存在意義を強調した.このようなかたちで大会は,協同組合のアイデンティティを確立するとともに,協同組合の社会的ポジションを明確にしようとしたのである.

7.2 新原則の歴史的意義

「21世紀のための協同組合原則」をテーマとする大会議案書は,「協同組合のアイデンティティに関する声明」「背景説明」「21世紀に向けての宣言」という3つの文書から成っている.

「21世紀に向けての宣言」は,I.マクファーソンの執筆になるもので,「21世紀に向けて:協同組合の過去,現在,未来」をフルタイトルとする.この

「宣言」は，協同組合運動の過去をふりかえり現在を反省するという作業をふまえて，未来に向かう協同組合の運動方向を示している．

　未来に続く今日の時代動向としてはとりわけつぎの点が重視される(ICA 1995, pp.56-58)．

① 人口増加．20世紀初頭に20億人以下だった地球人口は，今や60億人近くになり，21世紀半ばには100億人になると予測される．人口増加に伴う食料，住宅，雇用面などの対応が一層重要となる．

② 少数の手への経済力の集中と貧困の国際化がすすむ．

③ 環境問題が深刻化する．

④ コミュニティの問題(過密・過疎，失業，スラムなど)が深刻化する．「多くのところで「市民社会」，すなわち寛容と町の秩序とコミュニティの責任(community responsibility)を基礎とする社会，が問題を抱えている．」

⑤ 社会的正義にかかわる問題(女性，原住民の平等化など)が，ますます顕在化する．

このような時代動向をふまえて「宣言」はつぎのように述べる．

　　これらの問題を協同組合だけで解決することはできない．しかし，問題解決に向かって協同組合が果たす役割は大きい．まさに協同組合こそ，生活をおびやかすこの種の問題に対応して活動してきたのであり，しかも，民主的な組織と運営によってこれらの問題に対処してきたのである．未来に対して協同組合が約束しうることは，経済と社会を民主的な組織が民主的に運営することが可能であり，また，究極的には必要になるということである(同上書，p.68)．

「宣言」がイメージするこのような歴史的流れのなかで，新原則はどのように位置づけられるのであろうか．新原則は，協同組合という1つの特殊な経済組織に限定してのことであるが，現代社会における民主的な経済組織とその運営のあり方を規定する原理を示すことによって，その有効性の適否を内外に問うていると言えよう．

　新原則の有効性の適否は，協同組合運動の実践によって歴史的に証明される

以外にはない．新原則が確定された現在，新原則を基盤とする世界の協同組合運動全体の再編成が要請されている．新原則を含む「協同組合のアイデンティティ」の確立は今後つぎのような影響を協同組合運動に与えることになろう．

1) ICA の「協同組合のアイデンティティ」は，今後世界各国が協同組合法制度を整備するさいに，協同組合を規定するための重要な根拠として活用されることになろう．世界の多くの国でワーカーズコープ，社会的協同組合，高齢者協同組合などの新しい形態の協同組合が形成されつつあるが，このような実態に対して法制度の整備は大幅に遅れている．また多くの国で，協同組合という形態をとらない非営利組織が急増しており，これらの NPO，NGO などの組織のための法制度の整備も必要とされている．これらの組織の法制化にあたっては NPO，NGO と協同組合との関連が明確にされなくてはならないが，この問題の解決のためにも「協同組合のアイデンティティ」の確立は貢献することになろう．

「協同組合のアイデンティティ」の確立はさらに，EU などの国際的な法制度の整備の基盤としても活用されることになろう．国連や EU などの国際組織においては従来，協同組合の規定は ICA の規定に従うとされているので，今回 ICA が協同組合の定義を含めて「協同組合のアイデンティティ」を明示したことは，国際的なレベルにおける協同組合の規定が，多義性を排して一義的に理解されるための根拠を与えることになろう．

2) 新たに付加された2つの原則が協同組合運動に対して持つ影響も大きい．

1966 年原則以降の 30 年の歴史は，自治と自立の原則が協同組合運動にとっていかに重要かということを明らかにしてきた．80 年の「レイドロー報告」は「政府の強烈な抱擁は，協同組合にとってはあまりにしばしば死の接吻に終わる」(Laidlaw 1980，邦訳 p.187) と述べて，協同組合と政府との関連について注意を喚起したが，従来，旧社会主義圏，発展途上国をはじめとして発達した資本主義諸国においても国家指導型の協同組合が多く存在してきた．そして現在その多くが政府の政策転換の結果，死滅するか存亡の危機に立たされている．一方，自治と自立の立場に立って組合員の力に依拠してきた協同組合は発展し

てきている．このような歴史の教訓をふまえて今回「自治と自立」の原則がICA原則に付加されたことは，今後の世界の協同組合運動の基本的な性格を規定するうえで大きな意義を有していると言えよう．

また，協同組合を「コミュニティの持続可能な発展のために活動する」存在と規定した第7原則「コミュニティへの関与」は，協同組合を組合員のための組織として規定してきた従来の協同組合観を変化させ，現代における協同組合の社会的ポジションを内外に明示するうえで大きな役割を果たす可能性を有している．内容的には，協同組合の活動の性格を変化させる可能性を持っている．すでにワーカーズコープ，コミュニティ・コープなどの新しい形態の協同組合が，地域社会における就業機会の創出に貢献しており，コミュニティの発展のためにという共通の関心から，各種協同組合の相互連携がすすめられている．ヨーロッパではナショナルなレベルだけでなく国際的なレベルにおいても，協同組合・共済組織・NPOとの間でネットワークづくりがすすめられ，社会的経済セクターが果たす公共的な役割が議論の対象とされている．このような観点から見るとき，「コミュニティへの関与」を基礎とする協同組合の活動は，協同組合と国家・地方自治体との関連を，「政府の強烈な抱擁」とは異なる新しいかたちでつくりだしていく可能性を有していると言えよう．

以上，本章は原則改訂問題を中心に「協同組合のアイデンティティ」の内容を考察してきた．いわば協同組合運動の理念的な側面の考察である．この理念的な側面と協同組合運動の実態との関連を考察するのは，本書第Ⅱ部の課題である．

1) ICAの歴史に関してはWatkins, W. P. (1970)，参照．また，ICAが2次にわたる大戦を経験してもなぜ分裂せず国際連帯を守りぬけたかという問題視角からICA史を研究した文献としては，Rhodes(1995)，参照．
2) 原則改訂委員会での審議内容については，委員であった白石の論文(1995a, 1995b)，参照．95年のICA大会と総会の基本的資料については，ICA(1995)，日本生活協同組合連合会(1994, 1995, 1996)，参照．また，委員会案と理事会案に対する日本の農協，生協，労働者協同組合の受け止め方に関しては，それぞれ西堂(1995)，品

川(1995)，菅野(1995)，参照．

3) 協同組合に関するILOの定義はつぎのようである．"A co-operative […] is an association of persons who have voluntarily joined together to achieve a common end through the formation of a democratically controlled organisation, making equitable cotributions to the capital required and accepting a fair share of the risks and benefits of the undertaking in which the members actively participate," ILO, "the Co-operative (Developing Countries) Recommendation, 1966(No. 127)" cited in ILO 1988, p.6.

4) 堀越は，1937年原則を「組合員志向(組合員利益)」という特徴をもつもの，1966年原則を「組合員志向(組合員利益)」と「組合志向(組合利益)」という特徴をもつもの，1995年原則を「組合員志向(組合員利益)」「組合志向(組合利益)」「社会志向(社会利益)」という特徴をもつものとして把握し，ICA原則の基本的方向が「組合員志向」→「組合志向」→「社会志向」へと推移してきた，と述べている(堀越1995, p.18)．

5) 協同組合運動における「公正」の意味をより広い視点から考察した文献としては，Watkins, W. P.(1986), ch. 5, 参照．ワトキンズによれば，ロッチデール公正先駆者組合に典型的に見られるように，初期の協同組合運動家たちは公正を主として分配の問題として理解し，「理論的な意味での公正」と「実際的な意味での公正」という2つの側面からとらえていた．公正の理論的側面の問題とは，社会全体のなかでの富の分配における公正と不公正の問題であり，公正の実践的側面の問題とは，協同組合のなかで経済的利益をどのように公正に組合員に分配するかという問題である．両者は相互に関連する問題であった．協同組合運動家たちは，富の社会的分配が不公正であると確信していたので，それだけに協同組合内部で公正な分配システムを工夫せざるをえなかったのである(Watkins, W. P. 1986, 邦訳 pp.122-123)．

第4章　社会的経済の先導役
——ワーカーズコープとは何か

1　問題の所在

ワーカーズコープは種々の協同組合のなかでも，とりわけ自覚的に社会的経済の運動を推進している．事実，1970年代以降の先進資本主義諸国におけるワーカーズコープの活性化は，社会的経済の再生に大きな影響力を及ぼしてきた．本章では，社会的経済の先導役としての役割を果たしているワーカーズコープの基本的な組織・運営原則を検討することによって，ワーカーズコープの特質を解明したい．そして，前章における協同組合一般の特質の解明を基礎にして，社会的経済組織の特質をより深く究明することを試みたい．

1.1　協同組合運動のライフサイクル

1970年代以降のワーカーズコープの活性化は，大きくは第1章で述べた民間非営利セクター拡大の諸要因によって規定されているが，協同組合運動の歴史から見るとどのような特徴を有しているのであろうか．まずこの問題から考察することにしよう．

社会運動を「社会問題を解決するために組織された集団的行動」として理解するならば，協同組合運動もまた，労働組合運動，市民運動，女性運動などと同様に，社会運動の一形態である．

社会問題が存在するかぎり，社会運動はなくならない．さまざまな歴史的条件のもとで運動の形態を変えるだけである．では，社会運動としての協同組合運動はこれまでどのような形態変化を遂げてきたのであろうか．また，これからどのように変化するのであろうか．以下では社会運動としての協同組合運動を世紀単位でふりかえり，その形態変化を確かめておくことにしよう．

第2章で述べたように，1997年9月にベルギーでCIRIEC(公共経済・社会的経済・協同組合経済に関する研究・情報のための国際センター)の創立50周年大会が開催されたが，大会に先だつ2日間，「協同組合及びその他の社会的経済企業のグループ化」をテーマとする研究会が開催された．この研究会の基本的な問題関心は「協同組合は現在のような形態で21世紀に生き残れるのか．現代社会に適合的な形態はどうあるべきか．そのような視点から協同組合のグループ化の問題を検討すること」であった．

　種々の議論がなされたが，本章のテーマに関する問題としては，オーストリアの研究者であるR. シェディヴィが提起した協同組合運動のライフサイクル論が関心をひく．彼によれば，企業一般について言われる企業の寿命という見方が協同組合にもあてはまり，1つの協同組合には生成，発展，衰退というライフサイクルがある．それだけでなく，協同組合運動全体にもライフサイクルがあり，いまや協同組合運動一般は成熟段階にあるというのである．明示的に述べられることはなかったが，その意味するところは，協同組合運動が現状のまま推移すれば，協同組合運動は衰退するということである．この議論に対してはフランスの研究者であるS. クリチツキーが反論して，「1つの協同組合には生成，発展，消滅という寿命がある．しかし，死滅する協同組合がある一方で，生成，発展する協同組合がある．協同組合運動全体として見れば，1つの運動形態が衰退しても，他の運動形態が生成する．その世代交代のプロセスを解明することが重要だ」と述べた．

　この議論は私にとって非常に興味深いものであった．研究会に参加する前の3週間ほど私はスウェーデンとイギリスで協同組合の実態調査をしてきたが，その過程で多くの研究者が強調したことは「既存の巨大な協同組合は衰退しつつあるが，その一方で，新しいタイプの協同組合が続々と生まれつつある」という事実であった．協同組合運動はいま形態変化を遂げつつあるのであろうか．

　この問題を考えるためには，つぎのような3世代論が適当なたたき台になる．

　　協同組合の第一世代は，オーエンのニューハーモニーに見られるように資本主義に対抗する労働者や手工業者の協同村と考えられる。ここでは生

活の各側面での協同が追求されたが19世紀半ばには衰えた。第二世代は1844年に現れたロッチデールの消費組合の出現に始まり，その主流は消費組合運動となった。……1970年代に第三世代の協同組合運動が登場してきた。……第三世代の特徴はバスク地方の多種多様な労働者生産協同組合，信用組合，消費組合の集合体モンドラゴンに見られるように労働者生産協同組合の発展である(今 1988, p.210)．

この協同組合運動の3世代は資本主義社会の形成期，発展期，成熟期という3つの時期に対応しているとも考えられる．以下，このような視点からそれぞれの世代の特徴を見ることにしよう．

1.2 協同組合運動の第1世代

第1世代と第2世代の特徴は，資本主義社会を早期に成立させたイギリスにおいてもっとも明確に見ることができる．

しかし，第1世代をオウエンの運動だけで代表させるのは問題である．草の根からの自然発生的な協同組合づくりの活動が軽視されるからである．

18世紀から19世紀への世紀転換期は，産業革命を契機とする農業社会から工業社会への大転換期であり，土地を追われた農民から成る賃金労働者が大量に生み出された．生活の糧を賃金に求めるほかない労働者の生活は不安定であった．みずからの生活を守るために，彼らは助け合いの組織をつくっていったのである．

こうして，病気，老齢，死亡などの場合の相互扶助を目的とする共済組織(その多くは友愛組合と称された)が，18世紀中に全国に広まっていった．その結果，議会は18世紀末(1793年)に「友愛組合法」を成立させ，これらの共済組織を法的に承認した．これらの相互扶助組織は，協同組合と名乗ってはいなかったが，その活動内容から見ると，生活の助け合いを目的に出資金を民主的に運用する組織であるという点で，協同組合の原初組織であったと言ってよいであろう．

19世紀を通して，このような助け合いの組織からやがて協同組合，労働組

合，労働者政党などが派生していくことになる．すなわち，相互扶助組織が協同組合，労働組合，労働者政党の母胎の役割を果たしたのである．

本章の問題関心からして注目すべきことは，資本主義形成期の社会運動においては，共済運動，協同組合運動，労働組合運動，政治運動などが渾然一体となっており，社会運動としての総合性が見られたということである．

1.3 協同組合運動の第2世代

19世紀中葉以降，イギリスは資本主義の「黄金時代」を迎える．資本主義形成期に渾然一体化していた社会運動は，資本主義の発展と社会の安定化にともなって分化し，協同組合運動，労働組合運動，政治運動などがそれぞれ独立した組織を確立していった．しかし，それとともに社会運動の諸組織の間に壁が築かれ，社会運動の分化の基礎をなすべき諸組織間の協同関係が薄れていった．それだけでなく，協同組合運動自体も消費協同組合，生産協同組合，農業協同組合など多岐に分化していった．そして，組織化が官僚化をともなうところでは，草の根運動としてのエネルギーが希薄化していった．

協同組合運動の第2世代を築いたのは，ロッチデール公正先駆者組合であった．先駆者が定めた組合の目的には，店舗をつくるだけではなく，住宅建設，製造業，農業にも着手し，最終的にはオウエン的な協同社会をつくることが含まれていた．そして，同じようなコミュニティづくりをめざす他の組合を援助することが強調されていた．しかし，店舗経営が発展するにつれて，他の目的は次第に軽視されていった．ロッチデール公正先駆者組合は自らを消費協同組合として純化させていき，そしてそのために成功，発展していった．その優れた組織・運営の原則はやがて一般化され，世界の協同組合のモデルとされた．世界の各地に協同組合運動が発展し，19世紀末(1895年)には国際協同組合同盟(ICA)が設立されるまでになった．

では，19世紀末の社会運動の状況はどのようであったか．この時期の社会運動の特徴は，分業化が進むとともにそれぞれの組織が国家との関連を強めていったという点に見られる．

日本では1900年の産業組合法にもとづいて各種の協同組合が農村を中心に設立され，1901年の漁業法によって漁業組合が，1907年の改正森林法によって森林組合が発足した．このように経済と社会の安定化のために国家が協同組合づくりをすすめ，協同組合を行政の補完組織として利用する例が，後進資本主義国で多く見られた．先進国イギリスにおいても，世紀転換期には国家が種々の社会運動組織をその法制度のなかに組み込んでいった．

1873年に始まる「大不況」は，イギリス資本主義の黄金時代の終焉を告げるものであった．1880年代には民主連盟，フェビアン協会，社会主義者同盟などの社会主義組織が設立され，労働組合運動でも急進的な新労働組合運動が発展していった．労働組合全体の組合員数は1889年の1年だけで50万人から100万人へと倍増している．このような現象を背景にして，経営者もつぎつぎと全国的な経営者団体を結成し，国家もまた労使関係への介入の姿勢を示し始めた．1890年には労働組合の全国連合組織である労働組合会議(TUC)のイニシャティブで労働代表委員会が設立され，それは1906年に労働党と改称された．

協同組合運動も発展し，消費者協同組合の組合員数だけでも1881年の55万人から1890年の171万人へと10年間で3倍化した．だが同時に，協同組合の創始者たちは老齢化し，世代交代が起こっていた．社会運動が「運動家の時代」から「巨大組織の時代」へと転換したのである．

組織の発展は，同時に社会運動の分化を促進する結果ともなった．「1880年代には労働組合運動と消費者協同組合運動は別々の道を進んだ．両者はともにかつての理想主義の多くを脱ぎ捨ててしまい，多少狭く限定された分野のなかでその地位を固めることに腰を落ちつけてしまった」(Cole 1944, p.196, 邦訳 p.291)．「1900年にはすでに協同組合運動と労働組合運動は遠く離れてしまっていた」(同上書, p.196, 邦訳 p.290)．

今世紀初頭には，1909年の老齢年金制度，11年の国民保険法の制定などに見られるように，国家も社会問題の解決に積極的に取り組みだした．そして，その後2つの世界大戦を経ることによってイギリスは，コーポラティズム的傾

向を強めるととともに，戦後の福祉国家の建設へと進んでいったのである．

1.4 協同組合運動の第3世代

20世紀末の今日の協同組合運動の状況を見てみよう．1970年代の高度経済成長の終焉とそれに続く福祉国家の危機の始まりは，協同組合運動をとりまく社会経済環境を大きく変化させることとなった．80年代以降は，20世紀の世界史の一大特徴であった資本主義対社会主義という構図も変化した．それにともなって，新自由主義が基本的なイデオロギーとなった．多くの国で規制緩和策がとられ，経済的弱者に対する特別措置が打ち切られ，福祉サービスが民営化されつつある．さらに経済のグローバリゼーションによる競争激化という要因が加わり，市場競争に直面する既存の協同組合の困難が増大している．

世界的に見て，第2世代の協同組合運動はいまや危機の時代に突入したと言えよう．

協同組合運動の危機にいちはやく警鐘をならし，危機克服のための基本的な方針を提示したのは，1980年のICA大会で審議，承認された『西暦2000年における協同組合』(通称「レイドロー報告」，Laidlaw 1980)であった．

レイドロー報告は「1990年代は不確実性と不安の雲におおわれた10年としてしか予想できない」と述べているが，90年代の歴史の変動と協同組合運動の危機の深化はレイドロー報告の予想をはるかに越えるものとなった．

しかしながら，レイドロー報告が提示した危機克服策は，現在でもいぜんとしてその有効性を保持している．後に詳論するように，レイドロー報告によれば，世界の協同組合運動が取り組むべき優先課題はつぎの4点である．

① 世界的課題として飢餓問題の解決をめざすこと．
② 生産・サービス活動に取り組み，ワーカーズコープの普及をはかること．
③ 消費協同組合としては社会の保護者としての役割を強化すること．
④ 各種の協同組合のネットワークを強化して地域社会の活性化をはかること．

この運動方針には，「地球的に考え，地域社会で活動しよう」という最近の

社会運動のモットーが見事に政策化されている．このように，危機克服策はすでに示されている．今日の時点では，協同組合運動が種々の社会運動と提携しつつ，この運動方針の具体化をはかることが基本課題となっていると言えよう．

危機に対する既存の大規模協同組合の対応策として，職員数削減などの「合理化」，組織の合併や連合組織の強化，関連組織での株式会社形態の利用などに見られるように，市場に適合的な形態へのリストラがすすめられている．しかし，このようなかたちでの経営組織体の強化は，往々にして組合員参加の縮小を伴い，協同組合としての独自の活力が失われつつある．

その一方で，福祉国家の危機と国家の提供する福祉サービスの縮小にともない，福祉サービスに対するニーズが高まり，そのニーズを満たすために「新しい協同組合」(ワーカーズコープ，コミュニティコープ，社会的協同組合など)が増加している．協同組合運動はいまや運動主体の世代交代期に入った，と見る研究者も少なくない．

協同組合運動のこのような新世代においては，協同組合運動の全体構造の再編成が求められる．

今日，多くの国でNPOが急増しているが，このような現実を背景にして，ヨーロッパ諸国では「社会的経済」の運動が発展しつつある．すでに述べたように，これは，協同組合が共済組織とNPOと提携しつつ，公共セクターとも営利企業セクターとも異なる民間非営利セクターをつくろうとする運動である．運動論的な見地からすれば，社会的経済の運動は種々に分化した社会運動の総合性の回復をめざす活動でもある．

社会運動としての協同組合運動を発展させるためには，ICAの2つの新原則がとりわけ重要な意味をもつ．すなわち第1に，「自治と自立」の原則を遵守することによって，行政の補完組織としての性格をもつ協同組合は草の根運動としての協同組合運動の性格を強めることが必要とされる．第2に，「コミュニティへの関与」の原則を遵守することによって，協同組合が地域社会に根ざして地域社会のための活動を強化することが必要とされる．

この2つの新原則を基礎に協同組合運動が他の社会運動との連携を深め，民

間非営利セクターの拡大・強化をめざすことが，現時点における協同組合運動の基本的な政策課題となっている．

　人類史的に見ると，19世紀は資本主義の形成・確立期であった．そこでは，自由主義が時代を切り開く革新的な役割を果たした．しかし，自由競争の放任は弱肉強食ともなり，種々の社会問題を生み出していった．

　これらの社会問題を体制変革によって解決しようとしたのが，平等を原理とする社会主義運動であった．ロシア革命をはじめとする20世紀の多くの社会主義運動は，平等を求める社会運動であった．しかしながら，自由を否定するかたちでの平等の追求は，経済活動での活力を欠くゆえに失敗せざるをえなかった．

　社会的経済論の見地からするならば，自由至上主義も平等至上主義もそれだけでは社会運営の原理としては不十分である．すでにフランス革命のスローガンが示しているように，自由と平等と友愛が社会運営の3大原理であり，この3本足に支えられることによって社会はその安定性を確保できる．19世紀は自由を追求した．20世紀は平等を追求した．19世紀と20世紀の経験を反省して，これからは自由と平等と友愛のバランスのとれた社会運営が求められる．経済体制としては，自由原理を基礎とする私的セクター，平等原理を基礎とする公共セクター，友愛原理(あるいは連帯原理，協同原理)を基礎とする民間非営利セクター，という3つのセクターの最適ミックスを可能とする混合経済体制のあり方が究明される必要がある．社会的経済論は，論者によって多様ではあるが，以上のような社会観を前提としているように思われる．

　では，社会的経済の推進組織としてのワーカーズコープは，どのような組織・運営原則をもって活動しているのであろうか．

2　ICA原則の限界

2.1　レイドロー報告の提言

　ICA原則の限界を明確に指摘したのは「レイドロー報告」(1980年)であった．

1966年のICA大会原則は，前述のように，異種部門間の協同を含む協同組合間協同と，それにもとづく協同組合セクターの拡大強化を強調するものであった．レイドロー報告は，この基本的路線をさらに発展させ，従来の消費協同組合重視型の発想にとらわれることなく，70年代から国際的に発展しつつあるワーカーズコープの運動に着目しながら，生産から消費にいたる多様なレベルにおける異種協同組合の間の協同と，それにもとづく協同組合セクターの拡大強化の必要性を強調した．

レイドロー報告によれば，協同組合運動の歴史には下記の3つの危機の時代があった(Laidlaw 1980, 邦訳 pp.14-17)．

「第1の危機は協同組合が組合員の信頼を得られるかどうかというものだった．」第2の危機は経営の危機であった．そして，世界の協同組合運動は現在「思想上の危機」という第3の危機に直面している．協同組合運動の目的が不明確になり，私的資本主義的企業と異なる協同組合の独自の役割が不明確になっていることから，この第3の危機が生じている．

レイドロー報告の目的は，「このような疑問を問い直し徹底的に検討するとともに今世紀末にむけての協同組合運動の見通しを推測すること」であった．そしてレイドロー報告は，その結論部分において，世界の協同組合運動が21世紀にむけて優先的に取り組むべき4大課題として，①世界の飢餓問題の解決，②ワーカーズコープの普及，③社会の保護者をめざす協同組合，④協同組合運動の強化による地域コミュニティの再建を提起したのである(同上書，第5章)．

この4大課題の相互関連は，つぎのように整理することができよう．

①財の生産とサービスの提供においてはとりわけワーカーズコープを重視し，その普及をはかり，②流通，消費の分野では「社会の保護者をめざす協同組合」としての消費生協の確立をはかる．③このようなかたちで，生産，サービス，流通，消費にわたる各種協同組合のネットワークをつくり，協同組合セクターを拡大強化することにより「地域コミュニティの再建」をはかり，④さらに，「飢餓問題の解決」をめざす．

今日の協同組合運動が取り組むべき基本的課題をこのように明確化すること

により,「思想上の危機」を克服しようというのが,「レイドロー報告」のねらいであった.

2.2 ワーカーズコープに対する評価

レイドロー報告の基本的枠組みをこのようなかたちにするうえで大きな影響力をもったのは,ワーカーズコープ運動の発展であった.つぎに,4大課題に即しながら,レイドロー報告のワーカーズコープ運動に対する評価を見ておこう.

2.2.1 ワーカーズコープの普及

レイドロー報告はワーカーズコープの意義をつぎのように強調している(同上書,邦訳 pp.158-162).

　　過去20年間における世界の協同組合にとっての最も重要かつ大きな変化の1つは,ワーカーズコープに関するコンセプトの全面的な回復であった.……ワーカーズコープに多くの期待が寄せられている.……各国の政府は病める資本主義産業救済のためにスペインのモンドラゴン協同組合に注目し始めた.このことに関する新しい文献の数は驚くべきもので,あまり関心を惹かないだろうと思われていたアメリカにおいてもそうであった.
　　ワーカーズコープの再生は,第2次産業革命の始まりを意味するのだと予想することができる.第1次産業革命では,労働者や職人は生産手段の管理権を失い,その所有権や管理権は企業家や投資家の手に移った.つまり資本が労働を雇うようになった.ところがワーカーズコープはその関係を逆転させる.つまり労働が資本を雇うことになる.もし大規模にこれが発展すれば,これらの協同組合は,まさに新しい産業革命の先導役をつとめることになるだろう.ワーカーズコープは各種協同組合のなかのたんなる1組織だということではなくなっている.つまり労働者が同時に所有者となる新しい産業民主主義の基本的構造を形成している.そして,この種の協同組合は東西ヨーロッパのいくつかの国々や第3世界にわたって,また南北アメリカのいくつかの地域で取り入れられ,まさに世界的なものと

なりつつある.

さらに，レイドロー報告によれば,「ワーカーズコープは，たんなる雇用や所有しているという感覚よりも，もっと深い内面的ニーズ，つまり人間性と労働とのかかわりに触れるもの」であり,「肉体的労働と知的労働の調和をはかることの必要性，さらに最高の価値基準のなかに労働の観念を，生活や人格形成に不可欠なものとして取り入れることの必要性」といった問題を提起しているのである(同上書, 邦訳 p.162).

2.2.2 社会の保護者をめざす協同組合　社会の保護者をめざす協同組合という課題は主として消費生協にかかわるものであり，消費生協は，たんに資本主義的企業と競争するだけでなく，社会の保護者としての役割を果たすべきだ，と主張される．本章のテーマから見て注目されるのは，ここでもまたワーカーズコープの果たす役割が強調されている点である．すなわち，レイドロー報告は，消費生協の組織に関して,「消費生協の従業員の機能をワーカーズコープに移管してもよいのではないか」という問題提起をして，その理由についてつぎのように述べている(同上書, pp.142-144).

「協同組合事業の最も深刻な弱点は，一般的にみて，協同組合における雇用者と労働者との関係である.」協同組合は，協同組合としての特殊な性格を活かして，協同組合組織と労働者との間に新しい関係をつくるべきである.「理事会も経営者も，労働者を組織のよきパートナーと考え始めるべきである．優秀な労働者は，たんなる「雇われ者」というより，よき「共働者」と思われることを望んでいる.」組織の内部において，労働者に「共働者」としての地位を保障するとともに,「多くの場合，協同組合は，事業のある部分あるいは運営を，一定の契約のもとで，ワーカーズコープの手にゆだねることができることを知るであろう」.

2.2.3 協同組合地域社会の建設　この課題に関しては,「多くの種類の協同組合を活用した都市集団，隣保集団，地域集団としての地域社会を建設する

こと」が提言されている．すなわち，「住宅，貯蓄，信用，医療，食料その他の日用品，高齢者介護，託児所，保育園などのサービスを各種の協同組合で提供することによって，はっきりとした地域社会をつくろうとする」試みであり，職住一致の生活環境をつくり，「高齢者や身障者も，職住一致の環境の中で生活できる」ような地域社会をつくろうとする試みである．そしてここでもまた，住民の多様なニーズに対応する各種のワーカーズコープを設立することによって，「地域内の多くの協同組合人が消費者としてだけでなく，生産者あるいは労働者としても協同組合活動にかかわることができる」ような地域社会の建設が提言されている(同上書，邦訳 pp.174-176)．

2.2.4 世界の飢餓問題の解決 この課題にかんしてレイドロー報告は，「あらゆる種類のそして様々の段階の協同組合組織は，生産者と消費者の橋渡しを率先して行わなければならない」と述べて，消費者とともに生産者の組織化の必要性，および生産者組織と消費者組織との提携の必要性を強調している(同上書，邦訳 p.157)．すなわち，ここでもまた，生産協同組合を含む協同組合間の協同と，それにもとづく協同組合セクターの拡大強化の必要性が強調されているのである．

2.3 協同組合セクターの重要性

　従前の ICA 報告と異なるレイドロー報告の独自性は，ワーカーズコープと協同組合セクターの重視である．レイドロー報告は協同組合セクターについてつぎのように述べている(同上書，邦訳 pp.110-113)．

　①「公共セクター，私的セクターおよび協同組合セクターのどれをとっても，単独では，現在までのところ経済の全ての問題を解決し，完全な社会秩序をととのえることはできなかったし，どの2つをとっても同様であった．3者が一緒に並んで活動し，相互に補完することによって，人間の力で可能な最良のものを達成しえよう．」

　② 基本的な公共サービスの提供においては，公共セクターと協同組合セ

クターが相互補完的な機能と役割をもっている.
③ 協同組合は,実際上の理由から私企業と取引きをするが,利潤追求という資本主義的原理にたいしては非妥協的な態度を堅持する.
④ 協同組合セクターは,思想的には,他の2セクターの中間に位置し,両セクターから望ましい特質をとりいれようとしている.
⑤ 協同組合セクターの文脈においては,協同組合は,資本主義の修正ではなく,基本的には資本主義に対する1つの代案(alternative)という立場にある.
⑥ 協同組合はすべての私企業に反対するものではない.いくつかの私企業は反社会的であるが,別の私企業は地域社会にとって支持できるものである.「いくらかの創業者的私企業は,われわれが良性の資本主義と呼ぶものであり,基本的には協同組合の敵ではない.」
⑦ 国家と私企業に対する協同組合の態度は,国家と私企業の性格如何に対応して,多面的かつ柔軟でなければならない.
⑧「協同組合間の協同」という協同組合原則は,協同組合セクターの概念に合致するものである.

協同組合セクターに関する以上のような見解は社会的経済セクターに関しても適合的であると言えよう.

2.4 ICA原則の限界

上述のような協同組合像を前提にして,レイドロー報告は消費協同組合偏重主義をつぎのように批判する(同上書,邦訳 pp.89-91).

> 前世紀において協同組合人は一種類の協同組合組織を重視し,他の形態の協同組合を軽視する傾向があった.しかし現在では「われわれが期待しなければならないことは,人びとが消費者および生産者の両方の資格で,住宅,医療保健サービス,保険,信用,輸送など,多くの分野の日常的ニーズを充足するために協同組合組織から利益を得られるように,組合の種類を多様化することである」.

そして，これらの協同組合は，社会的目的に関してつぎのようなガイドラインを守ることが望ましい，とされる．

① 共同体精神(community spirit)を生み出すのに役立つ計画を援助し，狭い事業の枠をこえて広範な人間的・社会的諸問題に参画する．
② 最も広い意味における教育に大きな関心を払う．実際に協同組合の社会的影響力は，通常その教育活動の活発さによって測られうる．
③ 雇用と事業運営において人種的・宗教的差別を許さない．
④ 組合員だけでなく他の人びとの利益となる民主的・人道的な事業に協力する．
⑤ 貧しい人びとに関心を払い，彼らが組合員となって協同組合から利益を得られるように，援助するための特別な準備をする．
⑥ 公平かつ公正な雇用者として，また地域社会における善良な法人市民として認知される．
⑦ 第3世界の協同組合を援助するための国際的開発計画を支持する(同上書，邦訳 pp.102-103)．

このような協同組合像を前提として，レイドロー報告は当時の ICA 6 原則について，つぎのように述べている(同上書，邦訳 p.87)．

① それらは，原則そのものを明確にするかわりに，現在の慣行を原則の水準にまで格上げしてしまった．
② それらは，主として消費者協同組合に準拠しているように思われ，農業協同組合，ワーカーズコープ，住宅協同組合など，他の種類の協同組合に同様に適用することはできない[1]．

では，ワーカーズコープに適用しうる原則は，どのようなものであらねばならないか．この問題の解明に接近するために，レイドロー報告が注目し，また今日においてもワーカーズコープの成功例として国際的に評価されているモンドラゴン協同組合の原則を検討することにしよう．ロッチデール公正先駆者組合の原則が今日の協同組合原則の基礎をなしたように，モンドラゴン協同組合の原則はワーカーズコープの原則の基礎をなしうるものである．

3 モンドラゴン協同組合の基本原則

3.1 モンドラゴン協同組合

　スペインでは協同組合総数の3分の1強をワーカーズコープ(スペインでは「協同労働協同組合」と称されている)が占めており，他国に比べてその数が多い．これらのワーカーズコープのうちでもとりわけ，バスク地方のモンドラゴン協同組合グループが急成長をとげている．その歴史と現状については第7章で詳論するので，ここではモンドラゴン協同組合の基本原則が確定された当時のモンドラゴン協同組合グループの状況を概観しておこう[2]．

　1956年に最初の小さなストーブ工場が設立されてから30年たった86年には，モンドラゴン協同組合グループは165の単位協同組合(農業協同組合が8，工業協同組合が93，サービス協同組合が4，住宅協同組合が15，教育協同組合が44，消費協同組合が1)と，これらの単位協同組合(第1次協同組合)が加盟する連合組織(第2次協同組合)として労働人民金庫，共済機関，研究開発機関，教育文化連盟をもつ一大複合体に発展していた．モンドラゴンの町の労働人口(約1万2000人)の約半数(6000人)に相当する人びとが，モンドラゴン協同組合の労働者となっていた．

　モンドラゴン協同組合グループは当時，発展の新しい段階にあった．1981年以来，組織全体のあり方について検討が続けられ，85年に組織改革案が決定され，協同組合会議とグループ理事会が新設された．協同組合会議はモンドラゴン協同組合グループ全体の総会，グループ理事会はモンドラゴン協同組合グループ全体の理事会として位置づけられた．

　協同組合会議の機能は，モンドラゴン協同組合グループ全体に関する基本的政策の審議・決定である．第1回会議は1987年10月に開催された．この会議で採択された「モンドラゴン協同組合の実験の基本原則」(Principos Básicos de la Experiencia Cooperativa de Mondragón)は，モンドラゴン協同組合の基本的なあり方を規定する「憲法」とでも言うべきものであり，モンドラゴン協

同組合の基本的な精神あるいは哲学を内外に明示するとともに，ワーカーズコープの原則の基本的な特質を明快に示している．

3.2 モンドラゴン協同組合の実験の基本原則

以下は「モンドラゴン協同組合の実験の基本原則」の全文である．

モンドラゴン協同組合の実験の基本原則

労働人民金庫に連合する諸協同組合が結成する協同組合会議は，その責任においてモンドラゴン協同組合の実験の基本原則を定め具体化する．

これらの基本原則は以下の点に配慮して表明されるものである．

(a) ロッチデールの「開拓者たち」により最初に定式化され，国際協同組合同盟(ICA)の諸会議で具体化された世界的な協同組合原則．
(b) 30年以上にわたって蓄積されたモンドラゴン協同組合企業の実践経験．
(c) 客観的状況の進展と将来の協同組合の発展に対応しうる，上記原則の開放的で弾力的な性格．

基本原則

1 自由加入

モンドラゴン協同組合は，本基本原則を認め，ありうべき職種に適応しうる能力を有するすべての人びとに開かれている．

それゆえ，協同組合加入においては，宗教，政治，民族，性別を理由にして如何なる差別も行ってはならない．内部規定の基本条件の承認のみが要求される．

自由加入は，協同組合の運営において組合員の活動と人間関係を規定する原則の基礎をなすものである．

2 民主的組織

モンドラゴン協同組合は．組合員が組合員資格，所有権，情報権におい

て基本的に平等であることを宣言し，協同組合を民主的組織となし，以下のとおり行う．

 (a) 組合員全体により構成され，「1人1票制」にもとづく総会が，最高の地位を有する．
 (b) 組合員は総会に対して管理責任を負う指導諸機関，具体的には理事会を民主的に選出する．
 (c) 組合員は協同組合を管理するために全体の代表として選出された指導諸機関に対して協力する．それらの機関は，共同の利益のために有効に機能しうるための十分な権限をもつ．

3 労働主権

モンドラゴン協同組合は，労働が自然と社会と人間を変革する基本的な要素と考え，以下のとおり行う．

 (a) 賃金労働者の系統的雇用をしない．
 (b) 協同組合企業の組織においては労働に完全な主権を付与する．
 (c) 生産された富の分配においては，その基本的な取得権は労働に存する．
 (d) 社会の全構成員にたいし，労働を選択する自由の拡大をめざす．

4 資本の手段性・従属性

モンドラゴン協同組合は資本を企業運営に必要な手段，労働に従属する手段と位置づけ，以下の権限を有するものと見なす．

 (a) 報酬を取得する．ただし，その報酬は，
   (1) 蓄積努力に関連して公正であること．
   (2) 必要な資金を確保するために適切であること．
   (3) 規定に従って，報酬金額に制限があること．
   (4) 最終損益の結果に直接連動しないこと．
 (b) 資本の報酬は自由に処分しうる．ただし，その自由処分権は，協同組合の継続と発展の見地から制限され，自由加入の原則を実際上妨げるものであってはならない．

5　管理への参加

モンドラゴン協同組合においては，協同組合の民主的性格は常に組合員に依拠し，自主管理の促進，したがってまた企業管理の領域への組合員の参加の促進にもとづく．このことは以下の事項を必要とする．

(a) 適切な参加のための機構と方途の展開．

(b) 協同組合の管理の基本的な事項についての情報の公開．

(c) 組合員に影響を与える経済・組織・労働上の決定について，組合員および組合員代表と審議，交渉する方法を確立し実行すること．

(d) 組合員を社会的および専門的に育成するための計画を体系的に実施すること．

(e) より高度の専門的責任を伴う職務を担当するための基本的方途として内部昇進制を確立すること．

6　報酬の連帯性

モンドラゴン協同組合は，報酬が十分で連帯性をもつものであることを運営の基本原則とする．すなわち，

(a) 報酬は協同組合の実情に応じて十分であること．

(b) 報酬は以下の具体的な範囲で連帯性を有すること．

　(1) 内部的には，報酬は労働報酬の連帯的な評価区分にもとづき，その他の必要な要素を加えて具体化される．

　(2) 外部との関連においては，内部の平均報酬が地域社会の賃金労働者の平均賃金と等しくなることを規準にして，報酬が具体化される．ただし，地域社会の賃金政策が明らかに不十分である場合は，この限りでない．

7　協同組合間の協同

モンドラゴン協同組合においては協同組合間協同の原則は，連帯の具体的な適用として，また企業効率化の必要条件として，以下のように表明される．

(a) 単位協同組合はグループを結成して協同組合間の協同を促進する．

このグループは損益の共同化をすすめ，組合員の異動を調整し，協同の拡大による相乗効果を追求することによって，同質の社会労働体制の実現をめざす．

(b) 協同組合グループは，共同の利益のために上部の組織と機関を設立し，それらを民主的に運営することによって相互協同を促進する．

(c) モンドラゴン協同組合とその他のバスク協同組合組織は，バスクの協同組合運動を強化するために相互協同を促進する．

(d) スペイン，ヨーロッパ，世界全体の協同組合運動との協調をはかり，共通の発展のための共同の諸組織を結成し，相互協同を促進する．

8 社会変革

モンドラゴン協同組合は人民と連帯して社会変革を行う決意を表明する．バスク地域を経済的・社会的にたてなおし，より自由で公正で連帯性の強いバスク社会を建設するのに役立つ協同を拡大することによって，バスク地域の社会変革をめざす．そのために以下のことを行う．

(a) 取得した純剰余金のかなりの部分を共同基金に再投資し，協同組合組織における新しい職の創出をはかる．

(b) 社会事業基金を活用して地域コミュニティの発展のための活動を助成する．

(c) 連帯性と責任を基礎にして，協同組合システムに適合的な社会保障政策を確立する．

(d) 社会的・経済的性格を有するバスクの諸団体，とりわけバスクの労働者階級が組織する諸団体との協同をはかる．

(e) 民族言語であるバスク語および一般的にバスク特有の文化を復興し発展させるために協同をはかる．

9 国際性

モンドラゴン協同組合は，国際的協同組合運動にふさわしい平和，正義，発展を目的とし，「社会的経済」の分野で経済民主主義のために活動しているすべての人びとと連帯することを表明する．これはモンドラゴン協同

組合の国際的使命である.

10 教　育

モンドラゴン協同組合は，以上の諸原則の有効な実施のためには十分な人材と資金を教育に充当することが基本であると考え，以下のことを行う.

　(a) 協同組合教育．協同組合員全体のための，とりわけ協同組合の社会的機関に選出された組合員のための，協同組合教育．

　(b) 専門教育．とりわけ指導諸機関に配置された組合員のための専門教育．

　(c) 一般に青年教育．将来において協同組合運動の強化と発展を担いうる青年男女協同組合人の教育．

4 「基本原則」の特質

モンドラゴン協同組合グループの幹部である I. ゴローニョは，「モンドラゴン協同組合の実験の基本原則」の特質についてつぎのように述べている (Gorroño n.d., pp.1-2)．

「基本原則」は，ICA の協同組合原則を前提とするものであるが，思想面と実践面でつぎの特質を有する．

思想面の特質はつぎの2点である．

① 「基本原則」は教条主義的性格のものではなく，社会的・経済的条件の変化に対応しうる弾力的性格をもつ．

② 「基本原則」は異なるイデオロギー的諸傾向を拒否するものではない．これは「イデオロギーは分裂を生み，必要は統一を生む」という，アリスメンディアリエタの思想にもとづくものである．

実践面の特質はつぎの3点である．

① 経済面を重視する．これは経済的利益は社会的利益にとって不可欠だという信念にもとづく．

② 出資者の責任を重視する．すなわち，

(1) すべての労働者が出資者であること．すなわち，すべての人が労働力と資金の提供者であること．
(2) 給与格差の縮小．これは，組織の一体性を維持するためである．
(3) 給与水準は，地域の賃金水準と協同組合の剰余金を考慮して決定される．
(4) 協同組合の経済力を強化するために剰余金を系統的に再投資する．
③ 諸協同組合の連合化をはかり，財政，技術，研究開発，教育開発，教育訓練などの面で単位協同組合(第1次協同組合)を援助する第2次協同組合を設立する．

「基本原則」の特質を上述のように整理したゴローニョは，結論的につぎのように述べている．

　　　モンドラゴンは資本主義と社会主義の限界をのりこえる「第3の体制」をつくろうとしているのではない．モンドラゴン協同組合の試みは1つの「実験」と見なされるべきものである．この実験は，自由と民主主義と連帯の原則にもとづくものであるが，未来に開かれているダイナミックなプロセスなのである(同上書, p.2)．

ゴローニョの以上の説明によって，「モンドラゴン協同組合の実験の基本原則」というタイトルのなかの「実験」の意味も明らかとなろう．モンドラゴン協同組合グループの最初の生産協同組合となった「ウルゴール」は，1956年に設立され59年に協同組合としての法人格を得たが，「実験」という言葉はこの頃から使われ，それ以来，全体の運動が「モンドラゴン協同組合の実験」として強調されているのである(佐藤誠編著 1984, p.22)．

モンドラゴン協同組合グループの機関誌である *T. U. Lankide* は，その1987年5月号に「基本原則(案)」をテーマとする座談会を掲載している．そこに見られるつぎのような見解もまた「基本原則」の特質を理解するうえで参考になる(*T. U. Lankide* 1987, pp.7-9)．

① 世界的に消費協同組合，信用協同組合，農業協同組合，住宅協同組合などが発展しているが，これらの協同組合においては労働が基本的要素とし

て位置づけられていない．労働を基本的価値として位置づける「基本原則」の規定は，スペインの他の民主的な協同組合にも見られないものであり，モンドラゴン協同組合独自のものである．

②「協同労働協同組合」(ワーカーズコープ)が基本的に労働者の企業であることを示したところに，モンドラゴン協同組合の特徴がある．「労働を中心とする協同組合の組織化は，モンドラゴンが世界の協同組合に示すことができる基本的なコンセプトである」．

上述の見解においても示唆されているように，「基本原則」は，モンドラゴン協同組合の実験に独自な原則を示すにとどまらず，本章のテーマである「ワーカーズコープの原則」一般を解明するうえでも格好の素材を提供するものである．

5　「基本原則」の独自性

「基本原則」の前文では，「基本原則」が，①ICAの協同組合原則をふまえ，②モンドラゴンの実践に基礎づけられ，③弾力性を有するものであることが，述べられている．

そこで，以下では，「基本原則」を①ICAの6原則に共通している原則と，②モンドラゴン独自の原則に区分し，それぞれを検討することによって，ワーカーズコープの原則として「基本原則」がいかなる特質を有するかを解明することにしよう．

「基本原則」のうち，第3原則「労働主権」，第6原則「報酬の連帯性」，第8原則「社会変革」，第9原則「国際性」の4原則を除くと，他の6原則は，モンドラゴン協同組合に独自な内容を含みつつも，なんらかの意味でICAの7原則に共通する部分を有している．

まず最初に，モンドラゴン協同組合に独自な4原則を検討することによってワーカーズコープ的な特質を明らかにし，ついで，このワーカーズコープ的な特質が，ICA原則に共通する他の6原則のうちにどのようなかたちで含まれ

第4章　社会的経済の先導役――ワーカーズコープとは何か――133

ているかという問題を検討し，そうすることによって「基本原則」全体を通してワーカーズコープ的な特質がどのように貫かれているかという問題を解明することにしよう．

　10原則のうちでモンドラゴン協同組合の特質をもっとも明瞭に示しているのは，第3原則の「労働主権」(soberanía del trabajo)である．
　労働の尊厳性こそ，モンドラゴン協同組合の創設者であるアリスメンディアリエタ神父がつねにもっとも強調した原理であった．彼は1941年，26歳でモンドラゴンの教会の副司祭に任命されたが，当時のモンドラゴンは町全体が荒廃した状況にあった．まちづくりの執念に燃えた若き神父がまず取り組んだのは，職業技術教育であった．43年に設立した職業訓練学校で神父は，労働の尊厳性を強調し，労働者が主人公になる企業経営とそれを基盤とする社会改革の重要性を説いた．
　1956年，5人の卒業生が小さい石油ストーブ製造工場「ウルゴール」を設立し，ウルゴールの運営規定のうちに「生産の全工程において，人間の労働が，その尊厳にもとづき特権を享受できるようにし，その他のすべての要素を構造的に従属させる」と記した．このように，「生産諸要素のなかでの労働の優越性(soberanía del trabajo)」という原則は，モンドラゴン協同組合の実験のスタート時点からその中核の位置を占めていたのである(Thomas and Logan 1982, 邦訳 p.31)．
　ウルゴールの5人の創設者の1人であり，モンドラゴン協同組合グループ理事会の議長として「モンドラゴン協同組合の実験の基本原則」の作成にリーダーシップを発揮したホセ・マリア・オルマエチェアは，「モンドラゴン協同組合の実験を規定する基本的な特質は労働の協同化(la cooperativización del trabajo)である．これこそ私たちのグループが世界の協同組合運動にもたらしている基本的な要素である」と述べている(T. U. Lankide 1987, p.8)．
　この「労働の協同化」の基礎をなしているのは，「労働こそ自然と社会と人間を変革する基本的な要素である」とする認識と，そこから派生する「労働の

尊厳性」という思想である．このような意味での「労働の協同化」がモンドラゴン協同組合の実験の根幹をなしているのである[3]．

このような認識と思想を基盤とする組織においては，当然のことながら，主権者の位置を占めるのは労働であって，資本ではない．近代社会の政治組織における「人民主権」に対応する概念が，この経済組織における「労働主権」だといえる．

ワーカーズコープについて研究しているイギリスの学者C. コーンフォースはつぎのように述べている．

> ワーカーズコープに唯一の定義はない．だが，ほとんどの定義の要点は，つぎのようである．ワーカーズコープとは，そこで働く従業員が，完全に或いは主として，所有し管理している企業である．そこでは，資本が労働を用いるのではなく，労働が資本を用いるべきだ，というのが原則となっている(Cornforth 1982, p.2)．

すなわち，ワーカーズコープとは，その形態からみれば，そこで働く人びとが所有し管理する協同組合であり，その内容あるいは原理からみれば，労働者が主人公として資本を用いている協同組合である，と言える．

このような意味で，「労働主権」は，モンドラゴン協同組合の独自性を示すだけでなく，ワーカーズコープ一般のもっとも基本的な特質を示すものともなっている．

以下，本節では，「労働主権」の原則がモンドラゴン協同組合においてどのように具体化されているかを，原則のそれぞれの条項に即して検討することにしよう．

「(a) 賃金労働者の系統的雇用をしない」という条項について．

全労働者が組織の主人公であるワーカーズコープにおいては，雇用者と被雇用者という二極分解は存在せず，雇用・被雇用の関係，あるいは労使関係は原則として否定される．

実際の運用においては，仕事の関係上，パート労働者や季節労働者を雇用

することはありうる．しかし，そのさいも無原則的な弾力化は許されず，賃金労働者の雇用を制限する規定がある．すなわち，賃金労働者の「系統的」(sistemático)な雇用はしないのである．

「基本原則」制定時にモンドラゴン協同組合が用いていた「協同組合モデル定款」は，1985年5月のものであったが，それ以前のモデル定款(旧定款と略称)においてはつぎのように規定されている．「組合は，季節労働者およびその他の専門的な労働者を契約に従って雇用することができる．ただし，その人数は正組合員数の10％を超えないものとする」(第6条のc)．87年9月の私の現地調査の時点においては，コプレシ工業協同組合においては「半年以内であれば10％までよい」，エロスキ消費協同組合においては「5％以下」とされていた．

「(b) 協同組合企業の組織においては労働に完全な主権を付与する」という条項について．

すでに述べたように，「労働の優越性」の思想，すなわち，種々の要素から成り立つ企業組織において，労働を最高のものとして位置づけ，その他の要素を労働に従属させるという思想は，そのスタート時点からモンドラゴン協同組合の実験の中核をなすものであった．この「労働の優越性」の思想とそれにもとづく約30年間の実践が，第3原則の(b)に結実したものといえよう．

協同組合企業の組織における労働主権あるいは労働者主権の，より具体的なあり方は，第2原則「民主的組織」と第5原則「管理への参加」において規定されている．したがって，この問題に関しては第2原則と第5原則を考察するさいに再論することにしよう．

「(c) 生産された富の分配においては，その基本的な取得権は労働に存する」という条項について．

(b)項が主として生産過程を中軸とする企業組織における労働主権を規定した組織原則であるのに対して，この(c)項は，生産された富の分配における労働主権を規定した分配原則であるといえよう．分配原則における労働主権とは，①富を生産する主体は，資本ではなく労働である，したがって，②富の分配にお

いても労働が資本に優先する，そして，③分配は労働を尺度にしてなされる（労働に応じた分配），ということを意味している．より具体的には，上述の②については第4原則「資本の手段・従属性」において，③については第6原則「報酬の連帯性」において，それぞれ規定されている．したがって，より具体的な分配原則については第4原則と第6原則を考察するさいに検討することにしよう．

「(d) 社会の全構成員にたいし，労働を選択する自由の拡大をめざす」という条項について．

①生産拡大により労働市場を拡大し，多くの人に労働の場を提供する，②雇用労働の廃止により労働を労働者自身のものにして，労働の疎外を克服する，③管理労働と生産労働への労働者の固定化の廃止，生産労働領域での分業の固定化の廃止，などの措置により，労働を人間の尊厳にふさわしいものにし，労働を人間の全面的発達の基本的要因にしようとすること．これらは「モンドラゴン協同組合の実験」の基礎をなす哲学である（具体例に関しては，Thomas and Logan 1982, 第3章, 参照）．労働機会の創出，雇用労働の廃止，特定分業への労働者の固定化の廃止は，モンドラン協同組合の実験だけに独自な哲学ではなく，ワーカーズコープ一般の実践を貫く根源的な哲学ともなりうるものである．

つぎに，第3原則「労働主権」の(c)項の分配原則に関連する第6原則「報酬の連帯性」を検討しよう（報酬と剰余金の分配についての詳細は，同上書, 第6章, 参照）．

第6原則はモンドラゴン協同組合の「賃金論」である．より正確に言うならば，「賃金批判論」である．というのは，モンドラゴン協同組合の実験においては，労働者が受取る所得は，労働力の価値としての賃金ではなく，労働の成果として規定されているからである．したがって，モンドラゴン協同組合においては「賃金」という言葉は用いられず，労働の成果にたいする「前払い」(anticipo)という言葉が用いられている．この意味において，モンドラゴン協同組合で働く労働者は，雇用労働者でないのと同様に，賃金労働者でもない．

集団的な自営業者としての性格をもつと言えよう.第6原則で用いられている「報酬」という言葉は,このような意味で,「賃金」ではなく労働の成果にたいする見返りとしての報酬と理解されうる.「生産された富の分配においては,その基本的な取得権は労働に存する」という第3原則「労働主権」の(c)項も,このような文脈において理解されうる.

第6原則では「報酬が十分で連帯性をもつものであること」と規定されている.

「(a)報酬は協同組合の実情に応じて十分であること」は,労働の成果に応じて可能なかぎり十分な報酬が保障されるべきだ,というように理解されうる.

ただし,この報酬は連帯性をもたねばならない,とする付加的な規定が(b)項でなされる.すなわち,(1)協同組合内部の連帯性の見地からする所得格差の縮小と,(2)地域社会の賃金労働者との連帯性の見地からする地場賃金との連動性である.

モンドラゴン協同組合の「モデル定款」(1985年のモデル定款の第21条,旧モデル定款の第23条)では,つぎのように規定されている.

① 組合員は,組合に貢献した労働の価値に応じて報酬を受ける.
② 各組合員の職務は職務評価にもとづいて評価される.
③ 職務評価表は,最高報酬が最低報酬の3倍をこえないように定める[4].
④ 労働前払金は,賃金の性格をもたず,事業の損益勘定に応じる定期的な受取金である.
⑤ 労働前払金は以下の基準にもとづいて決定される.(a)理事会は,毎年,指標1の労働前払金の金額を定める.(b)そのさい,協同組合内部の平均報酬が地域社会の賃金労働者の平均賃金と等しくなるように配慮される.(c)指標1にもとづく年間総額は法的最低賃金を下回らないようにする.
⑥ 年間の労働時間,休暇および超過勤務手当は,地域の諸企業と同等な基準にもとづいて決定される.

以上のように,第6原則においては報酬の「連帯性」が強調されている.とりわけ,報酬の水準を地域の賃金水準と連動させるということは,組合員と地

域の賃金労働者との連帯，協同組合運動と労働組合運動との連帯の必要性を意味するものとなっている．組合員は自己の報酬を高めるためにも，地域の賃金労働者の賃金闘争と連帯する必要がある．このような意味で，第6原則における連帯性の強調は，第8原則の「社会変革」と密接に関連している．

そこで，引き続き第8原則「社会変革」について検討しよう．

すでに述べたように，「労働は自然と社会と人間を変革する基本的な要素である」とする認識は，モンドラゴン協同組合の実験を基礎づけるもっとも根元的な認識である．ここにすでに，非常に抽象的なレベルにおいてではあるが，社会変革の思想が含まれているといえよう．労働を重視する思想は，労働を重視する社会をつくろうとする思想に展開せざるをえない内的必然性をもっているからである[5]．

広い視野で見れば，第8原則だけではなく，第9原則「国際性」もまた社会変革に関連している．すなわち，第8原則がもっぱらバスク地域の社会変革について述べているのに対して，第9原則は国際的レベルでの社会変革について述べているのである．社会変革の目的と手段は両原則で共通している．すなわち，社会変革の目的は，「より自由で公正で連帯性の強い」社会，あるいは「平和，正義，発展」に基礎づけられた社会の建設であり，社会変革の手段は，人民との連帯による協同の拡大，あるいは「「社会的経済」の分野で経済民主主義のために活動しているすべての人びとと連帯すること」による協同の拡大である．

「バスク地域の社会変革」に関連してとりわけ重視されるのは，つぎの諸点である．

「(a) 取得した純剰余金のかなりの部分を共同基金に再投資し，協同組合組織における新しい職の創出をはかる」という条項について．

失業問題の克服は，世界のワーカーズコープ運動に共通する基本的な課題である．モンドラゴン協同組合はこの点で大きな成果をあげている．スペインの失業率の増大にもかかわらず，モンドラゴン協同組合は着実に労働者数の増大

第4章　社会的経済の先導役——ワーカーズコープとは何か——139

を達成してきたのである．

そのためにモンドラゴン協同組合は利益のかなりの部分を再投資にむけてきた．1987年10月の第1回モンドラゴン協同組合会議で採択された「社会資本取扱基本規程」の第4条「純剰余金の配分」によると，純剰余金の最低10%を教育社会事業基金に，最高50%を個人資本勘定に，残りを「義務的準備基金」に充当することになっている．スペイン協同組合法とバスク協同組合法によれば，協同組合の純剰余金の最低10%は教育社会事業基金に充当されねばならない．モンドラゴン協同組合の多くは純剰余金の10%をこれに充当している．個人資本勘定に充当される部分は，組合員が組合を脱退するときに返還されるものであり，当面は再生産のための投資に回される．したがって，教育社会事業基金の10%を除く純剰余金の90%が当面は再投資に活用されうることになる．表4.1は私の現地調査時点(87年9月)における純剰余金の配分比率である．

「(b) 社会事業基金を活用して地域コミュニティ発展のための活動を助成する」という条項について．

旧モデル定款の第37条では，「教育と社会事業のための基金は，協同組合理念の普及および総会が定める方針によるコミュニティの社会的文化的要求に応じるためのものでなければならない」とされている．

「(c) 連帯性と責任を基礎にして，協同組合システムに適合的な社会保障政策を確立する」という条項について．

スペインではワーカーズコープの組合員は，雇用労働者ではなく自営業者と見なされ，賃金労働者に適用される社会保障制度は組合員には適用されない．

表4.1　純剰余金の配分比率

	スペイン協同組合法とバスク協同組合法	モンドラゴン協同組合のモデル定款	ファゴール工業協同組合	エロスキ消費協同組合
教育社会事業基金	最低　10	最低　10	最低　10	最低　10
個人資本勘定	最高　70	最高　50	最高　45	最高　40
義務的準備基金	最低　20	最低　40	最低　45	最低　50

そのためモンドラゴン協同組合グループは，1974年に，社会保障を担当する第2次協同組合「ラグン・アロ」を設立した．それ以前は労働人民金庫が社会保障業務も担当していた．ラグン・アロは，医療費，家族手当て，一時休業補償，遺族手当て，老齢年金などを支給し，その費用は加盟協同組合と個人組合員の分担金で賄われている．

「(d) 社会的・経済的性格を有するバスクの諸団体，とりわけバスクの労働者階級が組織する諸団体との協同をはかる」という条項について．

ここでは，ワーカーズコープがたんに協同組合の協同だけではなく，労働諸団体，住民諸組織との協同を基礎に社会変革をめざしているという点が重要である．第6原則「報酬の連帯性」においても強調されていた賃金労働者との連帯，働く者同士の連帯を基礎に，住民諸組織の間にも協同のネットワークを拡げていこうというのである．

「(e) 民族言語であるバスク語および一般的にバスク特有の文化を復興し発展させるために協同をはかる」という条項について．

ここでは，社会変革の目的，協同の目的として，とりわけ文化の問題をとりあげている点が注目される．地域コミュニティの再建を目的とするワーカーズコープ運動にとっては，地域社会の文化の発展もまた重要課題となる．協同の目的は経済的領域に限定されていない．自らの文化を守り育てることが社会変革の重要な一環として位置づけられているのである．

第9原則「国際性」は，上述の第8原則「社会変革」の基本理念を国際的レベルに適用したものと理解されうる．

第9原則は「平和，正義，発展を目的とし，「社会的経済」(Economía Social)の分野で経済民主主義(democracia económica)のために活動しているすべての人びとと連帯すること」を「モンドラゴン協同組合の国際的使命」としている．

1987年4月の「基本原則(案)」(*T. U. Lankide* 1987, p.6)では，第9原則に下記の文章が付加されていた．

ヨーロッパでの活動としては，協同組合活動，および一般的には，社会的経済が特別な重要性をもつようなヨーロッパ社会をつくる活動に協力する．

全世界的レベルでの活動としては，第3世界の人民との連帯を表明し，そこから生ずる必要事項を引受け，第3世界の人民がより高度の正義と人間的尊厳によって特徴づけられる生活水準に到達しうるように，ともに努力する．

このように「基本原則(案)」においては，「社会的経済が特別な重要性をもつようなヨーロッパ社会をつくる」という社会変革の立場が明示されていたのである．

前述のように，「報酬の連帯性」が「労働主権」に依拠する原則であり，「国際性」が「社会変革」に依拠する原則であるとするならば，モンドラゴン協同組合に独自なこれらの4原則は，思想的には「労働主権」と「社会変革」という2つの原則に還元されうる．

ちなみに，「モデル定款」の第2条はモンドラゴンにおける協同組合の目的をつぎのように規定している．「本協同組合の目的は，協同組合原則にしたがって生産諸要素を結合し制度化し，人間的労働の尊厳と発達の見地から事業を遂行することであり，当該の労働共同体だけではなくそれが属する社会の経済的・社会的発展のために進歩的連帯をすすめることである．」

モンドラゴン協同組合グループの機関誌である *T. U. Lankide* の最初の2文字 T. U. は Trabajo y Unión (労働と連帯)の省略であるが，この「労働と連帯」もまた，上述のような見地から命名されたものと思われる．

6 ICA 原則との対比

「基本原則」のワーカーズコープとしての独自性を検討した前節に引き続き，本節では「基本原則」を ICA 原則との対比において考察することにしよう．

第1原則「自由加入」は ICA の協同組合原則の第1原則「自発的でオープ

ンな組合員制度」に対応する.

モンドラゴン原則の独自性は,「自由加入は,協同組合の運営において組合員の活動と人間関係を規定する原則の基礎をなすものである」として,「自由加入」の原則をとりわけ強調している点にみられる[6]. この文章は,1987年4月の「基本原則(案)」には見られず,10月の第1回協同組合会議で付加されたものである.

自由意志にもとづく労働の重要性と強制労働の否定は,アリスメンディアリエタの思想の基本をなすものであった (Oakeshott 1975, p.295. Oakeshott 1978, p.172).

なお,モデル定款では組合加入に関してつぎのような規定がある.

第6条 組合員の資格 本協同組合において労働する能力のある者で,本定款に記載されている権利と義務を自覚し,且つそれらを誠実,効果的に遂行することを約する者は,本協同組合の労働者組合員になることができる[7].

第7条 加入の必要条件 組合員の加入に際しては,以下の必要条件を満たさなければならない.

(a) 16歳以上または法人格を有する者.
(b) 労働者組合員には6か月以上の試用期間がある.

その期間中に仕事に対する専門能力と協同組合連帯にたいする適合性が確認される.この試用期間中,両当事者すなわち協同組合と加入希望者の合意によって,期間を短縮または廃止することができる.また,いずれか一方の自由決定により関係を解除することができる.

第2原則「民主的組織」と第5原則「管理への参加」は,ICAの第2原則「組合員による民主的管理」に対応する.

モンドラゴン協同組合の「基本原則」の独自性は,「組合員による民主的管理」の原則を,組織の側面と組合員参加の側面という2側面にわけて原則化しているところにみられる.この意味でもモンドラゴン協同組合は協同組合の民主的運営の原則をとりわけ重視していると言える[8].

モンドラゴンの第2原則「民主的組織」は全組合員の権利の平等を保証しうる組織のあり方を，(a)最高決議機関としての総会，(b)指導諸機関の民主的選出，(c)指導諸機関に対する協力と指導諸機関の権限保証，という3つの側面から規定している．

モンドラゴンの協同組合は，多くの場合，つぎのように組織されている．①総会．②理事会．③企業長．④経営委員会（企業長を含む委員会で基本的な経営計画を作成する）．⑤社会委員会（職場単位で選出された労働者代表が構成する委員会で，理事会から一定の権限を委譲され，労働者の福利，厚生，労働条件などの問題を検討する）[9]．⑥監査役会（決算書などの重要文書の監査）．

モデル定款ではつぎのように規定されている．

　　第39条　総会　総会は，組合員により構成され，法律と本定款が定める事項に関して組合意思を表明する最高機関である．協同組合にかかわる事項はすべて総会の審議と決議の対象とすることができる．

　　第40条　総会の招集　通常総会は年1回，組合の事業年度終了後6か月以内に招集される．

　　第44条　理事会　理事会は，協同組合の代表機関，運営管理機関であり，それにかかわるすべての権限を実施する．……理事会は，総会の定める政策にもとづいて運営の一般的指導基準を定める権限，および法律と本定款が理事会に付与したその他の行為を実施する権限を持つ．

　　第46条　理事会の機能　理事会は少なくとも月1回開催する．

　　第47条　理事会にかかわる措置　理事会メンバーは，その職務にもとづく特別報酬を受取ることはできない．

　　第48条　企業長の任命と解任　理事会は企業長を任命し，その権限と委任権を授与し，恒常的かつ直接的に理事会の監督下に置く．

民主主義を保障するものは，民主的な組織や制度だけでなく，構成員の実際の参加である[10]．したがって，「基本原則」においては「管理への参加」が1つの独立した原則として規定されている．

「協同組合の民主的性格」は，組織や制度だけでなく，究極的には「組合員

に依拠」するものであり,「企業管理の領域への組合員の参加」の程度にもとづく．協同組合の民主主義は，約言すれば，組合員による組合管理,「自主管理」である．このような見地から,「自主管理の促進」のために，以下の措置をとることが必要だとされている．

(a) 適切な参加のための機構と方途の展開．
(b) 管理に関する情報の公開．
(c) 組合員にかかわる事項の決定について，組合員および組合員代表と審議，交渉する方法を確立し実行すること．前述の「社会委員会」は，そのための制度の1つである．
(d) 組合員を社会的および専門的に育成するための計画を体系的に実施すること．このことは組合員が自主管理の真の主体となるために必要とされる．すなわち，組合員が自主管理の能力を十全に発揮するためには，企業の経済状態を含めた社会全般に関する知識と労働に関する専門的・技術的能力を身につける必要がある．
(e) より高度の専門的責任を伴う職務を担当するための基本的方途として内部昇進制を確立すること．全組合員が管理能力を身につけるためには，各組合員が1つの職務にとどまることなく，より高度の専門的責任を伴う職務につくことを可能にするような内部昇進制を確立することが必要とされる．

第4原則「資本の手段・従属性」は，ICAの第3原則「組合員の経済的参加」に対応する．

ICAの第3原則においては「組合員は，組合員の条件として払い込んだ出資金に対して，配当がある場合でも，通常，制限された配当を受ける」と記されている．これはつぎのような見解を根拠にして成立している．株式会社は，資本の結集によって成立する．資本が株式会社に集まるのは，資本の所有者(株主)が投資により利益を得られるからである．したがって，株式会社はできるだけ多くの利潤を得て株主にできるだけ多くの配当をしなければならない．これとは異なり，協同組合は，相互扶助を目的とする人間の結集によって成立

する．組合員が出資する基本的な目的は，出資に対する配当の極大化ではなく，相互扶助のための組合の事業活動を可能にすることである．したがって協同組合は，事業運営を優先させ，出資に対する配当は一定の率(一般的には定期預金の利率)以下に制限する．

協同組合一般にあてはまるこのような出資金利子制限の原則を，モンドラゴン協同組合の「基本原則」は「資本の手段性・従属性」という見地から原則化している．すなわち，「モンドラゴン協同組合は資本を企業の展開のために必要な手段，労働に従属する手段と位置づける」とされている．1987年4月の「基本原則(案)」においては，資本は「基本的には蓄積された労働」であると規定されている．すなわち，ここにも「労働主権」という思想が貫かれている．

このような見地からして，第4原則の(a)項においては，出資金に対する報酬，具体的には出資金に対する利子率が，①事業運営のための組合の内部蓄積を阻害するほど高率であってはならない，②必要な資金の確保を阻害するほど低率であってはならない，③報酬金額は無制限であってはならない，④企業の損益によって変化しない固定的な利子率である，とされるのである[11]．

同様な見地からして，(b)項においては，資本報酬の自由処分権に対する制限が規定されている．すなわち，出資金に対する配当は取得者個人が自由に処分しうるものであるが，その自由処分権は協同組合の継続と発展を阻害するものであってはならない．できるだけ多くの人に就業の場を提供することを目的の1つとする「自由加入の原則」を実際上妨げるものであってはならない，とされるのである．

具体的には，協同組合の経営が悪化して損失金が生じる場合，自由処分権が制限されることになる．モデル定款の第37条「損失金の算入」によれば，①事業年度の損失金の最高50%を義務的準備基金から充当できるが，②残りの最低50%は組合員の出資金から充当され，③各組合員の負担分は，協同組合における各組合員の業務，役務，活動に比例して課せられる．また「社会資本取扱基本規定」の第6条「利子率の決定」においては，経営悪化の場合，出資金に対する利子配当が，労働前払金の引下げと同じように引下げられうること

が規定されている．

このように，各組合員の個人資本勘定への剰余金の配分と同様に，損失金の配分もまた，各組合員が協同組合に貢献した労働に応じてなされる．この配分原理においても「労働主権」の理念が貫かれていると言えよう．

第7原則「協同組合間の協同」は，ICAの第6原則「協同組合間協同」に対応する．

ICAの第6原則が「協同組合は地域的，全国的，広域的，国際的な組織を通じて協同することによって，もっとも効果的に組合員の役に立ち，協同組合運動を強化する」と述べ，一般的なかたちで協同組合間協同の必要性を強調しているのにたいして，モンドラゴン協同組合の「基本原則」の場合は，より具体的に，単位協同組合のグループ化と上部組織(第2次協同組合)の設立による協同組合グループのシステム化を基礎にして，地域的，全国的，国際的レベルでの協同組合間協同を強化するという方向が示されている．とりわけ，協同組合間協同の基礎をなす協同組合グループが，損益の共同化，組合員の異動，スケールメリットの追求などにより「同質の社会労働体制の実現をめざす」とされている点に，「基本原則」の独自性が見られる．ここでもまた「労働主権」の理念が貫かれているのである．

第10原則「教育」は，ICAの第5原則「教育，訓練，広報」に対応する．

「基本原則」の独自性は，協同組合教育とともに，とりわけ専門教育と青年教育を重視しているところに見られる．このような認識は，モンドラゴン協同組合の実践のスタートの時点から一貫して見られるものである．アリスメンディアリエタは，青年のための技術訓練学校を設立することによって地域社会変革の事業を開始し，「知は力だ．知の社会化こそ力の民主化だ」という信念のもとで教育事業を拡大していった．工業(ものづくり)とともに教育(人づくり)が重視されているのが，モンドラゴン協同組合グループの大きな特徴である．

第10原則の(a)「協同組合教育」においては，組合員全体の教育とともに，とりわけ協同組合の社会的諸機関に選出された組合員のための教育が重視されている．たとえば，直接労働部門の労働者の利害を代弁して理事会と企業長に

対応する機関である「社会委員会」に選出された組合員は，協同組合全体の現状をよく理解したうえで直接労働部門の労働者の利害を代弁する必要がある．さもないと，直接労働部門の労働者の利害と協同組合全体の利害とが対立し調整不可能となるような場合が生じうる．このようなケースを避けるためにも，「協同組合の社会的諸機関に選出された組合員のための協同組合教育」は重要視される[12]．

　協同組合の組織，管理運営，経済状況などを含め，協同組合全体の現状をよく理解するためには，一般的な協同組合教育だけでなく，技術や経営などに関する専門教育が必要とされる．したがって，第10原則の(b)項では「専門教育，とりわけ，指導諸機関に配置された組合員のための専門教育」が，独立の項目として重視される．

　(c)項では「将来において協同組合運動の強化と発展を担いうる青年男女協同組合人の教育」が重視されている．そのためにモンドラゴン協同組合グループは，協同組合教育と経営教育を行う教育機関として「イカスビデ」(現在は「オタロラ」と名称変更)を1984年に設立している．

7 「労働主権」原則の根源性

　モンドラゴン協同組合の10原則の内容を以上のように理解すると，「労働が自然と社会と人間を変革する基本的な要素である」とする認識が10原則の思想的根源をなしていることがわかる．すなわち，「労働主権」を基礎とする組織原則として「自由加入」「民主的組織」「管理への参加」があり，「労働主権」の見地から「資本」を位置づける原則として「資本の手段性・従属性」があり，「労働主権」の立場からする社会変革と連帯の必要性を示す原則として「報酬の連帯性」「協同組合間の協同」「社会変革」「国際性」があり，「労働主権」の理念を含む協同組合教育の重要性を示す原則として「教育」がある．

　①「自由加入」原則で強調されている「自由」，②「民主的組織」と「管理への参加」の原則で強調されている「平等」，および③「報酬の連帯性」，「協同組

合間の協同」，「社会変革」，「国際性」の原則で強調されている「連帯性」に注目するならば，ここで理念的に示されている協同組合組織は，自由と平等と連帯にもとづく組織だと言えよう．自由，平等，友愛という近代社会の理念が，このようなかたちで「労働主権」理念を中核にして結び合わされているのである．協同組合一般の理念が「協同(co-operation)と愛」という表現で示されることがあるが，ワーカーズコープの場合は，この理念は「協働(co-operation)と連帯」として現れる．すなわち，ワーカーズコープにおいては，co-operation はとりわけ労働者の「協働」として，また，愛はとりわけ労働者相互の「連帯」として現出するのである．workers' co-operative という英米的な表現がワーカーズコープの形態を示しているとするならば，「協同労働の協同組合」(cooperativa del trabajo asociado)というスペインでの呼称は，ワーカーズコープの内容を示すものと言えよう．

8 イギリスのワーカーズコープの原則

イギリスのワーカーズコープを法的に枠づけているのは産業・節約組合法であるが，この法律によって登記するワーカーズコープの多く(約90%)は，ICOM が作成したモデル定款を利用している．ICOM (Industrial Common Ownership Movement. 産業共同所有運動)は1971年にワーカーズコープ運動推進のために結成された民間組織である．ICOM 型のモデル定款もまた，「モンドラゴン協同組合の実験の基本原則」と同様に，ICA の協同組合原則を基礎として，それに自らの実践経験から導き出された下記の独自の原則を付加している(富沢・佐藤 1986，富沢 1987b)．

① 原則として組合員資格を，ワーカーズコープとその関連組織で働く人に限定することによって，外部からの支配を排除し，自主管理をめざす．
② 組合員の出資金は平等で最低限のものとする．
③ 出資金に対しては利子や配当をつけない．
④ 地域社会に貢献する．

⑤ 組合解散時の資産は，組合員に分配されず，ワーカーズコープ運動全体の発展のために用いられる．

この5原則をモンドラゴン協同組合の運営原則と比較すると，①④⑤が共通しており[13]，②と③がICOMに独自な原則である．

②は貧困者であっても組合員になれることを目的とするものであり，「公開の原則」のICOM的な適用である．現行の出資金は1人1ポンドという名目的なものであり，実質的な意味での出資金というよりはmebership ticketにすぎない(Cockerton and Whyatt 1986, p.15)．したがって，③に見られるように，この出資金に対しては利子や配当をつけず，組合を脱退するときも返済されない．

しかし，この②と③の原則は，ワーカーズコープの資金調達の面で大きな問題を残しており，ICOMの外部から批判されることが多い．すなわち，たとえばモンドラゴン協同組合はその多額の出資金(約100万円)によって企業規模を拡大しえたのに対して，ICOM型協同組合の多くは，名目的な出資金1ポンド(1998年12月1日現在，206円)にもとづいて運営されるために，零細な規模にとどまらざるをえない，とされる．イギリスのワーカーズコープ運動が大きく展開しえない要因が，このように資金調達上の問題点に求められるのである．

①の原則は，ワーカーズコープの定義にかかわるものであり，どのようなタイプのワーカーズコープにも基本的には共通する原則である．

④の原則に関してICOMのモデル定款の第2条はつぎのように規定している．

> 事業目的を果たす際，本協同組合は，地域社会のために，とりわけ本協同組合で働く人びと，あるいは本協同組合と売買取引を行っている人びとのために，物質的，精神的，社会的福利を増進させるように配慮し，あらゆる必要な手段により困窮する人びとを援助する．

⑤の原則に関しては第20条がつぎのように規定している．

> 本協同組合の解散や業務閉鎖に当たって，債権者への責務を果たした後に処分可能な資産が残る場合，その資産を組合員の間で分配することは許

されない．……その資産は，他の共同所有事業体に譲渡されるか，もしくは，共同所有事業体を援助するために設置されている中央基金(ICOF)に譲渡されなければならない．そのような形で資産が譲渡されない場合には，慈善事業に用いられなくてはならない．

　協同組合の資産は，協同組合で働く人びとが地域社会の支援を受けながら蓄積してきたものである．したがって，協同組合が解散する時には，その資産は他の協同組合へ譲渡され，解散した協同組合が担えなくなった社会的な役割と目的を引き継いでいくために生かされることが必要だ，とされるのである．

　このような観点からすれば，この⑤の原則は，④の「地域社会に貢献する」という原則と密接に関連していると言えよう．「地域社会に貢献する」という原則は，ワーカーズコープ運動を今後さらに発展させていくうえで，とりわけ重要な原則だとみなされている(Cockerton and Whyatt 1986, p.11)．仕事の公共性を高め，ワーカーズコープの活動の公共性を高めることは，ワーカーズコープが地域住民と地方自治体の支援を獲得するための根拠となるからである．

　「地域社会に貢献する」という原則はまた，ワーカーズコープで働く人びとの主体的意欲とも密接に関連している．「多くの人びとは社会的に有用な生産物やサービスを提供したいという意欲によって動機づけられている」(同上書, p.16)からであり，また，このような事業を「自主管理」によって遂行し，そのことによって「個々の人間の潜在力の発達」を期待しているからである(同上書, p.14)．

9　むすび

　前章で述べたように，ICAの新原則の形成過程では協同組合の価値についての議論が重要な役割を果たしていた．ワーカーズコープの原則についてもワーカーズコープの価値との関連が問われなければならない．

　本章の考察から，ワーカーズコープの価値と原則の関連について一般的につぎのように言うことができよう．

① ワーカーズコープの原則には明確な価値意識が反映している.
② ワーカーズコープの価値は,組合員にとっての価値と社会的に見た場合の価値という2側面にわけて,考察することが可能である.別言すれば,ワーカーズコープの価値の問題は,ワーカーズコープに対する組合員のニーズと社会一般のニーズという2側面から,アプローチすることが可能である.
③ 原則作成にあたっては,当該社会における組合員と社会一般のニーズを客観的に把握し,それを価値の問題として整序し,その価値を原則に反映させることが必要である.
④ ワーカーズコープにおいてニーズと価値と原則とを結びつけうる核心的理念は,労働主権である.労働主権が組合員にとって意味するものは,労働を自己のものとすること(労働疎外の克服)による人間発達であり,労働成果を自己のものとすることによる組織内搾取関係の排除である.労働主権が社会にとって意味するものは,「労働主権を基礎とする組織」「自由・平等・友愛という近代社会の理念を経済レベルで実現する組織」としてのワーカーズコープを普及することによって,経済レベルにおける民主主義の基礎を築くことである.

ワーカーズコープの価値と原則との関連に関する以上のような理解を前提とするとき,ワーカーズコープの一般的原則はどのような要素をもって構成されうるのであろうか.

第1に,ワーカーズコープの原則は,これまでの国際的な協同組合運動が生み出してきた協同組合原則を十分にふまえたものでなければならない.しかし,それらの原則の直接的な適用をはかるのではなく,ワーカーズコープ的な原則への修正が必要とされる.

第2に,ワーカーズコープの原則の骨格をなす要素は「労働主権」と「社会変革」である.

以上の2点を前提にするとき,ワーカーズコープの原則の基本的骨格をなす要素としてつぎの3点をあげることができよう.

Ⅰ ICAの協同組合原則のワーカーズコープ的な展開
Ⅱ 労働主権
 1 労働者による所有と管理
 2 民主主義
  (1) 民主的機構
  (2) 民主的運営
    ① 労働過程
    ② 労働成果の分配
    ③ 資本の従属性
Ⅲ 社会変革
 1 公共性
 2 連帯性

 ICAの第1原則「自発的でオープンな組合員制度」は，ワーカーズコープ的な修正を経たうえで，上記のⅡ-2-(1)「民主的機構」に含ませることができる．同様なかたちで，ICAの第2原則「組合員による民主的管理」は上記のⅡ-2「民主主義」に，第3原則「組合員の経済的参加」はⅡ-2-(2)-②「労働成果の分配」と③「資本の従属性」に，第4原則「自治と自立」はⅡ-2「民主主義」に，第5原則「教育，訓練，広報」はⅡ-2-(2)「民主的運営」に，第6原則「協同組合間協同」はⅢ-2「連帯性」に，第7原則「コミュニティへの関与」はⅢの「社会変革」に，それぞれ含ませることができる．
 つぎに，上記の主要項目の内部について若干付言しておこう．
 Ⅱ-2-(2)「民主的運営」には，「人間発達」「経営能力の向上」「経済的効率性の向上」といった要素を含ませることができよう．これらの要素は「教育，訓練，広報」の原則と密接に関連している．ワーカーズコープにおいては「人間発達」と「経済的効率性の向上」が，「民主的運営」と「教育促進」を媒介にして，両立させられなくてはならないからである．
 Ⅲ「社会変革」の1「公共性」を構成する項目としては，地域社会への貢献，地域社会づくり，公・協コンプレックス（公共機関と協同組合との協力関係）の形

成，経済レベルにおける民主主義の実現，などをあげることができる．

Ⅲ-2「連帯性」を構成する項目としては，①協同組合間の協同，協同組合セクターと社会的経済セクターの拡大強化，②中小零細業者，自営業者との協同，公的部門との協同，③労働運動，市民運動などを含む，経済・社会・政治・文化の領域での民主的勢力との協同，などをあげることができよう．

なお，「公共性」と「連帯性」との関連は，「公共性」をワーカーズコープの社会的価値，社会的目的にかかわるもの，「連帯性」をその価値，目的を実現するための担い手(主体)にかかわるものとして位置づけうる．

上記は，ワーカーズコープの原則の骨組みを一般的なかたちで示したものである．各組合は，原則のこの骨組みを参照するとしても，基本的にはそれぞれの置かれた条件を考慮し，自己の実践経験と全組合員の意見を基礎にして，組合を発展させうるような独自の原則を創造的に形成すべきであろう．

1) ILOの初代の協同組合部長であるG.フォーケは，「私の理解によれば，原則は協同組合の慣行によって固定化された諸規則ではない．むしろそれらの規則の源泉である道徳的原理である」と述べている．フォーケの後を継ぎILOの協同組合部長となったM.コロンバンは，あらゆる種類の協同組合に適用しうる基本原則として，①連帯と相互協力，②平等と民主主義のルール，③非営利活動，④公平，公正，均衡(proportionality)，⑤協同組合教育，という5原則を提起している．「レイドロー報告」はコロンバンのこの問題提起を「原則再検討のためのよいたたき台」として評価している(Laidlaw 1980，邦訳 p.88)．

2) モンドラゴン協同組合グループがその基本原則を確定した当時のモンドラゴン協同組合の状況にかんしては，富沢・佐藤・二上・坂根・石塚(1988)，参照．なお，モンドラゴン協同組合関係の資料の提供については，モンドラゴン協同組合の教育研修センター「イカスビデ」のホセ・ラモン・エロルサ・ゴロサベル所長の援助を，また，スペイン語の翻訳については石塚秀雄氏の援助を得た．

3) このような意味での「労働の協同化」は，「労働の直接的な社会化」を社会システムとして実現しようとする志向ともあい通ずる(富沢 1974，第3章，参照)．

4) モンドラゴン協同組合会議の第1回会議(1987年10月)で，この3対1の原則は6対1の原則に変更された(富沢・佐藤・二上・坂根・石塚 1988，p.50，参照)．

5) モンドラゴン協同組合グループの第1号工場となったウルゴール協同組合の5

人の創設者をもっとも強く動かした感情は「既存の企業組織は変革せねばならぬ」というものであった(岡野 1981, p.223).

6)「レイドロー報告」もまた,「加入脱退の自由の概念と差別をしないという概念は,協同組合における民主主義にとって基本的なものである」と述べ,共通認識を示している(Laidlaw 1980, 邦訳 p.96).

7) なお,ここで言う「労働者組合員」は,「賛助組合員」や「不活動組合員」でなく,実際の労働に従事する組合員のことである.

8)「レイドロー報告」によれば,ある組織が協同組合であるとみなされうる特質は,なによりもまず「所有と管理における民主主義」である(Laidlaw 1980, 邦訳 p.84).

9) モデル定款の第38条「組合機関と指導機関」では,「社会委員会は機能上,理事会と経営責任者に対する助言・諮問機関の性格を有し,直接労働部門にかかわる組合員とその労働上の一般的事項について判断し報告する」と記されている.

10)「レイドロー報告」は,「民主主義においては構成員が同意することは,基本的でも望ましいことでもない.彼らが参加することが肝要なのである」という E. C. リンデマンの文章を引用して,組合員の参加の重要性を強調している(Laidlaw 1980, 邦訳 p.99).

11) モデル定款の第30条では,出資金に対する利子配当は,中央銀行の貸付利子率より3%以上高いものであってはならない,とされている.

12) 協同組合の民主的運営にとって教育は不可欠である.なお旧モデル定款の第25条「社会委員会」では,つぎのように,社会委員会そのものが協同組合民主主義を強化するための機関として規定されている.「協同組合民主主義を強化するために,組合の内部規約に明記する機能を有する社会委員会を設立する.理事会はその権限を社会委員会に委任することができ,それらの権限は同意に達した条項にしたがって行使されるものとする.」

13) ⑤の原則は,そのままのかたちでは「モンドラゴン協同組合の実験の基本原則」には含まれていないが,モデル定款の第58条「組合資産の処理」ではつぎのように規定されている.負債を支払った後の組合資産は,第1に教育社会事業基金に充当され,第2に組合員の出資金の返済に用いられ,第3に,残額は「バスク協同組合最高評議会を通じて,協同組合の振興と助成のために充当される」.

第Ⅱ部　ヨーロッパの社会的経済

第5章　EUの政策

　社会的経済に関する概論的考察を行った第Ⅰ部に続き，第Ⅱ部ではヨーロッパ諸国における社会的経済の実態を検討する．ヨーロッパ諸国の社会的経済の実態は一様ではなく，その多様性を理解することがまずもって必要である．各国の研究者の調査を集大成した研究書としては，Defourny and Monzón Campos eds.(1992)があるが，本書では重複を避け，視点を変えて，社会的経済組織の実践を明らかにするところに問題点を絞り込み，さらに社会的経済の先導役としてのワーカーズコープを主要な考察対象として，いくつかの典型的事例を考察することにしたい．

　以下，第Ⅱ部では第5章で，社会的経済組織の活動の背景をなしているEUの法制度的枠組みを明らかにし，第6章でEU諸国のワーカーズコープの活動状況を概観したうえで，第7,8,9章で事例研究を行う．すなわち，第7章では，社会的経済による地域経済活性化の成功例としてスペインのモンドラゴン協同組合グループの事例を考察し，第8章では，ワーカーズコープ運動形成の歴史的条件をイギリスに探り，第9章では，スウェーデンを対象に福祉国家における社会的経済組織のあり方を検討する．このような事例研究によって社会的経済組織の現在，過去，未来のあり方を探ることが，ここでの主要な問題意識である．

1　問題の所在

　本章では，各国別分析の前提として，「EUの政府」と称される欧州委員会の見解を中心にしてEUが機関として社会的経済をどのように理解し政策化しているのかという問題を考察する．

　まず最初に，本書で用いるEU機関の呼称についてコメントをしておきた

い.周知のように,欧州連合条約(マーストリヒト条約)が1993年11月1日に発効したことにより,欧州共同体(European Communities. EC) 12か国は,ECを基盤に,通貨統合計画や共通外交政策など新たな機能を備えた欧州連合(European Union. EU)を設立した.これに伴い,立法機関にあたるEC閣僚理事会はEU閣僚理事会に呼称変更し,行政府に相当するEC委員会はより広い意味合いをもつ欧州委員会(European Commission)を通称することになった.このため,正確を期すためには93年11月の前と後で呼称の使い分けをする必要があるが,本書では,煩雑さを避けるために,通時的にはEUと欧州委員会という現在の呼称を用いることとする.

以下,第2節では,社会的経済に関する欧州委員会の政策策定のための基本的資料となった経済社会評議会刊行の研究文献(1986年),第3節では,社会的経済というコンセプトをEU機関としてはじめて公認するにいたった89年の欧州委員会の資料を検討する.第4節では,欧州委員会の第23総局内に設置された社会的経済部局の見解を,P.ラマディエ部局長の報告(93年)にもとづき考察する.第5節では,欧州委員会が作成した社会的経済組織のための行動計画(94年)を検討する.そして第6節では社会的経済部局の最近の活動状況を概観する.

このような形成史的考察によって,社会的経済に関するEUの理解とその政策を解明することが本章の目的である.

2 経済社会協議会による研究(1986年)

ECの経済社会評議会は1986年に「ECにおける協同組合,共済組織,アソシエーションの活動に関する会議」を開催し,そのための研究資料として『ヨーロッパにおける協同組合,共済組織,非営利セクターとその組織』(European Communities——Economic and Social Committee ed. 1986)を刊行した.社会的経済組織の特質と現状を分析対象としたこの大冊(927ページ)の研究資料は,1989年のEC委員会によって「当該テーマに関して今まで刊行されたものの

第5章　EUの政策 ―― 159

うちでもっとも包括的で権威のある研究書」(Commission of the European Communities 1989, p.37) と評価されている．ただし，この研究資料は経済社会評議会事務局の研究部局 (the Studies and Research Division of the General Secretariat of the Economic and Social Committee) の責任で編集されたものであり，経済社会評議会全体の見解を表明したものではない，と注記されている．

以下，1986年時点でのECレベルにおける社会的経済理解を明らかにするという目的に限定して，この研究書の要点を見ることにしよう．

2.1　本書の背景と目的

本書の序文において，経済社会評議会のR. ルエ(Louet)事務局長は，本書の背景と目的についてつぎのように述べている．

> その規模と特質からして協同組合，共済組織，アソシエーションのセクターはECが無視しえない存在となっている．EC 10か国の人口2億7200万のうち，5500万人が協同組合の組合員，6000万人が共済組織のメンバー，数千万人［本文中(p.89)ではスペインとポルトガルを加えた12か国で4600万人と推定されている：引用者］がアソシエーションのメンバーである．このようにEC人口の少くとも半数が，利潤ではなく連帯を原則とする組織に属している．1978年に経済社会評議会は「1980年代のヨーロッパにおける非営利組織の位置」をテーマとするシンポジュウムを開催した．EC議会は2年間の審議の後83年に，ヨーロッパにおける協同組合の役割を認める決議を採択し，ECとしての政策を策定する作業をEC委員会に委託した．この作業に必要な情報を提供することが本書の目的である(p.v)．

2.2　社会的経済というコンセプト

方法論を扱う第1部第3章においては，本書が協同組合，共済組織，アソシエーションの全体を総括するコンセプトとして社会的経済という用語を用いない理由について，つぎのように述べられている．

本書が対象とする組織は「経済活動を営み市場経済に参加している組織であり，しかもグループの連帯を原則とし独自の社会的目的をもつ組織」(p.7)である．本書は，協同組合を主要対象とするが，その他に上記の基準に合致する組織である共済組織とアソシエーションを対象とする．この3組織を総括する用語としてフランスでは économie sociale というコンセプトが用いられているが，すべての EC 参加国の関連組織を対象とする本書ではこのコンセプトの使用は避けることにする．このコンセプトは，フランス以外ではベルギー，ルクセンブルク，イタリアである程度受け入れられているが，その他の EC 参加国では知られていないし，したがってそれらの国にとっては意味をもたないからである(p.7)．

第1部第6章「本書で使用するコンセプトの解明」では，つぎのように述べられている．

本書が対象とする3組織はつぎのような特質をもつ．協同組合は国際協同組合同盟(ICA)の協同組合原則に合致する組織である．共済組織は，非組合員へのサービス提供は行わないが，組合員の共同行動によってサービス提供をする相互扶助組織である．非営利自助組織(non-profit and self-help organizatons)は，社会的，文化的その他の目的のために経済活動をする民主的連帯組織である．これら3組織に共通する特質は連帯である(p.16)．

これら3組織の総括概念としての économie sociale(英語で social economy, ドイツ語で Sozialwirtschaft)が Gemeinwirtschaft(英語で public benefit undertakings)というドイツの概念と混同して理解されたために，EC内でかなりの混乱が生じた(p.16)．Gemeinwirtschaft は，もともとドイツ連邦共和国のドイツ労働総同盟(DGB)傘下の労働組合が所有する企業を意味し，この種の企業はドイツ以外ではオランダとデンマークに存在する程度である．Gemeinwirtschaft を，より広い領域の経済を意味する économie sociale と同一視することは誤りである(p.18)．économie sociale も Gemeinwirtschaft もともに一国の事情を反映した用語である．両者を誤って結び付けたことにより，理論的にも実証研究の面でも混乱が生じたのである(p.19)．

2.3 「第3の道」あるいは「第3セクター」という位置づけ

社会的経済論の立場から社会的経済セクターをもって国民経済の「第3の道」あるいは「第3セクター」と位置づける見解があるが，この見解に関しては，第1部第7章「EC内の協同組合，共済組織，非営利セクターの基礎」でつぎのように述べられている．

協同組合，共済組織，アソシエーションによる経済活動の発展を私的な「資本主義的経済」とも国家による「公共経済」とも異なるオルターナティブの道とみなす見解は，今日では大きな支持を得ておらず，当該組織の多くのリーダーたちも彼らの組織を自由市場経済制度の一部とみなしている (p.29)．

当該組織の集合を経済活動の私的セクターとも公共セクターとも異なる「第3セクター」とみなす見解は主としてフランスで支持されている．だが，ドイツ協同組合ライファイゼン協会(DGRV)などはこれに反対する見解を表明している．政治的には，社会主義者，社会民主主義者が支持し，キリスト教民主主義者，自由主義者が反対している．後者によれば，協同組合と関連組織は私的セクター内の存在であり，それと質を異にする「第3セクター」を構成するものではない．このように，連帯という組織特性を重視するか，あるいは市場競争の担い手という経済活動面を重視するかによって，見解が分かれている (p.29)．

しかしながら，ECにおける当該組織の役割を明らかにするために，分析をさらに深める必要がある．これらの組織は19世紀のその発生時点から労働者だけでなく農民，自営業者などのニーズにもとづいて発展してきた．政治的にも，自由主義者(Schultze-Delitzsch, Mazzini)も，社会主義者・社会民主主義者(Owen, Pfeiffer, etc.)も，キリスト教民主主義者・キリスト教社会主義者(Gide, Raiffeisen, Luzzati)も，保守主義者(John Scott Vandaleur, etc.)も，共産主義者(イタリア)も，これら組織の運動に密接に関わってきた．このように，当該セクターはほとんどすべての社会グループの共有物とみなされうる (p.30)．

ヨーロッパ規模での統合に成功するためには，これらの組織は上記のような

広範なコンテクスト,歴史的起源,現状を深く認識し,組織上の差異,政治上の差異にとらわれずに結合する必要がある.このことに失敗するならば,これらの組織はヨーロッパ規模での共同行動がとれず,EC 諸機関との適切な協議もなしえないことになろう(p.30).

2.4 評　価

上述のように,本研究書は EC が協同組合,共済組織,非営利組織を無視しえない存在と認め,その実態を調査したものであるが,これらの組織を総括する概念を確定するまでに至っていない.しかしながら,上述のように,「第3セクター」論に関する本研究書の記述は,支持者と反対者の双方に配慮しつつも,微妙な表現ではあるが実質的には「第3セクター」論への傾斜を示し,社会的経済論の立場に立つ 1989 年の EC 委員会の見解(Commission of the European Communities 1989)への橋渡しの役割を果たしている.この点については次節で検討することにしよう.

3　EC 委員会の社会的経済論(1989年)

1989 年,EC 委員会は,「「社会的経済」セクター内の諸企業——国境なきヨーロッパ市場」(Commission of the European Communities 1989)というタイトルをもつ,閣僚理事会への通知のなかで,協同組合,共済組織,アソシエーションを総括するカテゴリーとしてフランスの政令に合わせた表現(économie sociale)を採択することによって,社会的経済に対する EC としてのスタンスを確定した.その意味でこの文書は EC の社会的経済論を理解するうえでの基本的資料として位置づけられる.本資料は 13 ページの本文と,本文の主旨を説明する 38 ページの Working Paper (Businesses in the Economie Sociale Sector and the Frontier-Free Market)とから成り,①社会的経済に対する EC 委員会の理解,②社会的経済組織に対する EC の政策の基本的スタンス,③具体的援助措置,を主な内容としている.以下,社会的経済に対する EC の見解

を解明するという本章の目的に関わるかぎりで，本通知の主旨(Working Paper の叙述を含める)を要約することにしよう(以下の要約文中[　]内の文章は富沢の補足説明).

3.1 本通知の背景

1989年にEC委員会は第23総局「企業政策・流通取引・観光・協同組合」に新しい部局「社会的経済」を設立した．それ以前は社会的経済セクター内の組織はECでは総括的名称を持たなかった[多くの場合，the co-operative, mutual and non-profit sectorと称されていた]．だが実際には，ECの政策(とりわけ職業訓練，雇用，地域政策などの政策)の観点からして，これらの組織の重要性が認識されており，企業政策に関わるすべての措置がこれらの組織にも適用されていた．1980年代にECの諸機関はこのセクター内の組織に関してつぎのような決議を採択し，報告書を発表している．

EC議会関係
① Resolution of the European Parliament (Mihr Report), 16 May 1983. [地域間格差是正政策の担い手としての協同組合および類似組織の役割を強調]
② Resolution of the European Parliament on "non-profit-making associations in the European Communities" (Fontaine Report), 13 March 1987.
③ Resolution of the European Parliament on "the contribution of cooperatives to regional development" (Avgerinos Report of 28 may 1986), July 1987.
④ Resolution of the European Parliament urging Member States to ratify the non-governmental asociations and organizations, 3 March 1988.
⑤ Report of the European Parliament (Mr. Trivelli) on "cooperatives

and the cooperative movement in development policy", 4 October 1988.
⑥ Working paper by an inter-group working party chaired by Mr. Eyraud on a draft European model legal form for associations, April 1989.

経済社会評議会関係
① Conference on the activities of cooperaitves, mutual societies and associations in the Community, October 1986. (Working paper and conference proceedings published by the ESC)
② Own-initiative opinion of the Economic and Social Committee on the contribution of the cooperative sector to regional development (rapporteur: Mr. Bento Goncalves), 29 September 1989.

3.2 社会的経済の定義

EC諸国には協同組合，共済組織，アソシエーションの活動という実態はあるが，それらを1つのセクターとして包括する「社会的経済」という概念が各国共通に受け入れられていたわけではない．これらの組織の活動を1つのセクターとしてとらえる構造的なアプローチを好まない国もある．これらの組織を1つのセクターに包括するような理論化をあらかじめすることは望ましくなく，セクターを形成するか否かはむしろこれら組織の自由な活動にまかせておくほうがよい，というのである．

しかしながら，社会的経済組織の組織形態と運営原則についてはEC諸国全体で共通性が存在する．組織形態と運営原則の独自性が，ある組織が社会的経済のセクターに所属するか否かを定める基準となる．社会的経済の組織は，社会的目的をもった自立組織であり，連帯(solidarity)と1人1票制を基礎とするメンバー参加(particiaption (one member, one vote) of its members)を基本的な原則としている．一般的に，社会的経済組織は協同組合，共済組織あるい

はアソシエーションという法的形態をとっている.

　これらの組織のうち人びとのニーズに応えた経済活動を行っている組織は,国民経済の一定部分を構成している.経済活動を行う組織が提供する財とサービスは市場価格によるものと非市場価格（無料あるいはコストと直接関係しない価格）によるものとがある.

　経済活動に従事していない組織は, People's Europe あるいは Social Europe の建設に重要な貢献をなしているが, EC 委員会の本通知はこれらの非経済活動組織は考察対象とせず, 社会的経済組織としては経済活動に従事する組織に限定して, それらの組織とヨーロッパ統一市場との関連について論述するものである.

3.3　社会的経済組織の現状

　社会的経済組織は, EC に加盟する各国のすべての経済領域で活動している.ただし, 法的形態, 規模, 活動内容などにおいて非常に多様である.

　協同組合については, 消費協同組合が EC 諸国全体で約 2000 万世帯, 40 万の従業員, 2 万 2000 の店舗, 200 の工場を有し, 500 億 ECU の事業高をあげ, ヨーロッパの全小売事業高の約 10% を占めている.

　農業ではヨーロッパの全農産物の約 60% が協同組合を通じて集荷, 加工, 販売されている. 1987 年現在の数字をあげると, デンマークでは豚肉, ミルク, 果物, 野菜の 90% 強, ギリシャでは穀物, 果物の約 50%, ミルクの 25% 強, 野菜の 15%, スペインでは全体平均で 20% 弱, 果物の 26%, フランスでは野菜の 35% が最低で, 最高は豚肉の 78%, イタリアでは卵の 5% が最低で, 最高は穀物の 35% となっている.

　信用業界では, 協同組合銀行がヨーロッパの全預金高の約 17% を占めている.

　生産とサービスに関わる協同組合は, 建設, 印刷, ガラス製造などの伝統的な生産分野の他, 1970 年代後半以降は旅行関連, 情報産業関連, コンサルタントなどのサービス産業での発展が著しい. 100 万世帯以上が住宅協同組合の

提供する住宅に住んでいる．旅行関連では旅行協同組合が300万以上のベッドを旅行者に提供している．

就業機会の創出という面では，ワーカーズコープの役割が大きい．とりわけ就業機会の少ない青年，女性および過疎地域の活性化のために，ワーカーズコープは貢献している．

生産とサービスの協同組合が急増しているのは，とりわけフランスとイタリアである．ヨーロッパの生産・サービス協同組合の4分の3はこの両国に存在する．これは失業問題対策に関わるところが大きい．

共済組織に関して言えば，約1万の組織があり，20万の従業員が活動し，約4000万世帯が健康保険と年金の共済組合に加入している．1984-85年現在のマーケットシェア率をあげると，生命保険については，最低がオランダの1.6％，最高がイギリスの38％，損害保険については，最低がイタリアの8.1％，最高がドイツ連邦共和国の52.1％となっている．

ドイツの保険業界の上位10社中，3社が共済組織である．デンマーク，スペイン，フランスでも損害保険業界では同様であり，生命保険業界では上位10社中，1ないし2社が共済組織である．

最近では損害保険業界(とくに自動車と住宅)におけるマーケットシェア率の増大が著しい．フランスでは共済組織が自動車損害保険の55％を占めている．

このように社会的経済組織はヨーロッパ全域で経済的・社会的に積極的に活動している[1]．

この他に最近では健康，教育，研究，文化活動，地域開発，第3世界援助などの非市場サービスの領域でアソシエーションが増加している．これらの組織はサービスの提供について一般企業と異なる運営方式を導入しつつあるので，市場サービスと非市場サービスとの区分がますます不明確になってきている．

3.4 社会的経済組織に対する評価

ヨーロッパ統合の進展という状況下で社会的経済組織のレゾンデートルが問われている．そもそも社会的経済組織はいかなる特質をもった財とサービスを

提供するのか，また，その運営はいかにしてなされるのか，という基本的な問題が問われている．

これまでの歴史において，社会的経済組織は社会変化に対する適応能力を示してきた．例えば，社会保険，年金などの相互扶助制度をつくり，今日の社会保障制度の基礎を築いたのはこれらの組織であった．

ヨーロッパ統合の進展は，参加各国の国民経済と企業に変革を求めている．社会的経済組織も例外ではない．今日，これらの組織はふたたび大きな社会変化に直面している．ちょうど初期の共済組織が今日の社会保障制度の発展に影響を与えたように，社会的経済組織がいかにその革新能力を発揮しヨーロッパ統合に対応するのか，その仕方によってはヨーロッパ社会全体の未来を決定しうるほどのものである．ヨーロッパ統合は，社会的経済組織が社会的・経済的領域においてその先駆者的役割をいかに発揮しうるのかという点で，1つの挑戦となっている．

現にいくつかの共済組織は，ヨーロッパ統合に対応する事業計画を検討することによって，ヨーロッパ全域にわたる社会政策のモデルになりうるような社会保障のあり方について構想をまとめつつある．

協同組合は外部からの支配なしに資本形成をする方法を検討しているが，これは中小企業のあり方についてのブループリントを提供することになるかもしれない．

また，社会的経済の各種の組織が，地域社会の活性化に貢献している．

社会的経済組織は全体として，人びとのニーズを充足するうえで私的企業や公的企業とは異なる方法があることを示している．

社会的経済組織の特質は，社会的目的をもち，連帯の力によって社会的評価の高いビジネスを生み出す能力をもっているということである．社会的経済組織は，人びとが自主的に社会的・経済的活動をなしうるということを明らかにしている．

社会的目的を基礎に活動をするという社会的経済組織の特質は，その他の企業形態の活動に関しても広範な議論を生じさせることになろう．

社会的経済組織の成功の主要因は，強力な社会的連帯と事業上の連帯である．この連帯の強さの基礎にあるのは，人材が適正に配置され，従業員，生産者，消費者のニーズが活動に反映され，これら3者間の連携がとれるときに経済的有効性が高度に発揮されるという運動上の伝統的信念である．このような信念にもとづく連帯活動の故に，社会的経済組織の活動が最終消費者のニーズを反映し，このニーズをみたすために必要なパートナーがネットワークのなかに組み込まれてきたのである．

今日，ヨーロッパ統合の進展という状況下で，人材の適正配置は重要問題となっている．社会的経済組織は労働者参加問題について先鞭をつけているが，その他の形態の企業もこの問題の重要性を認識し，労働者参加を推進するようになってきている．また，社会的経済組織は市民，生産者，消費者のニーズに多様な仕方で応えることによって新しい市場を開拓しているが，このこともまた他の形態の企業に影響を与えている．社会的経済組織は，経済的活動を真のニーズの充足に結びつけることが可能であるということを示している．

3.5 ECの政策

すでにEC加盟のいくつかの国が社会的経済組織を援助する措置を講じているが，ECとしては，とくにつぎの2つの方向で種々の援助措置をとる．

(1) ECは他の形態の企業が利用できる援助措置(情報提供，財政援助，職業訓練への援助など)を社会的経済組織にも提供し，それらの組織がヨーロッパ統合市場から利益を得られるようにする．EC参加国の国内法がそれを阻害する場合は，その改正に努める．

(2) 社会的経済組織がヨーロッパ統合市場との関連についての検討を推進しうるような措置を，ECとしても講じる．

ヨーロッパ全域において経済的・社会的調和をはかることはヨーロッパ建設の明確な目的となっている．社会的経済組織は，社会的変化にさいしての先駆者的役割とヨーロッパ建設への潜在的貢献についてより一層明確な認識をもつことが望ましい．ECとしてもそのための具体的措置を講じる．EC委員会は

社会的経済についての研究を推進し，ヨーロッパ建設の経済的，社会的，文化的領域におけるこれら組織の独自の貢献について解明する．EC委員会は経済社会評議会との協議をはじめとして，社会的経済組織の代表者および関係諸組織と協議をすすめる．

　本節で考察した1989年のEC委員会の見解は，その後の社会的経済理解の基本をなしている．社会的経済に関するその後のEC政策はすべてその策定根拠としてこの89年文書に言及している．

4　社会的経済部局の見解(1993年)

　EC委員会において社会的経済組織に関する事項を直接担当する部局は，第23総局内に設置された社会的経済部局であるが，本節ではこの部局の見解を，部局の主任であるP. ラマディエの報告(Ramadier 1993)にもとづいて，考察することにしよう．「社会的経済の領域における欧州委員会の行動計画」と題するこの報告は，マーストリヒト条約発効後の1993年11月8-10日にブリュッセルで開催された「社会的経済に関する第4回ヨーロッパ会議」でなされた．
　ラマディエ報告の主旨は上述の89年EC委員会文書と同じであるが，EU諸国における失業問題の激化という状況のもとで，①社会的経済の諸組織の就業機会創出効果をより強く前面に出している点で，また②社会的経済をシティズンシップと経済民主主義(economic democracy)とを結合するものとして評価している点などに，その特徴がみられる．
　以下はラマディエ報告の要旨である．
　EU諸国では，協同組合だけでも6000万の組合員と300万の従業員がいる．協同組合以外の組織を含めて社会的経済の諸組織は，その経済活動だけでなく社会的，文化的活動によってもヨーロッパ社会に影響を与えている．
　これらの組織は経済民主主義の原則，すなわち連帯と参加の原則を基礎に組織・運営されている．これらの組織は，資本よりも人を優先するというその特

質からして，シティズンシップと経済民主主義を結びつける機能を果たしている．

連帯と参加を原則とするというその特質からして，社会的経済の諸組織は地域社会と密接に結びついている．とりわけ，地域社会での就業機会創出に貢献している．これらの組織が創出する職は地域社会と結びついており，職の継続性を維持することが倫理基準となっている．したがってこれらの組織は，伝統的企業とは異なり，地域社会の空洞化を生み出すような経営戦略はとらない．

経済の多様性を維持することはヨーロッパ社会建設にとって必要なことである．社会的目的をもち連帯原則を基礎に民主的に運営されるという，社会的経済の組織の特質を維持あるいは促進しつつ，これらの組織がヨーロッパ統合市場のなかで発展しうるようにしなければならない．

社会的経済の諸組織に対する欧州委員会の政策の基本目的は，他の組織と差別することなく同じ権利を与えることによって，社会的経済の諸組織がヨーロッパ市場統合から利益を得られるようにすることである．

社会的経済の組織のためのEUの活動計画はつぎの目的をもつ．

(1) ①社会的経済についての調査研究をさらに推進し，②EUの政策策定にさいして社会的経済の組織に配慮する．

(2) 社会的経済の組織の①国際的活動，②情報活動，③職業訓練活動，④研究活動を支援し，⑤経済的発展と社会的進歩というEU統合の基本的目的を達成するうえでどのような貢献をなしうるのかという問題を社会的経済組織自体が検討しうるよう支援する．

ラマディエ報告の特徴は，上述のように，1989年のEC委員会文書には見られなかったシティズンシップと経済民主主義という観点を取り入れて，社会的経済に関するEUの活動計画を紹介している点にみられる．この観点は次節で検討する欧州委員会の行動計画(94年)にも取り入れられている．

5 欧州委員会の行動計画(1994年)

1994年2月に欧州委員会は社会的経済組織のための行動計画(1994-96年)を閣僚理事会に提起した.

Commission of the European Communities, Proposal for a Council Decision relating to a multi-annual programme (1994-96) of work for cooperatives, mutual societies, associations and foundations in the Community という文書名に示されているように、この行動計画のタイトルは「協同組合,共済組織,アソシエーションおよび財団」に関わる計画と表示され,本文中においても具体的計画に関連してほとんどの場合,これらの組織名が繰り返し表示されている.しかしながら,この行動計画が「B5-3210 "Economie sociale"」と称される予算(3年間で560万 ECU,約6億7200万円)で賄われるとされているところから見ると,「社会的経済」がこれらの組織を総括するカテゴリーとして用いられていると判断しうる.

社会的経済に対する EU の立場を解明するという本章の目的に即して,以下にこの行動計画のポイントを要約しよう.

5.1 本行動計画の背景

1989年12月18日付けの EC 委員会の閣僚理事会への通知「「社会的経済」セクター内の諸企業」において,EC 委員会は協同組合,共済組織およびアソシエーションのための行動計画の作成を約した.この提案にもとづいて作成された本行動計画は,今後継続して作成される予定の行動計画の最初のものであり,94-96年の3年間を対象とする.

1989年以降の主要な関連文書としては,92年2月7日にマーストリヒトで調印された欧州連合条約がある.そこでは社会的サービスの提供組織としての社会的経済組織の重要性が再確認され,EU 諸機関が社会的経済組織との協力関係を強化する必要性が強調されている.

1992年6月17日の閣僚理事会で採択された決議(Resolution of the Council on community action in support of enterprises, particularly cooperatives, mutuals and associations)においても，社会的経済組織の支援策の強化が要請されている．

1992年12月11-12日の欧州理事会もまた，雇用創出と経済発展の見地から，社会的経済組織を含む中小企業の重要性を強調し，支援策の強化を欧州委員会に要請している(Euroean Council 1992, Annex 4 to Part A, point 8)．ちなみに，90年代初頭にはEU内の全労働者の約70％が従業員500人以下の中小企業で働いていた．

5.2 本行動計画の目的と内容

本行動計画の作成にあたっては，当該組織の特質をなす①革新能力と②EU政策の担い手という2点がとくに考慮されている．

社会的経済組織はとりわけ過密・過疎問題，失業・貧困問題などの領域で社会革新の能力を示している．地域社会に深く根ざしているこれらの組織は，EUの関連政策と結びつくことによって地域社会発展の促進効果を発揮しうる．

社会的経済組織のためのEU政策の強化は，ヨーロッパ経済の競争力，就業機会の創出，EUの経済的・社会的調和などを促進するうえでとりわけ重要である．

本行動計画の主な目的は，経済発展と社会的進歩というEUの2大目標の実現にむかって社会的経済組織が計画を策定することをバックアップすることである．

本行動計画の本文はつぎのような主旨をもつ6条から成る．

　第1条　本計画は1994年1月1日に始まる3年間を対象とする．

　第2条　本計画の目的
　　1.　協同組合，共済組織，アソシエーションおよび財団を支援のための現行活動を強化する．
　　　A. (1) このセクターの発展について調査する．

(2)　このセクターが発展するための好環境をつくり，EU政策の有効性を検討する．
　　(3)　協議の緊密化をはかる．
　B.　(1)　組織間の国際的協同を促進する．
　　(2)　情報活動を活発化する．
　　(3)　これら組織の社会革新の実践モデルを普及する．
　　(4)　EU政策の担い手としての役割を強化する．
　2.　当該組織支援を直接に目的とする政策以外の諸政策との関わりにおいても，当該組織の利益になるような活動を強化する．
　　A.　EUの統計を整備し，当該セクター内でなされた調査を基礎にデータを収集する．
　　B.　職業訓練を援助する．
　　C.　研究開発を援助する．
第3条　上記の目的を達成するために，欧州委員会は添付資料に詳述されている具体的な諸措置をとる．
第4条　本計画を実施するための特別委員会を設置する．
第5条　欧州委員会は本計画終了時に本計画の評価報告書を作成する．
第6条　本計画は1994年1月1日から実施される．

5.3　当該組織の特質と役割

　添付資料(Annex. "Programme of work to assist cooperatives, mutuals, associations and foundations")は，上述の本文の内容をさらに詳述する説明資料となっている．その第1節(pp.9-12)において，当該諸組織の特質がつぎのように述べられている．

　これらの組織は経済民主主義の諸原則にもとづいて組織され運営されている．さらに詳しく述べるならば，これらの組織は，社会的目的をもち，参加の原則(とくに1人1票制)と連帯の原則(メンバー間の連帯，組織間の連帯，生産者と消費者との連帯など)を基礎に組織され運営されている．

他の組織と異なるこれら組織の特質は，とりわけ下記の原則の強調にみられる．

① 資本よりも人間を優先させること．
② トレーニングと教育による人間発達を重視すること．
③ 自由意思による結合［加入・脱退の自由］
④ 民主的運営
⑤ 自律とシティズンシップという価値(vlues of autonomy and citizenship)を重視すること．

また，添付資料の第4節においては，とりわけ社会政策との関連でEC委員会が1980年代初頭から協同組合の役割に注目してきたことが，つぎのように述べられている．

1980年代初頭以来，EC委員会は就業機会創出に果たす協同組合の役割に注目し，雇用・失業問題に関する，閣僚理事会へのいくつかの通知において，協同組合運動の重要性を強調し，しかるべき支援策を提案してきた．欧州理事会も，就業機会創出に関わる84年6月7日の決議(European Council 1984)において，協同組合と関連組織の役割を認め，それら組織に対する支援策強化の必要性を強調している．

5.4 結　論

添付資料の第5節「結論」(p.27)の内容は，これまで本章で述べてきた点とかなり重なっているが，社会的経済組織に対する現時点でのEUの評価と政策の特徴を端的に示しているので，以下にその主旨を記述しておこう．

① 協同組合，共済組織，アソシエーションが，他の形態の企業と同様に，EU統合から生じる機会を利用して利益を得られるように，必要な措置が講じられるべきである．
② ヨーロッパ経済の多様性を維持するために，これらの組織が連帯の原則を維持，強化しながらもなお且つ，大競争市場のなかで存在・発展しつづけられるようにすべきである．

③ そのためには，安定した透明な経済環境，また小企業を大企業と同等に扱うルールにもとづいた経済環境のなかで，これらの組織がその活動を維持・発展させうるように組織間協同を促進することが重要である．
④ 本行動計画の目的は，EU の二重の目的(経済発展と社会的進歩)に対するこれらの組織の貢献という問題をこれらの組織自体が検討しうるように，必要な援助をすることである．
⑤ これら組織の振興をはかるために必要とされる措置は，市場におけるプレゼンスを高めるために，あるいはまた，EU の目的を達成するうえでの役割を強化するために，これらの組織が国際間協同の展望をもちうるように支援することである．
⑥ 3 年間にわたる本行動計画の終了期には，欧州委員会は EU の支援策の結果を検討し，さらなる政策を策定するために必要な情報を提供することになろう．

6 社会的経済部局の活動(1995 年)

欧州委員会の第 23 総局の主要任務は，EU の中小企業政策を担当することである．

EU の公式分類によると，従業員数 10 人以下の企業は零細企業，11 人から 50 人の企業が小企業，51 人から 500 人の企業が中企業とされている．EU 諸国の全労働者数の約 70％ をかかえる中小零細企業の在り方は EU の重要政策課題となっている．

EU の社会的経済担当部局である第 23 総局第 4 部局の活動内容を示す最近の資料は，第 4 部局が 1995 年 2 月に刊行した「社会的経済部局紹介」(Presenting the Social Economy Unit of the European Commission DGXXIII/A/4) である．この資料に依拠して社会的経済部局の活動内容を見ることにしよう (括弧内は引用ページ)．

第 23 総局の主要任務は EU の中小企業政策を担当することであるが，その

うちとりわけ協同組合，共済組織，アソシエーション，財団に関わる政策を担当するのが，第4部局の社会的経済部局である(p.1)．

社会的経済部局の役割はつぎのようである(p.2)．

① EUの社会的経済セクターを強化するためのイニシャティブを発揮する．
② EUの社会的経済セクターについて分析をする．
③ EUの諸政策との関連を明らかにする．
④ 社会的経済セクター内の代表組織と協議する．
⑤ 社会的経済セクター内の未組織部分と協議する．
⑥ EU内の政策決定者が社会的経済セクターについての認識を高めるようにする．
⑦ 社会的経済セクターが直面する諸問題について分析する．
⑧ 欧州委員会を代表して，社会的経済セクターに関する諸事項について他のEU機関と協議する．

上記の役割を果たすための行動計画は，前節で考察した「欧州委員会の行動計画」(1994-96年)に記されているとおりである．行動計画のうち，社会的経済セクター内の諸組織間の協議の緊密化をはかるための機関としては，「協同組合，共済組織，アソシエーション，財団のヨーロッパ諮問委員会」(Le Comité Consultatif Européen des Coopératives, Mutuelles, Associations et Fondations)が94年11月に設立された．情報活動の改善に関しては，社会的経済セクターの諸組織によりARIESプロジェクトが設置され，ヨーロッパ規模のコンピュータ情報ネットワークが構築された(p.2)．社会問題解決のための社会的経済型モデルの普及については，「社会的協同組合」(social co-operatives. すでにイタリアでは1500以上の社会的協同組合が設立され，身体障害者などに就業機会を提供している)のヨーロッパ型モデルを研究するプロジェクトが実施されている(p.3)．社会的経済セクターの諸組織に対するヨーロッパ規模での財政援助の機関としてはSOFICATRAが設立された(p.3)．

EU諸国の全国組織に所属する社会的経済組織のうちEUの社会的経済部局が接触している組織数は，26万9000(就業者数，290万人，事業高，1兆5500億

ECU)である.メンバー数は,協同組合が5370万人,共済組織が9660万人,アソシエーションが3210万人である(p.5).

EUの再重要政策の1つは就業機会の創出であるが,これに関しては,オーナーの引継ぎが困難な企業を従業員所有制企業に転換する政策が欧州委員会によってすすめられている.欧州委員会は1994年6月にこの政策を促進するための諮問手続きを開始したが,ワーカーズコープの連合組織とESOP(従業員持株制)の推進組織がこれに応じている(p.7).

社会的経済セクターの諸組織は地域社会に根をおろした住民参加型組織であり,公共組織との連携のごく自然な担い手である.1994年12月のEU閣僚理事会には,地域社会での就業機会創出に果たす社会的経済組織の重要性に関する文書が提出されている(p.7).

1994年にEUの社会的経済部局は51のプロジェクトに対して総額249万1000 ECUの財政援助をした.その内訳は,The Third Sector Training Network (24万5000 ECU), ARIES Information Network (23万6150 ECU), European Investment Fund (16万4085 ECU)などであり,協同組合関係ではICA Europe Work Programme (13万5450 ECU),イタリアのCGM (Consorzio Gino Mattarelli)のSocial Co-operatives (6万7140 ECU), CECOPAのNew Activities in the Housing and Construction Field (6万3500 ECU),イタリアのLegaが主催するConference on Finance through Ethics and Competition (6万2500 ECU)などがある(pp.7-8).

1) なお,詳細な統計については下記の資料を参照されたい.

①Eurostat (Statistical Office of the European Communities)のTheme 7, "Service and Transport", Series B, 1993, のSupplement 2, "A Statistical Profile of the Co-operative, Mutual and Non-Profit Sector and its Organisations in the European Community", Office for Official Publications of the European Communities, 1993.

②EU刊行のPanorama de L'ndustrie Communautaire, 1991-1992, *Office for Official Publicatons of the European Communities*, 1993, pp.135-155, に所

収されている Aperçu général du secteur de l'économie sociale dans la Communauté européenne.

第6章　EU諸国のワーカーズコープ

1　はじめに

　欧州統合の進展とあいまって，西欧のワーカーズコープ運動の国際化が進行している．そのさい，「社会的経済」という理念が国際的に共通する運動理念になりつつある．今日の西欧のワーカーズコープ運動は，社会的経済という理念を運動の準拠枠とすることによって，国民経済における位置と社会的ポジションを明らかにし，同時に，社会的経済という旗印のもとに国際的な連帯を強化しようとしている．

　スペイン，イギリス，スウェーデンの事例については次章以降で考察するが，それに先立って本章では，EU諸国におけるワーカーズコープの全国組織と国際組織について概観しておくことにしよう．

　ヨーロッパ規模でのワーカーズコープの組織状況を鳥瞰するための適当な資料として，ICOM ed., *Strategic Management in the Social Economy* (ICOM 1994)がある．この資料はイギリスのワーカーズコープの全国組織であるICOMが，放送大学の協同組合研究部門(Co-operative Research Unit of the Open University)の援助と欧州委員会・第23総局・社会的経済部局の財政援助を得て刊行したものである．以下，この資料に含まれているThe Europackによりながらワーカーズコープの組織の状況(EC加盟国における1991年頃の状況)を見ることにしよう(以下は要約文．括弧内は引用ページ．[　]内は富沢の補足説明)．

2　ヨーロッパ規模での運動展開の必要性

　ヨーロッパの市場統合は1300万にものぼる企業が競争を激化させることを意味する．このような市場状況のもとで社会的経済の企業をヨーロッパ規模で

発展させることは，とりわけつぎの2点で重要な意味を持つ．

① 社会的経済企業の発展はEC域内の中小企業の発展という見地から，重要な意味を持つ．社会的経済企業の大部分は中小企業であり，EC域内の労働力人口の45%をかかえている中小企業は全体としてEC経済内で重要な位置を占めているからである．

② 市場統合がもたらす悪影響を修正するという点で，社会的経済企業は大きな貢献をなしうる．社会的経済企業は，そのメンバーによって管理される人間中心の組織(member-controlled 'people-centred' organizations)であり，とりわけ地域経済の発展とメンバーの能力の向上に貢献する．経済と社会とのバランスのとれた発展のためには，これらの組織の活動が重要な意味を持つ(p.3)．

ワーカーズコープにとってもヨーロッパ規模での運動展開が重要な課題となっている．ワーカーズコープの国際協力は，経済的利益のためになされるだけでなく，連帯の強化，経験の交流，国際的戦略の構築のためになされる．ワーカーズコープは，たんに就業機会を創出するだけでなく，満足のいく仕事を提供しようとするものである．その意味でも国際協力による人的資源の開発がとりわけ重要である(p.6)．

3 法制度

EC規模の法律はとりわけ，複数の国にまたがって活動する社会的経済企業の設立のために必要とされる．EC会社法は，イギリスが労働者参加条項に反対しているので，まだ成立していない(1998年現在も未成立)．しかし現段階でも，EEIGs(European Economic Interest Groupings)という法的形態のもとで，法人格を取得しEC域内で国際的活動ができる．

ECで，ヨーロッパ協同組合法案，ヨーロッパ共済組織法案，ヨーロッパ・アソシエーション法案が審議されている(1998年現在も審議中)．

ヨーロッパ協同組合法案によれば，国際的協同組合の設立要件は，①メンバーの居住地が複数国にまたがる，②最低必要とされる資本金は，個人メンバー

から構成される協同組合の場合は1万5000 ECU, 法人がメンバーに加わる場合は5万ECUである.

ワーカーズコープに関しては，建設関連の国際コンソーシアムであるEUROCとEUROCONSCOOPが，最初にこの協同組合法に準拠することになろう(p.14).

コンソーシアムという形態は，協同組合間協同を強化するうえで有効な手段である．典型例としてイタリアの事例を見ておこう．コンソーシアムは特定の契約を締結するための連合機関であり，その条件は5以上の組織から構成されること，また，公共事業の契約締結のさいは各組織の構成メンバーが25人以上であることである．コンソーシアムは非営利目的の組織と認定されているので，その設立にあたっては国家，地方自治体の財政援助を受けることができる(p.16).

コンソーシアムには，共同購買のための組織，信用供与のための組織，輸出のための組織などがある．イタリアのLega(協同組合共済組合全国連盟)には，ACAM(全国供給販売事業連合)，CONACO(全国建設協同組合連合)，ICIE(建設業協同組合連合)，FINCOPEL(協同組合全国投資財団)，COOPTECNITAL(発展途上国への技術援助のための組織)などのコンソーシアムがある(pp. 16-17).

その他に，協同組合共済組合全国連盟(Lega)，協同組合同盟(CCI)，協同組合総連合(AGCI)というイタリアの協同組合の3大ナショナルセンターが1987年に共同で設立したコンソーシアムとして，CFI (Compagnia Finanziaria Industriale Scrl. 産業信用会社)がある．これは倒産企業などを当該企業の労働者たちが労働者協同組合として再建しようとするさいに，財政面の援助をする組織である．イタリアの労働組合の3大ナショナルセンター(CGL, UIL, CISL)の代表もCFIの運営に参与している．85年に成立したマルコーラ法により，一般企業のワーカーズコープへの転換にさいして，①労働者の出資額の3倍，あるいは，②当該労働者の失業手当の3年分，を基準とする金額の政府資金援助(①②のうち低額のほうを上限とする)がなされる．CFIはこの資金援助を活用してワーカーズコープの設立を援助する組織である．この制度により，

87年から91年にかけて85の協同組合が設立され，3050人の就業機会が確保されている(pp.17-18)．

4 国際組織

ICA(国際協同組合同盟)は，EC地域に約5000万人のメンバーを有している(p.22)．

CICOPA(労働者生産協同組合委員会)は，ICAにある農協，生協，漁協など14の専門機構のうちの1つである．CICOPAのヨーロッパ地域委員会として，CECOP(後述)がある．

EUROCONSCOOP(英語名はCivil Engineering and Consultancy Consortium)は，建設・コンサルタント協同組合のコンソーシアムで，オランダに本部がある．

INAISE(英語名はEuropean Association of Investors in the Social Economy)は，社会的経済企業への信用供与のための組織であり，ブリュッセルに本部がある．

これらの国際組織のうち，ヨーロッパ諸国のワーカーズコープの利害を代表してECと折衝しているのはCECOPである．そのためもあってCECOPはヨーロッパのワーカーズコープの現状をもっともよく把握している．

［ICOMの資料にはCECOPについての詳細な説明がないので，以下主として，CECOP自体が作成したCECOPと題する組織紹介リーフレット(1995年2月の調査のさい，富沢はブリュッセルのCECOP本部でこの資料によりながら組織の説明を受けた)に依拠して，CECOPの活動状況を紹介しよう．］

CECOPのフルネームはComité Européen des Coopératives de Production et Travail Associé(生産協同組合および協同労働協同組合のヨーロッパ委員会)であり，英語名称はEuropean Committee of Workers' Co-operatives(ワーカーズコープ・ヨーロッパ委員会)である．その構成メンバーは，①正式メンバー(EU諸国のワーカーズコープの全国組織，16)，②賛助メンバー(ワーカーズ

コープを支援する組織，個人など，8)，③候補メンバー(EU参加申請中の国の組織，1)である．1979年に設立された当初の主要目的は，EC加盟国のワーカーズコープを代表してEC諸機関と折衝することであったが，今日，CECOPはその他につぎのような目的をもって活動している．

① ヨーロッパのワーカーズコープ運動を促進する．
② CECOP加盟組織の強化・発展を援助する．
③ CECOP加盟組織の相互交流とプロジェクトを支援・調整する．
④ ヨーロッパに関する情報を伝達する．
⑤ 協同組合間協同を促進する．

EU諸機関との折衝に関しては，CECOPはEUの経済社会評議会の第3グループのサブグループとして位置づけられ，また，社会的経済組織の1代表として公認されている．そのような立場からCECOPは欧州委員会・第23総局・社会的経済部局や欧州議会の社会的経済グループなどと連携して活動している．現在とりわけ，ヨーロッパ協同組合法の成立，財政保証ファンドの設立，などの課題に取り組んでいる．

情報伝達に関しては，CECOPは，ARIES(Association Réseau d'Information de L'Economie Sociale. 社会的経済情報ネットワーク組織)と連携して，組織間の情報交換，ヨーロッパ関連情報の伝達，およびワーカーズコープ運動の一般広報を行っている．

協同組合間協同に関しては，CECOPは，CCACC(Comité de Coordination des Associations de Coopératives de la CE. EC協同組合調整委員会)およびNETWORK(The EEC Co-operative Development Network. EEC協同組合振興ネットワーク)のメンバーとして，協同組合間協同の活動に従事している．また，社会的経済の他の主要組織である共済組織，アソシエーション組織と共に，ICAのヨーロッパ地域組織であるヨーロッパICAおよびヨーロッパCICOPAと密接な連携をとって活動している．

CECOPはまた，社会的経済の諸組織に対するサービス，助言，とりわけ教育を実施するためにEUROFORCOOPという組織を設立している．

5 各国別の組織状況

［以下は，主として ICOM の資料(ICOM 1994, 所収の *The ICOM Europack*, pp.24-35. 表 6.1 は p.36) によるワーカーズコープの各国別組織状況である．ワーカーズコープはその性格上，変動が激しく，しかも法人格をもたない任意組織が多いために，実態把握が困難である．また，ワーカーズコープの定義如何によって統計数字も異なる．したがって，以下はあくまでも ICOM が 1991 年頃のヨーロッパ諸国のワーカーズコープ運動の実態をこのように把握しているという数字として読み取るべきである．なお，ICOM のこの資料はイギリス，ギリシャ，ルクセンブルクについては触れていない．ギリシャとルクセンブルクにおいてはワーカーズコープの運動が未発展である．イギリスについては本書の第 8 章を参照されたい．］

表 6.1　EU 諸国のワーカーズコープ

国	ワーカーズコープ数	従業員数
ベルギー	270	5,600
デンマーク	300	4,000
スペイン(協同組合)	13,100	72,000
(SAL)	5,030	30,000
フランス	1,330	32,200
ギリシャ	0	0
アイルランド	40	140
イタリア	21,000	373,000
ルクセンブルク	0	0
オランダ	300	5,000
ポルトガル	155	5,100
ドイツ	6,500	150,000
イギリス	1,500	11,000
合　計	49,525	688,040

5.1　ベルギー

協同組合数は約 2 万 6000 であるが，その多くは経済的利便性のゆえに法的

形態として協同組合という名称を取得しているものにすぎない．実質的な意味でのワーカーズコープは約270(従業員数は約5600，事業高は約1360万ECU，1991年の1ECUは約152円)である．

全国連合は宗教別，言語別に組織されており，つぎのような全国組織がある．

CECOPに加盟しているFEBECOOP(Fédération Belge de Coopératives. ベルギー協同組合連合会)は，社会主義系の協同組合の全国連合組織である．約10のワーカーズコープがこの組織に所属している．

SAW(Solidarité des Alternatives Wallones. ワロン地域オルターナティブ連帯)は，1981年に設立され，地域社会発展のために自主管理を促進している．カナダのケベックの協同組合とも連携をとっている．SAWはブリュッセルのCECOP本部の設立に際し大きな貢献をした．約25のワーカーズコープがSAWに加盟している．

Netwerk Vlaanderen(フランドル・ネットワーク)は，1982年に設立され，地域社会活性化のための金融機関の役割を果たしている．その構成メンバー数は約400である．5500人の預金がオルターナティブ企業の資金援助に用いられている．すでに150のプロジェクトに資金が提供されている．90年の資金融資額は43万ECUであった．国際的な信用供与組織であるINAISEのメンバーである．

SOFIGA(Société Financière de Garantie. 財政保証協会)は1983年に設立され，社会的経済組織に資金融資をしている．とくに一般企業のワーカーズコープへの転換に際しての資金援助を行っており，INAISEのメンバーである．

5.2 ドイツ

ドイツ統合以来，協同組合運動も大きな変化を見せている．とくに西ドイツ地域の「オルターナティブ経済」運動は連合組織を形成しつつある．

西ドイツ地域では1970年代以来，ワーカーズコープの発展がめざましく，その数は現在約5000に及ぶ．その規模はメンバー数5人から200人までさまざまである．80年代前半には就業機会創出のために設立された協同組合が多

かったが，必要な技術を欠いているために倒産する組合も多くあった．現在，多くの協同組合は高賃金よりはライフ・スタイルの問題を第一義的に考えている．

新設のワーカーズコープは，その法人格として伝統的な協同組合形態を採用したのは3組合にすぎず，その他は会社法に則って合名会社などとして登記している．

業務内容としては，①サービスの領域では，高齢者介護などの社会サービス，教育，文化事業，レストラン，法律・税金・コンピュータなどに関するコンサルティングなど，②販売の領域では健康食品，自転車など，③生産の領域では，自転車，低エネルギー素材，環境にやさしい建築素材(ペンキなど)，印刷など，がある．この他に，農業，漁業の領域にもワーカーズコープがある．

全国組織としてNetz für Selbstverwaltung und Selbstorganisation(自主管理・自主組織のためのネットワーク)，地域組織としてヘッセンにVerband der Selbstverwalteten Betriebe(自主管理企業連合)がある．Netzのメンバーとしては，250の協同組合の他に，事業別の連合組織(印刷，自転車販売，共済事業，文化事業，コンサルタントなど)，地域別の組織，援助組織がある．

東ドイツ地域では，1990年10月のドイツ統合以前に約2700(従業員17万)のワーカーズコープが存在し，主に建築業に従事していた．現在その多くは株式会社への転換を迫られている．破産の危機に直面しているワーカーズコープも多い．これらのワーカーズコープの再生を援助する連合組織としてVDP (Verband Deutscher Produktivgenossenschaften. ドイツ生産協同組合連合)が設立され，約100の協同組合がこれに所属している．

NetzとVDPは1991年にCECOPに加盟した．

NetzとVDPの他に，ワーカーズコープを支援するための主要組織として，ICGA (Interessengemeinshaft Cooperativ-Genossenschaftlich Arbeitender Betriebe und Projekte. ワーカーズコープとプロジェクトのための協同組織)，ISO (Institut für Selbstorganisation und betriebliche Selbstverwaltung. 自主組織・自主管理企業のための研究所)，Ökobank(エコバンク)がある．

5.3 デンマーク

協同組合運動はかなりの規模で労働組合運動と連携をとり，労働組合運動の支援を受けている．小規模ながらオルターナティブ運動も存在する．

主要組織として，CECOP に加盟している DKF (Danske Kooperative Faellesforbund. 協同組合同盟)がある．DKF は 1922 年に設立された．多様な業種の協同組合をメンバーとして，全事業高は 20 億 ECU となっている．890 のメンバーのうち，建設協同組合がほとんどを占め 632，ラジオ・テレビ局が 50，その他の個々の協同組合が 50 となっている．信用(11 協同組合)，建設(74 協同組合)，レストラン(62 協同組合)，石油供給(4 協同組合)に業種ごとの連合組織がある．その他に労働組合と協同組合にサービスを提供する種々の協同組合がある．

DKF は 13 の地域組織を有し，広範な教育活動を組織している．1953 年には 60 億 ECU の財源をもって協同組合投資ファンドを設立し，協同組合に融資するとともに経営コンサルタントの業務を行っている．DKF は 1990 年に CECOP に加盟し，それ以降，スペイン，フランス，イタリアの協同組合と共同事業をするために協議をすすめている．DKF は東欧と第 3 世界のためにも活動している．

DKF の他に，小規模の協同組合の「オルターナティブ」連合体として，SAPA (Sammenslutningen af produktionskollektiver og arbejdsfaellesskaber. 生産コレクティブ・労働コミュニティ同盟)がある．SAPA は全国で約 500 存在する生産コレクティブと労働コミュニティのうち約 100 の組織をメンバーとしている[1]．

5.4 スペイン

ワーカーズコープの運動の力強さという点では，ヨーロッパ諸国のなかでイタリアにつぐ第 2 位の位置を占める．国際的に有名なモンドラゴン協同組合グループは，その一部にすぎない[詳しくは，第 7 章参照]．

全国組織としては，CECOP に加盟している COCETA (Confederación de Cooperativas Españolas de Trabajo Asociado. スペイン協同労働協同組合連合) がある．COCETA は，全国 17 地域にすでに存在していた地域連合組織を結集して，1987 年に設立された．現在 COCETA は，国際的な技術移転と経営技術の交流に力を注いでいる．

ワーカーズコープ (スペインでは協同労働協同組合と称されている) の数は 1 万 3100，従業員数は 7 万 2000，事業高は 14 億 ECU である．毎年，約 1500 のワーカーズコープが新設されているが，平均の従業員数は 8 人であり，上位 3 業種は，建設 (739 協同組合)，繊維産業 (607 協同組合)，軽工業 (397 協同組合) である．

地域ごとにワーカーズコープの地域連合組織があるが，そのうちでもマドリードの地域連合である UCMTA (Unión de Cooperativas Madrileñas de Trabajo Asociado. マドリード協同労働協同組合同盟) はとくに強力である．カタロニアの地域連合である FCTAC (Federación de Cooperatives de Treball Associado de Catalunya. カタロニア協同労働協同組合連合) は，地域組織のなかではもっともヨーロッパ志向が強く，たとえば，イギリスの ICOM および放送大学・協同組合研究部門とともに共同で技術教育プロジェクトを推進している．

モンドラゴン協同組合グループは，地域のワーカーズコープ・グループの成功例として世界的に有名である．

ワーカーズコープ以外に，SAL (Sociedades Anónimas Laborales. 従業員持株企業) が約 5030 (従業員数，約 3 万人) ある．主要業種はサービス産業である．主要組織として CONFESAL (Confederación Empresaial de Sociedades Anónimas Laborales. 従業員持株企業連合) がある．CONFESAL は CECOP の賛助会員となっている．

5.5 フランス

フランスのワーカーズコープの数はイギリスと同程度であるが，その事業高はイギリスの 5 倍ほどある．約半数のワーカーズコープの従業員数は 10 人以

下である．約5分の1が女性である．

　フランスのワーカーズコープの歴史は19世紀中頃から継続している．現在約1330のワーカーズコープがある．それらは全国組織であるCGSCOP (Confédération Générale des Sociétés Coopératives Ouvrières de Production. 生産協同組合総連合) に加盟している．従業員数は3万2000人，事業高は20億ECUである．CGSCOPはCECOPに加盟している．この他に，CGSCOPに加盟していないオルターナティブ協同組合がある．ワーカーズコープ数の68%と全従業員数の48%が最近10年以内のものである．

　ワーカーズコープの活動分野としては，とりわけ建設，印刷，軽工業，コンピュータ，マスメディア関連が大きい．

　ワーカーズコープは1978年法により，SCOP (Sociétés Coopératives Ouvrières de Production. 生産労働者協同組合) という法人格を取得している．通常，メンバーのサラリーの5%（法的上限は10%）は協同組合の「社会資本」に組み入れられる．純利益の最低4分の1はボーナスとして労働者に配分されるが，このボーナスはしばしば借入資本として協同組合内に留保される．

　CGSCOPはそのメンバーに対して教育，経営援助，共済サービスなどを行っている．CGSCOPのSOCODEN-FECは，140億ECUの投資ファンドをもってワーカーズコープの新設のための資金援助を行っている．CGSCOPはまた，一般企業の資産を買収してワーカーズコープに転換させるための機構も有している．

　CGSCOPに払いこむ会費は各ワーカーズコープの事業高の4%である．会費の3分の1は本部費用，3分の1は地域組織費用，3分の1は投資ファンドに用いられる．CGSCOPは12の地域組織，3つの業種別連合（①建設・公共事業，②印刷・メディア・広告，③エレクトロニクス）を有する．

　社会的経済諸組織を支援する機関であるIDES (Institut pour le Développement de L'Economie Sociale. 社会的経済振興機関) は，CECOPのメンバーでもあり，ワーカーズコープを積極的に支援している．

5.6 アイルランド

ワーカーズコープ数は 41(従業員数, 141 人, パートタイム, 91 人)であり, そのうち 6 は一般企業をワーカーズコープに転換したものである.

政府はワーカーズコープとコミュニティ・ビジネスを一括して「コミュニティ企業」と称し, これを援助し地域経済の活性化に役立たせようとしている.

主要組織は Network of Workers' Co-operatives (ワーカーズコープ・ネットワーク) と CDU (Co-operative Development Unit. 協同組合振興機構) である. CDU は 1988 年に設立され, ワーカーズコープに対する教育, 資金援助などを行っている. CECOP の賛助メンバーでもある.

[ICOM (1995) 所収の *ICOM FACTSHEET*, No. E02, によると, その他の組織として, Irish Federation of Worker Co-operatives と Co-operative Development Society がある.]

5.7 イタリア

ヨーロッパ最強と言えるイタリアの協同組合運動は地域別, 業種別の組織構造を持っている. 政党系列別に 3 つの全国連合 (Lega, CCI, AGCI) がある. 高度に発展した第 2 次協同組合システムあるいはコンソーシアムが経済力の基礎をなしている. 協同組合運動全体が国民経済の「第 3 勢力」をなしている.

ワーカーズコープには, 特別優遇税制が適用される. 人件費率が全コストの 40% を越すと法人税が削減され, 60% を越すと法人税がゼロになる. ワーカーズコープがコンソーシアムのメンバーである場合, 二重課税はない. コンソーシアムは公共建造物の契約にあたっても優遇措置が与えられる. 一般企業のワーカーズコープへの転換にあたっては, マルコーラ法によって労働者は課税を免除され財政援助が与えられる.

法律によって, ワーカーズコープは最低 9 人のメンバーを持たなければならない. 出資金に対する利子率は 5% を上限とする. 毎年の利益の最低 20% は, 不分割資本に組み入れられる. 残余はボーナスとして組合員に, 通常, 労働時間に比例して, 配分される.

管理形態はやや古く，従業員の3分の2が組合員であるにすぎない．理事会メンバーは総会が選出するが，マネージャーは理事会によって選ばれ，組合員にならないことが多い．

約2万1000のワーカーズコープがあり，そこで約37万3000人の労働者が働いている．事業高は約85億ECUである．全国連合に加盟していないワーカーズコープの数は，加盟組合数の約2倍ある．最大の全国組織はLega (Lega Nazionale delle Cooperative e Mutue. 協同組合共済組合全国連盟)の一部門であるANCPL(Associazione Nazionale Cooperative Produzione e Lavoro. 生産・労働協同組合全国連盟)，およびANCS(Associazione Nazionale Cooperative Servizi. サービス協同組合全国連盟)である．ANCPLに1350のワーカーズコープが，ANCSに1800が加盟し，あわせて62億ECUの事業高をあげている．ANCPLはCECOPに加盟している．

ANCPLでは建設のワーカーズコープが最大で，612の協同組合，5万700人の従業員で，事業高は30億ECUである．そのうち最大のラヴェンナのCMC(Cooperativa Muratori e Cementisti. 建設・建設資材協同組合)は，3000人以上の従業員を有している．ANCPLのその他の業種としては，繊維，製靴，木工，製陶，製紙などがあり，全体で608の協同組合，2万3000人の従業員が20億ECUの事業高をあげている．もっとも急速に成長しているのは設計・リサーチ関連の協同組合で，120の協同組合，2000人の従業員で1億3000万ECUの事業高をあげている．

Legaに支払う会費は，各協同組合の事業高の4%である．

Lega以外の全国連合としては，CCI(Confederazione Cooperative Italiane. イタリア協同組合同盟)とAGCI(Associazione Generale delle Cooperative Italiane. イタリア協同組合総連合)がある．

CCIのワーカーズコープ連合組織としては，CECOPに加盟しているFederlavoro/Federservizi (Federazione Nazionale Cooperative Produzione e Lavoro/e Servizi. 生産・労働・サービス協同組合全国連合)があり，4238の協同組合が18億ECUの事業高をあげている．[ICOM(1995)所収の*ICOM*

FACTSHEET, No. E11, によると，1994年現在の協同組合数は，4475であり，その内訳は，サービス業が46％，製造業が19％，建設業が17％，運送業が7％，などである．]

AGCIのワーカーズコープ連合組織としてはAICPL/ANCoTATがあり，約800のワーカーズコープが加盟している．業種としては運送関連が多い．

5.8 オランダ

ワーカーズコープの数は多くない．労働者参加の企業が400以上あるが，そのための法制度がない．それらの企業のための連合組織としてVPO(Vereniging voor Participatief Ondernemen. 労働者参加企業同盟)がある．VPOは1959年に7つの協同組合によって設立されたが，70年代に労働組合が産業民主主義の研究を始めたことによって急速に拡大した．87年にVPOは協同組合だけでなく労働者参加企業をもメンバーとすることにした．VPOのメンバー企業数は29，従業員数642人，事業高5000万ECUである．建設(7企業)，印刷・出版(6企業)，コンサルタント(3企業)に業種別連合組織がある．

5.9 ポルトガル

サラザール軍事独裁政権下ではワーカーズコープの数は20程度であったが，1974年に軍事独裁政権が倒れた後，企業倒産によって失われた就業機会を再生するために5年間で約900のワーカーズコープが設立された．しかし，80年代には多くのワーカーズコープが倒産している．全国連合組織として82年に，FINCOOP/FECOOPSERVが設立された．この組織に加盟しているワーカーズコープの数は約150，従業員数は約5000人，事業高は1億120万ECUである．建設，軽工業，繊維産業，印刷に業種別連合組織がある．

 1) 表6.1によると，デンマークのワーカーズコープ数は300，従業員数は4000人となっている．計算基準が不明なので明確な説明はできないが，本文中の記述が実態に近いと思われる．他の国の場合も同様である．

第7章　社会的経済による地域社会の再生
　　　——モンドラゴンの事例

1　現　状

　第4章で述べたように，モンドラゴン協同組合グループは，たんに事業的成功だけでなく，その成功が明確なワーカーズコープ原則を基礎にして達成されたという点で評価されうる．モンドラゴン協同組合グループの組織・運営原則については第4章で考察したので，本章では主として事業面を見ながら，必要に応じて原則との関連にも言及することにしたい．

　本章では，まず第1節でモンドラゴン協同組合グループの現状を概観し，第2節で現状に至る発展の過程をふりかえり，第3節で発展の要因を検討し，最後に第4節で発展の要因を思想レベルまで掘り下げてアリスメンディアリエタの思想を考察する．

　モンドラゴンは，南北8キロ，東西2キロの細長い谷間にある小さな町(人口約2万5000人)で，イベリア半島の北部に位置するスペイン・バスク自治州のギプスコア県に属する．モンドラゴン協同組合グループは，このモンドラゴンを本拠に展開する各種協同組合の複合体で，1991年以降，「モンドラゴン協同組合企業体」(Mondragón Corporación Cooperativa. MCC)と名乗っている．以下の統計数字等は主として96年10月の調査(岩垂 1997, pp.38-45)にもとづいている[1]．

　約90の協同組合からなるMCCは，3つのサブグループに分けられる．第1は金融や共済などの事業を行う財政グループである．第2は工業製品を製造する72の協同組合からなる工業グループである．冷蔵庫，洗濯機，皿洗い機などの家電製品のほか電子機器部品，自動車部品，工作機械，建設用機械などを製造している．第3は生協を中心とする流通グループである．

1993年, 94年, 95年という最近の統計数字を見ると, 総資産はそれぞれ9917億7600万ペセタ(1ペセタは約0.8円), 1兆867億3900万ペセタ, 1兆2309億2600万ペセタ, 総売上高(財政グループを除く)は, 4242億3300万ペセタ, 4969億200万ペセタ, 5587億7800万ペセタ, 輸出は, 618億700万ペセタ, 790億700万ペセタ, 985億1400万ペセタ, 労働者数は, 2万5317人, 2万5990人, 2万7950人と, それぞれかなりの増加を示している.

　1995年の総売上高5587億7800万ペセタの内訳は, 流通グループが55%, 工業グループが45%である. 流通グループは食品に関してはスペインのマーケットシェアで第1位を占めており, 工業グループは冷蔵庫と洗濯機の国内生産で第1位となっている.

　モンドラゴン協同組合グループの生協であるエロスキは, バレンシア地方の生協「コンスム」と提携して「エロスキ・グループ」を形成している. 売上高で見ると, エロスキ・グループはスペインで第15位の企業となっている. 流通業界では第4位(上位3位まではフランスなどの多国籍企業)で, マーケットシェアは5.5%である. エロスキ・グループの売上高の内訳は3分の2が食品, 3分の1が非食品である.

　スペインの失業率が21%という不況のなかで, モンドラゴン協同組合グループが労働者数を増加させているということはとりわけ注目に値する. 労働者2万7950人の内訳は, 56.3%が工業グループ, 38.7%が流通グループ, 5%が財政グループである. 女性が全体の約3割を占める. 組合員になるための出資金は, 工業部門で150万ペセタ, 他の部門で100万ペセタである. 労働者の1か月平均収入は17万ペセタであるから, 9か月分から6か月分に相当する. 多くの場合, 職についた時に25%を払い, 残りは収入の10%を毎月積み立てて支払うことになる. 出資金には利子がつく. また, 剰余が出ると, その中から労働配当が組合員に支給される. 各協同組合で年1回開かれる組合員総会には, 生協などの例外を除いて, 100%近い組合員が参加し, 発言も活発である. 組合員は「前払い金」(賃金に相当する)の額を検討する委員会にも委員を出している.

ただし，生協(エロスキ)の場合は，労働者の出資金は 100 万ペセタであるが，消費者組合員の出資金は 250 ペセタである．理事会は双方同数の代表で構成され，理事長は消費者組合員から選ばれる．現在，労働者組合員が 8000 人，消費者組合員が 18 万人いる．

国際化が進展しており，流通部門ではエロスキがフランス 3 か所に出店している．工業部門の国際化も進展しており，工業部門の売り上げの約 4 割は輸出によっている．工業部門はまた，外国(メキシコ，オランダ，チェコ，タイ，モロッコ，エジプト，アルゼンチン，中国，フランス，イギリス)に 10 の工場をもち，コンポーネント，半導体，洗濯機，冷蔵庫，エレベーター，バスの車体などを製造している．

1956 年に小さな町工場が設立されてから約 40 年間で，モンドラゴン協同組合グループはこのような発展を示したのである．

2 歴　　史

2.1 創　設　者

この発展はどのようにしてもたらされたのであろうか．モンドラゴン協同組合群の創始と発展に大きく貢献したのは，ドン・ホセ・マリア・アリスメンディアリエタ(1915-76 年)というカトリック神父である．

彼は 1915 年にビスカヤ県の農家に生まれた．3 歳の時，事故で左目の視力を失い，12 歳で神学校に入学した．36 年にスペイン内戦が始まると，彼は人民戦線側に立ったバスク軍の従軍記者となった．しかし，バスク軍は敗れ，彼はフランコ反乱軍に捕まり投獄された．

内戦後，神学校に戻った彼は，1941 年に 26 歳でモンドラゴンの教会の副司祭に任命された．人口約 8000 人の当時のモンドラゴンは，貧しい町であり，とりわけ内戦終結直後ということもあり，町全体が荒廃した状況にあった．住宅環境も悪く，1 軒に 2,3 家族以上が住み，結核患者が多くいた．フランコの独裁下で，自由な政治活動や労働組合運動が認められない状況のなかで，まち

づくりの執念に燃えた若き神父がまずとりくんだのは職業技術教育であった.地方自治体の援助も金融機関の援助も得られなかった彼は，直接に住民に訴えかけ，わずかな資金を集め，43年に小さな職業訓練学校を開設した．新入生は20人であった．この学校で神父は，労働の尊厳性を強調し，労働者が主人公になる企業経営とそれを基盤とする社会改革の重要性を説いた．

この教育は，モンドラゴン協同組合に結実する種になった．1956年，5人の卒業生が小さな石油ストーブ製造工場「ウルゴール」(Ulgor)を設立し，59年に協同組合法にもとづく協同組合として登録した．ウルゴールの運営規約には「生産の全工程において，人間の労働が，その尊厳にもとづき特権を享受できるようにし，その他のすべての要素を構造的に従属させる」という神父の思想が明記された．

ウルゴールの基本的組織は，①総会(1人1票制による全労働者集会で最高決議機関)，②理事会(総会が選出する3-12人の理事で構成され，日常の政策決定最高機関．理事の任期は4年で，半分が2年ずつ交代)，③経営責任者(理事会により最低4年間任命され，日常の業務執行に責任を持つ)，④経営委員会(経営責任者を含む委員会で基本的な経営計画を作成する)，⑤社会委員会(職場単位で選出される労働者代表が構

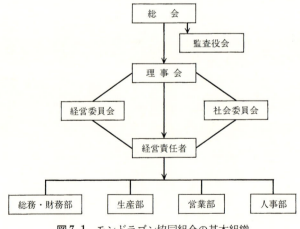

図7.1 モンドラゴン協同組合の基本組織

成する委員会で，理事会から一定の権限を委譲され，労働者の福利，厚生，労働条件などの問題を検討する），⑥監査役会(決算書などの重要文書の監査)とされた．この組織は，その他のモンドラゴン協同組合にもほぼ共通するものとなった(図7.1)．

ウルゴールは，1965年に4つの協同組合をグループ化しウラルコ(Ularco)と改名し，86年には約100の協同組合をグループ化しファゴール協同組合グループ(Grupo Cooperativo Fagor)と名乗るようになった．ファゴール協同組合グループは現在7000人の労働者を有し，国内市場のシェア30％を占める家電企業となっている．

2.2 労働人民金庫と研究開発機関

ウルゴール設立後，つぎつぎに協同組合がつくられ，3年後の1959年には6つの協同組合が活動していた．同年，アリスメンディアリエタは，資金問題と共済問題の解決，および協同組合全体の指導機関の必要性を強調して，ためらう組合指導者を説得し，今回も直接に住民に訴えかけ，預金を募り，労働人民金庫(Caja Laboral Popular)を設立した．

設立時の金庫の職員は2人，預金高は500万ペセタにすぎなかったが，現在では職員数1300人余，支店数204をもち，スペインの270銀行中の25位に位置する金融機関となっている．

設立時の金庫は，金融部門，経営指導部門，共済部門を持っていたが，1967年には共済部門が切り離され，医療保険や老齢年金などの共済事業を専門に行う保険共済協同組合(Lagun-Aro)として独立した．また，91年には経営指導部門が経営コンサルタント協同組合(Lan Kide Suztaketa)として分離独立した．

金庫の経営指導部門は，既存の協同組合にたいする経営指導とともに，協同組合の新設に積極的にとりくんでいる．

協同組合設立の第1段階は，発起人グループの結成である．金庫が一番重視するのは，組合新設の要求が労働者の間から自発的に生じているかどうかという点である．第2段階では，発起人と金庫側スタッフが具体的な生産見積り，市場調査，業務編成などを検討する．第3段階では出資金が集められ(発起人

が20%を用意し，20%を国の融資に頼り，60%を金庫が融資する），組合が新設される．

金庫の総会では，金庫の労働者組合員50%，金庫に出資している諸協同組合の代議員50%の割合で投票権を分け，金庫の事業方針を決定する．

1977年には研究開発機関としてイケルラン(Ikerlan)が設立され，現在100人以上の職員が働いている．エレクトロニクス，コンピュータ技術，ロボット技術，エネルギーなどが主要な研究分野であり，工業協同組合のために多くの研究開発計画を実行している．85年にはダノバート工業協同組合が最初のスペイン産ロボットを市場に送り出している．

2.3　教育協同組合とサービス協同組合

モンドラゴンには，工業協同組合とともに教育協同組合が数多くある．モンドラゴンでは，教育のかなりの部分が協同組合形態でなされているのである．

教育協同組合の連合体として教育文化連盟がある．教育文化連盟は現在はMCCから分離独立しているが，長い間，モンドラゴンのなかで重要な位置を占めていた．モンドラゴンにおいては，工業(ものづくり)とともに教育(人づくり)がとりわけ重視されてきたのである．アリスメンディアリエタは教育をとくに重視し，「知は力だ．知の社会化こそ力の民主化だ」と強調している．

1975年にフランコが死亡した後，それまで禁止されていたバスク語を用いる学校が許可されたためバスク語を用いる学校が増加し，連帯の見地からモンドラゴン協同組合グループに参加した．78年にはモンドラゴンの所属する学区で教育文化連盟に加盟する教育機関の生徒数は，保育園で38%，初等教育と前期中等教育で21%，後期中等教育で36%，各級技術教育で49%を占めるにいたった．

モンドラゴン協同組合グループの発生母体となった職業技術学校は，1976年には工業高等専門学校として認可され，大学レベルのコースもそなえるにいたり，現在では大学として認可されている．4年制で学生数は約2000人，教員数は約150人であるが，特色は同校が協同組合として組織されているところ

に見られる．総会には，教師，学生と父兄，援助組織という3種類の組合員が参加する．同校の運営費の約80％は援助組織(主に工業協同組合)が支出している．その他に，学生の授業料とバスク自治州政府，県，町からの助成金などがある．

同校に直接関連する協同組合としては，同校の学生が組合員になる，アレコープという工業協同組合がある．アレコープは1966年に設立され，70年に独立の協同組合となり，エレクトロニクス用教材やケーブル配線などを製造している．自発的意志でアレコープの組合員になった学生は，毎日5時間，学校で学び，さらに4時間アレコープで働き，授業料を上回る収入を得ることができる．地域の貧困な子弟に教育の機会を提供するだけでなく，教育と労働の結合をめざしたアリスメンディアリエタの思想の反映がアレコープには見られる．

学生たちは，アレコープだけでなく，その他の工業協同組合，研究開発機関(イケルラン)，労働人民金庫などでも働いている．

いまでは熟練労働者の多くが，モンドラゴン協同組合グループの内部で自給されている．

組織の拡大に伴い，経営能力を高める必要が強まったので，1984年11月にイカスビデという教育機関が設立された．ここでは主に協同組合教育と経営教育がなされる．85年1月には，大学卒業生を給費金つきで教育する2年間コースが開始された．このコースの定員は105人であったが，約1500人が応募した．これは，工業協同組合での8か月の実習を含む「サンドウイッチ・コース」で，ここでもまた教育と労働との結合という思想が反映している．

モンドラゴン協同組合の特色を示す他の例として，サービス協同組合「アウソ・ラグン」という協同組合をあげておこう．この組合のメンバーは女性だけで，約500人が働いている．業務内容は，清掃，クリーニング，惣菜供給などである．母親になっても働ける勤務時間，職場環境を備えているのが，その特色である．勤務は午前と午後の2交替制で，都合に合わせて勤務時間を選べるシステムをとっている．別に設けられた保育所の保育料は無料である．モンドラゴン協同組合グループにおいては，このように職場と家庭生活の両立につい

ても種々の工夫がこらされているのである.

2.4 組織改革

1980年代にはモンドラゴン協同組合グループは「一大コングロマリット」に成長し,その結果,組織全体のあり方が問題とされるようになった. 81年以来,多くの検討がなされ,85年に以下のような組織改革案が決定された (Wiener and Oakeshott 1987, p.19). 労働人民金庫が中心的位置にある従前の組織(図7.2)と比較すると,新しい組織(図7.3)は単位協同組合の組織(図7.1)に似た構造になっている.

すなわち,協同組合会議はモンドラゴン協同組合グループ全体の総会,グループ理事会はモンドラゴン協同組合グループ全体の理事会に対応する. 国家機

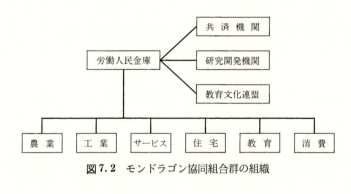

図7.2 モンドラゴン協同組合群の組織

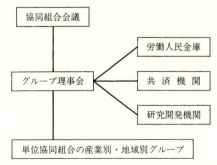

図7.3 モンドラゴン協同組合群の新組織(1987年)

構になぞらえるならば，協同組合会議とグループ理事会は，それぞれ議会と行政府に対応する組織である．

協同組合会議の機能は，モンドラゴン協同組合グループ全体に関する基本的政策の審議・決定である．その構成員は，各協同組合の代表である（組合員数比例選出で350人）．会議は最低2年に1回開催される．第1回会議は1987年10月に開催された．

グループ理事会の機能は，協同組合間の調整をはかりつつ，協同組合会議が決定した基本的政策を実行することである．その構成員は，協同組合会議の議長，単位協同組合の地域別グループの責任者，労働人民金庫・共済機関・研究開発機関それぞれの責任者である（合計17人で，それぞれ組合員数比例の投票権を持つ）．グループ理事会は，最低1年に4回開催される．

単位協同組合は，産業別グループと地域別グループにマトリックス的に編成される（各単位協同組合は，ある特定の産業別グループに所属するとともに，ある特定の地域別グループに所属する）．

このような組織改革で，もっとも大きく変化したのは，労働人民金庫の位置であった．モンドラゴン協同組合グループ全体の調整・計画・実行などの諸機能が労働人民金庫に集中しすぎたという反省から組織改革問題の検討が始まり，改革案では，モンドラゴン協同組合グループ全体の総司令部的機能が労働人民金庫から協同組合会議へ移されることになったのである．これに伴って，労働人民金庫の金融部門は金融専門機関に特化することになり，経営指導部門は独立化するという方針が1987年3月の労働人民金庫総会で決議され，91年に実行に移された．

3 発展の要因

以上見てきたように，かつては荒廃していたモンドラゴンの町もワーカーズコープの発展によって見事な立ち直りを達成している．ワーカーズコープの運動を中軸とするまちづくりの典型例と言えよう．

モンドラゴン協同組合の発展の理由としては、バスク地方の特殊性（地域住民の助け合いの精神が強い、鉄工業など工業発展の伝統がある、など）以外に、スペイン国家の協同組合育成攻策をあげることができる．1978年制定の新憲法においては、「公権力は、企業における多様な形態の参加を効果的に促進し、かつ、適切な立法により、協同組合を助成するものとする．公権力は、また、生産手段の所有に対する労働者のアクセスを容易にする手段を設けるものとする」（第129条2項）と記されている．税法上の特典もあり、新設の協同組合は10年間、法人税が非課税とされ、それ以後は法人税が最大限18%（一般の私企業の法人税の平均は35%）とされていたのである．

ウィナーとオークショットは、モンドラゴン協同組合グループの発展の要因として、①指導層と経営層の質の高さ、②技術面の能力と教育の重視、③出資にもとづく組合員の経営責任感の強さ、④共済機関（ラグン・アロ）などによる相互扶助制度の整備、⑤労働人民金庫の特別の役割、をあげている．彼らによれば、モンドラゴンの地域の特異性を発展の主要因とみることは正しくない．運輸面で不利な山間地域、技術教育水準が低かったなど、地域としてはむしろ阻害要因のほうが多かったとされている（Wiener and Oakeshott 1987, p.67）．

発展の要因として地域の特殊性や歴史的条件を無視することはできないが、それにもかかわらず「モンドラゴンの実験」は、ワーカーズコープを中核とする社会的経済セクターの拡大強化が「まちづくり」に果たしうる役割を理解するうえで、格好の実例を示していると言えよう．

4 アリスメンディアリエタの思想

モンドラゴン協同組合の形成と発展をもたらしたモンドラゴン独自の要素として、アリスメンディアリエタの思想がある．彼の思想を詳細に検討した文献として、『アリスメンディアリエタの協同組合哲学——スペイン・モンドラゴン協同組合の創設思想』（Azurmendi 1984）がある．著者のアスルメンディはバスク大学の現代哲学史の教授であり、本書は彼の博士論文である．訳書には、

モンドラゴン協同組合運動の歴史と現状の概説(ホセ・ラモン・エロルサ「モンドラゴン協同組合グループ」)が付加されたうえに,佐藤誠「モンドラゴン協同組合とアリスメンディアリエタ——その特殊性と普遍性」,および中川雄一郎「ホセ・マリア・アリスメンディアリエタの協同組合思想」の2論文が寄せられている.本節では,これらの文献を参考にしてアリスメンディアリエタの思想を考察する(「　」内はアリスメンディアリエタの言葉であり,Azurmendi 1984 の邦訳によっている).

4.1　協同組合地域社会の建設をめざして

　すでに述べたように,アリスメンディアリエタは1941年,26歳でモンドラゴンの教会の副司祭に任命された.彼は,43年の技術専門学校の設立,56年の生産協同組合の設立,59年の労働人民金庫の設立などを通して協同組合地域社会の建設を着々とすすめていった.

　この過程を通して彼は左右両陣営からはもちろん,彼の所属するカトリック陣営からも攻撃され,はげしい思想闘争にさらされた.

　「既存の制度が正義・自由・真実の要請と両立しない時,われわれは自分たちの不満を隠すことはできない.……われわれは自分たちが革命家であることを宣言しなければならない.」彼のこのような革新的な態度は,資本主義的企業陣営とカトリック陣営からの批判をまねいた.また「われわれは革命家ではあるが,しかし暴力的ではない」という暴力革命否定論は,とりわけバスクの新左翼,アナーキスト,ナショナリストたちから激しい批判を受けた.

　アリスメンディアリエタの社会変革論の形成過程は,「暴力に対する代案の探求」であった.暴力に対する唯一の現実的な代案は暴力を不必要にする社会である,と考えた彼はこう書いている.

　　「われわれの国はあまり豊かでない土地のなかにあり,文明社会の片隅で種々の制約関係のなかにある.したがって,自分たちの土地を豊かにするためには「労働」しかないし,また凋密な人口を考慮するならば,生活空間を活かすためには「協同」のほかによい方法はない.「労働の共同

体」すなわち「協同組合企業」は正しいあり方であった．これがわれわれ人民の暮らしを活発にし，地元のすべての人びとが必要とする自由を拡大し，他の人びとの「信頼」を広く勝ち得た．協同は自由と公正に影響し，連帯と労働を発展させた．また，それは交流を広め，福利を拡大した．」

アリスメンディアリエタは，時にはレーニンやローザ・ルクセンブルクに依拠しつつ「左翼小児病的な空論」を批判し，自己の社会変革論をつぎのように展開している．

「貧しい経済のなかで仕事を創出し豊かになるためには，真に実体的な変化が必要である．……より人間的になるためにわれわれは革命にたちあがったのである．人間が人間的になるためには，傷ついた人びとの解放が必要であり，人間にふさわしい公正と協同が必要である．われわれは，この協同組合の試みが変化や革新にとって最良のものだと言うつもりはない．しかし，実現できない理念を主張しても革新は実現しないのである．」

彼は，革命の目的だけでなく手段もまた人間的でなくてはならないと主張した．彼は，革命が少数の前衛を主体として大衆を手段とすることを認めなかった．彼にとって指導者とは教育と協同を通して革命を実行する者であった．革命は多数者による革命でなくてはならず，革命の目的も手段も民主主義的なものであらねばならない．彼の協同組合論は，このような社会変革論のなかに位置づけられている．

「労働と団結」が彼のモットーであった．労働者が団結し，ともに働き，自分の労働の主人公になることが，もっとも重要視された．「自由は労働と団結から生れる」というのが彼の終生不変の思想であった．したがって，彼はこう主張する．「労働者よ団結せよ．さらに言いたい．労働者よ．自己を統治し自ら運営する力を持て．協同は外部の介入を排除する．すべてを協同に向けよ．」

彼にとって協同組合革命とは，人間を変革し，協同労働にもとづく企業から出発して経済体制を変革することであった．「われわれの革命」と題する論文で彼はこう書いている．

「われわれは神話ではなく労働に基礎を置いた革命を必要としている．……今日の「消費のための消費社会」は，たんなる物質的な幸福にわれわれを紛れ込ませる．その収支表には人間は，人格としてでなく，物として記入されている．協同組合運動はわれわれに対して人格として呼びかけ，支援と参加を求める．……われわれは，人間の尊厳と共同体の要請にもとづき，経済変革のための新しい活動を展開し，新しい社会経済体制を生み出すことができる．」

巨大企業や独裁的権力にたいする協同組合の戦いが，巨人ゴリアテに対して石投げひもで戦った若者ダビデに例えられることもある．

「ゴリアテに服従してはならない．ダビデの力を諦めてはならない．協同組合人に期待されるのは，従属，受身，無関心ではなく，ダビデの真面目な活動である．」

このような認識にたって，アリスメンディアリエタはこう呼びかける．

「革命をしよう．前進し，未来に向かって．たとえ将来の発展を目指す企業が社会主義的なものであろうと，はたまた新自由主義的なものであろうと，われわれの企業モデルが将来の企業を特徴づけうる基本的モデルになるようにしよう．」

4.2　教育と労働と人間の尊厳

アリスメンディアリエタの思想は数々の大きな社会的出来事に対応して発展し，大きく変化もした．しかし，2つの基本原理は変わることなく保持された．すなわち，人間性に対する信念と労働者に対する信頼である．彼の思想の歴史を要約するならば，人間にとっての労働の意味の探求だと言えよう．彼が終生目的としていたのは，人間性の実現と階級なき社会の実現であった．

では，人間性の実現と階級なき社会の実現はいかにして可能となるのか．アリスメンディアリエタの考えはこうであった．

「われわれが押し進めている新しい体制を今すぐ建設することを始めなければならない．今できることを今するのだ．戦いを諦めずに継続するこ

とのみが，将来において現実となりうるのだ．人間的であろうとするならば，新しい体制は多元的で自由な広範な領域を持たねばならない．どのような形態が採用されようとも，それは教育，労働，人間の尊厳に対する認識を基礎とするものでなければならない．」

人間的体制の基礎をなす教育，労働，人間の尊厳という3大要素を現代社会において展開しうる経済組織として，アリスメンディアリエタは協同組合に大きな期待を寄せたのである．

彼が望んだことは，労働者を解放することではなく，労働者が自らを解放することであった．教育についても同じように考えた．彼によれば，教育とは労働者が自らの考えで活動できるように総合的な受容力をつくりあげることである．彼の教育論の基礎には，「教育には人間性の完成のための大きな秘密が宿っている．人間性が教育を通じて次第に向上発達し，教育が人間の尊厳を形成する」というカントの思想がある．アリスメンディアリエタは人間を教育によって人間になっていく存在，たえざる人間化の過程にある存在としてとらえた．「結局，人間を信頼することが基本になる．人間は自己を実現するものである．……人間の不十分性や無力を克服するために仲間を信頼することである．」

アリスメンディアリエタによれば，協同組合運動は，プロレタリアートの経済的潜在力を顕在化することによって自由と社会正義の実現をはかろうとする運動である．したがって，教育は協同組合運動の核心をなす．このような見地から彼は協同組合運動を「教育活動に還元できる経済活動，または変革の牽引車としての経済活動になる教育努力」と規定している．

アリスメンディアリエタは，人間の発達に役立つ思想であれば偏見なしにそれを積極的に受入れた．自由主義を主張する人びとやアナーキストたちとの論戦においてはとりわけマルクスの立場に近づいて戦ったが，アリスメンディアリエタがマルクスにもっとも近接したのは労働論においてであった（マルクスの協同組合論については第11章第1節で詳論する）．労働が自然，社会，人間を変革する基本的要素であるという基本的な認識において，アリスメンディアリエタとマルクスは一致している．また，賃金労働が，奴隷労働，農奴労働と同じく，

労働としては下級な形態にあり,「やがては自発的で熱心な喜びに満ちた仕事に従う協同労働の前に消滅すべき運命にある」(マルクス)という見解においても,両者は共通していた.両者はともに,「資本に対する労働の従属」を否定して「資本に対する労働の優越」を主張し,このような立場から協同組合運動を評価した.「協同組合運動は諸階級の敵対のうえに築かれ,現行社会を変革する力のあるものとしてわれわれは認識する.その最大の長所は,資本にたいする労働の従属という現在の体制,すなわち専制と貧民化が,自由で平等な生産者の協同による共和主義的体制によって追い払われうることを示したことである」というマルクスの文章は,そのままアリスメンディアリエタの論文に引用されている.

アリスメンディアリエタは,協同組合運動における民主主義の意義をとりわけ強調し,政治的にも排他的な立場を取らなかった.「協同組合運動は,体制の変革行動に統合するために人々を集めるであろう.そのなかの主役は連帯をとおして自己の労働を実現する個人である.……政治における多元性がなければ経済における民主主義はない.」

すでに述べたように,1987年に採択された「モンドラゴン協同組合の実験の基本原則」は,モンドラゴン協同組合の基本的なあり方を規定する憲法とでもいうべきものであり,モンドラゴン協同組合の基本的な精神あるいは哲学を内外に明示するものとなっている.この基本原則は,アリスメンディアリエタに代表される独自の価値観を基礎に持ちつつ,同時にワーカーズコープ一般の原則の基本的な特質を明快に示している.特殊の追求が普遍として表された,見事な協同組合原則だと言えよう.

1) モンドラゴン協同組合グループの最近の状況については主として,岩垂の調査(岩垂 1997)に依拠している.モンドラゴン協同組合グループに関するその他の邦語文献としては,佐藤誠編著(1984),富沢・佐藤・二上・坂根・石塚(1988),津田(1992,1993),角瀬(1992),川端(1994),石塚(1996),大谷(1998)を参照.
モンドラゴン協同組合グループの活動の背景をなす,スペインの協同組合運動の状

況については,佐藤誠(1996),長岡(1996)を参照.
　スペインのワーカーズコープの最近の状況については,Chaves(1998)を参照.

第8章 ワーカーズコープ運動形成の歴史的条件——イギリスの事例

1 はじめに

世界の協同組合の歴史のなかで，イギリスはつねにリーダーシップを発揮してきた．そのイギリスにおいてワーカーズコープはどのように形成されてきたのであろうか．前章においては現代のワーカーズコープの典型例としてモンドラゴン協同組合グループを考察した．本章では，イギリスのワーカーズコープ運動がどのような歴史的条件のもとで形成発展してきたのかという問題を考察し，協同組合運動の歴史のなかで現代のワーカーズコープが占める位置とその意味を検討することにしよう．

イギリスの労働運動の歴史のなかで，労働者生産協同組合の運動は長い間，労働組合運動や社会主義政党の運動から冷淡な扱いを受けてきただけではなく，協同組合運動のなかでも傍流の位置におかれていた．実態においても，世紀転換期に100を超した労働者生産協同組合は1973年には20にまで減少し，社会的影響力をほとんど持たなくなった(Campbell et al., 1977, p.9)．

ところが，このような伝統的な労働者生産協同組合とは異なる形態をとったワーカーズコープが，1970年代の後半から急速に発展するようになった．伝統的に労働者生産協同組合は，消費者協同組合(consumer co-operative)と対比して生産者協同組合(producer co-operative)として分類されてきたが，現代におけるワーカーズコープは，製造業に限定されず，産業部門を問わず，組合員である従業員が所有権と管理権をもつ協同組合として定義される．このようなワーカーズコープの組合員は，76年から81年までに27倍(約6000名)になった(Cockerton and Whyatt 1984, p.5)．ワーカーズコープの数は，80年から84年の間で，305から911へと3倍化している(Luyster ed. 1984, p.100)．

この労働者生産協同組合の「再生」あるいは，より正確には労働者生産協同組合のワーカーズコープとしての「新生」とも呼ぶべき現象は，1970年代後半から国際的な現象ともなった[1]．

アメリカ合衆国では，ワーカー・コーオペラティブ(worker co-operative)，ワーカーズ・コレクティブ(workers' collective)の他に，ESOP (Employee Stock Ownership Plan. 従業員持株企業)の増加が注目される．1985年にはESOP企業だけでも約6000企業，アメリカの全労働力の約8%を占める300万から400万の従業員が存在すると推定されていた(桑原 1985, pp.114, 118)．

ヨーロッパでは，EC内のワーカーズコープの組合員数は1970年代に2.5倍増え，84年で54万人と推定されていた(CDA n.d., p.1)．このうち半数以上はイタリアの組合員である．

第6章でふれたように，イタリアの協同組合運動は，経済の民主主義的変革をめざす目的意識をもって活動していた．とくにLega(協同組合共済組合全国連盟)の運動は，労働組合運動とも協力して，協同組合セクターを私企業セクター，公企業セクターと並ぶ第3セクターとして発展させることをめざしていた．その傘下では，各種の協同組合が相互に提携しつつ活動していた．このような状況下でイタリアのワーカーズコープの数は，1974年の4860から81年の1万1203に急増し，その活動分野も伝統的な食品加工，工芸，軽工業，金属，機械，建築，土木などから，専門的技能を要するサービス，文化などにも広がってきていた(生活問題研究所編 1985, pp.i, ii, 206)．

フランスにおいてもワーカーズコープの数が，1970年の約300から84年の約1400へと急増した(Estrin et al. 1984, p.4)．スペインにおいても，前述のようにモンドラゴン協同組合を中心にワーカーズコープの運動が進展していた．

欧米におけるワーカーズコープの発展は，経済学者の関心をも引き，いくつかの研究成果が発表された．たとえば，S. Estrin, D. C. Jones, J. Svejnarによる共同研究は，主としてイギリス，フランス，イタリアにおける製造部門のワーカーズコープの調査にもとづいて，労働者の経営参加の程度と企業のパフォーマンスとの関連について研究したものであるが，労働者の経営参加が生

産性増大に強い影響力をもっていると結論している(Estrin et al. 1984, p.1).

欧米における協同組合運動のなかで1970年代後半から80年代前半にかけて最大の成長率を示したのは,イギリスにおけるワーカーズコープの運動であった(Whyatt n.d., p.2). イギリスのワーカーズコープの当時の状況については,日本においてもいくつかの研究報告や翻訳などがなされていた[2]. 80年代前半までの状況についての本章の叙述は,これらの研究と私の現地調査(1985年2-4月)にもとづくところが大きい[3]. 以下,第2節で伝統的な生産協同組合の歴史,第3節と第4節でワーカーズコープ運動の形成期と発展期の状況,第5節と第6節で現状を考察する.

2 伝統的な生産協同組合の歴史

表8.1に見られるように,生産協同組合結成の試みは,すでに18世紀になされているが,それが運動化するのは,19世紀初頭のR.オウエンの時代であり,さらにある程度安定的な生産協同組合が設立されるようになったのは,1844年のロッチデール公正先駆者組合の設立以降,主として19世紀後半である[4].

協同組合は,1852年の「産業・節約組合法」によって法的にも承認され保護される存在となった. 協同組合運動の全国的組織化もすすみ,62年に協同組合卸売連合会(Co-operative Wholesale Society. CWS),82年に生産協同組合の連合体である協同組合生産連合(Co-operative Productive Federation. CPF),89年に小売協同組合の中央団体である協同組合同盟(Co-operative Union. CU)が結成された. そして95年には協同組合運動の国際組織として国際協同組合同盟(International Co-operative Alliance. ICA)がロンドンに設立された.

19世紀後半における協同組合運動全体のこのような高揚のなかで,生産協同組合の数も増えていった. 1854年にはロッチデール公正先駆者組合のイニシャティブでキャラコ製造協同組合が設立された. 主要な出資者はそこで働く約100名の労働者であった. この協同組合は,綿業ブームにのって発展し,59

表 8.1　第 2 次大戦前の協同組合運動

年代	事　項
1760	ウールウィッチの造船労働者が製粉協同組合を結成
1824	団結禁止法廃止．以後，協同組合運動が発展
1824	オウエンがアメリカに協同組合村，建設
1827	キングがブライトン協同慈善基金組合，設立
1844	ロッチデール公正先駆者組合，結成
1852	産業・節約組合法，成立
1854	キャラコ製造協同組合(→1862，株式会社化)，結成
1862	協同組合卸売連合会(CWS)，結成
1868	スコットランド協同組合卸売連合会 (SCWS)，結成
1876	CWS が銀行部を設立(→1967，協同組合銀行と改称)
1882	協同組合生産連(CPF)，結成．以後 1893 年まで労働者生産協同組合数急増(13→113)
1889	協同組合同盟(CU)，結成
1895	国際協同組合同盟(ICA)，結成
1917	CU のイニシャティブで協同組合党，結成(→1957，労働党と政策協定)
1917	協同組合運動代表と労働組合代表との全国合同諮問委員会，設置(→1918，「協同行動の基礎」発表)
1918	農業卸売組合，結成
1920	全国建築工ギルド，結成(→1922，解散．1923，全国ギルド同盟，解散)
1922	ウェールズ農業協同組合連合会，結成
1935	CWS が小売組合設立(のちに協同組合小売サービス，CRS，と改称)
1944	農業協同組合協会，結成

年に一般の投資家の投資をも受け入れることになった．翌 60 年には出資者数は 1400 人となったが，そのうち工場で働く労働者は 200 名にすぎなかった．このような状況のもとで，この協同組合は 62 年には株式会社に転換してしまった．

　1860 年代になると，生産協同組合がつぎつぎに誕生しはじめた．それは，ときにはストライキの結果であり，多くの場合は，財政力のある個人や労働組合の援助の結果であった．しかし，これらの生産協同組合の多くは，短期間のうちに資本主義的企業に転換し，組合相互の協力関係もほとんどみられなかった．

　1882 年から 93 年にかけて生産協同組合の急増がみられ，その数は 6 倍化した．生産協同組合数は 81 年は 13 であったが，93 年には 113 になった．とく

に縫製, 印刷, 製紙の3業種での成長が大きかった. その後の伝統的な生産協同組合の歴史のなかで, どの時代をとっても, これら3業種の生産協同組合数が60%以上を占めていたと推定されている(Wajcman 1983, p.19). 生産協同組合のこの成長期には, 建設関係の協同組合もいくつか設立されたが, 長続きしなかった.

1880年代から90年代にかけての生産協同組合運動のイニシャティブをとったのは, ほとんど例外なしに労働者諸個人か労働者組織であった. そのうちのかなりの数の生産協同組合は, 使用者側のロックアウトに抵抗して形成されたものであった(Jones 1977, pp.104-105). これらの生産協同組合は, その製品の市場を消費協同組合に求めることが多かった. 手工業的部門だけではなく, 繊維産業, 石炭産業, 造船業などにも生産協同組合の設立が試みられたが, 資本と管理能力の不十分さから, これらの生産協同組合は長続きしなかった. そして, 成功した生産協同組合の多くは, 株式会社へ転換していった.

現代のワーカーズコープと異なって, 伝統的な生産協同組合においては, 所有権と管理権をそこで働く労働者だけのものに限定するという試みがなされなかった. それゆえ, 生産協同組合工場で働く労働者とそれ以外の者とが所有権と管理権をあわせ持っていた. さらに生産協同組合工場においては, 組合員だけでなく, 非組合員の労働者が雇用されるのが常であった. これらの要因が, 生産協同組合の株式会社への転換を容易にしたのである.

協同組合生産連合に加盟する生産協同組合は, 1894年に99, 世紀転換期に100を超し, 1905年にピーク(109)に達した. しかし, その後の活動は停滞し, 両大戦間期以降, 生産協同組合の数は減少し続けた[5]. とくに第2次大戦後の減少はいちじるしい(表8.2, 参照). 1950年以降, 伝統的生産協同組合の新設はみられない. 後述するように, 76年の産業共同所有法(Industrial Common Ownership Act)にもとづいてワーカーズコープは国家から補助金を交付されることになった. 協同組合生産連合はこの法律の保護対象として承認されるように新モデル規約をつくったが, 適法団体とはみなされなかった. その理由は, 協同組合生産連合は労働組合メンバーをその評議会の構成員としていないから

表 8.2 協同組合生産連合加盟の生産協同組合の数

年	1894	1905	1944	1965	1975	1978
組合数	99	109	41	35	17	8

というものであった．協同組合生産連合に加盟する生産協同組合は，78年には8組合にまで減少したため，生産連合の組織的維持が困難になった．このため，80年，協同組合生産連合は，協同組合同盟に吸収されることになった．同年，協同組合同盟はその内部組織として協同組合生産委員会を設置した．

1980年代まで残った伝統的生産協同組合の多くは，在来型産業(縫製，製靴，印刷)で，イングランド中部に集中していた．ほとんどすべてが小企業であり，従業員200人以上の生産協同組合は，1つだけであった．それでも，70年代以降に新設された新しい型のワーカーズコープに比べると，伝統型生産協同組合は相対的に大きく，資本集約的であった．しかしながら，これらの伝統型生産協同組合は，「多くの点で新しいワーカーズコープとちがっている．……しばしばかなり多くの従業員が，協同組合の諸原則にたいする熱意をあまり持たず，民主的な意志決定過程になかなか参加しようとしない」と，批判されていた(Thornley 1982, pp.39-40, 邦訳 p.85. 訳文変更)．

3 ワーカーズコープ運動の形成

3.1 ワーカーズコープの特質

伝統的な生産協同組合(industrial producer co-operative)に対して，1970年代以降急増した協同組合は，多くの場合ワーカーズコープと呼ばれた．

ワーカーズコープは，その他の協同組合，すなわち消費協同組合，農業協同組合，住宅協同組合，信用協同組合，コミュニティコープなどと同様に，協同組合の一形態である．イギリスには協同組合について法律上の一般的な定義はない．しかし，国際的に，協同組合はICA原則にもとづく企業とされている．

ワーカーズコープも，他の協同組合と同様に，一般にICA原則を基礎にし

て運営されているものが多い．

　では，ワーカーズコープの特殊性をなすものはなにか．すでに述べたように，ワーカーズコープの各種の定義を調べたコーンフォースは，つぎのように結論している．「ワーカーズコープに唯一の定義はない．だが，ほとんどの定義の要点は，つぎのようである．ワーカーズコープとは，そこで働く従業員が，完全に或いは主として，所有し管理している企業である．資本が労働を用いるのではなく，労働が資本を用いるべきだ，というのが原則である」(Cornforth 1982, p.2)．約言すれば，ワーカーズコープとは，従業員が所有し管理する協同組合である．法律としては，1976年の産業共同所有法が，「共同所有企業」(common ownership enterprise)と「協同組合企業」(co-operative enterprise)について，それぞれつぎのように定義している(Thornley 1982, pp.183-184, 邦訳 pp.25-26. 訳文変更)．

　第2条──(1)本法に定める共同所有企業とは，登記官が，当該団体がつぎの条件をみたしていることを証明する免許を与え，免許取消しをしていない団体である．

　(a)　当該団体は

　　（ⅰ）　株式資本を持たず，有限責任保証形態であり，かつ真正な協同組合形態をとる会社であること．あるいは

　　（ⅱ）　1965年から1975年の間の「産業・節約組合法」により登記された組合，あるいは登記されようとしている組合であること．および，

　(b)　当該団体の基本定款あるいは通常定款あるいは規約は，つぎの条件をみたす規定を有すること．

　　（ⅰ）　当該団体の被雇用者，あるいは当該団体の付属団体の被雇用者だけが，組合員となることができる．……組合員は当該団体の諸会議において平等の投票権を有する．

　　（ⅱ）　当該団体の資産は，その団体の目的のためだけに用いられる．……

(ⅲ) 当該団体の閉鎖あるいは解散の際，負債整理後に資産が残るとき，その資産は，組合員に分配されず，他の共同所有企業，あるいは共同所有企業全体の利益のために維持されている中央基金に譲渡されるか，……あるいは，慈善事業のために保管される．および，

(c) 当該団体の管理運営は，その団体，および，その団体が付属団体を有するときはその付属団体，において働く人びとの多数決によってなされること．

第2条——(2)本法に定める協同組合企業とは，主務大臣が，当該団体がつぎの条件をみたしていることを証明する免許を与え，免許取消しをしていない団体である．

(a) 当該団体の収益が組合員の利益のために用いられる仕方に関する成文の規定，およびその他の関連規定に照らして，当該団体が実質において協同組合であること．および，

(b) 当該団体の管理運営は，その団体，および，その団体が付属団体を有するときはその付属団体，において働く人びとの多数決によってなされること．

上記の条文を見るかぎり，共同所有企業の定義は明確であるが，協同組合企業の定義は明確でない．すでに述べたように，イギリスの法律には協同組合の定義がない．産業・節約組合法によって協同組合の登記の権限を与えられているのは，共済組合登記機関であるが，共済組合登記機関は，協同組合としての登記にあたって組合が非営利的かどうかを重視し，さらに組合に対してつぎの要件を求めている(Thornley 1982, p.184, 邦訳 p.26)．すなわち，出資配当が高ぎないこと，組合員資格に関して不当な制限がないこと，「1人1票」制が採用されていること．

ワーカーズコープは，産業・節約組合法によっても，あるいはまた一般の会社法によっても登記することができるが，多くのワーカーズコープは，産業・節約組合法のもとで登記されている．

産業・節約組合法によって登記しようとするワーカーズコープは，それが真正の協同組合であること，および地域コミュニティのために活動することを証明する必要がある(Cornforth 1982, p.7). 登記にさいしては3つのモデル定款を利用することができる.

もっとも多く利用されているのは，1980年に作成されたICOM(産業共同所有運動)型のモデル定款である. そこでは，①組合員となりうるのは，当該ワーカーズコープで働く従業員に限定され，②各組合員の出資金は1ポンドに制限され，③組合解散時の資産は，産業共同所有運動団体か慈善運動団体に譲渡される，と規定されている.

全国CDA(協同組合振興機関)が1980年に作成したモデル定款においては，①組合員資格は，当該ワーカーズコープで働く従業員に限定されず，②各組合員の出資金は最大限1万ポンドまで認められ，③組合解散時の資産は，組合員に配分される.

そのほかに，全国CDAとボランタリー組織全国協議会(National Council for Voluntary Organizations)が，近隣住区サービス協同組合(Neighbourhood Service Co-operative)のためのモデル定款を1981年に作成している. そこでは，近隣住区サービス協同組合の組合員資格が，フルタイム従業員，パートタイム従業員および地域のボランティアという3種類からなっている.

ワーカーズコープは，また，一般の会社法のもとでも，組合員の投票権と配当制限について明記することによって有限責任保障会社(company limited by guarantee)として登記することなどが可能である.

ワーカーズコープに対する評価は一定ではない. ここではワーカーズコープの特徴を理解する一助として，全国CDAが指摘するワーカーズコープの利点を記しておこう(CDA 1985, p.2). ①仕事にたいする従業員の満足度が高い，②労使紛争を避けることができる，③仕事に対する従業員の動機づけが強まり，製品とサービスが良質化される，④地域に対する責任感が強化される，⑤恣意的な企業閉鎖などを避けることができる，⑥地域経済を活性化させる，⑦経営にたいする従業員の責任感を強化させる.

上記のような特質をもつワーカーズコープは，どのように形成されてきたのか．つぎに，その運動の歴史をふりかえってみよう．

1970年代後半からのワーカーズコープの発展をもたらした客観的要因は，73年の「オイル・ショック」を直接的契機とする世界資本主義経済の成長期の終焉と失業者の増大であるが，運動の主体的な側面をみるならば，つぎの4つの要因があげられる．

① 産業共同所有運動(Industrial Common Ownership Movement. ICOM)の発展．
② 70年代の労働組合運動の高揚と自主管理闘争の経験．
③ 産業共同所有運動と労働組合運動との高揚をうけてなされた，労働党政権(1974-79年)によるワーカーズコープ助成のための法制度の整備．
④ 各種支援組織の設立．

以下，順次これらの要因について考察することにしよう．

3.2 産業共同所有運動の発展

ICOMは，1971年に結成されたワーカーズコープ運動の推進組織である(表8.3, 参照)．その前身組織である民主的産業統合(Democratic Integration in Industry. DEMINTRY)は58年に結成されている．その中核をなしたのはスコット・ベイダー社であった．

同社はノーサンプトン州のウォラストンにある化学工場で，ポリエステル，プラスチックなどを製造していた[6]．同社は，クェーカーでありキリスト教社会主義者であるスイス人アーネスト・ベイダーによって21年にロンドンに設立され(スコット・ベイダー・アンド・セルロイド社)，23年にスコット・ベイダー・カンパニー・リミテッドになり，30年にウォラストンに移転した．アーネスト・ベイダーは，キリスト教社会主義の信念にもとづいて，51年に会社の持株の90%を従業員に譲渡(残りの10%も63年に譲渡)し，持株会社としてスコット・ベイダー共栄社(Scott Bader Commonwealth Limited)を設立した．そして，スコット・ベイダー社の従業員は同時に，持株会社であるスコット・

表 8.3　第 2 次大戦後のワーカーズコープ運動

年代	事　項
1951	E. ベイダー，スコット・ベイダー社の株式を従業員に譲渡，別にスコット・ベイダー共栄社(持株会社)を設立
1958	民主的産業統合(DEMINTRY)，結成
1971	産業共同所有運動(ICOM)，結成
1971	アッパークライド造船労働者の工場占拠闘争(その後 3 年間に約 200 の工場占拠闘争，就労闘争．そのうち 6 社がワーカーズコープへ転換)
1972	地方自治法(産業用建物の地代・家賃の減免権，公共的施設整備のための資金援助の権限)
1973	ICOM が産業共同所有基金(ICOF)を設立
1975	ワーカーズコープに対する労働党政府の資金援助．スコットランド・デイリー・ニューズ社(1975・5→1975・11)，カークビー社(1975→1979・4)，メリデン・モーターサイクル社(1975・3→1983)．「ベンの協同組合」
1975	人的資源活用委員会(MSC)が雇用促進計画下で雇用促進企業の創設を開始(1967-80 年に約 40 企業．1979 年以来，予算削減)
1976	スコットランド協同組合振興委員会(SCDC)，結成
1976	産業共同所有法(ICOM と SCDC に補助金．ICOF に基金供与．援助対象の規定)
1976	財政法(企業形態転換手続きの簡素化，転換促進のための免税措置)
1978	協同組合振興機関法(全国 CDA を設置)
1978	市街地法(ワーカーズコープ設立のため地方自治体の資金援助)
1978	ワーカーズコープの第 1 回世界会議(1983 年，第 2 回)
1980	レイドロー『西暦 2000 年における協同組合』(ICA 大会討議資料)，ワーカーズコープの重要性を強調
1980	労働党，ワーカーズコープに関する討議資料を発表(モンドラゴン型協同組合の設立を勧奨)
1981	労働党，『ワーカーズコープのための戦略』を発表
1981	ウェールズ TUC のモンドラゴン調査(2 月に調査，8 月に報告書発表)
1982	運輸一般労働組合，東部ロンドン協同組合支部，結成
1983	ウェールズ協同組合振興・訓練センター，設立
1984	地方 CDA 全国ネットワーク，結成
1985	労働党，「雇用・産業運動」を開始し，そのなかでワーカーズコープの重要性を強調し(4 月 2 日)，『協同組合憲章』を発表(4 月 3 日)

ベイダー共栄社のメンバーともなった．持株会社を設立するこの方式は，その後，一般企業を共同所有方式企業に転換するさいの 1 つのモデルとなった．

1980 年代半ばには，同社は 570 人の従業員で年間事業高 5000 万ポンドをあげるに至った．スコット・ベイダー社の毎年の剰余金の配分については，原則として，60％ が内部留保され，自社内の投資にあてられた．40％ は共栄社に属し，その 2 分の 1 が従業員のボーナス，残る 2 分の 1 は慈善団体への寄付な

どのかたちで社会に還元された．給与格差は7対1で，最高年給は3万5000ポンドであった．同社の組織はきわめて複雑であるが，およそつぎのようになっていた(図8.1, 参照)．

① 職場評議会(Community Council)　スコット・ベイダー社の従業員は，14の職場単位に分けられ，それぞれが1つの選挙区を構成する．各選挙区から1人の代表が選出されて，合計14人で構成されているのが，職場評議会である．その主要な役割は，(a)スコット・ベイダー社理事会(Company Board of Directors)への勧告・助言と，(b)労働者側と管理者側の意見の対立が生じた場合，管理者側に再考を求めること，である．

② スコット・ベイダー社理事会　理事会はつぎの9人で構成される．(a)組織内部の非選出理事としては，理事長1人(アーネスト・ベイダーの息子であるゲドリック・ベイダー)と，経営陣内から部長格1人．(b)従業員選出理事としては，職場評議会からの理事2人と，職場評議会の指名を受けて，メンバーによって選出されるスコット・ベイダー共栄社の理事2人．この4人の理事は，理事としての報酬は受けるが，通常の職務も継続する．(c)理事長が任命し，職場評議会が承認する，外部からの理事3人．

③ スコット・ベイダー共栄社理事会(Commonwealth Board of Management)　持株会社の理事会で，その構成は，スコット・ベイダー社理事会理事長，持株会社のメンバーから選出される理事8人，その他1人の，合計10人．理事会の主要な任務はつぎの4点である．(a)資金の慈善事業への配分．(b)会員の資格，加入脱退の管理．(c)同社の理念の教育と産業共

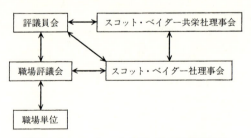

図8.1　スコット・ベイダー社の組織機構図

同所有運動の推進．(d)同社の規約の監督と民主化．
④ 評議員会(Trustees)　最高顧問的な機関で，その構成は，スコット・ベイダー社理事長，職場評議会議長，その他2人，および外部から学者，企業家など3人の，合計7人．評議会はつぎの場合に招集される．(a)会社が赤字経営となった場合．(b)職場評議会とスコット・ベイダー社理事会の間で意見対立が生じた場合．(c)会社運営が規約からはずれた場合．

スコット・ベイダー社の成功は，ワーカーズコープの運動の発展に大きな影響を与えた．1958年に結成された民主的産業統合(DEMINTRY)は，スコット・ベイダー社をモデルに，一般の株式会社を，株式資本を持たないで基金によって運営する共同所有制有限会社に転換する運動，企業の労働者所有と民主的管理をすすめる運動にとりくんだ．

しかし，資本家の善意に訴える運動には限界があり，1960年代を通して上記のような企業形態の転換は，6-7社にとどまった．

この点に関連してワイクマンはつぎのように述べている．

スコット・ベイダー社の管理システムは，職場評議会によるチェック・アンド・バランスが試みられている．とはいえ，かなり伝統的なピラミッド型のものである．アーネスト・ベイダーの息子であるゲドリック・ベイダーは終身理事長と定められており，彼がかなりの権限を有するシステムになっている．同様に，スコット・ベイダー型の他の転換企業においても，従業員の権限は非常に限定されている．「これらの協同組合型企業は，その企業転換のイニシャティブが主に上からとられたものであり，その企業運営のシステムは，よくても博愛主義的な家父長制と規定されるほどのものであり，労働者の自主管理というよりは労働者の経営参加の拡張されたものである．それゆえ，これらの協同組合型企業においては，職場レベルでの労働者の情熱はそれほど高まらなかったのである」(Wajcman 1983, pp.22-23)．

ところが，1960年代末頃から，民主的産業統合の運動に，エコロジー，フェミニズムなど，一般にオルターナティブ運動と呼ばれる種々の社会運動の分野の人びとが参加してきたこともあり，運動の質に変化が見られるようになっ

た. ICOM の役員, M. ベイトマン(Bateman)によれば, 民主的産業統合の運動は, 70年前後に, 資本主義を改良する(amend)運動から資本主義を改革する(change)運動をめざすようになったのである(85年2月7日, ICOM 本部でのインタビューのさいの発言).

こうして, 民主的産業統合は, 1971年に, 企業家ばかりでなく, 労働組合, 政治家, 一般大衆にもその主張を訴えるために, 名称を「産業共同所有運動」(ICOM)に変更し, より積極的な方針を採用した. 72年に刊行された ICOM のパンフレットには, ICOM の運動目標がつぎのように記されている.「産業所有の全基盤を変えて, 紛争の代わりに利益の共同体をつくることによってのみ, 現代の産業社会のますます増大しつつある緊張を解消することができる. これがわれわれの信念である」(cited in Wajcman 1983, p.23).

ICOM は, 1973年に「産業共同所有基金」(Industrial Common Ownership Finance Ltd. ICOF)を設立した. この ICOF は, ICOM 支持者からの資金をプールして, 傘下の財務体質の弱いワーカーズコープに融資することを目的とした機関であったが, 76年の産業共同所有法により国家資金を一括して管理する基金としての性格を帯びることになった.

1975年に ICOM は, ワーカーズコープのための模範定款を発表した. 従来の伝統的な労働者生産協同組合と ICOM 型のワーカーズコープとの決定的な相違は, 後者がその組合員資格を組合内で働く従業員に限定しているところに見られる.

1976年の産業共同所有法成立以後, ICOM に所属するワーカーズコープは急増し, その数は, 75年の12から82年末の600以上(組合員数7000以上)となった.

産業共同所有法は, ワーカーズコープ発展の法制上の「里程標」とも評された. しかし, 産業共同所有法の制定過程を見るさいには, ICOM の運動の発展だけでなく, 1970年代における労働組合運動の高揚と自主管理闘争の経験を看過することができない.

3.3 労働組合運動の高揚と自主管理闘争の経験

1970年代前半は,労使関係法反対闘争,工場占拠・就労闘争,炭労ストなどに見るように,労働組合運動が非常に高揚した時期であった[7]. 70年代後半以降のワーカーズコープ運動の高揚は,ここに1つの源流をもっている.

71年のアッパークライド造船労働者の就労闘争を皮切りにして,その後3年間で200以上の工場占拠と就労闘争[8]がなされ,この闘争を経て6社がワーカーズコープに転換した(Coates and Topham 1980, pp.1, 243-244).

これらの運動の共通のスローガンは,「労働する権利(right to work)を守れ」であった. 失業率が高まり,転職の可能性が低くなっていった状況下で,現場の労働者たちは,労働組合幹部と異なり,解雇手当交渉にあまり熱意を示さなくなっていった. 彼らは,解雇に反対して,工場占拠と就労闘争へ踏み切ったのである. 闘争の基本目的は,職を守ることであり,労働者の自主管理そのものは目的というよりは,多くの場合,むしろ手段として理解されていた. したがって,多くの労働者は,職が保証されるかぎり経営形態にはあまり関心を示さなかった. 私的経営の復活であろうとも,就労が保証されるかぎり,それでよかったのである. しかしながら,私的企業の復活が不可能なところでは,労働者たちは自らの職を守るために,自主管理生産を恒常化せざるをえなかった. このような運動のなかから,いくつかのワーカーズコープが結成されていったのである.

だが,1974年の労働党政府誕生までは,ワーカーズコープ結成の試みは少数にとどまった. ワーカーズコープ運動に大きなはずみをつけることになったのは,労働組合運動の高揚を背景にしてとられた,トーニー・ベン産業大臣の労働者管理促進のための施策であった. とくに有名であるのは,彼の支援のもとで結成された3つのワーカーズコープである. 74年3月,産業大臣に就任したとき,彼はただちに工場占拠問題にどう対処するか迫られた. その当時,メリデンのノートン・ヴィリア・トライアンフ・モーターサイクル工場では,約250人の労働者が800人の雇用確保を目標として工場を占拠していた. また,74年3月には,グラスゴーの新聞社,スコティッシュ・デイリー・エクスプ

レス社が閉鎖後,約1000人の労働者によって占拠された.また同年7月にはマーシーサイドにあるフィシャー・ベンディックス家庭器具製造工場が約1200人の労働者によって占拠された.そして,いずれもが国の資金援助を求めて労働党政府に働きかけた.ベン産業大臣の強いイニシャティブのもとで,政府は資金援助に踏み切った.

フィシャー・ベンディックス工場の労働者たちは,390万ポンドの資金貸与を得て(このうち180万ポンドは負債整理にあてられた),カークビー社(Kirkby Manufacturing and Engineering, KME)をつくった.メリデンの労働者たちは500万ポンド,スコティッシュ・デイリー・エクスプレス社の労働者たちは175万ポンドの資金援助を得て,それぞれメリデン・モーターサイクル社(Meriden Motorcycle)とスコティッシュ・デイリー・ニューズ社(Scottish Daily News)をつくった.これらは,「ベンの協同組合」(Benn's Co-ops)と呼ばれることが多いが,いずれも短命であった.スコティッシュ・デイリー・ニューズは6か月後の1975年11月に,KMEは79年4月に,メリデンは83年に,それぞれ倒産においこまれた.

スコティッシュ・デイリー・ニューズの倒産理由について,ソーンリーはこう述べている.

> たといこの新聞の質がもっとよかったとしても,また創業時の資本がもっと多く集まっていたとしても,スコティッシュ・デイリー・ニューズは生き残れなかったであろう.新聞広告の募集がほとんどうまくいかなかったからである(Thornley 1982, p.176, 邦訳 p.313).

また,スコティッシュ・デイリー・ニューズの設立から解散にいたる過程を検討した柳沢は,解散の要因として,販売部数の急激な落ち込み,広告収入の不足,組織内部における主導権争い,労働者の主要関心が雇用保証にあり協同組合経営にたいする関心が不十分であったことをあげている(柳沢 1985, pp. 310-316).

カークビーの場合は,内部にワーカーズコープと労働組合との関係という問題をかかえていた.カークビーでワーカーズコープを結成しようという構想は,

ベン産業大臣と労働組合幹部(機械労働者合同組合の J. スプリッグスと運輸一般労働組合の D. ジェンキンズ)との話し合いから生じた．ワーカーズコープ結成後，スプリッグスとジェンキンズが理事となり，企業の最高管理権を握った．だが，このように労働組合の幹部が管理者となることによって，労働者の不満の解決を管理者に対して要求するという労働組合機能が著しく弱められることになった．また，工場評議会の役割は名目的なものとなり，経営に対する労働者のイニシャティブは十分には発揮されなかった．賃金構造にもほとんど変化が見られなかった．

メリデンの場合は，オートバイ市場における競争に左右されることが大きかった．1973年9月，工場閉鎖と1750人の従業員の解雇が言い渡されたとき，運輸一般労働組合の役員 D. ジョンソンに導かれた労働者は，ただちに工場占拠を開始した．18か月の工場占拠後，彼らは就業闘争を開始し，75年3月に政府の資金援助を得てワーカーズコープを設立した．162名でスタートしたワーカーズコープは，やがて700名にまで成長した．初期の理事会は，8人の労働組合役員と2人の外部顧問によって構成されていた．理事も労働者と同額の賃金(1週50ポンド)を受取った．熟練労働者と不熟練労働者との間の賃金格差も廃止された．固定的な分業体制も廃止され，労働転換がはかられた．生産性は急速に50%も上昇したと言われている(Wajcman 1983, p.27)．

それにもかかわらず，メリデンの業績は芳しくなかった．ポンド高の影響で輸出が伸び悩んだのである．初年度に120万ポンド，1977-78年度に130万ポンドの赤字を計上した．経営困難に陥ったメリデンは，77年に高給で専門の経営陣を雇い入れた．その時以来，賃金格差が導入され，労働者による自主管理的要素も稀薄化していった．そして，ついには市場での競争に敗れて，倒産においこまれていったのである．

「ベンの協同組合」は，ワーカーズコープに対する政府の税金の無駄使いとして，保守党やジャーナリズムの強い攻撃を浴びた．倒産企業を労働者協同組合形態でたてなおすことは，困難であるように思われた．

だが，ワーカーズコープ運動に携わってきた人びとの多くは，「ベンの協同

組合」をたんなる失敗とは見ていない．ソーンリーは，「ベンの協同組合の実践は，その後のワーカーズコープの運動の発展という側面から見るならば，大きな成功であった」と評価し，「最終的には解散に追い込まれたが，その間，多くの労働者に職場を提供し続けたし，なによりも，ワーカーズコープ運動の発展のためには援助機関が必要だということを教えることになった」とコメントしている(1985年2月4日，Greater London Enterprise Board でのインタビューのさいの発言)．また，ウェールズ協同組合振興・訓練センターの W. バーネット(労働組合担当および訓練担当)は，「ベンの協同組合の実践がなければ，このウェールズのセンターや全国 CDA (Co-operative Development Agency. ワーカーズコープ振興機関)は生まれていなかっただろう」と述べている．そのうえでバーネットは，「ベンの協同組合」の一般的問題点として，「ワーカーズコープの組合員としての労働者はいかにあるべきかという教育が十分になされず，経営管理システムの変革が不十分であった」と述べている(1985年2月5日，Wales Co-operative Development and Training Center でのインタビューのさいの発言)．

「ベンの協同組合」の実践は，第1に，ワーカーズコープに対する労働者と労働組合の従来の冷淡な態度を変化させるのに役立ったという点で，第2に，ワーカーズコープ振興のための環境づくりの必要性を活動家に認識させたという点で，その後のワーカーズコープ運動の高揚に重要な貢献をなしたと言えよう．

トーニー・ベン自らは，アッパークライドの闘争の意義についてこう述べている．

> アッパークライドの占拠が基本的に産業民主主義のための闘争であったとは言えない．すでに明らかなように，それは労働をする権利をめぐっての闘争であった．だが実際，そうした闘争は上からではなく，働き続けられるようにという，職場の人びとの要求と結びついていた．これはきわめて重要な発展であった(Benn 1976, p.74)．

工場占拠・就労闘争に参加した労働者の要求は，なによりも仕事の確保にあ

ったにもかかわらず，闘争が下からの要求による工場占拠・就労闘争という形態をとったことにより，労働者と労働組合は否応なしに自主管理，産業民主主義，ワーカーズコープという問題を突きつけられることになったのである．

また，「ベンの協同組合」の実践は，産業共同所有法(1976年)や全国CDAの成立(78年)など，ワーカーズコープ振興のための環境づくりにも影響を与えた．産業共同所有法を議員提案したD.ワトキンズはこう述べている．

> 産業共同所有法が生まれたのは，望ましい発展を現実化しようとして，社会主義思想をもった法律を通そうと試みた結果ではない．それとは逆に，同法導入に先立つ数年間に起きた根本的に重要な産業的・社会的な発展に議会が応えた結果，産業共同所有法が生まれたのである(Watkins, D. 1978, p.2)．

なお，ワーカーズコープ結成の試みは，産業共同所有運動，「ベンの協同組合」のほかにも見られた．雇用創出，職業訓練などによる労働力有効利用を目的とする政労使3者機関である人的資源活用委員会(Manpower Services Commission)は，1975年に雇用省の管轄下で雇用促進計画(Job Creating Programme)を3000万ポンドの資金で開始した．この計画は，失業者，とくに高齢者と若年者の職業訓練を主目的とするものであった．この計画下で，76年から80年のあいだに約40の「雇用促進企業」(enterprise workshops)が創設されたが，上からの形式的指導と79年以来の予算削減などで，あまり成功せず，継続しえたのは3分の1にとどまった．これらの企業は自立後は多くが協同組合化した．

3.4 産業共同所有法と協同組合振興機関法

1976年12月，労働党のD.ワトキンズによる議員提案に全会派が賛成するなかで産業共同所有法が成立し，ワーカーズコープにたいする国家助成がなされることになった．産業共同所有法の第1条ではワーカーズコープを育成するための機関に対する国家資金の交付について規定され，第2条では，援助対象となりうる「共同所有企業」と「協同組合企業」とが，前述のように定義され

た．この法律により，ICOM とスコットランド協同組合振興委員会(Scottish Co-operatives Development Committee, 76年結成)とが，ワーカーズコープ助成機関として，年間2万ポンドの補助金を5年間与えられることになった．また，ICOF は，個々のワーカーズコープに対する資金援助機関として認められ，25万ポンドの基金が供与された．

この法律の保護の対象となったワーカーズコープの数は，1977年3月に27, 78年3月に73, 79年3月に134, 80年3月に224と急増した．

産業共同所有法の成立とも関連して，協同組合助成のための全国的機関を国家資金をもって設置する必要性が認識されるようになり，1977年3月，産業省の小企業部の指導下で，協同組合振興機関法(Co-operative Development Agency Act)立法化のための作業部会が設置された．同年10月，多数派報告書と少数派報告書が発表された．多数派報告書は，協同組合は，小企業の倒産と失業を軽減することによって，現在の社会問題解決に寄与するとして，国家資金による協同組合振興機関の設置を主張した[9]．

1978年6月，協同組合振興機関法が全会派の支持を得て成立した[10]．この法律のもとで，政府が理事を任命し予算を全額支給する有限責任法人として全国 CDA(Co-operative Development Agency)が設置された．全国 CDA の理事会はワーカーズコープの振興を最優先事項と決定した．こうして，全国 CDA は，原則としてはすべての種類の協同組合の振興を目的とするが，実際にはワーカーズコープ振興機関としての機能を強く持つことになったのである．しかし，全国 CDA は，協同組合への助言，教育，情報などのサービスを提供する全国センターであり，協同組合への資金援助はしないことになっている．

産業共同所有法と協同組合振興機関法のほかに，ワーカーズコープ運動の発展に貢献した法律としては，1972年の地方自治法，76年の財政法，78年の市街地法がある．

1972年の地方自治法においては，①産業用建物の地代・家賃の減免権と，②公共的施設整備のための資金援助にかんして，地方自治体の権限が強化された．

次に，1976年の財政法(Finance Act)は，私企業の協同組合への企業形態の転換手続きを簡素化し，その転換を促進するための免税措置を講じた．

さらに，1978年の市街地法(Inner Urban Areas Act)により，地方自治体は，荒廃した都市中心部など一定の区域内に限り，1000ポンドまでをワーカーズコープ設立のために贈与あるいは貸与できることになった．

3.5 各種援助機関の設立

1970年代における産業共同所有運動と労働組合運動の高揚，ワーカーズコープ関連の法体系の整備化にともなって，78年の全国CDAの設立と前後しながら，各地にCDAがつぎつぎに結成されていった．これらのCDAは，名称は同じ「協同組合振興機関」であるが，各地に存在するCDAは，国家の外郭団体としてのCDAとは別個の独立の機関であるので，本章では，各地に存在するCDAを「地方CDA」，国家の外郭団体としてのCDAを「全国CDA」として区別することにしたい．

地方CDAは，その地域でワーカーズコープ運動に携わっている人びとの自主的イニシャティブによって結成された組織であり，全国CDAの出先機関でも構成単位でもない．全国CDAと個々の地方CDAとの関係は，上下関係ではなく，対等平等である．従来の研究ではとかく全国CDAに関心が集中して地方CDAは軽視されがちであった．しかし，ワーカーズコープの組合員やワーカーズコープを設立しようとする人たちにとっては，地方CDAのほうがはるかに身近で日常的な役割を果たしていた．

多くの場合，地方CDAは，ワーカーズコープ運動に熱心なボランティアたちの組織として活動を始め，一定の段階で会社法(Companies Act)に則って法人として登記された．地方CDAの理事会は，政府任命の全国CDAの理事会とは異なり，その地域でワーカーズコープ運動に携わる諸団体の代表と個人とから構成された．いくつかの地域においては，地方自治体主導型の地方CDA運営がなされて，運動の内部でさまざまな議論を引き起こすことになり，つぎのような運営原則が確認されるにいたった(London ICOM 1984, p.15.)．

① 管理運営上の基本的な決定権は協同組合が持つこと．
② 地域の種々の機関が参加すること．
③ スタッフと事務所の運営の費用を地方自治体が負担すること．
④ 協同組合の組合員が自力で目的を達成できるように援助すること．

このような原則にたって，1980年代半ばには地方CDAの約半数が地方自治体から財政援助を受けるにいたった．全国CDAの集計によると，84年には約50の地方自治体に84の地方CDAがあり，そのうち45が地方自治体から援助を受け，122人のフルタイム職員，48人のパートタイム職員が働いていた．地方自治体そのものが協同組合振興のための職員を置いているケースは，15自治体(計18人)あった(CDA 1984, p.6)．また，84年3月には，地方CDAの全国的な連絡組織として地方CDA全国ネットワーク(National Network of Local Co-operative Development Agencies)が結成された．

自治体の資金援助のほか，各種団体の寄付金も地方CDAの財源になった．また，個々の事業ごとに国家や地方自治体から援助を受けることもあった．

地方CDAは，ワーカーズコープあるいはその設立希望者に対してつぎのような援助を行った．

① 財政援助(新規組合設立のさいの各種費用の援助に限られる．既存組合に対する融資は，別に財団を設置して行われる)．
② 新規組合設立にあたっての法律上の助言や援助(とりわけ，登記のさい，ICOM型の定款を用いるか，全国CDA型の定款を用いるかによって，組織原則に大きな違いが生じる)．
③ 組合員教育に対する援助(全国CDA，地方自治体，ICOMなどと協力して研修会などを開くことが多い)．
④ 生産品目の決定や販売市場の調査開発など，経営実務にかかわる助言活動．

地方CDAのこのような活動に対して，全国CDAの活動はどのように関連していたのであろうか．1978年に任命された全国CDAの第1次理事会は，多分に官僚的で，政府の協同組合政策を全国的に徹底させることを全国CDA

第 8 章　ワーカーズコープ運動形成の歴史的条件——イギリスの事例—— 231

の基本任務とみなしていた．しかしその後，協同組合振興のためには地域のイニシャティブが重要であることを徐々に認識しはじめ，地方 CDA の自主性を尊重する方針に切り換えていった．81 年以降の第 2 次理事会と 84 年以降の第 3 次理事会は，より経営実務型の性格の強いものとなっていった．84 年には，保守党の有力議員も独自に全国 CDA の実績を調査し，その雇用創出上の効果を評価し，全国 CDA の継続を支持した．しかし，79 年に成立したサッチャー政権の緊縮政策下で年間予算は，84 年以降，当初の 30 万ポンドから 20 万ポンドに減額された．

　全国 CDA の基本任務は，地方 CDA と同じく，協同組合とその設立希望者に対する各種の援助・助言活動であるが，この分野の活動はますます地方 CDA や ICOM などの手によることが多くなっていった．全国 CDA も，このことを自覚して，1984 年の年次報告書ではこう述べている．

　　　われわれの任務は，それが必要とされている地域において地方 CDA
　　　の設立を促進し，地方 CDA や，協同組合振興に関与するその他の諸組織
　　　に対して可能な援助をすることである (同上書，p.3)．

　とはいえ，全国 CDA は，地方 CDA が設立されていない地域の人びとに対して直接に援助することも多かった．15 人の専任スタッフを置く全国 CDA のロンドン事務所とマンチェスター事務所には，1983-84 年度で 5218 件の問い合わせがあったが，そのうち協同組合設立希望者からのものが 7 割以上 (3783) を占め，地方自治体 (214) や地方 CDA (181) からの問い合わせ件数をはるかに上回った (同上書，p.10)．

　全国 CDA の取り扱う協同組合の約 9 割はワーカーズコープであり，残りの約 1 割が後述するコミュニティコープなどである (1985 年 2 月 6 日，ロンドンの全国 CDA 本部でのインタビューのさいの B. Cooper の発言)．全国 CDA は前述のように，ワーカーズコープのために模範定款を作成していたが，そのほかに，コミュニティコープについても模範定款を作成しており，設立希望者は全国 CDA に 130 ポンドを支払って登記を代行してもらうことができた．

　ワーカーズコープに対する重要な援助組織としては，地方 CDA，全国

CDAとならんで地方自治体があった．しかし，地方自治体の援助のあり方は地方によって異なっており，一概に論ずることはできない．1974年にカンブリアで地方自治体として初めて協同組合振興担当の職員が任命されるなど，70年代半ば以降，地方自治体による援助活動が活発になってきた．典型例としてのロンドンについては後述する．

以上述べてきた地方CDA，全国CDA，地方自治体は，ワーカーズコープのいわば外側からの援助組織であるが，これらに対してICOMは，単位協同組合の連合体であるとともに，ワーカーズコープに対する援助組織としての性格もあわせ持っている．

ICOMは，ワーカーズコープだけでなく，運動に賛同する個人もメンバーとしていた．このため1985年の理事会の構成は，協同組合の代表16人，地方CDAの代表4人，個人メンバーの代表5人の計25人となっていた．ICOMに加盟した協同組合は，年間30ポンドから50ポンドの会費を組合の規模に応じて納めることになっていた（85年2月7日，ICOM本部でのインタビューのさいのM. Batemanの発言）．

ICOMの主要な活動領域はつぎのようであった．

① 組合新設への援助（とりわけ登記に際してはICOMの模範定款にもとづき，210ポンドで登記手続きを代行する）．
② ICOM加盟組合に対する経営・組織運営上の助言．
③ 加盟組合員や組合新設希望者に対する各種の教育．
④ ワーカーズコープの連合体として政治要求をすること（1980年代半ばのICOMの政治要求は，(a)協同組合投資銀行の設立，(b)一般企業が閉鎖，売却される場合，ワーカーズコープ設立をめざす労働者に優先的購入権を与えること，(c) ICOMに対する年間6万ポンドの助成，などであった）．

消費協同組合の連合体である協同組合同盟（CU）もまた，1970年代半ば以降，ワーカーズコープへの支援にとりくんでいた．76年，協同組合同盟は，スコットランド労働組合会議（Scottish TUC），スコットランド社会サービス委員会（Scottish Council for Social Service）と協力してスコットランド協同組合振興委

員会を結成した.前述のように,76年の産業共同所有法にもとづいて,この委員会は,ICOMとともに,ワーカーズコープ振興機関として認められ,助成金を供与された.協同組合同盟はまた,スコットランドに続いて,北部地域協同組合振興協会(Northern Region Co-operative Development Association)とブリストル協同組合振興グループ(Bristol Co-operative Development Group)の結成を支援した.また,前述のように,協同組合同盟は80年に協同組合生産連合を吸収し,協同組合同盟内部に協同組合生産委員会を設置した.

上記の諸組織のほかに,1970年代後半に結成された諸団体,すなわち,Commonwork(76年),Mutual Aid Centre(79年),Centre for Alternative Industrial and Technological Systems, Socialist Environment and Resources Associationなども,直接間接にワーカーズコープの結成と運営に援助を与えていた.

このほかに,一般企業を従業員持株会社に転換させるための運動をしている機関として,ジョブ所有会社(Job Ownership Ltd.)があった.これは1978年に自由党の協同組合活動家が中心になって結成した組織で,大企業の周辺業務部門や,買収されそうな中小企業を協同組合に転換させる試みなどを行った.しかし,目立った成果は挙げられなかった.また,ジョブ所有会社が推進している従業員持株会社制度は「制限なしの出資配当を認めている」から協同組合原則に反し「協同組合とはみなせない」とする批判も協同組合関係団体のなかに多く見られた(Labour Finance and Industry Group 1983, p.14).全国CDAは,その理事会の構成員としてICOMの代表を入れず,ジョブ所有会社の代表を迎え入れていた.

4 ワーカーズコープ運動の発展

4.1 概　観

本節では,イギリスにおけるワーカーズコープ運動の発展期の状況を,1980年代半ばを対象にして検討する.

表8.4は，1980年代半ばの世界の協同組合の状況を示している．ワーカーズコープとしての分類はなされていないが，「生産協同組合」を見ると，組合数は約5万4000(全体の7％)，組合員数は約630万(全体の1％)である．

表8.5は，1985年のイギリスの協同組合の状況を示している．ワーカーズコープ数は約1000．組合員数は示されていないが，約1万と推定されている(CDA 1985, p.1)．

表8.6は，1970年代後半以降のイギリスにおけるワーカーズコープ数の急増を示している．77-85年の8年間で約14倍化している．

表8.7は，ワーカーズコープが何年前に設立されたかを示している．過半数の組合が継続年数4年未満となっている．P.デリックによれば，1983年の初めに，ICOM方式によるワーカーズコープが1日1組合のペースで新設されたが，このうち倒産した組合は2.5％にすぎず，一般の零細企業の倒産率よりも低かった(高橋・石見編 1985, p.135)．

ワーカーズコープの大多数は，ICOMの模範定款によって設立された．たとえば，1981年に新設されたワーカーズコープの76％はICOM型定款によるものであった(Taylor 1983, p.20)．表8.8は，ICOM型定款によって登記されたワーカーズコープ数を示している．ワーカーズコープは，産業・節約組合法か会社法によって登記される．ワーカーズコープを設立しようとするさいには，定款に協同組合の社会的目的を記述した一項を入れる必要がある．一般企業とワーカーズコープとの主要な相違は，この社会的目的の規定の有無にある(Brown n.d., p.17)．

産業・節約組合法は，1852年に制定されて以来，いくたびかの改正を経て今日に至っている．この法律は，協同組合の目的，事業を規定したものではなく，組合の登記，帳簿の閲覧，有限責任制，所得税の減免，組合の財産と資金，紛争の解決，解散手続きなどを定めたものである．組合設立は，許可制ではなく，登録制により，その実態は協同組合原則にそった定款にゆだねられている．

1985年の富沢の調査時点では，登録はつぎのようになされた．産業・節約組合法によって協同組合を設立するには7人の発起人と290ポンドの登記料が

表8.4 世界の協同組合運動(1984年)

組合の種類	組合数	組合員数
農 協	256,392	66,612,740
生 協	69,296	129,581,131
信 用	204,461	127,895,439
漁 協	15,467	2,162,641
住 宅	69,278	17,394,554
生 産	53,938	6,292,708
その他	71,825	150,025,422
計	740,657	499,964,635

出所) ICA資料(友貞安太郎「生活協同組合制度をめぐる諸問題」日本協同組合学会,1985年10月12日,報告).

表8.5 イギリスの協同組合(1985年3月)

小売協同組合	
単位組合	107
組合員	8,687,000
店 舗	6,400
従業員	90,500
協同組合卸売連合会(CWS)	
製造単位	90
発送センター	19
従業員	19,700
協同組合銀行	
支 店	79
従業員	3,728
保険協同組合	
地域事務所	220
従業員	10,600
ワーカーズコープ	
組合数	1,050

出所) Co-operative Union, *Co-op: Portrait of a Movement*, Manchester: Co-operative Union, 1985.

表8.6 ワーカーズコープ数の急増

年	コーンフォースの推計[1]	全国CDAの推計[2]	CUの推計[3]
1977	75		
78	140		
79	162		
80		305	
82		498	
84		900	
85			1,050

注 1) Cornforth (1982), p.4.
　 2) CDA (1984), p.9.
　 3) 表8.5参照.

表8.7 ワーカーズコープの継続年数(1983年)

継続年数	％
2年未満	30
2 - 4	32
4 - 6	18
6 - 8	8
8 - 10	3
10 - 50	6
50年以上	3

出所) GLEB (n.d.), p.9.

表8.8 ICOM型定款により登記したワーカーズコープ

年	新登記	継続組合数
1976	1	1
1977	26	27
1978	47	73
1979	61	134
1980	90	224
1981	139	363
1982	237	600

出所) Whyatt (n.d.), p.3.

必要とされた[11].

　会社法によって協同組合を設立するには2人の発起人と50ポンドの登記料が必要とされた．そのさい届け出人は，協同組合原則に則って運営することを明記した定款を添えて，会社登記官(Registrar of Companies)に有限責任保証会社(Company Limited by Guarantee)としての登記を申請する．有限責任保証会社は，株式の発行はせず，発起人が保証金を積む有限責任会社である．

　ICOM を通して登記した新規組合のうち，産業・節約組合法による登記は約4割，会社法による登記が約6割であった(1985年2月4日，ICOM ロンドン事務所でのインタビューのさいの A. Campbell の発言)．ここには組合の規模の大小が反映されている．すなわち，産業・節約組合法による登記ができない組合員7人未満の小規模組合が新規組合の過半数を占めている．

　イギリスでは法律による形式の相違よりも，定款とそれにもとづく運営の相違が重視される．すでに述べたように，ICOM 型定款と全国 CDA 型定款とは，①組合員資格が組合内の従業員に限定されているか，外部に開かれているか，②各組合員の出費金が1ポンドに制限されているか，最大限1万ポンドまで認められるか，③組合解散時の資産が組合員に配分されないか，されるか，という3点で，大きく異なる．したがって，ワーカーズコープの実際の組織と運営は，それが準拠する模範定款の相違によって大きく異なっていた．

　表 8.9 は，ワーカーズコープの職種別分類と職種別増加率を示している．1984年のワーカーズコープ数を見ると，911で，そのうち製造業は128(14%)，サービス産業は562(62%)，小売，卸，レストラン，食品加工は221(24%)で，サービス産業が過半数を占めている．製造業のなかでは，「機械，エレクトロニクス，化学，その他の製造業」が57で，もっとも多いが，82-84年の増加率を見ると，「製靴，衣服，繊維産業」が59.4%でもっとも高い．サービス産業のなかでは，「建物の改装・清掃，廃棄物リサイクル，造園」が230で，もっとも多く，また増加率も233.3%とたいへん高い数字を示している．そのつぎに多いのが，「レコード・フィルム製造，音楽，劇場，レジャー」の文化協同組合関係で，組合数111，増加率も141.3%とかなり高い．組合数は45と

表 8.9 ワーカーズコープの職種別数と増加率

職　　種	1980年8月	1982年8月	1984年6月	1982-1984の増加率(%)
Ⅰ　製造業	64	113	128	13.3
1. 工芸, 建築, 家具, 建具	19	40	20	−50.0
2. 製靴, 衣服, 繊維産業	19	32	51	59.4
3. 機械, エレクトロニクス, 化学, その他の製造業	26	41	57	39.0
Ⅱ　サービス産業	154	251	562	123.9
1. コンサルティング, 教育, 事務サービス	21	33	60	81.8
2. 建物の改装・清掃, 廃棄物リサイクル, 造園	33	69	230	233.3
3. 印刷, 出版	61	75	91	21.3
4. 自動車の賃貸, 自動車・自転車の修繕	11	13	25	92.3
5. レコード・フィルム製造, 音楽, 劇場, レジャー	28	46	111	141.3
6. コミュニティ・サービスなど	0	15	45	200.0
Ⅲ　小売, 卸, レストラン, 食品加工	112	151	221	46.4
合　　計	330	515	911	76.9

出所)　Luyster ed.(1984), p.100.

少ないが, 200.0% という高い増加率を示しているのが,「コミュニテイ・サービスなど」である. この種の協同組合については, 後述することにしよう.

表 8.10 は, ワーカーズコープの職種別の組合数と従業員数を示している. 職種別組合数を見ると,「自然食品」,「書籍販売」,「その他の小売」部門が全体の4分の1以上を占め,「印刷」,「製靴, 縫製, 繊維」,「民芸, 木工, 家具」などの軽工業が4分の1近くを占めている. 従業員数を見ると, 機械・化学産業などの「その他の製造業」が, 大規模産業が多いこともあって, 全体の27% を占め,「製靴, 縫製, 繊維」の 18% がこれに次ぎ, 第3位を「自然食品」(512名, 10%)が占めている[12]. 1組合当りの平均従業員数は 11名である.

全国 CDA の推計によれば, 1組合当りの平均従業員数は, 1980年8月で17名, 82年8月で13名, 84年3月で10名である(CDA 1984, p.9).

ワーカーズコープは, その成立過程や歴史的背景の相違により, 追求する目的や組織原則を異にすることが多い. したがって, このような観点からワーカーズコープのタイプ別分類をして, 各組合の特性を明らかにしようとする試みもある. 例えば, C. コーンフォースは, 放送大学の協同組合研究部における

表 8.10　ワーカーズコープの職種別従業員数(1982年)

職　種	組合数	(%)	従業員数	(%)	平均従業員数
1. 専門的サービス	41	9	205	4	5
2. 建築, 設計	44	9	400	8	9
3. その他の肉体労働	26	5	170	3	7
4. 民芸, 木工, 家具	27	6	196	4	7
5. 製靴, 縫製, 繊維	32	7	897	18	28
6. 印刷	54	11	483	10	9
7. その他の製造業	37	8	1,378	27	37
8. 出版	21	4	176	3	8
9. 運輸	8	2	98	2	12
10. 芸術, 情報	51	11	257	5	5
11. 書籍販売	43	9	204	4	5
12. 自然食品	73	15	512	10	7
13. その他の小売	22	5	113	2	5
合計	479	100	5,089	100	11

出所）Taylor(1983), p.19.

調査にもとづいて，ワーカーズコープをつぎの5つのタイプに分類している(Cornforth 1982, pp.3-4)．

①「伝統型」生産協同組合('Traditional' Producer Co-operatives)　本章の第2節「伝統的な生産協同組合の歴史」で記述したタイプの労働者生産協同組合である．それらの多くは世紀の転換期に設立され，協同組合運動や労働組合運動と関連していた．ロックアウトや資本主義的搾取に反対する労働者の運動から生じたものが，かなりある．1980年代半ばまで生き残ったのは10組合ほどで，製靴，縫製，印刷，鍵製造などの職種に集中していた．P. デリックによれば，1980年代半ば，NPS製靴協同組合(1881年設立)，ノーサント協同組合(1881年設立)，エクィティ製靴協同組合(1886年設立)は，それぞれ約200人の組合員労働者を有し，年間売上高も200万ポンドをこえていた．また，ウォールサル鍵製造協同組合(1873年設立)は，年間100万ポンド以上の売上高を維持していた(高橋・石見編 1985, pp.133-134)．

②「寄贈型」協同組合('Endowed' Co-operatives)　経営者が恩恵的に持株を従業員に譲渡した結果として設立されたもので，スコット・ベイダー社はそ

の典型といえる．このタイプの協同組合は数社存在するが，その多くは財政的にも市場性においても安定的である．しかしながら，従業員による経営管理の民主化の徹底という点では，問題をかかえている企業が多い．

　③「防衛型」協同組合('Defensive' Co-operatives)　「ベンの協同組合」に例示されるように，一般企業の倒産や閉鎖に抵抗して労働者が雇用を維持するための闘争を継続するなかで設立されたもので，労働組合がイニシャティブをとることが多い．しかし，資本家が経営を放棄したものだけに経営環境は厳しく，生き残ることは容易ではない．優秀な経営能力，市場性を持った製品を開発・製造するための資金，従業員の熱意が，成功の鍵である．

　④「就業機会創出型」協同組合('Job Creation' Co-operatives)　失業者の就業機会創出を目的として設立された協同組合である．失業多発地域においては，就業機会創出を主要目的として地方CDAが組織され，地方自治体などの援助を受けながら，ワーカーズコープの設立に努力している［このタイプのワーカーズコープについては，ロンドンやウェールズの事例に即して後に詳述する］．

　⑤「対案型」協同組合('Alternative' Co-operatives)　注12で紹介したスマに例示されるように，オルターナティブ運動を進める人びとが既存企業を批判して，製品やサービスの提供，労働組織などの点で，既存企業とは異なる「もう1つの選択」(オルターナティブ)を示そうとして設立したワーカーズコープである．1960年代以降のエコロジーやフェミニズムといった，オルターナティブ運動に関連するものが多い．組合員には高学歴の者が多く，理想主義的であり，「利潤のための生産・サービス」ではなく，「社会的ニーズに応える生産・サービス」の実現をめざし，経営の民主化を重視している．小規模の組合が多いが，このタイプの組合は，組合数としては80年前後のイギリスで最高位を占めていた．職種としては，自然食品店，書籍販売店，印刷業などが多いが，コンピュータ・ソフトウェア関連や語学学校など，専門性の高い職種も存在する．「これらの協同組合は，労働組織に関して多くの興味ある手法を開発したが，この実験がどれほど広範囲の適用性をもっているかを見定めることは

表 8.11 ワーカーズコープの地域分布(1983年)

地　　域	%
Greater London	29
Home Counties	9
S. Wales & S. West	11
W. Midlands	7
E. Midlands & E. Anglia	7
North	10
North East	6
N. West & N. Wales	11
Scotland	8
N. Ireland	2
合　　計	100

出所) GLEB(n.d.), p.18.

困難である」(Cornforth 1982, p.4).

　コーンフォースのこの分類を歴史的流れの観点から再整理すると，つぎのようになる．第2次大戦後のイギリスでは19世紀以来の「伝統型」組合の多くは消え去り，わずかな組合が生き残ったにすぎない．1950年代から「寄贈型」組合が少しずつ生まれ，産業共同所有運動を形成していった．70年代前半の工場占拠・就労闘争は「防衛型」組合を生み出し，70年代後半以降の不況は「就業機会創出型」組合を生み出していった．また，60年代末以降のオルターナティブ運動は「対案型」組合を生み出していった．コーンフォースの分類は，歴史の流れをおよそこのようにカバーできるという点においても妥当性をもっている[13]．

　表8.11は，ワーカーズコープの地域分布を示している．これによると，ワーカーズコープはスコットランドと北アイルランドでは少数であり，約9割がイングランドとウェールズに存在している．

　以上の概観に続き，つぎに1980年代中頃のロンドンとウェールズの事例を見ることにしよう．

4.2 ロンドンの事例

イギリスのワーカーズコープ運動を理解するうえで1つの障害をなしているのは，各種の援助機関がきわめて重要な役割を果たしているにもかかわらず，それらの援助機関とワーカーズコープとの関係，および援助機関相互の関係が複雑に入り組んでいて，容易に把握できないことである．1980年代中頃はワーカーズコープ運動がまだ初期の発展段階にあったので，組織相互の関係はかなり複雑であった．

すでに述べたように，援助機関としては，全国CDA，地方CDA，ICOM，地方自治体，その他の援助機関がある．これらの援助機関とワーカーズコープとの関係をロンドンに即して図示すると，図8.2のようになる(1985年調査段階の関係)．

これらの援助機関のうち地域の特性を顕著に示しているのは，地方CDAと地方自治体である．以下，この2つの援助機関とワーカーズコープとの関係を中心にして，ロンドンの事例を調べてみよう．

1985年1月の調査時点では，ロンドンには，ハックニー，イズリントンなどの地区別に13の地方CDAが組織されていた．その他に，ルイシャムなど2か所でCDA準備委員会が組織され，他の地方CDA同様の活動を開始していた．また，ハリンゲイ地区には，ハリンゲイCDAとは別に，少数人種(インド系，カリブ系など)住民の青年を対象にした少数人種青年CDA(Ethnic Young Adults CDA)，ハンマースミス・フルハム地区には，ワーカーズコープを含む零細企業を援助するコミュニティ企業振興機関(Community Enterprise Development Agency)があった(CDA 1985)．ワーカーズコープの設立を望む者がまず最初に訪ねるのが，これらの地元のCDAである．

一例としてイズリントンのCDAを見ることにしよう．イズリントンCDAは1981年に，すでに活動していた地元のワーカーズコープのイニシャティブによって設立された．同CDAは，イズリントン区(London Borough of Islington)と地域計画財団(Community Projects Foundation)とから5年の期限で財政援助を受けており，4人の専従職員が働いていた．イズリントンCDA

242

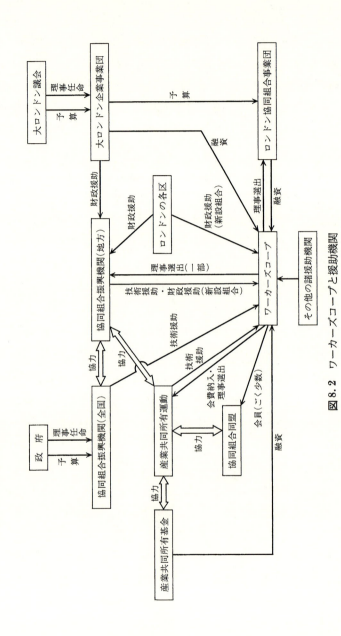

図8.2 ワーカーズコープと援助機関

とイズリントン区との関係はかなり密接で，同 CDA 代表 1 人が区の雇用経済委員会のメンバーとなっており，同委員会のメンバーである区議会議員 2 人が CDA 理事会に参加していた．同 CDA の援助によりイズリントン区内のワーカーズコープ数は，1981 年から 83 年にかけて 14 から 26 に増えた．イズリントン区はワーカーズコープの設立にきわめて熱心で，組合設立に際しては 1000 ポンドまでの資金を供与し，区の建物を安く賃貸していた[14]．区のこれらの助成に当たっても，同 CDA が申し込みを代行することが多かった (Taylor 1983, pp.28-31)．

イズリントン CDA をはじめとして多くの地方 CDA は，ワーカーズコープ運動を通して，まちづくりにきわめて熱心であった[15]．ソーンリーはつぎのように述べている．

> ハックニー，西ヨークシャ，イズリントンの協同組合振興グループはすべて，進歩的なコミュニティづくりの伝統に従って仕事に取組んできている．これらの協同組合振興グループは，協同組合が地域の要求に根ざして草の根から発展するようにと，コミュニティの活性剤として活動してきた．そこでは協同組合振興グループは，意見を人びとに押しつけるのではなく，機会を与え，話し合いにもとづいて適当な協同組合づくりを促進し，協同組合設立に必要な手段を広い範囲にわたって提供している (Thornley 1982, p.51, 邦訳 pp.102-103)．

地域住民のニーズに応えて住民にサービスを提供することを主要な目的とする協同組合として，近隣住区サービス協同組合 (Neighbourhood Service Co-operative) がある．これは比較的新しい形態の協同組合である．1979 年，ロンドンのルイシャム区議会は，全国 CDA に 5000 ポンドを支払い，同区におけるワーカーズコープの発展の可能性について調査を依頼した．調査の結論は，同区におけるワーカーズコープの発展の最大の可能性は，サービス部門とりわけ，清掃，廃棄物のリサイクル，公園の手入れ，建築，車の手入れと修繕，保育所，警備保障などの労働集約的仕事の領域にある，というものであった．全国 CDA は，近隣住区サービス協同組合の模範規約をつくり，登記官もそれを

協同組合として承認した(Thornley 1982, p.128, 邦訳 p.233). 通常のワーカーズコープと異なり, 近隣住区サービス協同組合の組合員資格は, 組合内で働く人びとに限定されず, 地域住民にも開かれている. この点に関する批判もあった. すなわち, 地域社会(local community)の定義が不明確であり, 一面的で温情主義的な関心をもって協同組合のメンバーになる人びとの意志決定が, 組合内で働く人びとの意志決定よりも強力になる可能性がある, というのである (London ICOM n.d., *The Worker Co-op A-Z*, p.7).

つぎに, 大ロンドン議会(Greater London Council. GLC)がワーカーズコープをどのように援助したかを見よう. 主要な援助機関は, 大ロンドン企業事業団(Greater London Enterprise Board. GLEB)とロンドン協同組合事業団(London Co-operative Enterprise Board. LCEB)であった.

GLEB は 1982 年, ロンドンの経済再建と雇用促進という GLC の経済政策を実現するための外郭団体として設立された. その理事会は GLC によって任命され, 予算は全額 GLC から支給された. 法律上は会社法にもとづく有限責任法人であった. 産業の活性化を「新しいかたちの産業民主主義によって, また雇用の機会均等と黒人・アジア人居住地域における企業活動の進展を実際的な方法によって」成し遂げることを目標に掲げる GLEB にとって, ワーカーズコープの振興はその事業の大きな柱の 1 つをなすものであった(GLEB 1984, p.5).

初年度(1982年度), GLEB は 36 の協同組合関連事業に 100 万ポンドを投じ, 少なくとも 400 人分の就業機会を創出した(GLEB n.d., p.27). 83 年度には 150 万ポンドを投じ, 45 の協同組合設立を援助し, 約 500 人分の就業機会を創出した. 83 年には GLEB は, 協同組合関連の仕事を専門とする協同組合課(Co-op Unit)を設置し, 5 人の職員を配置した.

GLEB の仕事には, 地方 CDA とワーカーズコープとに対する種々の援助のほかに, ワーカーズコープの役割の重要性を市民に啓蒙することも含まれていた. また, 1984 年 2 月と 85 年 4 月にはロンドンでワーカーズコープ国際博覧会を開催し, ワーカーズコープの国際的連帯にも努力した(富沢 1985).

その他に，GLEB が区議会と地方 CDA との協力ですすめている事業として，市街地の荒廃区域の建物を整備してワーカーズコープに安く貸与し，協同組合通りをつくろうとする「協同組合区域」計画があり，ハックニー地区のブラッドベリ通りがその第1号となった．ここでは区が所有する老朽化した建物をハックニー CDA が借り受け，修理したうえワーカーズコープに低額で賃貸するかたちがとられた．1984年3月に開設されて以来，この協同組合通りには，自然食品販売，生花販売，自転車修理，テレビ修理とレンタル，建物，家具修理，労働運動サービス(Labour Movement Services Ltd. 労働運動のためのイベント企画，広報活動などを行う)の7つの協同組合が軒を並べて営業を開始した．地元の自治体からすれば荒廃地域の再開発になり，ワーカーズコープの側からすれば，施設を低額で貸りられるだけでなく，組合間の協力も容易になり，ワーカーズコープそのものを市民に宣伝する博覧会場としての効果もあった(GLEB n.d., p.38)．同様な協同組合区域づくりが，ハックニーに続いて，ランベス地区などでも計画された．

GLEB は，1983年にロンドン協同組合事業団(LCEB)を設立した．LCEB の援助対象は，小規模のワーカーズコープで，組合からの融資申し込みに対しては2万5000ポンド以下を LCEB が取り扱い，2万5000ポンドをこえると GLEB が扱うという分業体制がとられた．LCEB の予算100万ポンドは GLEB から支給され，5人の専従職員が働いていた．

LCEB も GLEB 同様，法的には会社法にもとづいて登記された有限責任法人である．しかし，GLEB の理事会が GLC から任命されるのに対して，LCEB の理事会は，ワーカーズコープの代表と諸関係団体の代表とから構成されていた．理事会メンバー14人は，7人が選挙による選出，7人が団体指名となっていた．選挙によって選出される7人の理事のうち，5人はワーカーズコープから，残りの2人が地方 CDA から選出された．7人の団体指名理事を指名する団体は，ロンドン ICOM(1人)，GLC(1人)，GLEB(1人)，ロンドン小売協同組合(London's Retail Co-operative Societies, 1人)，ICOF(1人)，東南地域労働組合会議(South East Region TUC, 2人)であった．理事会の構成

から理解されるように，LCEB は，先進的な地方 CDA と同様，草の根からの参加を実現した組織だと言えよう．

小規模のワーカーズコープを援助対象とする LCEB は，とりわけ就職が困難な女性や少数民族の人びとが優先的に援助を受けられるように配慮した[16]．LCEB は，このような人びとを，①少数民族，②少数民族の女性，③女性，④その他，老人，身障者など労働市場で不利な立場におかれている人びと，という 4 つのグループに分け，組合員の 60% 以上がこのような人びとから構成されるワーカーズコープに優先的援助を与えた．

LCEB の融資予定総額のうち，①②③のグループには各 15%，④のグループには 10% を割り当てうることが，当初の方針として示された．しかし，1984 年 11 月までの実績をみると，27 協同組合に計 37 万 1500 ポンドが融資されたが，このうち①グループが 6 万 2000 ポンド (16.7%)，②グループが 2 万 5000 ポンド (6.7%)，③グループが 1 万 9000 ポンド (5.1%)，④グループが 1 万 8500 ポンド (5.0%) を得ている．すなわち，これらのグループが融資総額の 33.5% を得ている (London ICOM 1985, pp.14-15)．

ワーカーズコープを援助した地方自治体は，ロンドン以外にも多く存在した．ここではウェスト・ミドランズ県議会の例を見ておこう (West Midlands County Council 1985, pp.64-65)．

ウェスト・ミドランズ県議会は，ウェスト・ミドランズ雇用促進運動 (West Midlands Campaign for Jobs) に取り組み，ワーカーズコープの増設をこの運動の中心に位置づけた．この運動の結果，1982 年にはほんの少数しか存在しなかったワーカーズコープが，85 年 3 月には 60 (組合員約 400 人) に増えた．ワーカーズコープの設立と運営のための資金としては，組合員の資金のほかに，銀行の貸付け，公共機関からの貸与・供与を利用することができた．ウェスト・ミドランズ県議会は，ウェスト・ミドランズ協同組合基金 (West Midlands Co-operative Finance Ltd.) という独立の財政援助組織を設立し，ワーカーズコープの経営能力に応じて資金助成を行った．そのほかに ICOF が，ワーカーズコープ助成のために，ウェスト・ミドランズ県議会の資金援助にもとづく地

方貸与基金(local loan fund)を運用していた．ウェスト・ミドランズ協同組合基金とICOFから資金援助を受けるためには，地方CDAを通じることが望ましいとされていた．資金援助の申請は，ワーカーズコープの事業計画を添えて，県議会の経済開発課に提出された．資金援助の基準としては，経営能力だけではなく，そのワーカーズコープがどれほど協同組合原理を重視しているかという点が評価された．

4.3 ウェールズの事例

ウェールズにおけるワーカーズコープの発展の中心をなしたのは，ウェールズ協同組合振興・訓練センター(Wales Co-operative Development and Training Centre)であった．カーディフにあるこのセンターは1983年に労働組合のイニシャティブでつくられた．このセンターは，ワーカーズコープの運動を通して地域社会の活性化をはかろうとする強い意欲をもっていた．これらの点でウェールズにおけるワーカーズコープ運動は，①ワーカーズコープ運動と労働組合運動との関連，②ワーカーズコープ運動と地域コミュニティとの関連，という2つの問題を検討するうえで興味深い事例となっている．

ワーカーズコープ運動の背景に深刻な失業問題があることは，ロンドンの事例においても明らかであった．ロンドンではまた，ワーカーズコープ運動を通して地域コミュニティの活性化をはかろうとする試みも見られた．ウェールズの場合は，ロンドンよりはるかに深刻な失業問題が存在するだけでなく，過疎問題がこれに加わっていた．しかも，ウェールズ地方特有の強い地域社会帰属意識を背景としている故に，ワーカーズコープ運動を通してコミュニティの再建をはかろうとする意欲は，ロンドンの場合よりもはるかに強烈であった．

今日ではイングランド，スコットランド，北アイルランドとともに連合王国(United Kingdom)を構成しているウェールズは，もともとイングランドとは異なる言語，文化をもっていた地域である．現在でも，ウェールズ人としての強いアイデンティティは，ウェールズにおけるあらゆる社会運動を評価するうえで見落すことができない重要な要素をなしている．1984年3月から85年3

月にかけて行われた全国的な炭鉱ストライキにおいても，ウェールズの炭鉱労働者は「雇用とコミュニティを守れ」というスローガンを掲げて，ヨークシァ地方と並ぶ強い結束力を示した．例えば，南ウェールズの炭鉱労働者のストライキ参加率は，全国の炭鉱労働者のストライキ参加率が大幅に低下したストライキ末期(85年2月)においても，98％という高い数値を示していた．

産業革命の時代から基幹産業としてウェールズを支えてきた石炭産業と鉄鋼産業が衰退し，1970年代以降，工場閉鎖が相次いだことは，失業と過疎の問題を深刻化させることによって，コミュニティの危機という問題を生み出していった．

ウェールズ協同組合振興・訓練センターが誕生する直接のきっかけとなったのも，1970年代にウェールズで相次いで生じた英国鉄鋼公社の工場閉鎖，炭鉱の操業停止，関連企業の倒産であった．

それまで南北2つの組織に分裂していた労働組合連合体を統一して1974年に発足したウェールズ労働組合会議(Welsh TUC)のもとには，工場閉鎖反対闘争の後に閉鎖を余儀なくされ失業した労働者からの相談が次々に持ちこまれた．そのなかの少なからざる労働者からは，退職金をもっとも有効に用いるためにはどうしたらよいかという相談が持ちこまれた．しかし，当時のウェールズTUCは，これに対して適切な指導をすることができなかった．

雇用創出の方法を検討してきたウェールズTUCは，1980年に，ウェールズにおけるワーカーズコープの可能性について調査を開始した．経営コンサルタントでモンドラゴン協同組合についての研究家であるC. ローガン(Logan)を中心にしてウェールズTUCの調査部職員と協同組合銀行の理事とが調査グループを結成し，ウェールズ地方庁(Welsh Office)から4万ポンド，国の外郭団体であるウェールズ開発事業団から5000ポンドの調査資金も獲得した．81年2月，ローガン，ウェールズTUCの数名の職員，5人のショップ・スチュアードから構成される調査団がモンドラゴンを訪れた．彼らがとくに関心をもったのは，協同組合の結成と運営に必要な資金と経営技術を提供している労働人民金庫の役割であった[17]．5人のショップ・スチュアードは，ウェールズで

もモンドラゴン的なモデルで(ただし労働組合の役割を重視したモデルで)協同組合システムをつくるべきだ,という確信をもって帰国した.

同年9月にウェールズTUCは,「ウェールズにおける協同組合と就業機会創出の可能性に関する研究」という報告書を刊行した.その執筆には,ローガンとウェールズTUC調査部のD.グレゴリ(Gregory)が当った.彼らは,モンドラゴンにおける労働人民金庫の役割,イタリアにおける協同組合運動への労働組合運動の係わり方,および,ウェールズにおける6つのワーカーズコープの実態調査にもとづいて,①労働組合の支援,②ワーカーズコープ振興・訓練機関の設立,③ワーカーズコープ助成のための金融機関の設立,という条件が満たされれば,ワーカーズコープ運動を通しての就業機会創出は可能である,と結論した(Wales Co-operative Centre 1984, p.5.).なお,この報告書刊行後,ウェールズTUCの書記長G.ライト(Wright)は,全国CDAの理事に任命された.

この報告にもとづいて,1982年のウェールズTUC大会でワーカーズコープ振興機関の設立が正式に承認され,ウェールズ地方庁から6万ポンド,EECのヨーロッパ社会基金(European Social Fund)から3万6000ポンド,国の外郭団体であるウェールズ開発事業団と中部ウェールズ開発事業団からそれぞれ2万5000ポンドと5000ポンド,ウェールズの18の地方自治体から5万7600ポンド,合計18万3600ポンドの資金援助を受けて,83年4月にウェールズ協同組合振興・訓練センターが正式に開設された.

当初の理事会メンバーは10人で,その構成は,ウェールズTUCの代表5人,全国CDAの代表1人,EECの代表1人,その他3人(実業家,大学教員,市議会議員)となっていた.理事長は,ウェールズTUCの前書記長(1974-84)であり運輸一般労働組合のウェールズ地方本部書記長であるG.ライトであった.センターの専従職員は9人で,いずれも協同組合運動や経営の専門家であった.

地方自治体,ウェールズ開発事業団,中部ウェールズ開発事業団,ウェールズ地方庁はそれぞれ,ワーカーズコープの新設にあたっては資金供与を,設立後の組合には資金貸与を行っていたが,これらの資金の申請手続きについても,

センターが援助するのが一般的であった.

センター自体は，コミュニティコープとして登記されている．コミュニティコープとは，そこで働く従業員だけでなく，ボランティア，地域の諸組織および地域住民も組合員となりうる協同組合で，地域のニーズに応えて種々の事業を営むことを目的としている.

F. スプレックリは，コミュニティコープについてつぎのように述べている．

「コミュニティコープの目的と機能は，地域とその住民の利益のためになる経済的・社会的活動をしたいと望む多くの人びとのために，合法的な枠組みを与えることである．」「コミュニティの利益」にとって重要なことは，「金銭上の富」(financial wealth)だけでなく「社会的な富」(social wealth)をつくりだすことである．「コミュニティコープの諸目的を達成するためには，コミュニティ全体の利益のために富をつくりだすことのほうが，少数の幸運な人々のために雇用機会をつくりだすことよりも，いっそう現実的である．コミュニティ全体の利益のために富をつくりだすことによって，雇用機会もまたつくりだされるのである．」コミュニティコープの運営にあたって重要なことは，「共同所有とコミュニティの共同運営によってコミュニテイのニーズに応えること」である (Spreckley n.d., p.2).

なお，コミュニティコープの場合は，剰余金はすべて内部留保され組合員への分配はない(高橋・石見編 1985, p.162).

コミュニティコープの多くは，スコットランドとウェールズの僻地に存在していた．前述の近隣住区サービス協同組合が都会型であるのに対して，コミュニティコープは地方型だと言えよう[18]．一例としてウェールズにあるタナット峡谷協同組合(Tanat Valley Society)のケースを見ると，そこにおいては，地元新聞の発行，縫製，手織り紡績，手工芸，フォークダンス，集会所運営など，地域が必要とする種々の事業が営まれていた(Windass 1982, pp.139-143).

4.4 労働組合運動と労働党の動向

労働組合運動は，長年にわたってワーカーズコープ運動に積極的な関心を示

してこなかった．しかし，前述のように，「ベンの協同組合」の実践後の約10年間に状況は大きく変化し，1980年代中頃には労働組合としてもワーカーズコープ運動に関与せざるをえなくなってきた．その背景としては，①ワーカーズコープの就業機会創出機能を認識してきたこと，②ワーカーズコープにおいても労働条件の向上が見られ，ワーカーズコープにおける労働条件が労働組合員の労働条件引下げに用いられるおそれがなくなってきたこと，③ワーカーズコープの組合員の労働組合加入率が高まったこと（零細私企業における平均組織率10%に対して55%），などの要因があげられている（85年2月4日，労働党調査部でのインタビューのさいのT. Manwaringの発言）．

もともと，運輸一般労働組合や機械労働者合同組合のような大組合は規約のなかで「協同組合的な生産」に対する支持を表明していたのである．すなわち，運輸一般労働組合は，その規約のなかで，「組合員の所属する産業を統制することができるように持てる全力をつくすこと」および「協同組合的な生産と分配の拡張」を組合の目的としていたし，また機械労働者合同組合（AUEW）も，その規約のなかで，「社会の競争システムを協同システムに転換するために協同組合的生産を拡張すること」を運動目的としていた．

運輸一般労働組合のウェールズ地方本部書記長のG. ライトが，ウェールズTUCの書記長として，ウェールズ地方におけるワーカーズコープ運動の発展にいかに寄与したかについては，すでに述べた．運輸一般労働組合に所属する東部ロンドン協同組合支部（TGWU East London Co-ops Branch）は1982年，ロンドンのニューハムの地方CDAを中心とするワーカーズコープの労働者たちによって結成された．同支部のパンフレットは，労働組合の必要性について，こう述べている．「ワーカーズコープの多くの組合員は自分たちがボスだと思っている．もっともなようだが，それは間違っている．君の協同組合が君のボスだ」．協同組合の定款は「協同組合員としての権利は与えるが「労働者」としての権利について述べることはない」(cited in London ICOM n.d., *Trade Unions and Co-ops*, p.15)．つまり，協同組合員としての権利のほかに労働者としての権利があり，それを保証するためには労働組合が必要だとされている

のである.

ロンドンのタワーハムレット地区労働組合協議会は，以下の条件を満たすワーカーズコープを支援すると述べて，労働組合側から見て望ましいワーカーズコープ像を示している(同上書, pp.12-13).

① 協同組合員の低賃金や自己搾取による不公平な競争を組織労働者に挑まないこと.
② 公共事業の民営化の手段にならないこと.
③ 協同組合員も労働組合員であること.
④ 事業が社会的に有用なものであること.
⑤ 労働組合員と同等の労働条件を実現するための実際的手段を講じていること.
⑥ 労働者による所有と管理が実現されており，利益が労働者ないし事業体に還元されていること.
⑦ 企業閉鎖のさいにワーカーズコープ設立を計画する場合は，それが当該企業の労働者の要求を満たす解決手段であること.

1979年に成立したサッチャー政権下では公共事業の民営化が急速に進展し，②の条件が大きな争点になった. 例えば，ロンドンのタワーハムレット地区で社会民主党が公共事業の協同組合化を主張したり(同上書, p.12)，リバプール市議会で与党の自由党が公共事業の協同組合移管を試みたことがあった. 84年2月には，保守党の「右派強硬派」であるテビット通商産業大臣は，公共事業の民営化に関連して，政府はワーカーズコープを歓迎すると述べ，全国CDAのジョーンズ理事長は「ワーカーズコープを使うことによって民営化に対する労働組合の敵意をそらすことができる」などと述べた (*Financial Times*, February 15, 1984). テビットとジョーンズの発言は，保守陣営がワーカーズコープになにを期待していたかを示している. また，大企業にとっては，収益性の低い部門や労使関係の調整が難しい部門をワーカーズコープに下請けさせたほうがよい，という指摘も見られた(Thornley n.d., p.15).

企業の国有化とその民主的管理を社会主義戦略の基本としていた労働党は，

第8章　ワーカーズコープ運動形成の歴史的条件——イギリスの事例——　253

長い間，ワーカーズコープに積極的な関心を示さなかった．メリデン，カークビー，スコティッシュ・デイリー・ニューズに対する融資のさいにも，労働党内には深刻な意見の対立があった．それは，ベン産業大臣の更迭を生み出すほどの大きな対立であった．だが，1970年代におけるワーカーズコープの発展，産業共同所有法の成立，全国CDAの設立など数々の経験をふまえて，労働党は，ワーカーズコープ運動を社会主義戦略のなかにどのように位置づけるのか，という理論的問題を避けて通るわけにはいかなくなった[19]．

このような状況下で労働党は，1980年に，ワーカーズコープに関する討議資料(Discussion Document)を発表し，そのなかでモンドラゴン型の協同組合を積極的に評価した．そして翌81年，労働党中央執行委員会は党大会向け声明として『ワーカーズコープのための戦略』(A Strategy for Workers' Co-operatives: Statement by the National Executive Committee to the 1981 Conference)を発表し，そのなかで，「協同組合は社会主義への道を積極的に一歩進める」と謳い，その理由として，①ワーカーズコープは労働者の企業運営の能力を発展させる，②ワーカーズコープ運動は労働運動の不可欠の部分である，③ワーカーズコープは「共同所有」の望ましい形態として，「公有制」と並んで，社会主義社会実現の手段となることをあげた．

この声明の内容はその後さらに検討され，1985年4月3日に『労働党の協同組合憲章』(Labour's Charter for Co-ops)が発表されるにいたった．その基本的内容はつぎのようである．

① 労働党は4月2日に「民主主義と協同」を基本原理とするイギリス経済再建策(Labour's Jobs and Industry Campaign)を発表したが，その一環として起草されたこの協同組合憲章は，同意と参加による産業再編と就業機会創出の必要性を強調し，ワーカーズコープを私企業と公企業と並ぶ経済の新しい第3セクターの担い手にしようとする労働党の政策を内容とするものである．

② 「協同(co-operation)は，古くからある原理であるが，今日新しい生命を獲得しつつある．それは，自らのために労働することと，仲間と共に労働することを結合するものである．」「協同は最良の社会主義の一例である．」

③「ワーカーズコープとは，財を生産するか，あるいはサービスを提供する企業であり，そこで働く人びとが所有し運営する企業である.」

④ ワーカーズコープという形態での社会的所有の実現は，労働組合運動の十分な協力を得てはじめて可能となる.

⑤ 次期の労働党政権はつぎの方途によってワーカーズコープ運動の発展をはかる. (a)財政援助の強化などによりワーカーズコープ振興諸組織を発展させる. (b)税制上の優遇，特別金融機関の設立，地方自治体の供与する援助費の増額などの措置により，ワーカーズコープに対する財政援助を強化する. (c)私企業のワーカーズコープへの転換に際しては，税制上の優遇措置をとる. また，経営側が企業閉鎖を決定するさい，労働者がワーカーズコープの設立を望むならば，企業閉鎖に反対する法制上の権利を労働者に与える，などの措置を講じて私企業のワーカーズコープへの転換をはかる.

⑥ 経営者が管理し労働者が管理されるという企業運営のもとでは，紛争は絶えない. 協同こそ前進するための途である. ワーカーズコープでは労働者が企業を所有し，同等の権利をもって共に働くが，この同一性（アイデンティティ）の感覚が，責任の感覚とともに決定的に重要である. ワーカーズコープは，コミュニティとパートナーシップという社会主義的価値を直接に表現している. 協同によってこそイギリスは再生しうる.

5　ICOM と社会的経済

5.1　政治的環境の変化

前述のように，1974 年から 79 年まで続いた労働党政権のもとでワーカーズコープを振興するための法制度が整備されてきたが，79 年のサッチャー内閣成立後 97 年まで続いた保守党政権のもとではワーカーズコープをめぐる政治的環境は，全国 CDA の廃止などに見られるように悪化していった. このような政治状況と景気停滞のなかで 80 年代後半にはワーカーズコープ運動は後退現象を示した. 主要な目的とされた就業機会創出においても見るべき成果をあ

表 8.12 ワーカーズコープ数と従業員数の推移

年度	協同組合数	年成長率	従業員数	年成長率
1976	105	—	3,350	—
80	355	35.6%	4,500	7.7%
84	915	26.7%	7,850	14.9%
88	1,403	11.3%	8,500	2.0%
92	1,115	−5.6%	10,800	6.2%

出所) Woodhouse(1996), p.43.

げることができなかった．表 8.12 に見られるように，88 年のワーカーズコープの数は 1403 となったが，組合員数は 8500 人にすぎなかった．

しかし，1990 年代初頭には運動はやや回復基調を示しはじめた．92 年の数字を見ると，組合数は減少したが，組合員数は 1 万 800 人となり，年成長率 6.2% を示している．総事業高は約 3 億ポンド，資産は約 3700 万ポンドとなっている (UKCC 1994, p.55)．表 8.13 は，93 年時点のワーカーズコープの現勢を示している．組合員数は 1 万 1005 人となり，その 70% がサービス業に，27% が製造業に所属している．

スピアーとトーマスの調査 (Spear and Thomas 1997, pp.457-458) によれば，1970 年代末から結成されはじめた各種の協同組合援助組織 (Co-operative Support Organizations) の数は 80 年代末に最高になり，88 年には 94 に達した．そのうち CDA という名称を持つ組織は 47 あった．その多くは自治体から資金援助を受けて，若干のものは自治体内部の組織として位置づけられていた．CDA のある地域では他の地域と比較して協同組合数が多く，また新設率も高く協同組合活動が活発化していた．CDA による協同組合活動活性化の事例はイギリス型モデルとしてヨーロッパの他の国 (たとえばスウェーデン) でも踏襲されていった．しかし，90 年代になると地方自治体の予算削減の影響を受けて，イギリスの各種の協同組合援助組織の数は減少し，97 年時点では約 50 となっている．今日の CDA は草の根運動の活性化 (bottom-up strategy) に力点を置いて活動をすすめている．

イギリス協同組合協議会 (UK Co-operative Council. UKCC. イギリスの各種協

表8.13 ICOM傘下のワーカーズコープセクターの数・規模・雇用数(1993年時点)

セクター	組合数	組合数に占める%	88年以前の登録数	%	1協同組合の平均雇用数	雇用数50人以上の協同組合	雇用総数
食料・農業	21	2	6	29	7.5	1	157
総合建築	25	2	4	16	6.2	−	156
断熱材・電気・配管	11	1	6	55	5.1	−	56
その他の建設	11	1	2	18	3.6	−	40
建設小計	47	4	12	26	5.4	−	252
衣類・繊維製造	24	2	7	29	14.5	1	349
エンジニアリング	26	2	12	46	9.1	−	236
食品・飲料製造	8	1	3	38	7.3	−	59
履物・皮革製造	7	1	5	71	9.0	1	254
家具・木材製造	20	2	4	20	7.0	−	140
その他の製造業	58	5	19	33	32.4	3	1,880
製造業小計	143	13	50	35	20.4	5	2,918
レストラン・配膳業	54	5	12	22	8.0	−	434
建築設計・測量	22	2	16	73	7.4	−	163
ビジネスサービス(情報処理を含む)	99	9	19	19	5.4	−	531
教育・訓練・リサーチ	22	2	16	73	17.6	−	388
清掃サービス	14	1	5	36	12.0	1	168
メディア・報道機関	220	20	86	39	6.1	−	1,342
印刷・出版	96	9	53	55	6.4	1	666
修理・再生	15	1	7	47	3.6	−	54
車両修理	7	1	3	43	4.3	−	30
輸送サービス	44	4	13	30	31.3	1	1,379
その他のサービス	51	5	11	22	7.2	1	369
コミュニティ・サービス(保育を含む)	101	9	28	28	8.8	1	884
小売り―書籍	15	1	11	73	5.7	−	85
小売り―食品・飲料	51	5	29	57	6.5	−	329
その他の小売り	66	6	18	27	5.3	−	352
卸売り―食品・飲料	16	1	9	56	25.4	1	406
その他の卸売り	7	1	3	43	14.0	−	98
サービス業小計	900	81	339	38	8.5	6	7,678
総計	1,111	100	407	37	9.9	12	11,005

出所) *Co-operative Businesses in the UK, 1993 Directory*, published jointly by ICOM, The Open University, 1993.; 中川(1996), p. 92.

同組合を統合するナショナルセンターとして91年に設立された組織)の資料によれば,「労働組合は当初,ワーカーズコープの増大が労働組合員の減少に影響することを恐れて,ワーカーズコープに対して敵対的な態度をとっていたが,今日では徐々にワーカーズコープを支援するようになり,ウェールズの労働組合会議(Welsh TUC)はウェールズ協同組合振興機関(the Wales Co-operative Development and Training Centre)を設立している」(UKCC 1994, p.56).

1990年代前半のワーカーズコープの状況についてはすでに,Cornforth and Thomas (1994, 1995), Woodhouse (1996), 中川(1996), Spear and Thomas(1997)が詳細な分析を行っている.また,最近のワーカーズコープ運動を紹介した文献としては,菅野(1998a, 1998b),石塚(1998),柳沢(1998),中川(1998a, 1998b)がある.本節においてはこれらの文献との重複を避け,付加的な説明を行うにとどめたい.

1990年代におけるワーカーズコープ運動の再活性化の背景には,保守党政権による民営化が加速化するなかで私的企業では対応しきれない社会的ニーズを満たす必要から,草の根レベルで種々のNPOや自助組織が群生しはじめたという事情がある(柳沢 1998, p.46).そして,これらの組織が自らを社会的経済組織として認識しはじめ,国内的なネットワークづくりだけでなくEU諸国の社会的経済組織とのネットワークづくりをも推進しつつあるところに,90年代の運動の特徴が見られる.

すでに述べたように,1980年代後半に,ECは加盟諸国における社会的経済組織の活動を評価し,89年にEC委員会の第23総局内に社会的経済部局を設置した.このことが,90年代におけるEU諸国の社会的経済組織間のネットワークづくりの進展に大きく影響している.

イギリスでは,たとえば,ICOMと連携して法律相談をしているマルカム・リンチ法律事務所が,ユニティ・トラスト銀行(協同組合と労働組合が共同出資して1984年に設立した,労働組合と社会的経済組織のための金融機関)と連携して,89年からワーカーズコープ向けの情報紙 *Co-op and Commercial Briefing: An Occasional Bulletin of Information for Worker Co-opera-*

tive and Their Advisers を刊行してきたが,この情報紙は 91 年 4 月発行の第 9 号から *Social Economy* と改称され,社会的経済組織向けの情報紙としての性格を強めている.

このように政治的環境の変化がワーカーズコープ運動に及ぼす影響はかなり大きい.最近の政治的環境の変化のなかでもとりわけ大きい変化は,18 年ぶりの労働党政権の成立(1997 年 5 月)である.協同組合関係の議員も 2 名が,内務担当国務相と国際開発政務次官として入閣している.

ブレア首相は,社会主義を「社会・主義」(social-ism)として再解釈し,協力,コミュニティ,社会的パートナーシップといった価値を重視している[20].そして基本的な政策として,全国民に対して就業機会の確保,経済活動への参加,公正な分配を保障する「ステークホルダー経済」(stakeholder economy)にもとづく「ステークホルダーのイギリス」(stakeholder Britain)の建設を主張している.「社会的パートナーシップ」(social partnership)の企業レベルにおける事例として,ブレア首相はジョン・ルイスやマークス・アンド・スペンサーをあげる.彼によれば,これらの企業は従業員に教育機会を保障し,適切な評価にもとづいて彼らを公正に処遇し,創造的イノベーションの源としており,従業員を単なる使い捨ての労働力としてではなくパートナーとして処遇している.このように従業員が企業コミュニティの構成員としてステーク(積極的な利害関係)をもつ企業が,ステークホルダー・アプローチの成功例と見なされる.そして国民経済に関しても,ステークホルダー経済の基盤として,共通の目的,機会の平等,メリット評価による公正な処遇にもとづく国民相互間の信頼関係と社会的パートナーシップ(対等な協力関係)が重視される.

このような見地から,ブレア首相はつぎのように協同組合運動を評価している.

> パートナーシップと協同は,国の刷新に関する労働党のメッセージの中心をなしている.すでに労働党の地方政府は人びとの共同の福祉のための共同の活動を促す多くの感動的な取り組みを実行に移してきた.われわれはそれをわが国の政治とわれわれの政府の計画のなかに取り入れようとす

るものである．……協同組合運動はそれ自体，数百万の人びとの日常生活の一部である．ロッチデール協同組合以来の150年の歴史を通じて，協同の理想はかつてなく重要になっている」(菅野 1998a, p.44).

協同組合運動に関して現在重要な案件となっているのは協同組合法制定の問題である．労働党と連合しつつ協同組合運動のために独自の政治運動を展開している協同党(1917年，結成)は，95年に「新協同組合法の承認」「社会的経済の承認」「国際的協同とヨーロッパ協同組合法の承認」を3大主要課題とする行動計画を作成し，それにもとづいた政治活動を展開している．また，労働党もその選挙公約において「われわれは新協同組合法を成立させ，協同組合に現代的で効果的な法的枠組みを提供するとともに，協同組合の税制上の取扱いを再検討する．これによって協同組合セクターに対等な経済活動条件を与え，セクターの発展を促進する」と述べていた．そして，各種の協同組合を統合して1991年に結成されたナショナルセンターであるUKCCは，97年5月に協同組合法案を作成し，法制定運動を現在展開中である[21].

この法案はICAの新協同組合原則を「別表」に掲げ，この原則にもとづく組織を「真正な協同組合」として登録対象とすることを明確にするとともに，ワーカーズコープに関しても「共同所有の協同組合」として独自の規定を設けている．

5.2　ICOMの活動

5.2.1　ICOMの活動領域

上述のような政治状況のなかでワーカーズコープのナショナルセンターであるICOMも，社会的経済セクターのナショナルセンターとしての自覚を高め，その役割を拡大しつつある．

ICOMの活動案内リーフレット(ICOM 1997)によれば，現在のICOMの主要な活動領域はつぎの7つである(柳沢 1998，参照).

① ワーカーズコープ振興のための法制度の整備[たとえば，上述の協同組合法案作成においてもICOMは中心的な役割を担ってきた].

② ワーカーズコープ・セクターを代表して各種関連機関に参加すること[た

とえば，イギリス協同組合協議会やワーカーズコープ・ヨーロッパ委員会(CECOP)などへ代表を派遣している].
③ 関連諸組織に対する情報提供と出版活動[現在の主要な出版分野としては，(1)ワーカーズコープの設立と運営に関する出版物，(2)従業員による企業買収や従業員持株制度(ESOP)などの「民主的従業員所有」に関する出版物，(3)コミュニティ・ビジネスやボランタリー・セクターなどの問題を含む社会的経済に関する出版物，(4)ヨーロッパ社会基金(European Social Fund)に関する出版物がある．(1)と(2)は従来から主要な出版分野であったが，これに対して最近では(3)と(4)が増大傾向を示している．EU が提供するヨーロッパ社会基金の主要目的の1つは EU 加盟国における失業対策であるが，イギリスでは教育・雇用省が管轄し，ICOM が 1990 年から協同組合・地域経済開発部門での基金申請受付業務を担当してきている．社会的経済組織はこの基金から資金援助を受ける資格があるので，ICOM は社会的経済とヨーロッパ社会基金についてのガイドブック類を多く出版するようになっている].
④ ワーカーズコープの設立と運営に対する法律上の支援．
⑤ 会員間の情報交換とネットワーキング[会員間の情報交換のためには *The New Co-operator* という季刊誌を，地域経済開発を目的とするネットワーキングのためには CBS(Community Business Scotland)と共同で *New Sector* という季刊誌を発刊している．同時に多くの factsheet を刊行している．また，全国協同組合コンファランスを毎年開催するとともにテーマ別会議を頻繁に開催している].
⑥ 教育と訓練[とりわけ社会的経済の諸問題に関して多くのセミナーを開催している].
⑦ ヨーロッパ社会基金を活用する事業[社会的経済組織が行う職業訓練などに対して基金からの資金援助を受けられるので，これを用いて各種の研修コースや出版活動を行うとともに，基金の活用方法について社会的経済組織に情報を提供している].

5.2.2 社会的経済への対応 EUレベルの社会的経済政策に実践的に対応するために，ICOMは *Strategic Management in the Social Economy*(1994年)と題する分厚いマニュアルを刊行しているが，そのなかで社会的経済組織と社会的経済セクターの重要性がつぎのように強調されている．

> 社会的経済の企業は，経済的目的を社会的目的に結びつけることによってヨーロッパの将来に大きな貢献をなしうる．協同組合，コミュニティ・ビジネス，共済組織および経済活動を行うボランタリー組織を含む社会的経済セクターは，ヨーロッパ経済のなかでもかなりの部分を占めており，ヨーロッパの経済と社会とのバランスのとれた発展のために重要な役割を担っている．このセクターがヨーロッパ単一市場において発展し続けるかどうかということは決定的な意味をもっている(ICOM 1994, p.2)．

このような認識にたってICOMは，イギリスにおけるワーカーズコープ運動の主導組織にとどまらず，さらに社会的経済を促進するための主導組織であるという自覚をもつに至っている．この点についてICOMの資料はつぎのように述べている．

社会的経済は，国民経済のなかで私的セクターと公的セクターが十分に果たしえない機能を補完する第3セクターとして重要な位置を占めている．また，社会的経済は，社会のなかで参加と民主主義を促進するという重要な役割を果たしている．ICOMは本来，ワーカーズコープの運動の発展を目的とする組織であるが，「最近になってICOMは組織の機能に関してより広い見方をとるようになっている．すなわち現在，ICOMは自らをイギリスにおける社会的経済を促進するための主導的な組織と見なしている．……ICOMは，社会的経済を発展させるための主導的な組織として，共通の目的を有する他の諸組織を支援する役割を担うものである」(Baker and Brown 1993, pp.26-28)．

前述のように，1997年に成立した労働党政権(とくにブレア首相)はstakeholder societyの実現をめざすと表明しているが，この点に関連してICOMとICOFは「stakeholder societyを経済領域で表現すれば，それはstakeholder economy すなわち労働者参加経済となる」と主張して,「stakeholder economy をめざして」と題する文書において要旨つぎのような政策要求をしている (ICOM and ICOF 1996, pp.1-3).

 stakeholder society というコンセプトに関心が高まっている. 人びとが自分の生活に影響する事態に民主的に関与することによって自分の福祉により強い責任を負うならば, より公正で人に配慮する社会(equitble and caring society)がつくられる, という考えである. この stakeholder の原理が仕事の世界に適用されると, それは democratic employee ownership(民主的な従業員所有にもとづく労働者の集合的経営責任)ということになる. 21世紀が近づく今日こそ, stakeholder economy というコンセプトが実質的な意味をもちうるようにする好機である. ICOM と ICOF は, 従業員所有の協同組合の発展を促進するために, つぎのような政策がとられるよう要望する.

① イギリス協同組合協議会(UK Co-operative Council)が提起する法案のように, すべての形態の協同組合に対して適用されうる協同組合法を制定すること.
② 共同所有を新しい協同組合法で定めること.
③ ICOF の財源を補強すること, およびイタリアのマルコーラ法に匹敵するような, 従業員による企業再建のための特別融資制度を確立すること.
④ 税制一般に関しては, 不分割積立金に対する税の免除を定めること.
⑤ 投資のインセンティブを高めるための税制に関しては, ESOP に適用される優遇税制を他の従業員所有企業にも適用すること, および年金基金のような集合基金を従業員所有企業に投資する際に減税措置をとること.
⑥ 年金基金を従業員所有企業に対する投資に活用すること.
⑦ 公共サービスの民営化にあたっては, サービスのレベルの維持と労働条件の維持のために従業員所有企業に優先権を与えること.

⑧ 全国的な協同組合振興戦術をつくること．地域の協同組合振興機関(CDA)を助成しうる権限を地方自治体に与えること．社会的経済企業を積極的に支持するような政策をつくること．

6 地域社会での活動

6.1 概　　観

Social Economy 誌の下記の副題は，イギリスの社会的経済の構成組織を示している．

"A bulletin of information for co-operatives, employee-owned businesses, charities, not-for-profit organizations, mutuals, social finance organizations and their advisers."

EUとの関連が密接化するのにともなって，これらの草の根運動レベルの組織においても「社会的経済」というコンセプトが一般化しつつあり，社会的経済セクターの拡大強化を戦略目標とする運動が進展しつつある．

Social Economy 誌によると，「本誌の刊行を開始したとき[1989年]は，社会的経済という言葉はよく知られていなかったし，自分たちの活動にかかわらせてこの言葉を用いることを嫌う組織もあった．ほぼ10年後の今日，相互扶助と連帯というコンセプトはこれまでにないほどの社会的信頼を得るにいたっている」(1997年8-9月号，p.1)という状況である．

社会的経済組織の全国組織としては，ワーカーズコープの連合組織であるICOM，ワーカーズコープのための財政組織であるICOF，The UK Social Economy Forum (社会的経済組織のための情報・連携組織)，Malcolm Lynch Solicitors (社会的経済組織のための助言機関)，Unity Trust Bankなどがあり，地域社会においては協同組合振興機関(CDA)が大きな役割を果たしている．前述のように，CDAは協同組合と地方自治体との提携関係をつくるうえでも重要な機能を果たしている．

地域社会においては，公的福祉サービスの縮小にともない福祉サービスに対

するニーズが高まり，保育ニーズ，高齢者福祉のニーズ，社会サービスのニーズなどを満たすためのワーカーズコープが急増している．自治体による社会サービスの廃止に際して，ワーカーズコープを設立して運営を継続するなど，ワーカーズコープと自治体との連携も強化されている．また，就業機会の創出を主要な目的とするワーカーズコープ，地域社会の活性化を主要な目的とするコミュニティコープづくりなどもさかんである．

EU の助成金があるために，草の根レベルの協同組合組織と EU との関連も密接になってきている．多くの CDA が地方自治体と EU から資金援助を得ている．

つぎにロンドンのグリニッジ CDA の事例を見ることにしよう．

6.2 グリニッジ CDA の事例

以下は，グリニッジ CDA の Sipi Hameenaho (project coordinator) の説明である (1997 年 9 月 16 日．グリニッジ CDA における聞き取り調査)．

グリニッジ CDA は 15 年前に設立され，協同組合の設立と運営に対する支援を主要業務としている．最近グリニッジで結成されたワーカーズコープとしては，芸術協同組合，劇場協同組合，オーケストラ・メンバーの協同組合 (助成金を得て地域の子どもたちに音楽教育をする)，コンピュータ教育の協同組合 (失業者に教える場合は，EU からの助成金がある) などがある．

コミュニティ・ビジネスも増えている．協同組合などの法人格をとるが，地域住民がメンバーとなるという点に特徴がある．食品販売，貧困地域の社会住宅 (social housing in deprived communities in Greenwich)，家具等のリサイクル，などの事業を行っている．

グリニッジ CDA の最近の仕事としては，共済組合の設立がある．職域の共済組合としては Greenwich Council Employees Credit Union を設立した．地域単位の共済組合の設立にも努力している．

グリニッジ CDA の年間予算は，約 20 万ポンド (1 ポンド 200 円の計算で，4000 万円) である．財源の約 10% は協同組合に対するサービス (コンサルタント

養成など)から得ているが,基本的な財源は地方自治体とEUから得ている. そしてEUの資金では4つのトレーニングコースを開設している(主として失業者の職業訓練. 失業者には女性と移民が多い). その他に地方自治体からの業務委託もある.

CDAに対する地方自治体からの業務委託としては調査などがある. 最近では政府の調査の一環として, グリニッジにおける高齢者の特別養護施設新設問題に関する調査を行った. 18か月の調査の後, 1997年6月に最終報告を提出した. その結論は, 新設のための財源が十分ないので, 建物は旧施設を利用し運営は協同組合が行うというように, 施設の問題と運営の問題とを分けて検討すべし, というものであった.

グリニッジ市議会は1990年に予算の大幅削減を行い, 教育, 社会サービスへの支出を削減しただけでなく, 社会サービスの民営化を開始した. 93年には中央政府からの補助金削減により, 市が運営していた7つのレジャーセンターが30%の資金削減と同率の人員削減を迫られた. この措置に対応するために種々の組織改編が検討されたが, 紆余曲折を経た結果, 協同組合形態が選択されることになった. 運営原則としては公共の利益を優先する非営利性が強調され, 組合員に対する利潤配当も行われないとされた. 当初, 労働組合が職員削減反対, 閉鎖反対でたたかったので, 協同組合に転換された現在でも, 理事会に労働組合代表が参加している. 理事会の構成は, 職員代表(11名), 自治体代表(3名), 利用者代表(1名), 労働組合代表(1名)となっており, 理事は毎年選挙される. 水泳クラブ, フィットネスクラブ, テニスクラブなど7つのレジャーセンターがあるが, いずれも自治体から施設を貸与され助成金を得ている. どのセンターも公営のときよりサービスが向上したと評価されている.

以上はグリニッジCDA側の説明であるが, 自治体側の見解を知るために富沢はグリニッジ市議会・社会サービス委員会のM. Hayse委員長に対して同種の問題について聞き取りを行った(1997年9月16日). 彼はつぎのように述べた.

グリニッジ市は, 伝統的に労働党が強い自治体である. 社会サービス委員会

のメンバー16人中10人が労働党員である．市の予算の23%が社会サービス（児童，高齢者，心身障害者，移民等の問題への対応）に当てられる．1990年に市は財政難から大幅な予算削減を行った．その結果，10の公立高齢者養護施設のうち4つが民間企業に移った．今後の課題としては，高齢者養護施設に関してもグリニッジ・レジャーセンター型モデルの適用を検討したい．すなわち，施設は地方自治体が提供し，ワーカーズコープが運用するという形態だ．

以上はグリニッジの事例であるが，イギリスのその他の地域およびEU諸国においても同種の事例が増えている[22]．また，EU諸国の協同組合振興機関のネットワークをつくるために，CDA Europeという組織の結成が進行中である(ICOM 1998, p.5)．

1) 日本でも，つぎのような文献で当時の欧米の状況が紹介された．石川編(1981)，社会運動研究センター編(1983)，佐藤誠編著(1984)，生活問題研究所編(1985)，Prandini(1982)，Louis(1983)，桑原(1985)．

2) つぎのような文献がある．Batstone(1981)，柳沢(1985)，日本・モンドラゴン協同組合群調査団編(1984)，Thornley(1981/82)，富沢(1985)，高橋・石見編(1985)，中高年雇用・福祉事業団全国協議会編(1985)，Mellor, Hannah and Stirling(1988)．

3) 1985年の現地調査は，P. デリックの援助を得て，原嘉彦，太田知量，佐藤誠，富沢賢治の4名によって行われた．本章では，研究論文だけでなく各種の協同組合連合体や援助機関の資料，さらにはそこで活動する人びととのインタビューも活用する．

4) 伝統的な生産協同組合の歴史については下記の文献，参照．Thornley(1982), ch.1., Wajcman(1983), pp.18-21.

5) 例外的に，1920-21年という短期間，ギルド社会主義運動の成果として，建築部門で生産協同組合運動が高揚した．全国建築ギルドは，20年に設立され，22年に解散した．ギルド社会主義の社会変革構想は，産業を公有化し，その経営を全労働者の参加するギルドに委任するというものであった．

6) スコット・ベイダー社については，Cockerton and Whyatt(1986), pp.71-73，および，日本・モンドラゴン協同組合群調査団編(1984), pp.15-17，参照．

7) 詳細については，富沢(1980)，第9章，第10章，参照．

8) 就労闘争(work-in)の特徴は，工場占拠(sit-in)だけでなく，占拠した工場で

第8章　ワーカーズコープ運動形成の歴史的条件——イギリスの事例——267

労働者が自主生産活動を行うことである.

9) 協同組合振興機関法の成立過程については，Thornley (1982)，pp.54-56，邦訳 pp.108-112，参照. 1969年の労働党の経済綱領のなかには，主として消費協同組合助成のための協同組合振興機関設立の提案がもりこまれていた. しかし，協同組合卸売連合会(CWS)は，協同組合の自主的な運動に国家構かが介入するのを恐れてその提案に反対した. しかし，紆余曲折を経た後，77年には，消費協同組合だけではなく，すべての種類の協同組合を助成するための機関が必要だという合意が，協同組合運動のなかで形成された.「ベンの協同組合」の実践の後，労働党左派も協同組合運動に関心を持つようになった. 77年10月の協同組合党大会では，キャラハン首相が演説し，協同組合振興機関法の立法化を約束した.

10) ワーカーズコープの評価に関しては，労働党はワーカーズコープを産業民主主義を強化し富の再配分を行う可能性をもった第3セクターと見なし，保守党と自由党は，ワーカーズコープが労働者の闘争力を弱め，生産性向上と労働者の自立に役立つと見なした. しかし，3党ともに，ワーカーズコープが産業発展に役立つと信じ，その助成機関としての全国CDAの設置を支持した(Thornley 1982, pp.56-57, 邦訳 pp.111-112).

11) 産業・節約組合法によって登記された有限責任会社の企業税は，一般企業の企業税よりも低率であった. 一般企業の企業税は，年間利益2万5000ポンド未満の企業で42％，2万5000ポンド以上の企業で52％であったが(1979年現在)，産業・節約組合法によって登記された有限責任会社の企業税は40％であった(Wright 1979, p.34).

12) 「自然食品」の一例として，リーズを拠点とする自然食品卸売協同組合「スマ」(Suma)をあげておこう. スマは1975年にフルタイムの仕事を別に持っていた2人の創設者が，小さな倉庫を借りてパートタイマーとして働くかたちで始められた. 初年度の資本金は4000ポンド. この段階では法的にはまだ協同組合ではなく個人企業であった. 77年には，その後参加したメンバーを加えて18人で，ICOM型定款にもとづきワーカーズコープに組織替えをし，銀行から融資を受けて広い倉庫も買い入れた. 自然食品ブームに支えられて業績はその後も順調に伸び，85年には20人の組合員と20人のパートタイマーが年間500万ポンドの取引をするにいたった. スマの主要な取引相手は「北部自然食品協同組合連合」(Federation of Norhtern Wholefoods Collectives)に加盟しているワーカーズコープ方式の小売店である. スマは小売店新設の際には資金援助をはじめ種々の援助をしている. スマは週1回，組合員総会を開き，パートタイマーもオブザーバーとして参加する. 仕事の割り当ては，固定的でなく，交替制(労働転換)を原則にし，買い付け，会計などの専門性の高い仕事は

2年交替，単純作業は1日ごとに交替する．賃金は平等で扶養家族のいる者にだけ割り増し給が与えられている（スマについての以上の情報は，85年2月のスマ調査のさいの組合員とのインタビュー，および，Cockerton and Whyatt 1986, pp.63-65, による）．

スマはまた，後述の「対案型」協同組合の一例として見ることができる．スマに即して「対案型」協同組合の特徴をあげておこう．①たんなる経済上の利潤追求にとどまらない哲学が存在する．スマの場合は，資本主義企業では実現困難な労働の人間化をめざし，資本主義企業が製造する加工食品を批判し，自分たちの手で健康食品を入手するという考えから運動が始まった．②協同組合間の協同を重視する．スマの場合は，ワーカーズコープである小売店との協同が事業を大きく飛躍させてきた．③意志決定，仕事の分担，賃金配分などの点で民主的運営原則を重視する，などである．

13) ワーカーズコープのタイプ別分類はほかにもいくつか試みられている．例えば，ロンドンのタワーハムレット労働組合地区評議会は，つぎの4つのタイプに分類している(London ICOM n.d., *Trade Unions and Co-ops*, p.11)．①「伝統型ワーカーズコープ」(Traditional Workers' Co-ops)．②「転換型ワーカーズコープ」(Conversions)．スコット・ベイダー社のように企業形態の転換によって設立されたワーカーズコープ．③「救援型協同組合」(Rescue Co-ops)．メリデン社のように，労働組合のイニシャティブによって倒産企業の再建をはかるもの．④「新しい波協同組合」(New Wave Co-operatives)．コーンフォースの分類による「対案型協同組合」に当る．

14) 同様な例は他の区でも多く見られた．一例としてロンドンのランベス区のケースを見ると，地方自治体は，ワーカーズコープに建物を安く賃貸するほかに，銀行の利子率よりも約7%低い，ICOFの利子率とほぼ同率の10.125%（1979年）で，1年ないし5年間の貸付けを行っていた．

15) ロンドン以外でも地方CDAと地方自治体との関係が密接なところが多かった．例えば，北部イングランドのクリーブランドCDAは，1972年の地方自治法にもとづいてクリーブランド県議会から8万7000ポンドの資金供与を受けて，82年に設立された．同CDAの理事会は，県議会，地域労働組合会議(regional TUC)など7団体の代表から構成されていた(Taylor 1983, pp.31-34)．

16) 女性に関して述べれば，1980年代半ば頃，約1万人と推計されたワーカーズコープの組合員の約半数は女性だと推定されている（1985年2月4日，GLEBでのインタビューのさいのJ. Thornleyの発言）．このことは，一面では女性の雇用状況の厳しさを反映しているが，他面では自治体や各種援助機関が女性を積極的に援助してきた結果でもある．例えば，ICOMでは，理事会の女性メンバーが1981年に「女

性の輪」(Women's Link-Up)という組織を結成した．この組織は，組合設立を希望する女性や現に組合を運営している女性に教育，経営相談など種々の援助をすることを目的としていた．教育活動としては，組合設立希望の女性を対象にした3か月間の講習会を，地方自治体や地方 CDA などの援助を得て開催した．

17)　「モンドラゴン協同組合の成功の理由のひとつは，新しい協同組合の設立に先立って労働人民金庫が行なう専門的な市場調査と実現可能性研究や訓練の完全性にある」(P. Derrick)とする評価は，今日一般的になっている(高橋・石見編 1985, p. 173)．

18)　1982年には，近隣住区サービス協同組合の数は20，コミュニティコープの数は21であった(Thornley 1982, 邦訳 p.326)．

19)　労衝党調査部のT.マンウェアリングは，その背景としてつぎの点をあげた(1985年2月4日のインタビュー)．①「ベンの協同組合」の実践に対する認識の深化．②労働党を与党とする多くの地方自治体議会でワーカーズコープ振興の実践が積み重ねられてきたこと．③国有化を基礎とする社会主義戦略にとってもワーカーズコープの振興は積極的な意義をもつのではないかという問題意識が生じてきたこと．

20)　ブレア首相の見解と労働党政権の政策については，岡(1998)，参照．

21)　協同組合法案については，堀越(1998)，菅野(1998a, 1998c)，協同総合研究所編(1998b)，参照．

22)　生協総合研究所編(1998)，参照．なお，公的福祉サービスの民営化に関するヨーロッパにおける議論については，北島(1997)，参照．

第9章　福祉国家と社会的経済
——スウェーデンの事例

1　はじめに

　第7章では，社会的経済の実現を目的意識的に追求しているワーカーズコープの1典型として，モンドラゴン協同組合グループの事例を考察した．その主要な目的は，ワーカーズコープが社会的経済をどのように展開しているかを具体的なかたちで明らかにすることであった．第8章では，協同組合運動の母国であるイギリスにおいてワーカーズコープがどのように発展してきたのか，その歴史を考察した．その主要な目的は，どのような歴史的条件がワーカーズコープを生み出してきたのかを明らかにすることであった．

　この2つの章に引き続き本章では，福祉国家のモデルと見なされてきたスウェーデンにおける協同組合セクターと，ワーカーズコープ運動の形成について考察する．ここでの主要な目的は，ワーカーズコープ運動の形成が協同組合セクターのあり方にどのような変容をもたらしているのかを明らかにし，そしてそれがスウェーデン型福祉国家モデルにどのような変容をもたらそうとしているのかを展望することである．社会的経済の解明という本書の問題関心からすれば，スウェーデンのEU加盟(1995年)が協同組合運動に及ぼす影響についても考察する必要がある．EU加盟後まだ日が浅いが，今日すでに社会的経済というコンセプトにもとづく協同組合運動が，スウェーデンにおいても発展している．そしてここでもまた，ワーカーズコープが社会的経済の実現をめざす運動のイニシャティブをとっている．このような現象を分析することは，EU諸国における今後の協同組合運動と福祉国家のあり方を展望するうえでも重要な意味をもつであろう．

　以下本章では，スウェーデンの協同組合運動の歴史(第2節)と現状(第3節)

を概観したのちに, ワーカーズコープ運動の発展による協同組合セクターの変容について考察する(第4節, 第5節).

2 歴史的背景

「協同組合の国」と呼ばれるほどスウェーデンでは協同組合が発展しており, 全世帯の3分の2がなんらかのかたちで協同組合と関係を持っている. このような発展は, どのようにもたらされたのであろうか[1].

協同組合は, 基本的には資本主義社会における労働者階級と農民の組織である. 他の多くの国と同様, スウェーデンにおいても, 産業革命による社会変化が協同組合運動を生み出す基本的要因となった.

市場経済への農民の依存度が高まるにつれ, 資金運用に苦しむ農民たちが19世紀の前半から共同購入組合などの相互扶助組織を結成しはじめたが, 協同組合運動が本格化するのは19世紀後半である.

ウプサラ地方の知事 R. von Krämer のイニシャティブによって1850年に設立された「ラグンダおよびハグンダ購買協同組合」が, 最初の安定的な協同組合となった.

本格的な「草の根運動」としての協同組合運動は, 労働者階級の成立とともに発展した. 産業革命の進展の結果, 19世紀後半には製紙, パルプ, 鉄工業などの近代化がすすみ, 都市に労働者階級が生れた. 1850年代には労働者の設立する消費協同組合や生産協同組合が生れたが, 社会的支持基盤が弱かったため, ほとんどの組合が短命に終わった. 60年代から70年代にかけて, 数百の消費協同組合と若干の生産協同組合が労働者により設立された. 70年代以降, 貯蓄とローンによる住宅取得を目的にかなりの数の住宅協同組合が設立されたが, これらの住宅協同組合もほとんどが短命であった.

協同組合の安定的発展のための社会的基盤をなしたのは, 19世紀末の労働運動の発展であった.

1890年代になると労働組合運動, 社会主義的政治運動などがさかんになっ

た.協同組合運動の多くの指導者は同時にこれらの労働運動の指導者でもあり,労働運動の指導者たちのネットワークがつくられた.各種の労働運動の機関紙などの世論形成力も大きくなった.これらのことが,協同組合の継続的発展のための社会的基盤の形成に貢献した.95年には協同組合法が成立した(その後いくたびかの改正がなされ,1987年の現行法となっている).

1890年代後半にはさらに200ほどの消費協同組合が新設され,99年には消費協同組合の中央組織としてKF(コーエフ.Kooperativa förbundet. 消費協同組合連合会,41組合,8700組合員)が創設された.この中央組織の設立が,その後の協同組合運動の発展にとって強固な基礎となった.

KFは1904年にKF自体として卸売り事業を開始し,連合会を中心にチェーン化を図り,事業を伸ばしていった.

KFは1921年のマーガリン生産をはじめとして,製粉,製パン,タイヤ,電球,キャッシュレジスター,食用油,ゴム靴,陶器,皮革製品,紙,パルプなどの工場を設立あるいは買収し,中間経費削減分で価格を引下げる実効価格主義(active price policy)を実行し,独占資本やカルテルに対抗した.その結果,21年末のKFのマーガリン生産開始後3か月でマーガリンの市場価格はキロ当り2.70クローナから1.90クローナに下落した.31年にはKFが国際カルテルに対抗して電球製造を開始したが,その後,電球の市場価格は37%下落した.

第2次大戦後KFはさらに輸送用機械,計量機器,衛生用品,建材,台所用品,包材,電子機器,ストッキングなどを製造する子会社を設立し,これらの子会社を統轄する持株会社として1979年にKFインダストリィを設立した.また食品分野ではコーヒー,缶詰,冷凍食品,アルコール製品の生産を始め,さらに,北欧諸国の消費協同組合中央組織と共同でチョコレート,洗剤の生産にも着手した.

KFは流通と製造以外の分野にもその活動をひろげ,協同組合セクターの拡大強化に貢献してきた.すなわちKFは,労働組合と提携して1908年に保険協同組合(現在のフォルクサム.Folksam),37年に旅行組合(レソ.Reso),45年

に葬儀共同組合（フォヌス．Fonus）などの関連組合を設立し，さらには石油協同組合（オーコー．OK. Oljekonsumenternas förbundet）の設立に助力した．また，住宅貯蓄協同組合（ホーエスベー．HSB. Hyresgästernas Sparkasse-och Byggnadsföreningar），全国建設協同組合（エスアール．SR. Svenska Riksbyggen）などと密接な提携をとった．

　Folksam は，1908 年に KF によって設立された損害保険協同組合 Samarbete と，14 年に設立された生命保険協同組合 Folket が 25 年に合併してつくられた組織である．Folksam の最高意思決定機関である総会の代議員の構成は，協同組合代表が 50%，労働組合代表が 50% である．Folksam は，労働組合の協力によりスウェーデン最大の保険組織となった．

　Reso も労働組合の強い支持のもとでつくられた．1930 年代に労働者が長期休暇の権利を獲得するようになると，KF はスウェーデン労働者教育協会の主導のもとで 37 年に Reso を創設し，労働者にふさわしい休暇サービスを提供した．76 年以降は，自らの組合員によって支えられる独立の事業体であることをやめ，KF の子会社として機能するようになった．

　KF は労働組合と協力して，1945 年にストックホルムに葬儀協同組合を設立した．その後，各地に同様の組織がつくられ，70 年代後半にそれらの全国組織として全国葬儀組合連合会 Fonus が組織され，スウェーデン最大の葬儀事業組織となった．

　OK の前史には，タクシーの運転手や自動車所有者たちの石油の共同購入がある．最初の石油消費協同組合は 1915 年，ストックホルムでタクシー所有者購買組合によって組織され，その後，各地に同様の組織がつくられた．また，強力な石油カルテルの反撃に対抗するために 26 年には石油購入センター (IC) が設立された．このような前史を経て，45 年には自動車所有者，KF，農協，漁協によって石油消費協同組合 OK が設立された．IC と OK は 63 年に合併し，今日の OK が誕生した．

　住宅協同組合は，住宅取得希望者が貯蓄組合をつくることによってできた組合である．20 年代に入ると各地に安定的な住宅協同組合が組織され始め，こ

れを基礎に23年にはストックホルムにHSBが創設され，翌年にはその全国組織が設立された．HSBは30年代からは公営住宅建設にも関係するようになり，とくに低所得者層のために政府，地方自治体と協力して，低家賃アパートを建設した．これは後に，低所得者層に対する家賃補助制度を含む国の総合的な住宅政策確立のための基礎ともなった．このような多彩な活動を通じて，HSBはスウェーデン最大の住宅建設事業体となり，都市計画にも参画するようになった．

HSBが地域の住宅取得希望者による消費者主導型の住宅協同組合であるのに対して，SRは1940年に建築労働者の就業機会増大を目的として建築労働組合のイニシャティブによって設立された組織であり，生産者主導型の住宅協同組合である．HSBが建設する住宅には個人所有一戸建住宅が多いが，SRの建設する住宅には協同組合住宅や賃貸住宅が多い．

つぎに，農業協同組合の歴史を概観しよう．

19世紀を通じて農民は，中間搾取を排除するために各地に業種別販売組合や購買組合を結成したが，各組織が孤立していたために，多くの組織は弱体で短命であった．しかし，消費協同組合と同様に1890年代になると，全国的組織化の動きが強まった．95年に地域的規模の組織が結成されると，その後10年間に11の専門別全国組織と380の地方農業協同組合が組織され，1905年にはスウェーデン購買・作物販売農協連合会(SLR. Svenska Lantmannens Riksförbund)が設立された．

1915年には，ドイツのライファイゼン信用組合をモデルにして最初の信用組合がつくられた．17年には，農業者組織として農業会(SAL)が組織された．この農業会は39年にスウェーデン農民組合連合会(SL)と改名され，29年設立の全国農民連盟(RLF)と70年に合併し，スウェーデン農民連合(LRF. Lantbrukarnas Riksförbund)となった．

今日の農業協同組合の主要な中央組織は，1930年代に結成されている．すなわち30年に農民信用・銀行協会(SJK)が，32年に酪農協会(SMR)，鶏卵販売組合(SA)，農民畜肉販売組合(SS)，全国森林所有者組合(SSR)が組織されて

いる.

　消費協同組合と農協以外の協同組合としては，漁業協同組合，タクシー所有者協同組合，トラック所有者協同組合が1920年代以降発展した．

3 EU加盟前の協同組合セクター

　消費協同組合は第2次大戦後も発展を続け，スウェーデン経済における主要な民間非営利組織と見なされるだけでなく，1950年代には国際的に1つのモデルと見なされるまでになった．

　しかし，1970年代になると，経済成長の鈍化と物価高騰が協同組合に大きな影響を及ぼすこととなった．とりわけ73年のオイルショック後，個人消費が停滞し，協同組合は新たな経済状況のなかで組織的な対応を迫られることになった．

　以下本節では，1990年代における変化を見るために，まず90年頃を主な考察対象にして，EU加盟前のスウェーデンにおける協同組合セクターの全体的状況を概観しておくことにしよう（統計数字は，ことわりがないかぎり，80年代末のものである）．

　スウェーデンでもっとも発展している協同組合は消費協同組合であるが，それは6分野からなっている．表9.1は，1984年の消費協同組合グループの状況を示している．

　KFに所属する組合の数は組合合併により減少し，1920年には950組合あったが，89年には135組合となった．しかし，同じ期間に組合員数は24万8000から205万3000に増大し，全世帯の半数以上を組織するにいたった．全国の小売市場に占めるシェアは70年代初頭まで増加し続け，70年には小売市場シェアの18%を占め，売上高はボルボ，エレクトロルクスなどに次いで国内第6位となった．その後のマーケットシェアは漸減し，80年に17%，88年に16%となったが，いぜんとしてスウェーデン第6位の巨大事業体の位置を占めていた．89年の食品小売市場シェアは約20%で，総事業高は862億クロ

表 9.1　消費協同組合グループ(1984 年)

	組合数	組合員数 (1000 人)	従業員数	事 業 高 (100 万クローナ)	市場占有率 (%)
KF	143	1,935	64,300	34,445	16.3
HSB	3,333	436	4,900	1,500	14.6*
SR	1,300	—	2,647	1,040	9.5*
OK	25	995	5,931	13,011	15.8
Folksam	6	—	2,978	4,000	27.0
Fonus	4	—	557	255	30.0
合　計	4,811		81,313	54,251	

注)　*は 1950-77 年の新築戸数におけるシェア.
　　　SR, Folksam, Fonus は団体を加盟員とし,個人組合員は持たない.
出所)　The Swedish Society for Cooperative Studies (1986), p.12, および,栗本(1987), p.95.

ーナであった.

　物流分野では,KF の中央配送センターと 15 の地方配送センターから全国にある約 2000 店舗に,配送車が物資を輸送していた.

　KF の食品加工部門は 31 のパン工場,16 の食肉加工工場,10 の食品加工工場,2 つの醸造所から成り,消費協同組合の食品売上高の約半分を供給していた.また,KF インダストリは,電球,台所収納用品,繊維製品などの生産諸企業の持株会社であり,総事業高の約半分を輸出によって稼いでいた.

　KF は教育を重視し,役職員教育の中央機関として協同組合学校を運営していた.

　Reso(旅行組合)は,31 のホテルと 9 つの旅行代理店を持ち,12% の市場占有率を持つ業界上位の旅行会社となっていた.出資金の 55% は KF が,38% は OK(石油共同組合)が出していた.

　HSB(住宅貯蓄協同組合)は 1950-77 年の間に 32 万 6400 戸(新築住宅の 14.6%)の住宅を建設した.この間のピーク時である 65 年に建設した住宅数は 1 万 7600 戸(新築住宅の 18%)であった.50-77 年の HSB の事業高は全協同組合セクターの事業高の約 50% を占めていた.HSB 所属の住宅協同組合数は 80 年代末で 3600,その組合員は約 54 万人であり,そのうち 31 万世帯がすでに

HSBの住宅に入居し，残りの23万人がHSBに貯蓄し待機中であった．

SR(全国建設協同組合)は1950-77年に21万1600戸(新築住宅の9.5%)の住宅を建設し，ピーク時の71年には1万3400戸の住宅を新築した．HSBの建設した住宅と合せると，50-77年の全国の新築住宅の4軒に1軒は住宅協同組合によって建てられたことになる．80年代の中頃には集合住宅の約3分の1がこれら2つの住宅協同組合によって建てられている．86年の新築住宅のうち，28%が協同組合セクターによって，29%が公共セクターによって，43%が私的セクターによって建てられた．87年には協同組合住宅数は約50万戸となっていた．

SRはKF，労働組合評議会(LO)，建築労働組合，約1500の住宅協同組合が共同で出資し運営していた．SRは住宅建設を本来の仕事としてきたが，住宅プロジェクトの立案，住宅管理などにも仕事をひろげ，20万戸の住宅を有する1500の住宅協同組合と他の住宅組織に広範囲のサービスを提供していた．

HSBは住宅団地を建設し，そのなかに学校，ショッピングセンター，保育所，保養所などを配置し，その地域全体の協同組合化(cooperativization)を計画し，まちづくりに貢献していた(The Swedish Society for Cooperative Studies 1986, p.27)．

OK(石油共同組合)は原油の輸入，精製から一般燃料の販売までを行い，1988年には20の地域組織，約800のガソリンスタンド，約120万の組合員を有していた．86年には国有企業であるスウェーデン石油とともに新しい企業，オーコー石油を設立し，これにはフィンランドの国有企業であるネステ石油も参加していた．OKはスウェーデンの全石油製品販売市場の20%，ガソリンの19%のシェアを持っていた．

Folksam(保険協同組合)は約1600万の保険契約口数を持ち，スウェーデンの全人口(844万人)の半数以上がFolksamの保険契約者となっていた．保険業界に占めるFolksamのシェアは保険の種類により異なるが，16%から61%まであり，平均27%であった．

Fonus(葬儀共同組合)は，全国的規模で葬儀事業を営む唯一の組織であり，

業界の30%のシェアを占め,スウェーデン最大の葬儀事業組織となっていた.パルメ元首相の墓石を製作するなど,その社会的ステータスも高かった.

上記の消費協同組合グループのなかで,各協同組合セクションは相互の組織的加盟,共同出資,商品交流などを通じて協同組合相互の協同をすすめていた.例えばOKはKFの会員であり,したがってKFのオーナーでもあった.

また上記の6組織,すなわちKF,2つの住宅協同組合,Folksam,OK,Fonusは共同出資して,1975年にスウェーデン協同組合研究所を設立した.協同組合研究所は,協同組合に関する研究や広報,協同組合間協同の促進,新しい協同組合に対する援助,学校での協同組合教育の促進などの活動をすすめていた.

表9.2に見られるように農業人口は激減し,農業はGDPの2%を占めるにすぎなくなった.しかしながら,食糧を提供するというその役割からして,国民の食生活に占める農業と食品加工産業の位置はいぜんとして大きく,農業協同組合が国民生活のこの分野の基本的な担い手となっていた.

スウェーデン農民連合(LRF)は,15の専門別全国組織,約600の単位組織と100万以上の組合員から構成されており,スウェーデンの全農産物の約80%を取扱っていた.

15の専門別全国組織は,農民購買・作物販売組合連合会,酪農組合連合会,農民食肉販売組合連合会,鶏卵販売組合連合会,森林所有者組合連合会,協同組合銀行連合会,長期保証銀行連合会,家畜飼育生産組合連合会,油糧種子生

表9.2 全人口と農業人口の割合

年	全人口 (1000人)	農業人口 (%)
1850	3,483	69
1900	5,136	48
1950	7,042	20
1988	8,459	3

産組合連合会，ビート生産組合連合会，デンプン生産組合連合会，アルコール製造組合連合会，毛皮製造組合連合会，じゃがいも生産組合連合会，缶詰食品生産組合連合会である．

　これらの連合会のうち主要な全国組織を見ると，農民購買・作物販売連合会は，19の地域協同組合から成り，穀物販売では全国の農民出荷の75%を扱い，購買では肥料の80%，飼料の70%，農機具の45%を供給していた．1987年の事業高は150億クローナであった．連合会はまた関連企業を多数有していた．例えばスウェーデン最大の製粉企業，製パン企業を有し，小麦粉では全国市場の40%，パンでは10%のシェアを占めていた．

　酪農組合連合会は全国の加工牛乳の99%を扱い，チーズの大部分も協同組合によって製造されていた．約80の酪農工場施設で働く従業員は9000人で，一大食品産業となっていた．

　農民食肉販売組合連合会は8万5000人の食肉生産者を組織し，全国の食肉生産の80%(価格)を扱っていた．食肉加工の従業員は1万200人で1987年の販売高は140億クローナであった．全国市場に占めるシェアは切り身肉の45%，加工肉食品の35%であった．

　鶏卵販売組合連合会が取扱う鶏卵は，全国市場の45%を占めていた．

　森林所有者組合連合会が材木市場に占めるシェアは25%であり，1987年の事業高は80億クローナであった．

　協同組合銀行連合会は，全国12地域の388の地方協同組合銀行を会員としていた．64万5000人の組合員のうち農民は8万人であるから，非農民組合員が88%を占めていた．農村信用組合は1969年の法律改正により他の銀行と同じ機能をもつことになり，一般市民に開放され，74年には協同組合銀行と改称された．87年の貯金額は350億クローナであった．連合会はまた地域の協同組合銀行およびスウェーデン農民連合などと共同出資して，中央協同組合銀行を設立した．そして中央協同組合銀行は，ヨーロッパの主要協同組合銀行が共同出資しているマーチャントバンクであるロンドンコンチネンタルバンカーズのメンバーとなった．

消費協同組合と農協以外の協同組合としては，漁業協同組合，タクシー所有者協同組合，トラック所有者協同組合などがあった．

漁業協同組合の場合は，工業化の進展にともない離漁者が増加し，1982年の漁業専業者数は4300人，漁獲量は20万トン台となった．最大の地域連合会である西海岸漁業組合連合会の組合員数も50年の7000人から84年の3113人に減少した．

タクシー所有者協同組合の数は328，組合員数は7000人であり，これらの協同組合がタクシー運輸のほぼ100%を担っていた．

トラック所有者協同組合の組合員は9500人で，244の共同運送センターに組織され，全国のトラック運送量の約半分を扱っていた．1984年の事業高は74億クローナであった．

つぎに，1984年の協同組合企業数と従業員数を見よう．

全労働者の5%が協同組合セクターで働いていた．5%強が公共セクターで，他は私的セクターで働いていた．

表9.3 協同組合の企業数と従業員数(1984年)

	企業数		従業員数	
農業・林業	179	(0.1)	7,312	(14.3)
鉱業	15	(1.5)	101	(0.8)
製造業	218	(0.4)	48,275	(5.8)
電気・ガス・水道	124	(23.1)	637	(2.4)
建築	54	(0.1)	11,393	(5.9)
商業	774	(0.7)	64,482	(14.1)
交通・通信	457	(1.8)	3,837	(1.5)
信用・保険・資産管理	5,076	(14.8)	19,920	(8.3)
行政関連および他のサービス	379	(0.9)	3,283	(0.3)
合計	7,276	(1.6)	159,240	(4.9)

注) ( )内は同業の全企業数と全従業員数に占める%．
出所) The Swedish Society for Cooperative Studies (1986), p. 23.

表 9.4 製造業と商業の協同組合従業員数 (1984年)

	従業員数		1976-84年の増減(%)
食品加工	32,332	(44)	4
食肉	12,884	(69)	1
酪農製品	9,568	(92)	－3
果物・野菜の缶詰	679	(12)	－14
魚の缶詰	415	(16)	0
油脂製品	1,042	(58)	2
製粉	695	(43)	－6
製パン	4,465	(30)	21
化学産業	4,540	(7)	0
パルプと製紙	4,884	(12)	－12
製材	1,868	(3)	－18
卸売り	17,781	(10)	0
小売り	37,730	(17)	1
デパート	17,545	(56)	9
中小店舗	14,834	(19)	－1

注) ( )内は同業の全従業員数に占める%.
出所) The Swedish Society for Cooperative Studies(1986), p.25.

　表9.3に見られるように,住宅貯蓄協同組合を含む「信用・保険・資産管理」に最大多数の組合が集中している.従業員数で見ると,商業,製造業,信用・保険・資産管理,建築,農業・林業が上位5位までを占めている.

　表9.4は,表9.3の製造業と商業のうちの主要な業種について,協同組合で働く従業員数を示している(「食品加工」と「小売り」の内訳も主要な業種だけを対象としている).この表によれば,食品加工業では,全従業員の44%が協同組合で働いている.

4　新型協同組合の発展

4.1　新しい形態の協同組合

　上述のように,従来の協同組合セクターは主として消費協同組合と農業協同

組合から構成されていた.しかし,1970年代中頃からこのパターンが変わりはじめた.既存の消費協同組合と農協の枠組みから外れた,様々な協同組合が生れてきたのである.これらの協同組合は,適切な総称がないので,スウェーデンでは「新しい形態の協同組合」(以下,「新型協同組合」と略称)と呼ばれるようになった.とりわけ90年代における発展はめざましく,90年から95年の間に3500以上の新型協同組合が設立されている(The Swedish Institute 1997, p. 1).

スウェーデンだけでなく,その他の多くの国で1970年代中頃から新しいタイプの協同組合が生れていた(富沢 1987a).これらの協同組合は国によって名称が異なるが,これらの組織の多くに共通する特質は,それらが「そこで働く人たちが所有し管理する協同組合である」という点にある.このような特質を持つ組織をECの英語文書は,イギリスでの名称にならって,ワーカーズコープ(workers' co-operative)と名付けていた.スウェーデンの新型協同組合も,基本的にはこのような国際的潮流の一環に位置づけることができる.

1970年代中頃から増加しはじめた新型協同組合は,部分的には従前の労働者生産協同組合運動の歴史的経験を踏まえながらも,全体としては新しい質をもった運動体として実践面でも思想面でもダイナミックに発展していった.「その発展は,19世紀中頃から世紀末にかけてのスウェーデン協同組合運動の発展期を連想させるほどのものである」と,研究者たちは述べている(Böök and Johansson 1988, pp.170-171).

新型協同組合は1970年代中頃から目立って増加しはじめたが,その最初は印刷,繊維,金属,製靴,建設などの業界における従業員所有の零細製造企業であった.その企業数は87年には105(従業員数3500人)となっており,そのうち80%はそれ以前の10年間に私企業から転換されたものであり,ほとんどが職を守るために企業閉鎖に反対してつくられた防衛的なものであった(Stryjan 1989, p.17).

1980年代には,サービス業の協同組合の増加が顕著になった.

1980年から81年にかけて新型の消費協同組合が増加し,中間搾取の排除を

目的としたさまざまな傾向の協同組合とそれらの協同組合を結ぶ共同購入販売組織,健康食品店,低開発国援助を目的とした商品購入販売店などが新設された.

1982年にはサービス業の領域が広まり,コンサルタント,建築設計,出版関連の協同組合,文化事業を行う文化協同組合,自動車などの共同利用を目的とする共同利用協同組合,さらに生産協同組合と結びついた有機農業協同組合,手工芸品協同組合などが設立された.

1982年から84年にかけて,この分化傾向がさらにすすみ,教師,父兄,生徒が種々の形態の学校協同組合を設立した.協同組合形態の学校食堂運営,学用品の共同購入などはそれ自体が実践教育として役立っていると評価されていた(Böök and Johansson 1988, p.173).

1980年代初頭には青年の失業問題とも関連して,種々の形態の青年協同組合が設立された.その後の景気回復により,この種の青年協同組合の新設は減少したが,それでも88年にその数は30を超えていた.たとえば,スウェーデンの中心から西に位置するデゲルフォスでは,地方自治体の財政援助を受けて若者たちのパン製造協同組合が設立されたが,その目的は,失業者の救済とともに若者たちの民主的な自治能力の発達におかれていた(Böök and Andersson 1988, p.37).

また,この時期には,地域社会の空洞化の進行にともなって,地域社会の活性化をめざして種々の活動を行うコミュニティコープが設立された.コミュニティコープは,当該地域の住民が組合員となり,生産,消費,社会サービスなど住民の種々のニーズをみたすために設立された多目的協同組合である.

同様に,地域社会の活性化をめざして,多様な協同組合の新設と発展を援助することを目的とする協同組合振興センター(LKU)が,地方自治体の援助を受けて,多くの地域で設立された.

とりわけ顕著に発展したのは保育協同組合であった.保育協同組合は1970年代からつくられはじめたが,80年代後半からの伸びが著しく,86年から90年の5年間でその数は100から600へと増えた.母親の就業率の高度化,労働

時間の短縮,公立保育所の不足などの結果,子どもの保育を必要とする父親と母親が共同で出資し,運営し,輪番制で保育活動を援助する協同組合が増加したのである[2].これらの協同組合に対しては地方自治体が財政援助,施設の貸与などを行った.また,このような協同組合を援助する全国的振興組織(ヴーラット・ダーギス,Vårat Dagis)もできた.この全国的振興組織の構成メンバーは保育協同組合だけではなく,KF,2つの住宅協同組合連合会も団体組合員としてこの組織に加盟し強力な援助をした.保育協同組合が150ほどの数になった1988年時点でベークとヨハンソンは,「この分野は疑いなく今後発展するであろう.私たちがこれまで「公的」分野と「私的」分野として理解してきた2つの分野の中間に存在するニーズは今後ますます増大するであろう」(Böök and Johansson 1988, p.174)と述べたが,この発言は的中し,その後,保育協同組合の数は増加し続けた.

1990年頃の新型協同組合の状況はつぎのようであった[3].

① 製造業・サービス業.製造業は105企業,従業員3500人.サービス業界における新協同組合の数は,零細企業が多く,しかも変化がはげしいために,不明.従業員数は2万人以上と推計された.
② 既存の農協組織には属さず,共同所有・共同運営を原理として設立された農業協同組合は約30.
③ 購買販売協同組合は約100.食品協同組合が多かった.
④ ある程度他のカテゴリーと重なるが,コンサルティング,文化活動,手工芸品の製造・販売などを行う新しいタイプの協同組合は約800.
⑤ 自動車などを共同所有・共同利用する共同利用協同組合の数は数十.
⑥ 青年の失業問題などの解決をめざして地方自治体などが支援する青年協同組合は約30.
⑦ コミュニティコープは少数.
⑧ 親が共同所有・共同運営・共同保育する保育協同組合は約600.
⑨ 以上の他に,各種の協同組合の設立と発展を地域レベルで援助する協同組合振興センター(LKU)が12あった.通常,LKUは協同組合組織で,

多くの場合その構成メンバーは新型協同組合，既存の協同組合連合会の地域組織，地方自治体であった．

4.2　新型協同組合の発展の要因

新型協同組合の発展の要因としては，1970年代以降の経済的・社会的変化をあげることができる．

最大の要因は，1970年代の国民経済の変化である．石油に大きく依存していたスウェーデン経済は国際的な石油危機によって大きな打撃を受け，経済成長率が大幅に低下した．GNP 年平均成長率は74年までの10年間は，64-69年が3.6％，69-74年が3.5％ と順調であったが，その後の10年間は，74-79年が1.5％，79-84年が1.7％ と急減した．また，この時期には製造業からサービス業への産業構造上の重点移行が顕著になった．これらの要因に加えてさらに，高度成長期以来の都市への人口大移動が，地域社会の空洞化をひきおこし，失業率の高度化，とりわけ青年層の失業問題などの社会問題を生み出すにいたった．このような現象が顕著になるにしたがって，地域社会を経済的にも社会的にも活性化させなければならないというニーズが，労働運動側にも行政側にも強くなっていった．

また都市部の拡大にともなって，人間関係の稀薄化，疎外現象が社会問題化し，親密な人間関係にもとづく社会を求めるニーズが強くなっていった．

社会運動としては，すでに1960年代末から70年代初頭にかけて既成社会とその組織にたいする批判運動が強まり，一部は政治的な反体制運動と化したが，この政治的な反体制運動が沈静化した70年代後半には，新社会の創造を経済的な実践活動として具体化させたいというニーズが高まってきていた．

既存組織に対する民主化要求，民主的な組織を自らつくろうとする動きがある一方，働く人びとのあいだには「生活の質」「仕事の質」に関する新しい感覚が芽生えてきた．たとえば，たんに賃金を得るために働くのではなく，社会に役立つ仕事をしたい，仕事のなかで自己実現をはかりたい，民主的な組織のなかで働きたいなど，組織のなかで自分なりの理想を追求したいというニーズ

である.「共同所有,民主的運営,意思決定への従業員参加が,新型協同組合に人びとを惹きつける特徴となっている」(The Swedish Institute 1997, p.4).

さらに,健康食品の購入など自己防衛的なものから,自然環境を破壊しない技術の開発とその適用まで,環境問題の見地からする種々のニーズが生れてきた.

「自然と社会と人間に対して有益な生産と消費」,「協力にもとづく人間関係」,「自主的・民主的な地域社会づくり」というような基本的ニーズをみたしうる組織として,協同組合が認識されはじめたのである[4].

新型協同組合運動を担う人びとは,つぎのような社会運動の活動家のなかから育ってきた.

①オルターナティブ運動の活動家,②企業国有化万能論に疑問をもちはじめた労働運動の活動家,③企業の民主化に関心をもつ中小零細企業の活動家,④組合員参加と組織の民主化に関心をもつ協同組合活動家,⑤思想的な動機というよりは直接的な動機(就業機会の創出,過疎地域の店舗の確保など)にもとづく活動家.

新型協同組合に対する支持基盤も拡大していった.

1980年代以降,既存の協同組合組織が新型協同組合に関心を示し,労働組合も友好的態度をとり始めた.政党,地方自治体,国家も関心を強め,場当りの短期的政策ではなく,長期的な支持政策がつくられるようになってきた.

1970年代以降の経済的・社会的変化は協同組合運動にも大きく影響し,70年代末から80年代初頭にかけて既存の協同組合運動は種々の困難な問題に直面した.このため協同組合運動は,長期的な運動方針を明確にする必要に迫られた.そのさい,新型協同組合運動をどのように評価するかという問題を検討せざるをえなかった.その結果,既存の協同組合組織は新型協同組合を積極的に援助するという結論に達したのである.

とくに高齢者協同組合,保育協同組合,コミュニティコープなど,地域社会の日常生活に密接に関連する活動を行っている協同組合に対する援助が強化された.たとえばHSB(住宅貯蓄協同組合)はコミュニティコープを支援し,その

新設に努めていた．その目的は，HSB の住宅に住む組合員の活性化である．そのために HSB はコミュニティコープを支援して，住民が自主的に共同住宅運営上の諸問題を解決できるように努力した．これには，住民が必要とするサービスにこたえるために，売店や自動車修理業などの小規模ビジネスを設立するという計画も含まれた．前述のように，HSB は特定地域全体の協同組合化を計画していた．

社会民主労働党政権は，協同組合を産業政策，都市計画，福祉政策，消費者政策のなかに位置づけ，その発展を支援した．たとえば税制面では，法人税は株式会社の 40% に対して協同組合は 32% の軽減税率とされた．

しかし，ワーカーズコープについては，長年にわたって労働組合運動も社会民主労働党も，ワーカーズコープが賃金労働者の条件改善に役立つとは考えてこなかった．この伝統的な見解にもとづいて，労働組合運動も社会民主労働党も 1970 年代の新型協同組合運動に対しては冷淡あるいは批判的な態度を示していた．しかし，彼らもまた，70 年代中頃からの経済的・社会的変化と人びとのニーズの変化にたいして，無関心であり続けることはできなかった．

労働者の経営参加問題については，労働者代表制，共同決定制度などの論議を経て，1983 年に労働者基金法が成立した．その内容は，全国に 5 つの基金を設立し，企業利潤の 20% と給与所得者の給与から 0.2% を徴収して年間 20 億クローナの資金を集め，企業の株式を購入し，労働者所有の株式を増加させ，企業経営に対する労働者の影響力を強化させようとするものであった．この問題の論議の過程で，労働者の自主管理の問題に関連してワーカーズコープの意義が検討されるようになった．

地域社会の空洞化現象に直面した地方自治体も，地域社会活性化の観点から新型協同組合に関心を持ち始め，特別の協同組合振興プロジェクトをつくることが多くなってきた．地域協同組合振興センター，青年協同組合，コミュニティコープなどに対する援助がその例である．

国家も新型協同組合に対する支援を開始した．すでに 1977 年の段階でスウェーデン議会は，国民経済に占める協同組合運動の役割について調査する必要

があるとして、協同組合運動調査委員会を設置した。81年に発表された委員会報告書『社会における協同組合』はつぎのような認識を示した.

> 協同組合運動はスウェーデン社会の種々の領域で重要な役割を果たしている．……急速な構造転換と民主化・分権化要求が今日の経済活動の特徴をなしている．この問題に関連して，伝統的な協同組合諸原則が種々の点で，経済政策の基本的諸問題を検討し解決するさいにガイドラインとなりうるのではなかろうか．このような条件下では，私的企業と国有企業とに対する現実的なオルターナティブおよび補完として協同組合形態の企業が発展することは，社会にとって重要な意味をもつ(Industridepartmentet 1981, p.493).

このような論議にもとづいて，1987年には，政府，協同組合，労働組合の3者が構成する協同組合審議会が，政府(50%)と協同組合(50%)の共同出資による5年計画として，つぎのような「協同組合振興システム」の構築計画をスタートした．

① 「協同組合振興のための基本計画」は，協同組合振興を目的とする研究，広報，教育などを実施する計画で，スウェーデン協同組合研究所が責任を負う．

② 「協同組合サービス計画」は，協同組合の設立と発展のための実際的な情報，コンサルティング，訓練などを提供するもので，協同組合銀行系列の特別組織が責任を負う．

③ 「LKU計画」は，地域の協同組合振興センター(LKU)を援助するもので，地域の協同組合振興センターにたいする財政援助，情報提供，教材支給などを含む．

上述のように，協同組合運動のイニシャティブで始まった活動が政府を動かし，協同組合が国家資金を得ながら公的活動をするという例は，低開発諸国援助においても見られた．

消費協同組合組織は1960年以降，発展途上国の協同組合支援のために「国境を越えて」というスローガンの下で募金活動を続け，68年にはそのための

組織としてスウェーデン協同組合センター(SCC)を設立した．農協を含め主要な協同組合組織もその構成員となり，強力な援助活動を組織した．その結果，SCCに対する国家の資金援助も毎年増大した．たとえば88年にSCCは発展途上国支援のために9900万クローナ(約20億8000万円)の資金を用いているが，そのうち10％は協同組合が拠出し，90％は国家がスウェーデン国際開発庁(SIDA)を通じて拠出している．ただし，発展途上国の協同組合の自立的発展をめざすこのプロジェクトに対して，国家は資金は出しても運営は基本的に協同組合側にまかすという方針を堅持した．

1980年代末には，協同組合のこのような公的活動の発展を背景として，種々の公的サービスを協同組合が運営するという方式に対して，実践的・理論的な問題関心が高まってきた．

たとえば，1988年に，ベークとアンダーソンは新型協同組合の公的活動に関連してつぎのように述べている．

> 公共部門のサービスに対する補完あるいはオルターナティブを提供する協同組合が社会的承認を得つつあり，その数も増加している．典型的な事例としては，親が運営する協同組合保育所や身体障害者を援助する協同組合などをあげることができる．地方自治体が支援する，協同組合形態による就業機会創出事業の増加が，今後期待されうる．未解決の問題を解決するためのもう1つのアプローチは，協同組合が公共部門の諸組織と契約して公共部門の諸組織に対して協同組合のサービスを提供することである (Böök and Andersson 1988, pp.36-37)．

あるいはまた，保育協同組合の例に見られるように，「公的施設や財源の使用に対する市民的コントロールを組織するための手段としての協同組合」あるいは「協同組合的に組織された人びとによって運営され，財源を公共セクターに求める半協同組合的形態(semi-cooperative forms)」の組織による地域社会活性化の是非がさかんに議論されるようになってきた(The Swedish Society for Cooperative Studies 1986, p.27)．

5 EU 加盟後の協同組合セクター

5.1 EU 加盟後の協同組合セクターの特徴

スウェーデンの EU 加盟(1995年)は，協同組合にとっても新しい運動領域を意味するものとなった．

EU レベルの協同組合関連の国際組織としては，EU 協同組合調整委員会(CCACC. Comité de Coordination des Associations de Coopératives de la CE)，消費者協同組合ヨーロッパ連合(EUROCOOP. European Community of Consumer Co-operatives)，ヨーロッパ協同組合保険組織(AACE. Association of European Co-operative Insurers)，社会住宅ヨーロッパ連絡委員会(CECODHAS. European Liaison Committee for Social Housing)，ワーカーズコープ・ヨーロッパ委員会(CECOP. European Committee of Workers' Co-operatives)，アソシエーション・ヨーロッパ委員会(ECAS. European Committee of Associations)がある．スウェーデンの協同組合は，これらの国際組織を通じて EU の経済社会委員会と密接な連携をとりつつ，運動を展開することとなったのである．

EU 加盟後のスウェーデンの協同組合セクターの特徴は，協同組合セクターが社会的経済という枠組みのもとで認識されているというところに見られる．

スウェーデンに関する情報の広報を行うために政府が設立した財団である The Swedish Institute は，スウェーデンの協同組合運動に関する 1997 年の情報紙のなかで，「協同組合は人びとのニーズと利益を実現するために財とサービスを提供する目的で，すなわち非営利目的で，設立されるものである」という認識を示したうえで，「EU は，協同組合，共済組織，その他の非営利組織を含む経済セクターを示すために「社会的経済」というコンセプトを用いているが，これが意味する1つの点は，協同組合とその他の自助組織が経済的・社会的発展のために重要な役割を果たしうるような混合市場システムの必要性を先進諸国が認識しているということである」と述べている(The Swedish

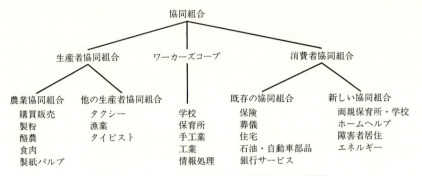

図 9.1 スウェーデンにおける協同組合とその類型
出所) 宮本(1997), p.283.

Institute 1997, p.1).

　EU 加盟後のもう1つの変化は，ワーカーズコープというコンセプトの一般化である．1990 年における富沢のスウェーデン協同組合調査の段階では，「新型協同組合」が話題にされることは多かったが，「ワーカーズコープ」というタームはまだ一般化していなかった．しかし，その後の新型協同組合の発展と諸外国における同種の「新型協同組合」に関する研究の進展の結果，95 年頃にはもはや新型協同組合という言葉はあまり用いられることがなくなり，ワーカーズコープという国際的に共通するタームが一般化していた．スウェーデン協同組合研究所は，95 年現在のスウェーデンの協同組合を区分するさいに，既存の消費者協同組合と生産者協同組合の他にワーカーズコープを加えて，図 9.1 のように類型化している．このように，EU 加盟後のスウェーデンの協同組合セクターの特徴は，ワーカーズコープの発展によって示される．

5.2 既存の協同組合の現状

　既存の協同組合の現況はつぎのようである[5]．
　① KF/Konsum（消費協同組合連合会）　1899 年に消費者協同組合の連合として結成された KF の加盟単協の数は，1920 年には 950 に達したが，その後に統合がすすみ，95 年には約 100，組合員数が約 220 万になった．KF はそれ

まで多様な消費財の生産にかかわってきたが，90年代の経済的危機と低価格競争の結果，組織改革を進め，93年から94年にかけて多くの生産部門を売却して，小売業を中心とする組織となった．それに伴って，多くの協同組合はKFの管理するチェーンストアになった．96年現在，協同組合による小売り事業高の65％はKFの管理するチェーンストアに属し，35％が約80の協同組合に属している．

1996年のKFグループ自体の事業高は300億クローネ，従業員数はフルタイム換算で1万9000人である．その他に，各協同組合の事業高の総計が140億クローネ，従業員数はフルタイム換算で1万200人となっている．

② Folksam（保険協同組合）　Folksamはスウェーデンで第3位の保険組織となり，約70％のスウェーデン人がFolksamのいずれかの保険に加入している．団体損害保険では6割以上のシェアを有し，自動車保険の分野では約3分の1の世帯がFolksamの保険に加盟している．災害の予防と事後のケアにも力を入れ，健康，交通安全，リハビリテーションなどの研究機関をもっている．

③ Fonus（葬儀協同組合）　Fonusは全国規模の葬儀社としてはスウェーデンで唯一で，39％（1996年）のシェアをもっている．全国に約250の支店を有し，葬儀の他に，遺言執行，財産評価，遺産相続に関するサービスなどを行っている．

④ OK（石油消費および自動車オーナーの協同組合）　OKは1950年代前半からセルフサービス方式によるガソリンスタンド・洗車施設・整備工場を全国的に展開し，672の事業所を有している．組合員数は150万人で，スウェーデンの自動車オーナーの3人に1人がOKのメンバーとなっている．マーケットシェアは16％である（以上は96年の数字）．96年の組合員に対する利益配当は，約2億クローネであった．

⑤ HSB（住宅貯蓄協同組合）　1924年に家賃高騰が社会問題となるなかで設立されたHSBは，住宅組合と貯蓄組合との両機能をもち，住宅取得のための組合員の貯蓄が住宅建設資金に投入されている．HSBには約4000の住宅協同

組合，約58万6000人の組合員が加盟している．HSBの特色は，人びとと住宅と社会環境を総合的にとらえようとする視点に見られる．したがって，団地建設とともに保育所，学校，ショッピングセンターなどが併設される場合が多い．

　⑥ SR（全国建設協同組合）　　建設労働者の失業が多かった1940年に建設労働組合のイニシャティブで結成されたこの協同組合は，近年，住宅新設の約1割を受注している．

　⑦ LRF（スウェーデン農民連合）　　LRFは，利益集団的性格の強かったRLF（全国農民連盟）と，協同組合的活動を重視していたSL（スウェーデン農民組合連合会）が1970年に合同して結成された組織であり，現在もこの2つの組織系列から構成されている．第1系列は農民の政治的利益を代表する機構で，13万5000人の組合員，1230の地方支部，25の県連合から構成され，政府や自治体の審議会に参加するなどの活動をしている．第2系列は主に経済活動にかかわる機構で，80の地域連合と16の部門別組合から構成されている．部門別組合は酪農組合，食肉組合，森林組合などの業種別組合だけでなく，農機具・肥料などを供給する購買販売組合や農業金融組合を含む．LRFのマーケットシェアは農業生産物の約75%であり，牛乳と乳製品に関しては約99%となっている．農民は通常，第1系列の地方支部の組合員であるとともに，第2系列の1つ，ないし2つの組織の組合員となっている．

　1947年以来，スウェーデンにおいては他の産業における所得との均衡を保つために農家所得に対する保護政策がとられていたが，90年に政府は農産物価格統制制度を廃止した．さらに，95年のEU加盟は市場の拡大と競争の激化を意味するものとなった．「現在，農家収入は完全に市場に依拠している．しかし，このことは農民にとって効率的な農業協同組合がおそらく以前にもまして重要になっているということを意味している」(The Swedish Institute 1997, p.2)．

　⑧ Koopi（スウェーデン協同組合研究所）　　LRFを除く上記の諸組織によって1975年に設立された研究所で，調査・研究・教育活動を行うとともに，協

同組合運動の理念の普及を目的としている．90年には，LRFも研究所を構成する準メンバーとなっている．91年には，EUレベルの情報収集のためにブリュッセルにもKoopiのオフィスが設置された．

5.3 新しいタイプの協同組合の発展

スウェーデンでは普遍主義的な福祉国家体制が成熟し，基本的な福祉サービスは公的セクターが担ってきた．しかし，この普遍主義的な福祉国家体制のあり方は現在大きく変化しつつある．スウェーデン研究所の資料によれば，「スウェーデンの社会福祉政策の一般的な考え方は，社会サービスはそれを必要とする人にはだれに対しても与えられるというものである．ヘルスケア，児童ケア，高齢者ケアの質はそれを受ける人の収入や財政状態によって決められてはならない．したがって，そのようなサービスはほとんど公的セクターが提供してきた．……しかし，このような考え方を基本的に変えるということではないが，スウェーデンの人びとは政府が社会サービスの提供を独占してよいのかという疑問を徐々にもちはじめた」．1990年から95年の間に3500の新型協同組合が設立され，97年にはその数は1万5000に達している．とりわけ，新自由主義的な政策のもとでの公的な福祉サービスの縮小，および公的福祉サービスの画一性と非能率に対する批判の高まりにともなって，90年代には福祉サービスの領域における協同組合が急増している．このようにして現在では，「公的セクターに対するオルターナティブあるいは補完としての協同組合の活動が進展しつつある」(同上書，p.4)．

とりわけ協同組合保育所の数が急増し，1985年の150が95年には1500ほどになり，全保育所の約1割を占めるにいたっている．当初は親が運営する両親保育協同組合(parent co-operative)が中心であったが，90年代になると公的セクターの職員が独立して始めるワーカーズコープが急増し，その数は92年には62であったが，94年には117となっている．91年に民間保育所に公的補助を認める法改正がなされたので，協同組合保育所はその財源の8割を自治体に依存している．

V. ペストフらの調査によれば，協同組合の保育サービスについての利用者の満足度は高く，自治体の保育所を経験した両親のうち約8割が協同組合の保育サービスをより高く評価している (Pestoff 1998, p.17)．

従来は公共セクターがカバーしてきた，障害者と高齢者の福祉の領域でも協同組合の活動が活発化しはじめている．この領域に占める民間の従業員の割合は，1988年には1.4%であったが，94年には4%となった．そのうち約半数は民間非営利部門に属している(宮本 1997, p.289)．

たとえばSTIL(ストックホルム自律生活)という協同組合は，公的資金の援助を受けて障害者自身が結成した組織で，形式的にはストックホルム市の事業を委託するというかたちで活動しているが，障害者が指名した介護人(家族，友人を含む)を雇用して生活の自律をはかっている．1995年現在，大ストックホルム地域に約120人の組合員がおり，約600人(パートタイマーが中心)の介護者を雇用している．この試みは他の地域にも広がりつつある．精神障害者や薬物障害者などのリハビリテーションの場合も，障害者の自律性を重視して協同組合という組織形態をとるケースが増えている．

高齢者福祉においても，協同組合の評価は比較的高い．I. ヴァーグレンは彼女の博士論文において，公的機関，民間営利会社，協同組合による自宅介護サービスを比較調査して，協同組合において高齢者とホームヘルパーの関係がもっとも充実し，家族・医療機関等とのネットワークが最もうまく機能している，と結論している(同上書, p.290)．

このような新しいタイプの協同組合を支援するための地域組織も結成され，1994年には各地のLKU(協同組合振興センター)の全国連合もつくられた．また，内務省のイニシャティブで設立された協同組合協議会(Co-operative Council)は，国家と協同組合運動の連携により協同組合運動を支援することを目的とする組織であるが，近年はとりわけLKUとの連携を強めている．

このように，公共セクターのみに依存したスウェーデン福祉国家モデルは変化しつつある．民間非営利セクターの独自の機能を重視する論者の立場からすれば，公共セクター，営利セクター，民間非営利セクターという3者の最適ミ

ックスをどのようにつくりだすかが，今後の重要課題となっていると言えよう．スウェーデン社会省の1994年の報告書『選択自由の革命とその実際』によれば，財源，主体，サービスの生産，サービスへの対価，コントロール，という5つの次元において，政府と民間組織の分担のバランスをどのようにはかるかが基本的な問題となる(同上書，p.293)．

5.4 協同組合振興センターの事例

新しいタイプの協同組合の発展はとりわけLKU(協同組合振興センター)の活動によるところが大きい．LKUに関する以下の叙述は，スウェーデンにおける富沢の実態調査(1997年9月)にもとづくものである．

5.4.1 ストックホルムの事例

(1) ストックホルムの中心部にあるKIC(KOOPERATIVT IDECENTRUM, Co-operative Idea Center)という名称の協同組合振興センター．

以下は専務のJan Forslundの説明である．

スウェーデンには現在24のLKUがあるが，今秋25になり，すべての県(レーン)にLKUが存在することになる．スウェーデンにおけるLKUの設立は，イギリスのCDA(Co-operative Development Agency)から大きな刺激を与えられたものである．

KICのスタッフとしては，10人のフルタイマーと2人のパートタイマーがいる．KICに加盟する120組織のうち100が協同組合で，ほとんどが小さな組織である．保育協同組合が約60あり，うち約25がワーカーズコープである．KFO(Employers' Organizations of Co-opeatives)もKICのメンバーになっている．

現在，小さな組織のネットワーク化をはかっている．たとえば，バングラデシュには小規模組織の連携による金融組織があるが，スウェーデンでも1997年の新しい法律によって協同組合間提携による金融組織の設立が可能となった．

KICの活動の具体例を紹介しよう．KICのスタッフのPeterは2つのプロジェクトを担当している．そのうち1つのプロジェクトの名称はouter-city developmentであり，地域社会の活性化を目的としている．とりわけ貧困地域をいかに活性化するかが基本的な課題となっている．就業機会創出のために雇用創出を担当する公共機関(国の労働市場庁であるAMS．地方レベルの機関であるLAN．地域レベルの機関であるAF)と契約を結んで，就業機会の創出に努力している．LANはEUと直接連携をとっている．Peterの担当するもう1つのプロジェクトであるACは，移民の失業対策を課題としている．

KICの基本的な機能は，協同組合に対する支援と教育である．教育活動に対しては国からの助成金がある．また，地元で55%の資金を調達すると，EUが45%の資金を助成するという制度も活用している．

ストックホルム地域で毎年約100の協同組合が新設され，うち20から30がKICに加盟している．

10年前は，新設の協同組合の多くはparent co-ops(親が設立し運営する両親保育所協同組合)であった．しかし，1991年にストックホルム市が民営化キャンペーンを開始してからは，かなりの社会サービスが民営化された．その結果，保育協同組合が多く設立されたが，とくにワーカーズコープ形態の保育協同組合(保育労働者が設立し運営する協同組合)が，parent co-opsよりも急速に設立されている．高齢者のためのワーカーズコープは現在6つある．ホームヘルプサービスの協同組合は，ストックホルム市と2年単位で契約を結んでいる．協同組合における従業員の給料は，一般的に公立施設よりもよい．高齢者福祉の協同組合づくりが緩慢である理由の1つは，ホームヘルパーが個人単位で働くので集団づくりが困難であるという点にある．

HSB(住宅貯蓄協同組合)も高齢者むけ協同組合と保育協同組合に関心を広げており，HSBのイニシャティブで現在25の保育協同組合がつくられている．

最近の動向としては,失業者(とくに移民)の結成する協同組合,メイドの結成する協同組合,文化協同組合(劇場,音楽家,サーカスなど),コンピュータ活用協同組合などがある.

(2) KUR(Kooperativ Utveckling i Roslagen, ロスラーゲン協同組合振興センター)はストックホルム地域の北部(市の中心部からバスで約1時間)のノルテリエ・コミューンにある.

設立者である Bosse Blideman はもとソーシャルワーカーであったが,前述の KIC で働いた後,1993年に KUR を創設した.以下は彼の説明である.

KUR のスタッフ数は7人である.現在取り組んでいる大きいプロジェクトとしては,就業機会の創出(障害者などを含む)がある.このプロジェクトのために地域で50%の財源を獲得し,EU から50%の助成金を得ている.EU は社会的経済の組織による就業機会創出を重視している.EU の助成金の流れは,EU → LAN(Regional Labour Board)→ AF(Local Labour Board)→ KUR となっている.LAN の委員会が EU の資金の配分を決めるが,9人の委員のうち2人が社会的経済組織のメンバーで,うち1人は Blideman 自身である.この1年半で EU から得た資金援助は600万クローネ(1クローネは約16.5円)である.

KUR としては,①地域住民とできるだけ話し合うこと,②ワーカーズコープなどによる地域住民自身による仕事おこしを重視している.

ワーカーズコープの現在の事業としては,リサイクル,公園清掃,喫茶店経営などがある.

Blideman から説明を受けた後,KUR が支援する以下の協同組合を訪れた.

① 過疎地域のコミュニティコープ(Tjockö)　Tjockö は人口50人の小島(Gräddö)にあるコミュニティコープである.以下はリーダーである Anngret Andersson(元小学校長)の説明である.

240ヘクタールのこの島の主要産業は漁業と農業であったが,産業の衰退によって1960-70年代には人口30人になった.かつてはフェリーも桟橋もなかったが,今は交通手段も便利になり,島の人も3人は毎日ストッ

クホルムの中心部まで働きに行っている．11年前に住民をメンバーとする協同組合を設立し，店舗（週3日間開き，5-6人が輪番制で店番）や郵便局をつくった．2年前には協同組合の建物（レストラン用の部屋，パブの部屋，3つの事務室）もつくり，コンファランス用の会場などを経営している．別に古い校舎を利用してパソコン教室を運営してる．泊まり込みコースのために3つの宿舎がある（富沢が訪問した9月12日には島の外部の女子高校生約20名弱が宿泊していた）．女性の就業機会創出のための職業訓練には公的な助成金がつく．

② ノルテリエにある保育協同組合（Banbino）　以下はリーダーであるMichael Blonqvistの説明である．

Banbinoではモンテソーリ教育（子どもの自主性をのばす教育）にもとづいて1歳から2歳半までの子ども（現在32人）の保育を行っている．スタッフは6人．午前7時から午後5時まで開いている．自治体が保育所の建物と助成金を提供している．給料は自分たちで決める．モンテソーリ教育の保育協同組合はこの地域に4つある．Banbinoは1991年に親が運営するparent co-operativeとしてスタートしたが，親は数年で保育所から離れることになるので，その後ワーカーズコープという形態がベストだということになり，96年にワーカーズコープとなった．ノルテリエにある保育所は5割が協同組合である．私（Blonqvist）は3つの形態の保育所（公立，両親協同組合，ワーカーズコープ）で働いてきたが，現在のワーカーズコープ形態がもっとも納得できる．

5.4.2　イエムトランド地方の事例

ストックホルムから北へ飛行機で1時間ほど飛ぶと，イエムトランド地方の中心都市であるエステルスンドに着く．イエムトランド地方は九州とほぼ同じ広さで，人口は約13万5000人で，過疎地が多い．イエムトランドのLKU (Kooperativ utveckling Jämtlandslan)の努力により，1997年までの10年間で150以上の協同組合がつくられている．

以下は，イエムトランド LKU の理事長である Bjorn Hjortling と，中心的なリーダーである Katarina Grut の説明である．

　イエムトランド LKU は 1988 年に設立され，約 150 の協同組合の新設を援助してきた．主要な活動は研究・開発と協同組合援助であり，新しいタイプの協同組合を支援している．財源は，メンバーの会費，国と地方自治体の助成金である．

　新しいタイプの協同組合としては，保育協同組合，高齢者協同組合，障害者協同組合，過疎地のコミュニティコープなどの他に，女性の手工芸品協同組合，山羊のチーズを作る協同組合(輸出もする)，ビデオ作成のワーカーズコープ(住民生活を対象とするドキュメント・ビデオなど)，パソコン・サービス協同組合，青年協同組合，環境保全協同組合，ツアリスト協同組合，文化協同組合などがある．

　新しいタイプの協同組合の 1 つの特徴は，就業機会の創出や女性の社会進出などに努力して，住人が地域にとどまれるように努力していることである．その努力の結果，ここ数年で 500 人以上に新しい職場が確保された．

　Mrs. Grut が担当している保育協同組合(オーバルナ協同組合)は，財政上の理由で自治体が廃止した保育所に関係していた親が中心となって設立された parent co-operative であり，19 人が働いている．自治体が運営していた時と比較すると，財政的には 2 万クローネ少ない年間予算で運営しているにもかかわらず，サービスはよくなったと評価されている．

　EU 加盟後の 1 つの業績は，LKU と大学教員の努力によって，エステルスンドにある中央スウェーデン大学(Mid-Sweden University)に所属するかたちで「スウェーデン社会的経済研究所」(Swedish Institute for Social Economy)を設立したことである．その財源を安定化させるために，現在 EU の社会的経済関連資金の獲得につとめている．中央スウェーデン大学には，EU との関係調整を専門とする EU cordinator も配置されている．
以下は LKU の紹介で調査した新設協同組合の事例である．
① オファドール医療協同組合　　以下は主任医師の説明である．

1992年に設立されたオファドール医療協同組合は，人口2000人の過疎地域（主要な産業は，農業，林業，石材加工）にある協同組合形態の診療所である．現在のスタッフは医師2人（パート）と従業員13人（パートが多いのでフルタイム換算すると10人）である．

　1992年に地方自治体と3年契約で診療所運営をスタートした．94年には政府の政策でfamily doctor制度が導入されたが，それを契機にさらに1年の契約延長となった．その後，社会民主労働党が政権をとったこともあり，さらに2年延長された．96年になされた診療所比較調査において，この診療所は公立の診療所よりも低コストでサービスの質がより高いと評価されたため，96年にはさらに5年間の延長契約となっている．

　協同組合という形態をとった理由としては，官僚制の欠陥を避けられる，つまり自由に且つはやく意思決定ができ，弾力的な運営ができる，各人が運営責任を負い仕事に喜びを感じるという点がある．従業員にとってはjob enlargementとjob enrichmentが大きな意味をもつ．患者にとっては待ち時間が少なくなり，住民は診療所が近くにあるので安心している．公立病院の医師たちはここの医師をうらやましいと言っている．

　出資金は1人2000クローネで，退職時には返却される．住民も組合メンバーになりうるmulti-stakeholder co-operativeである．

　給与については，労働組合と相談して労働組合水準を考慮したうえで自分たちで決める．理事会メンバーは5人で，ローテーションで理事になる．

② ブレッケにある保育協同組合(Skrubben)　　以下は理事長の説明である．

　Skrubbenは1990年に親が設立したparent co-operativeである．保母は3人（2人フルタイム，1人が70％のパート）で，保育中の子どもは16人いる．親はこの保育所で1週10時間働く（掃除，パンづくり，など）．父親も母親と同じように働く．父母会のうちの5人が理事会を構成する（女性3人，男性2人．任期2年）．自治体からの助成金がある．スウェーデンでは多くの場合，自治体からの助成金が88％で，親の負担が12％となっているが，イエムトランドでは親の負担は12％より少ない．保育料は1月

400クローネで,開所時間は午前6時30分から午後6時30分までで,保母の労働時間は8時間(交代勤務)となっている.保母の給料は平均よりやや高い.公立の保育所にくらべ,低コスト(子ども1人当り約2万クローネ弱低い)であるが,サービス内容はよりよいと評価されている.保母と子どもとの関係もより親密となっている.

この協同組合の隣り(屋根続きの同じ建物)に小学校がある.生徒数61人,スタッフ10人(うち5人が教師)で,6歳児,7・8歳児,9歳児,10・11歳児の4クラス編成となっている.

イエムトランドには parent co-operative が約2000あり,保育中の子どもが約3万人いる.イエムトランドの子どもの3分の2は,公立の保育所ではなく,保育協同組合に入っている.parent co-operative の増加率は最近横這い状態にある.その理由の1つは,parent co-operative ではスタッフは継続するが親が数年で入れ替わるので経営責任の継続性の面で問題があるからだ.

③ ファンビーン村にある高齢者住宅協同組合(Sunwest)　以下はリーダーである Pen Olsson の説明である.

ファンビーン村は過疎の村で,この20年間で人口が300人から180人に減った.Sunwestのメンバー数は54人で,3つの村にまたがっている.メンバーの出資金は1000クローネあるいは40時間の労働となっている.高齢者協同組合というよりはコミュニティコープに近い.理事会メンバーは5人である.

事業としては,1996年に完成した高齢者用住宅の運営(8家族用住居で,月額家賃,3500クローネ),保育所,パソコン教室,翻訳サービス,羊毛の靴敷の生産などがある.

④ ホーガルナにあるコミュニティコープ(Byssbon)　以下は理事長の Nina と,リーダーの Katarina の説明である.

失業と人口減が大きな問題となっていたこの地域で,1985年に学習サークルが結成され,コミューンと HSB(住宅貯蓄協同組合)の支援を得て

Byssbon協同組合が設立された．現在の組合員は150人で，この地域のほとんどの住人がメンバーになっている．組合員になるためには出資金を払うか40時間働く．理事会メンバーは9人である．

組合の当初の課題は，学校や商店の閉鎖という問題にどう対処するかということであった．

組合の努力で，1950年代に廃校になっていた学校を復活させた．学校は当初2年間の運営を許可され，ついで3年間延長許可，というように自治体との交渉を積み重ねてきて継続運営が可能となった．現在の生徒数は30人である．学校は住民の集会所としても活用され，毎週，住民集会が開かれている．

商店も協同組合が経営することになった．パン焼き小屋も復活し，住民が集まってパン焼きを楽しんでいる．

パソコン教室の運営には，政府と自治体の資金援助がある．現在までに約110人の成人住民のうちの92人が受講している．このパソコン教室は1995年には独立の協同組合(Tele Cottage)となり，外国とも連携をとって活動している．

その他に，local exchange trading system[6)]を協同組合として行っている．これは貨幣なしの交換システムで，参加者が自分たちで価格を決め，帳簿係が交換の調整係となる．このような貨幣でないlocal currencyを「緑のクローネ」と呼んでいる．協同組合メンバー以外の人も参加できる．通常200人から300人が参加している．物だけでなくサービスの交換も行われる．このような交換システムは外部にも普及しつつある．カナダ，イギリス，ノルウェー等でも始まっている．

地域の活性化の結果，人びとがこの村に戻ってきたので，1994年以降は人口増に転じ，人口が30％増加した．その結果，住宅難となったので，協同組合はローンで3つの家を建てた．9家族用の高齢者集合住宅も建てた．この秋から身体障害者のショートステイ用としても使うつもりである．

Byssbon協同組合の事業高は，現在250万クローネほどになっている．

「どうしてここで活動するようになったか」という私の質問に対して，NinaとKatarinaはつぎのように応えた．

　Nina「私はストックホルムで看護婦をしていた．夫は地理学者だ．この地域のゲストハウスを利用したとき，Bysson協同組合についての話を聞き，その活動に関心を抱くようになり，2年前にここに引っ越して来た．この地域では犯罪はゼロだ．家も鍵をかけない．住民はみんな郷土愛が強く，この地域に留まりたいと思っている．だから，学校や店の維持にも懸命になる．地域の活性化は結局は人の活性化だと思う．」

　Katarina「地域の活性化をはかる活動に関心をもっていたが，Byssbon協同組合が建てた家についての記事を新聞で見て，その家を借りることにした．夫はタクシーの運転手である．この地域ではほとんどの人が職に就くようになり，失業は少なくなった．私はMid-Sweden Universityの学生でsystem scienceを勉強している．この大学には多くの人的能力がある．この地域にも未発見の人的能力が多くあるだろう．それらを活用すれば，家づくり，桟橋づくり，ピクニック用テーブルづくり，手工芸品づくりなど，いろいろの仕事おこしができるはずだ．」

⑤ 協同組合にサービスを提供するワーカーズコープ(Kooperativ Service)

　上記の種々の協同組合を案内してくれたJan Grounesも1993年にKooperativ Serviceというワーカーズコープを設立している．その基本的な事業は情報収集，翻訳，EUとの交渉，渉外など，各種協同組合に対するサービスの提供である．私のような外国人の案内もLKUから請け負った仕事として行っている．メンバーは26歳から41歳までの10人である．このワーカーズコープは特定の事務所をもっていない．メンバーは日常的業務について通常パソコン上のe-mailで話し合い，週に1回程度，基本的な事務打ち合わせのために喫茶店などで会合するだけである．

---

　1) スウェーデンの協同組合運動の歴史については，つぎの文献に依拠するところが大きい．

①Industridepartmentet(1981), ②The Swedish Society for Cooperative Studies(1986), ③Böök and Johansson(1988), ④The Swedish Institute(1988), ⑤The Swedish Institute(1990), ⑥KF International(1990), ⑦Federation of Swedish Farmers(n.d.), ⑧*Review of International Co-operation*, Vol. 81, No.1, ⑨Schediwy(1989), ⑩協同組合経営研究所編(1987), ⑪栗本(1987).

2) 保育協同組合が急増した社会的背景としてはつぎの諸点がある.

第1は出生率の上昇である. 1人の女性が一生の間に産む子どもの数(合計特殊出生率)は, 先進国では低下傾向にある. ところがスウェーデンでは1983年の最低値1.6から上昇に転化し, 90年は2.1になった.

第2に, そのために保育所不足が深刻になった. 保育所の定員は人口当りにすると日本の2倍だったが, それでも保育所に入れない子どもが増えた.

第3に, 保母の不足が理由で使用されていない施設がかなりあった.

このような状況のもとで, 父母が自分たちの手で保育をする協同組合をつくりはじめたのである. 親たちが働きながら同時に子どもの保育を自分たちの手でできたのは, それを可能とさせる社会の仕組みと制度が比較的ととのっていたからである.

育児休暇は有給が450日, 無給が1年半で, 合計2年9か月あった. 有給育児休暇は子どもが8歳になるまで父母のどちらでもとれる. 週2,3日ずつ交代でとることもできるし, 1日2時間分あるいは4時間分休むということもできる. その他, 子どもが病気のときは, 毎年有給で60日間休める.

そのため, 育児のために仕事をやめる女性はほとんどなく, 学齢前の子どもをもつ母親の87%, 7-16歳の子どもをもつ母親の94%が働いていた.

3) 以下の統計数字はベークとアンダーソンによる推計(Böök and Andersson 1988, p.39)を基礎にして, ストゥルイヤンの調査(Stryjan 1989)とスウェーデンにおける富沢の調査(1990年6-7月)により若干修正したものである. ただし, 新型協同組合は, 流動的で変化が激しく, しかも法的に協同組合形態をとらない組織も多いために, その数の確定は困難である. 以下の統計数字は概数にすぎない.

4) Böök and Andersson(1988), p.41, 参照. このような認識は, スウェーデンにかぎらず, 他の多くの国においても見られた. シェディヴィは, このような認識にもとづいて協同組合運動を活性化させる可能性について論じている(Schediwy, 1989, pp.35-36).

5) 以下の叙述は, The Swedish Institute(1997), および宮本(1997)に依拠するところが大きい.

6) LETSと略記されるこの「地域経済信託制度」についての詳細な説明は, 加藤(1998)第4章, 参照.

第Ⅲ部　アメリカと日本の事例

第10章 アメリカのNPO——AARPの事例

1 はじめに

　アメリカのNPOについてはすでに第2章で概観したので，本章ではその1つの典型例としてアメリカ最大のNPOであるAARP(American Association of Retired Persons. 全米退職者協会)を取り上げ，その活動を考察する[1]．

　AARPは高齢者のためのNPOとしてアメリカで重要な社会的位置を占めている．本章では，AARPの歴史(第2節)と現状(第3節)を概観した後に，第4節で，AARPの多面的な活動のうちでもとりわけ地域社会におけるボランティア活動に焦点を当てる．AARPの全体像の理解を前提にして，地域社会という生活レベルにおけるボランティアの具体的な活動を把握することによって，AARPのNPOとしての特質がよく理解できるからである．1つの事例研究にすぎないが，AARPの活動をこのようなかたちで地域活動に焦点を合わせて考察することによって，アメリカのNPO一般の理解に実態面からアプローチすることが本章の目的である．

2 AARPの歴史

　AARPの創設と発展はE. P. アンドラス博士の努力に負うところが大きい．彼女は1884年にサンフランシスコで生まれ，1903年にシカゴ大学を卒業後，ロサンゼルスで高校の教師となった．16年には校長となり，44年に退職するまで教員生活を続けた．教員在職中に哲学の博士号をとっている．

　退職後，彼女はカリフォルニア退職教員協会でボランティアとして福祉部門を担当し，カリフォルニア州で年金制度改善運動を組織し，これに成功した．その後，彼女は運動を全米に広げ，1947年に「全国退職教員協会」(NRTA)を

結成し会長となった.

　アメリカでは公的な医療保険制度がないため,高齢者にとっては医療費負担が大きな問題となっていた.そこで,全国退職教員協会は年金問題とともに医療問題をとりわけ重視した.アンドラス博士は退職教員にグループ健康保険をかけることを目的に40の保険会社と交渉したが,いずれも「高齢者はリスクが大きすぎる」という理由で断られた.

　しかし,彼女の構想に賛同した若い保険専門家のL.デイビスが,ニューヨークで約800人の退職教員を対象に1年間グループ保険の実験を試み,これに成功した.1955年のシカゴ大会ではじめて会った2人は,この実験を全国に広げることを決意した.全国退職教員協会の約2万人の会員のうち約5000人がグループ保険に加盟し,この試みも成功した.その後,保険加盟を希望する退職教員が続々と協会に参加することとなり,58年には協会の会員数は3倍化し約6万5000人となった.

　教員以外にもグループ保険に加盟を希望する人が多かったため,全国退職教員協会の姉妹組織としてAARPが結成され,1958年7月1日にワシントンD.C.でNPOとして登録された.当初の会員は約5万人であった.

　AARPはグループ保険に取り組むとともに,1959年には薬品の通信販売サービスを開始した.この事業は薬剤師1人という小さな規模から始まった.

　1960年にAARPの最初の地域支部(chapter)がアリゾナ州のヤングストンで結成されたのを皮切りに,支部数が増え4年後には約300になり,地域活動が全国的に展開されていった.こうして,「奉仕されるのではなく,奉仕する」(To serve, not to be served.)というAARPの基本的信条が,高齢者の助け合い活動を中心に地域レベルで具体化されていった.

　AARPは,高齢者のための公的医療保険制度をつくるために運動を展開していたが,1965年には公的医療保険制度としてメディケア制度とメディケイド制度とが創設された.前者は65歳以上の高齢者を対象としており,後者は低所得者を対象としたものである.

　AARPはまた,定年制撤廃運動に取り組んできたが,1967年には,40歳

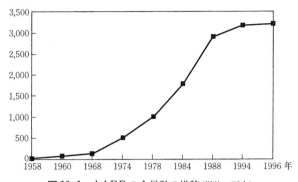

図 10.1 AARP の会員数の推移(単位: 万人)
出所) 日本労働者協同組合連合会編(1997), p.155.

以上の労働者を年齢によって差別することを禁止した「雇用における年齢差別禁止法」が連邦議会で成立した．この法律は，職の維持は年齢ではなく能力によるべきだという認識にもとづくものであるが，高齢者に対する社会的偏見を取り除く意味も大きいと言われている．

同じ 1967 年にアンドラス博士が死亡したが，そのさい，当時のジョンソン米大統領は「彼女はその持続的業績によって，われわれだけでなくアメリカのすべての次世代を豊かにした」と述べて，彼女の死を悼んだ．

アンドラス博士の死後も AARP は発展を続け，会員数は 1970 年に約 220 万人になった．83 年に AARP の加盟資格年齢が 55 歳から 50 歳に引き下げられると会員数はさらに増加し，85 年に 2000 万人を超え，88 年に約 3000 万人へと増加した(図 10.1, 参照)．

会員増大の 1 つの要因として，低会費で多様なサービスを得られるということがある．AARP の年会費は当初 1 ドルであったが，その後小刻みに上がり，1998 年現在 8 ドルとなっている．AARP は会費だけでなく，広告収入と事業関連収入を加えた 3 本柱で健全財政を築いていった．

地域支部も増加を続け，その数は 1994 年には約 4000 になった．地域支部の増加に伴い，ボランティアを中心とする高齢者援助活動も多様に展開されていき，70 年には納税手続き援助活動，79 年には自動車運転再教育活動，94 年に

は在宅生活支援活動がスタートした.

1973年にはボランティアを中心とする各州立法委員会が設置され,高齢者の要求を行政当局に伝える方途が強化された. 86年には,有権者と議員立候補者に対して高齢者問題についての理解を深めてもらうために,AARP/Vote という選挙活動がスタートした.

1990年には,高齢者の就業を目的とする AARP/Works というプロジェクトがスタートした.

AARP は国際的な運動も展開してきた. 最近の事例として,国際高齢者年のための運動を見ることにしよう.

1992年10月に,国連総会は99年を国際高齢者年とすることを決定した. この国際高齢者年にむけて世界各地でNGOが活動を開始しているが,その調整役をしているのが AARP である. 88年に,国連経済社会理事会から NGO として諮問的地位を認められた AARP は,92年に国連総会で国際高齢者年が決定されると,94年に国際高齢者年にむけての NGO の国際的ネットワークづくりを開始した. 95年には貧困・雇用・社会的統合をテーマに「社会発展世界サミット」が開催されたが,これを契機に国際高齢者年のための運動体として「コアリション'99」が結成され,AARP がそのコーディネーターとなった. 97年現在,「コアリション'99」には世界の高齢者組織がすでに 500 以上参加している.

3 AARP の現状

以下は富沢の現地調査時点(1997年)における AARP の現状である.

3.1 組織と財政

AARP の会員数は約3000万人で,65歳以上のアメリカの高齢者人口3300万人とほぼ同数である. 50歳から会員になれるので,全米の50歳以上の人口と比較するとその48%になる. クリントン米大統領も50歳になった1996年

に8ドルの年会費を払って入会したという.

　AARPの95年版『組織統計』によると,会員の平均年齢は66歳である.65歳未満が47%,65歳以上が53%を占めている.全体の56%が女性会員である.

　AARPはつぎの6項目を長期目標としている.
1. 貧困を撲滅し個々人の経済的保証を確かなものとする.
2. すべての人が金銭的不安なく健康管理と長期ケアの制度を利用できるようにする.
3. 高齢者の就業と退職の問題について積極的な対策と政策をもつことによって,就業の場における尊厳と平等を向上させる.
4. 質の高いサービスを会員だけでなく,ボランティア,スタッフそして地域社会に提供する.
5. ボランティア,スタッフ,技術的・財政的資源を有効に活用し,できるだけ効率的な仕事をする.
6. 高齢者のニーズを把握し実現するために,質の高い調査を行うとともに,他の組織の行う調査活動も援助する.

　AARPの本部はワシントンD.C.にあり,地方事務所がボストン,シカゴ,アトランタ,ダラス,シアトルの5か所にある.また,21州に州事務所がある.

　AARPの最高意思決定機関は全国大会で2年に1度開かれる.大会は職権上の代議員と各州選出代議員(250人)から構成される.大会は重要案件を決定し,AARPの理事と役員を選出する.理事会は大会から大会の間の最高意思決定機関であり,大会選出の役員3人(前理事長,現理事長,次期理事長.いずれも任期2年で再選不可.理事長は男女交替が慣例)と理事18人(任期6年)から構成される.アメリカの多くのNPOと同様,理事の全員がボランティアである.理事会は通常年4回開催され,1回の理事会が3日間程度となっている.理事会と理事会の会議の間は執行委員会が理事会の権限を行使する.理事会と執行委員会のもとには各種の委員会が置かれ,さまざまな課題を検討する.役員と理

事はボランティアとはいえ，その仕事はかなり忙しく，週に20時間から30時間は活動している．日常業務は約2000人の有給スタッフが担当している．本部には，出版，調査，地域サービス，渉外，広報，会員管理，財務，総合企画，国際活動，内部監査など10をこえる部局があり，専務がそれらを統括する．

地域活動に関しては，本部の地域サービス部が地方事務所と州事務所の指導を担当し，執行委員会が州理事長と地域のボランティア指導者を任命し，そのもとに全国的なボランティアのネットワークがつくられている．約4000ある地域支部は，独自の規約と財源(3ドルから5ドル程度の年会費)をもって活動している．地域支部のメンバーは，大きな支部では3000人というところもあるが，多くの場合200人から300人程度である．地域支部の役員は年次会議で選出され，任期は最高2年とされている．

AARPの財政規模は収入，支出とも年間4億ドルを超えている．1996年度の収入4億7467万ドル(1ドル115円で換算すると約546億円)の内訳は，29.6%が会費収入，21.9%が団体保険管理料，17.5%が特定事業に対する連邦政府その他の補助金，13.5%がプログラムおよび名義使用料，11.1%が出版広告料，6.2%が投資収入，0.2%がその他，となっている．同年の支出4億4976万ドルの内訳は，25.8%が出版経費，18.5%が補助金支出，18.2%がプログラム・地域サービス，16.0%が会員サービス・会員拡大費，9.0%が活動・施設維持費，8.1%が立法・調査・開発費，4.4%が本部運営費，となっている．

AARPの活動は3本柱からなる．第1は，会員を助けること．第2は，高齢者の生活向上のために国と地方自治体に働きかけること．第3は，地域社会で高齢者を助けることである．それぞれ，会員サービス，立法活動，地域社会サービス，と略称される．地域社会サービスについては次節でやや詳しく述べることにして，まず会員へのサービスと立法活動について概観しておこう．

3.2 会員へのサービス

会員へのサービスとしてはつぎのような活動がある．

(1) 情報提供　月刊ニュースの *AARP Bulletin* と隔月雑誌の *Modern Maturity* の他に，消費者・経済・雇用・健康などをテーマとする多様な出版物によって情報を提供している．ビデオ，テープ，パソコンネットによるオンラインサービスもある．

(2) 保険提供　団体健康保険は比較的低廉な団体料金で治療費補償，メディケア補助，回復治療，長期ケアなどを含んでいる．その他に，自動車保険，火災保険，モービルホーム保険，生命保険がある．いずれも AARP と提携する民間保険会社により提供される．これらの保険の管理料は AARP の収入となる．

(3) 薬品提供　200人を超える薬剤師が全国11か所の薬局におり，合理的な価格で薬品を会員に提供している．直接購入もできるが，ほとんどの会員は郵便による宅配を利用している．

(4) 財産の保証　年金や投資についての相談がなされている．

(5) 通常より利率が低いクレジットカードサービス．

(6) 観光旅行，ホテル，レストラン，自動車レンタルなどの割安提供．

(7) 自動車トラブルへの迅速な対応．

3.3 立法活動

AARP は高齢者問題に関して，連邦政府，州政府，議員に対してさまざまな働きかけをしている．専門家のボランティアが参加する立法委員会が高齢者政策を検討し，500ページを超す膨大な『AARP の公共政策提言集』(*The AARP Public Policy Agenda*)を毎年発表している．政策づくりをサポートする公共政策研究所が，1985年に設立されている．調査情報センターには，高齢者問題に関する大量の資料が備わっている．

AARP/Vote という活動には，多くのボランティアが参加している．AARP/Vote 活動においては，特定の政党や候補者を推薦したり，そのためのキャンペーンや資金提供を行うようなことはない．活動参加者たちは選挙が近づくと候補者に高齢者問題に関する見解を聞き，それを『投票者のためのガ

イド』にまとめて有権者に大量に配布する．また，活発に集会を開き，有権者と候補者が議論する場を提供する．いわば，有権者と候補者の双方に対して，高齢者問題に関する理解を深める活動を行っているのである．選挙のないときも，AARP/Vote の活動家たちは連邦議会，州議会，議員に対して積極的なロビー活動を行っている．

4 地域社会での活動

　AARP の活動の3本柱である，会員サービス，立法活動，地域社会サービスのすべてをボランティアが支えている．とりわけ地域社会で高齢者を目に見えるかたちで助けているのはボランティアである．本節では，高齢者を助けるために AARP が地域社会でどのような活動をしているのか，また，それらの活動をボランティアがどのように支えているかを見ることにしよう．

4.1 地域の高齢者を助けるための多面的な活動

　まず最初に，地域の高齢者を助けるために AARP がどのような活動をしているかを見ておこう．

　会員サービスが主として AARP 本部によって担われているのに対して，地域サービスは主として AARP の地域組織によって担われている．高齢者のニーズは全国的に共通するものもあれば，地域によって異なるものもある．各地域組織はそれぞれの地域の高齢者のニーズに応じて地域活動を行っているために，その活動は多様である．例えば，シカゴの韓国人地域の支部では高齢の韓国人に英語を教えたり，地域の診療所を利用しやすくするような援助をしている．また，未婚の母に対する情報・教育活動をしている支部もある．環境問題に取り組む支部もある．つまり，それぞれの地域の高齢者のニーズとボランティアの能力に応じて，各地域で独自の自発的な活動がなされているのである．

　全国的に共通して展開されている主要な活動は，以下のようである．

(1) 就職援助

AARPは，就職に関する個人的相談，職業訓練，環境保護庁(EPA)の仕事への斡旋など，種々のかたちで高齢者に対する就職援助をしている．

(2) 消費者保護のための情報・教育活動

高齢者の消費生活を守るために，AARPはつぎのような情報・教育活動をしている．

① 健康管理　　高齢者の健康を守るための活動である．この活動では約2300人のボランティアが，健康の維持，病気の予防，長期介護などについて，必要な情報を高齢者に伝えている．たとえばメディケアやメディケイドなどの社会保障の複雑な仕組みを高齢者が理解するように助け，ヘルスケアを受けやすいようにしている．

② 住宅プログラム　　このプログラムでは，住宅の安全性や高齢者向け共同住宅など，高齢者の住宅に関する種々の情報を提供している．公的組織や民間組織とも提携して活動している．

③ 公的援助に関する情報の提供　　収入保障，食料キップ，医療扶助などの公的援助制度があるにもかかわらず，その受益資格がよく理解されていないために，制度が十分に活用されていない．AARPはとりわけ，低所得の高齢者に必要な情報を提供して，制度活用が容易にできるようにしている．

④ 資産運用　　これは資産に関するAARPの教育プログラムであり，資産管理に必要な知識を高齢者が身につけることができるようにするものである．「女性のための資産情報プログラム」「50歳後の金銭」「金銭管理」などのプログラムがある．AARPは，資産管理を行っている非営利組織と提携して，この活動をしている．

⑤ その他　　上記以外にも消費者教育に関する多様なプログラムがある．葬儀の問題，悪徳商法への対処の仕方など，高齢者を中心とするさまざまな問題に関する情報を提供するために，出版物，ビデオなどが作成され，無料もしくは廉価で配布，貸し出しが行われている．また，組織と

しては生涯学習機関(Institute of Lifetime Learning)が，他の教育機関と提携して高齢者の多様なニーズに応じた教育機会を提供している．

(3) 納税申告の援助

AARPの最大規模のボランティア・プログラムである．3万人以上のボランティアが全米50州で毎年150万人以上の高齢者の税金申告の手続きを援助している．これらのボランティアは，歳入庁との協力で特別の訓練を受け，税金の相談員となっている．1968年に始められたこのプログラムは，86年に大統領表彰を受け，毎年，公的援助を得ている(94年は約480万ドル)．

(4) 高齢者の運転再教育

50歳以上の人を対象とした自動車運転の再教育である．年齢に応じて運転能力が低下するので，安全運転のための再訓練がされる．授業は8時間で，ボランティア(6500人以上)の直接指導のもとで視聴覚器材なども用いられて行われる．修了者には保険料減額の特典がある．この再教育活動は1979年に始められ，200万人以上が受講しており，大統領表彰も受けている．

(5) 配偶者を亡くした人へのサービス

年齢を問わず，配偶者を亡くした人を援助するプログラムである．宗教団体や社会的サービス組織とも提携している．この活動をするボランティア(約6000人)はすべて，配偶者を亡くした人である．このプログラムで救われた人が，ボランティアとしてこの活動に参加するケースも多い．「人と悲しみをともにすることで，みずからの悲しみも癒される．人を助けることによって，みずからも助けられる．」ワシントンのAARP本部でこのプログラムを説明してくれた担当者のスタッドナーは，自らの経験を富沢にそう語った．

(6) 祖父母のための情報センター

なんらかの理由で，孫の親代わりをしなければならなくなった高齢者のための支援センターである．センターでは，孫の第1の庇護者としての祖父母の役割，子どものケアと祖父母の高齢化の問題，受けることができる法的サービスや家族サービスの問題など，このような祖父母が必要とする情報を提供している．地方自治体や地域の支援グループと連携をとって活動を行っている．

(7) 法律相談

法律相談のプログラムでは，高齢者に関する法的な権利や利益に関する情報の提供，この分野での法律の専門家，政策提言活動ができる人の養成などを行っている．高齢者の法律に関する出版物を作成するだけでなく，家庭で学習ができる「高齢者法律コース」も提供している．約3500人のボランティアが活動している．9つの州，ワシントンD.C.，プエルトリコでは高齢者のための無料電話相談が実施されている．さらに，いくつかの地域ではボランティアが介護施設などを対象とするオンブズマン活動を行っている．

(8) 犯罪防止

高齢者が犯罪や虐待の対象にならないように必要な情報を提供している．このプログラムに参加することで，高齢者は警察官とも提携して犯罪や虐待の対象とならないための基本的知識を身につけることができる．また，警察官にとっても高齢者とともに活動することが，高齢者にかかわる犯罪防止の訓練となっている．

最近AARPがとくに力を入れているのは，電話による詐欺商法に対する対応である．この詐欺商法の被害額はいまや年間400億ドルにも達している．

(9) 社会的弱者への支援

① 少数民族の高齢者　このプログラムでは，インディアン系，アラスカ系，アジア系，アフリカ系などの少数民族の高齢者が差別的な扱いを受けないようにすることを目的に，ボランティアが経済問題，健康問題などの面で高齢者を援助している．また，地域社会の意思決定に少数民族の人たちが参加しやすいようにする活動とともに，少数民族問題についての啓蒙活動も行っている．

② 高齢の女性　このプログラムでは，高齢の女性に関する健康問題，経済的問題，社会的問題を扱っている．ここでもボランティアは，高齢女性問題について地域社会への啓蒙活動を行っている．

③ 高齢の障害者　1990年の障害者法の成立を受けて翌91年に始められたこのプログラムは，障害者がAARPの種々の活動に容易に参加で

きるようにするためのものである．ボランティアはここでも，他の関連組織と連携しながら障害者に対する支援活動や地域社会に対する啓蒙活動を行っている．

4.2　ボランティア活動のための組織

　ボランティアの活動は，まさに「奉仕されるのではなく，奉仕する」というAARPの精神を具体化したものと言える．AARPは，高齢者を社会からリタイヤした人，社会のお世話になる人とは見なさず，高齢者であるからこそ持っているその知恵と経験を生かして社会に貢献しうる存在，社会のなかで自発的に活動する人と見なしている．すなわち，高齢者は奉仕を受ける客体ではなく，奉仕をする主体とみなされているのである．

　AARPでは「ボランティアはAARPの金(ゴールド)である」と言われているが，ボランティアは2通りの意味でAARPの金であるように思われる．1つは，社会貢献をすることによってボランティアがAARPの価値を高めているということである．もう1つは，ボランティアがAARPの組織と運営を支える主柱になっているということである．第1の意味については明らかであるので，以下本項では第2の意味について述べることにしよう．

　AARPの組織と運営の一大特徴は，有給スタッフとボランティアとの協同関係が強いというところに見られる．図10.2(AARP作成)は，AARPにおけるスタッフとボランティアとの関係を図示したものである．その特徴はつぎの点にある．

　第1に，スタッフは丸印で囲まれたところで働いている．他のところは基本的にボランティアによって支えられている．

　第2に，理事会メンバーはすべてボランティアである．しかも，地域社会や州レベルで熱心なボランティア活動をしてきた経験者が多い．有給のスタッフはその理事会の決定事項を実行に移す役割を担う存在である．専務(executive director)はスタッフの長であり，理事会メンバーではない．すなわち，AARPの基本的な意思決定はボランティアによってなされ，スタッフは実行

組織として位置づけられているのである.

 第3に,ワシントン本部,5つの地方組織,州組織の事務部門は有給のスタッフによって支えられるが,地域活動の現場はボランティアによって支えられている.しかも,それらのボランティアを統括する各種のコーディネーター,州の会長,5つの地方組織のボランティア担当のディレクターなど,かなり専門的な役職もボランティアによって担われている.

 第4に,以上のことから言えることは,有給スタッフは,基本的な意思決定組織である理事会のボランティアと地域社会で活動するボランティアとの間に位置して,両者を媒介する役割を果たしているということである.多くの場合,この種の組織図は理事会を上部に置き,スタッフをその下に位置づけ,現場のボランティアをその下部に置いて描かれる.そのようなピラミッド的な組織図においては,ボランティアはスタッフの指示に従って活動する受動的な存在と理解されかねない.「あえてその位置関係を逆にして図示したのは,現場のボランティアの重要性を示したかったからだ.ボランティアはAARPの金なのだ.」ワシントン本部の地域サービス部門のデイリーは,富沢にそう説明した.

 第5に,かなりの人数のボランティアが,フルタイムに近い状態で専門的な役職についている.私たち調査団は,ワシントン本部と4つの地方事務所(ボストン,シカゴ,アトランタ,シアトル)で多くの人からAARPの活動について専門的な説明を受けたが,そのなかにはボランティアとして働いている人がかなりいた.

 AARPのために働いているボランティアの人数については,機会あるごとに聞いてみたが,16万人,20万人,40万人と,返答がまちまちであった.AARP自体が確認していないようである.仮に20万人とすると,有給のスタッフの数が1800人(1996年現在)であるから,1人の職員に対して111人のボランティアが働いていることになる.しかも,その活動が非常に重層的である.地域(community),地区(district),州(state),広域地域(region),全国(USA)のそれぞれのレベルで,多数のボランティアが活動している.それぞれの活動をコーディネーターとして調整する役割もかなりのボランティアが担っている.

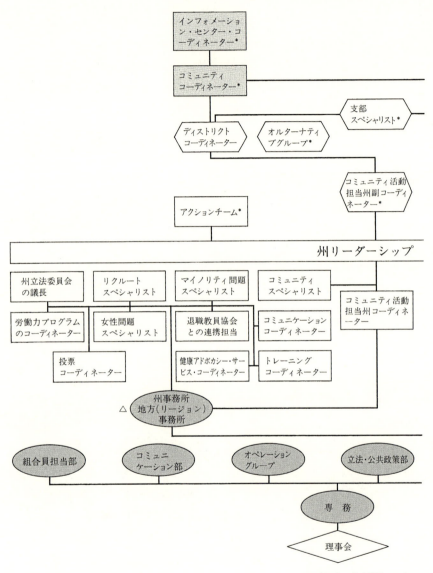

図 10.2 AARP のボラン
出所) 富沢(1997b), pp.72-73.

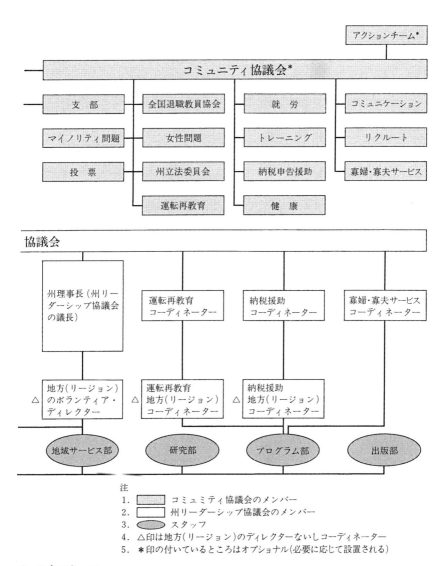

ティアとスタッフ

ボランティアが，AARPを支える主柱になっているのである．

　AARPの基本的組織として，ワシントン本部，5つの地方事務所，23の州事務所，4000以上の支部(chapter)があるが，この他に，約2600の全国退職教員協会の分会(unit)がAARPの特別部門を構成している．これら多数の支部と分会が全米各地に存在し，AARPの広範な地域活動の拠点となっている．

　AARPの資料によれば，支部は「地域社会のレベルで高齢者の独立，尊厳，生活の充実を促進するために，AARPのメンバー20名以上をもって構成されるグループである」．また，全国退職教員協会の分会は「メンバーが，同僚や地域社会に役立つ人生を送れるように退職教員が創設したものであり，退職教員のネットワークの基本的組織である」．

　つぎのエピソードは支部の特質をよく示している．

　支部制度の創設が提案されたとき，AARPの創設者であるアンドラスはこれに反対した．彼女が恐れたのは，高齢者がチェスとコーヒーとドーナッツで過ごすような社交クラブに支部がなってしまうことであった．彼女は，支部が個人の生活や地域社会を豊かにするための高齢者の活動の場になることを望んだと言われている．支部においても「奉仕されるのではなく，奉仕する」というAARPの精神を生かそうとしたのである．

　このようにして，支部は地域社会活動のための組織として創設されたものであるが，支部はそれ自体が1つの独立したNPOとなっている．会長や副会長などの役員は毎年の会議で選出される．支部の財政はAARPの本部の財政から完全に独立している．支部会費と寄付の他に，資金集めのための活動がされる．特定の事業を行うさいには政府の補助金を受ける場合もある．支部の会費は「AARPの会費を上回らないこと」とされているので，現在は年8ドル以下である(たとえばシアトルの多くの支部では2ドルから3ドル程度である)．支部への参加は会員の自由意思による．地域社会のために積極的に行動する活動家が自発的に参加するので，1997年現在の参加率はAARP会員全体の3%程度にとどまっている．

　支部の会員資格は，①AARPの会員，②準会員(50歳以下)，③AARPの全

国組織,という3種類がある.支部への参加資格としてAARPの全国組織を認めているということは,支部が全国組織に対して従属的な位置にはないことを意味しているように思われる.しかし同時に,全国組織が支部の会員であるということは,支部と全国組織が密接に連携をとりつつ活動を進めていることを意味する.定款によると,支部は全国組織の基本的な政策,運動方針などに反した活動はできないと定められている.

支部の基本的な使命は,地域レベルでAARPの理念の実現に努め,地域の会員とAARPのつながりを強化し,ボランティア活動を通じてよりよい地域社会をつくることである.支部の活動目標としてはつぎの7点があげられている.

① 地域社会のニーズに応えるための活動にAARPの会員を参加させる機会を増やすこと.
② AARPに対する地元住民の期待に応えられるように会員の能力を高めること.
③ 会員とAARPとの関係を強化するために情報の交流を促進すること.
④ 組織を発展させ多様なニーズに応えられるようにするために会員を増やすこと.
⑤ 親交,友情,協同を育むために節度ある行動をすること.
⑥ AARPの理念や政策にかかわる地域社会問題について積極的な役割を果たすこと.
⑦ AARPの提供するプログラムを通じて,個人と地域社会に有益な知識を伝えること.

AARPの手引き書(AARP Chapter Handbook, 1993)によれば,支部がボランティアを組織してプロジェクトを具体化するさいの留意点はつぎのようである.

① 計画の第1段階は,支部のメンバーがどのような能力や関心をもっているのか,ボランティアになりうるのは何名か,どれぐらいの期間か,などを明らかにすることである.プロジェクトを確定する前に,これらの点が

明らかにされなくてはならない．プロジェクトは，それが支部メンバーの関心と能力にマッチする時に，成功の可能性が高まる．

② 第2段階は，コミュニティのニーズと提供されているサービス，およびまだ実現されていないニーズについてよく理解することである．実現されていないニーズのうちで支部メンバーの関心と能力にマッチするものが見つかる可能性がある．

③ 第3段階は，ある特定のサービスに対するニーズの程度がどれほどかをよく理解することである．そのためには，サービスを必要としている人びとと話し合う必要がある．また，そのサービスを提供している組織があれば，それらの組織とも話し合う必要がある．すでに他の組織がサービスを提供しているときは，サービスの重複を避け，支部がもっとも効果的に貢献できる方途を探るべきである．

④ コミュニティ・サービスの活動については計画を慎重にたてなくてはならない．

第1に，明確な目標を設定すべきである．支部の達成目標，予期される結果，現実性，成果の評価方法などについて検討しておく必要がある．

第2に，計画実行の各段階で必要とされる時間を予測するなど，計画実行のための日程を明らかにしておく必要がある．

第3に，支部としてどこまでできるのか，支部の実行力の限界を認識しなければならない．必要な場合は，他の組織との連携について検討すべきである．

⑤ コミュニティの支援を得ることが重要である．

第1に，地元のマスメディアに支部の活動を知らせるなど，広報活動を活発にする必要がある．

第2に，コミュニティの支援を広げるためには，地元の広範な諸組織の代表をメンバーとする諮問グループを組織したり，他のボランティア組織と協力しながら活動をすすめることが必要となる．

第3に，活動についての定期的な報告，新しい参加機会の提供などによ

って，ボランティアの継続的な確保に努める必要がある．
⑥ 活動計画をたてる際には，短期的な計画だけでなく，中長期的な展望が必要とされる．たとえば，活動が発展した場合，訓練されたボランティアを継続的に確保できるか，会議場のスペースや印刷能力は大丈夫か，などである．活動がどのように発展するかを予測し，それに備える必要がある．活動が長期化するほど，そのサービスに頼る人が多くなる．そのようなときにサービスを縮小したり中止したりするようなことになれば，そのサービスを受けている人びとが大きな被害をこうむることになる．
⑦ 財政援助者を確保し，財源を得るためイベントを企画し，企業，市民グループ，個人に訴えて寄付を募るなど，財政活動を活発に行って，財源を確保する必要がある．
⑧ 計画を定期的に再検討し，問題点を明確にし，適時に対応策を講じる必要がある．

以上，AARPの地域における基礎組織である支部についてその活動を概観した．全米退職教員協会の分会も，そのメンバーが退職教員であるという点を除けば，基本的にはAARPの分会と共通する性格を有している．

支部と全米退職教員協会の分会の他に，納税申告援助ボランティアの組織，運転再教育ボランティアの組織など，ボランティアの活動領域別の組織が地域レベルに存在する．

これらの諸組織間の活動を調整する組織として，コミュニティ協議会(community council)がある．その構成メンバーは，図10.2のなかで　　　　で囲まれた諸組織である．

諸活動の州レベルでの調整機関としては，州リーダーシップ協議会(state leadership council)がある．その構成メンバーは，図10.2のなかの　　　　で囲まれたリーダーたちであり，その多くは活動領域別のコーディネーターである．

4.3 AARPのボランティアたち

　AARPの資料によると，アメリカの高齢者のうちボランティア活動をしている人の割合は，45歳から54歳までの人の54％，55歳から64歳までの人の47％，65歳から74歳までの人の43％，75歳以上の人の36％である．おおよそ高齢者の半数がボランティア活動をしていることになる．AARPの会員も，その多数がなんらかのボランティア活動をしていると見てよいであろう．仮に会員の半数としても1500万人を超す．したがって，20万人から40万人と言われるAARPのボランティアの数は，ボランティア一般の数ではなく，AARPのために働いているボランティアの数と思われる．

　AARPは，ボランティアの具体的な活動を示すビデオとして「ボランティア活動・暦年の贈り物」をつくっている．英語版，フランス語版，スペイン語版，ロシア語版，中国語版，日本版がある．そこに登場するのは，インディアン文化の継続のために小学校で週5日ボランティア活動をする67歳の女性，高齢の中国移民たちに英語を教えている75歳の女性，治療器具を自動車で運んで歯の巡回治療をしている72歳の男性，高齢者介護をする70歳の男性，毎朝畑から野菜を採り，ときには毎週360キロもの野菜を貧しい人びとのために配送している70歳の男性などである．このビデオはAARPメンバーのボランティア活動のほんの一端を示すにすぎない．AARPのボランティアの活動は，すでに述べたように，多様である．

　AARPの資料は，会員がボランティア活動をする意義をつぎのように述べている．

① 高齢者の経験と知識を役立て地域社会と結びつくことによって，多くの楽しみを得ることができる．

② 多くの友人をつくることができ，高齢者にとっての重要な情報の入手，趣味のグループ活動への参加などの機会が増える．

③ 医療保障制度の改変など，重要な高齢者問題にかかわる情報を入手し，政策決定に参加することができる．

　ボランティア活動をする動機も，「友人をつくりたい，社会貢献をしたい，

能力を高めたい，自己実現をはかりたい」など，さまざまである．富沢の聞き取り調査(1997年)では，「楽しいから」という回答が多かった．

　AARPは，「ボランティアは自然に生まれるものではない」という認識のもとで，ボランティアの募集と教育に力を入れている．AARP資料によれば，AARPは「職員雇用の際と同様な慎重さと専門知識をもってボランティアの募集，訓練，支援を行っている」．

　ボランティアの募集に際してはまず，必要とされるボランティアの仕事の内容，必要とされる理由，要求される技能，時間数，活動範囲，職責，などが決められる．そのさい，AARPの職員とボランティア指導者は，ボランティア志望の動機を重視して，活動から得られるメリットなどを募集要項に書き込む．たとえば，コミュニティ・リーダーの募集要項には，つぎのように書かれている．

　　　あなたはコミュニティで行われている種々の活動を指導する中心人物になります．新しい人びとと地域のリーダーたちとの出会いがあります．あなたの地域の高齢者の生活を大きく変える役割を担うことになります．

　ボランティアの募集要項が決められると，つぎに，種々の方法を用いて適切なボランティアを募集する．多くの地域には，ボランティア希望者が登録されているボランティア・センターや高齢者ボランティア・プログラムがあるので，これらの組織と連絡をとる．ボランティア自身の口コミによるネットワークなども大いに活用される．AARP自体も，ボランティアを希望する50歳以上の人びとのために「ボランティア才能バンク」を開設している．そこでは，ボランティアを必要とする人とボランティア希望者を仲介するために，コンピュータによる全米紹介サービスが活用されている．

　ボランティアの訓練も重視されている．AARPのすべてのレベルのボランティア・リーダーは，ボランティア・プログラムの管理方法を含めて，管理とリーダーシップ技能のためのトレーニングを受ける．このトレーニングの大半は，AARPのリーダーシップ開発部門のボランティア・トレーニング指導者が行っている．租税申告援助や運転再教育など，AARP本部が運営するボラ

ンティア活動の領域では,それぞれの活動領域に即した特別のトレーニングがなされている.地域社会や州レベルで活動するボランティアは,それぞれ地域レベルや州レベルのボランティア・リーダーたちから指導を受ける.たとえば,地域レベルや州レベルのボランティアのための定期的フォーラムでは,ボランティアの経験交流会や特別のトレーニング・ワークショップが開催される.

ボランティアのためのニュースレターとして『ハイライト』が隔月に刊行され,そこでボランティアの活動やプログラムが報告されている.

AARP はまた,種々の式典などにおいてボランティアを報奨することを重視している.これは,ボランティア活動の活性化と活動の継続性の維持に役立っている.

4.4 シアトルのボランティアたち

以上本節では AARP のボランティア活動について一般的に述べてきたが,以下本項ではボランティア活動の一端を具体的な場面で見ることにしたい.アメリカの NPO の実態を理解するためには,ボランティアの活動実態を現場において確かめる必要があるからである.

以下は富沢がシアトルで行った調査(1997年9月6-7日)の概要である.

まず最初に,AARP 西部地方事務所におけるボランティア活動を見ることにしよう.

西部地方事務所はシアトル市の東北部にあり,西部地方事務所がビルの4階部分を占め,ワシントン州事務所が1階部分を占めている.

西部地方事務所は9つの州(ワシントン,オレゴン,ネバダ,ワイオミング,モンタナ,ハワイ,アイダホ,カリフォルニア,アラスカ)とグアム地域をカバーしており,40人のスタッフが働いている.スタッフは大学院卒業の高学歴者が多い.その他にかなりの数のボランティアが働いている.

経済保障問題を担当するランディスは,社会保障関連の仕事をしていたときに AARP の教育を援助したのがきっかけで,AARP で働くことになった人である.彼は「高齢者地域サービス雇用プログラム」についてつぎのように説

明した．

　このAARPのプログラムは，55歳以上の人で経済的に不利な立場にある人が仕事を見つけることができるように，職業訓練を行うものである．この活動に対しては，政府から助成金が支給される．1980年代以降，政府の福祉サービスが縮小し，90年代には企業の合理化が強化されている．仕事を求める高齢者は増えているし，今後も増え続けるだろう．高齢者の就職相談についてはAARPの会員・非会員を問わずに対応している．年齢を理由とする退職の強要は法律違反であるが，実際には起こっている．AARPも，全国的に重要な意義をもつケースについては裁判に関与することがある．87年のデュポン社を相手取ったケースを含め，これまで5件ほど争い，すべてに勝訴している．

「議会活動担当の地域コーディネーター」であるユーローは，法律専門のボランティアであり，全国立法協議会(NLC)のメンバーとしても活動している．大学教授をしていたユーローがAARPのボランティアになったのはなぜか，という質問に対して，彼は「AARPの活動に関心があったから．AARPに参加することによって広範な社会的活動ができるから」と答えた．全国立法協議会メンバーとしてのボランティア活動は，つぎのようである．

　NLCの使命は，国家と地方自治体の公共政策に関わるAARPの基本政策を立案し，それを理事会に提案することである．その成果として『AARPの公共政策提言集』が毎年刊行され，関係者に幅広く配布される．NLCのメンバーは41人おり，3つの委員会(健康問題，経済問題，その他の問題)に分属している．ユーローは経済問題委員会に所属する．3委員会の提案がまとまると全体会を開き，5日間かけてNLCの最終案をまとめ，AARPの理事会に提案する．このようにしてつくられたAARPの政策を実現するのがAARPのボランティアとスタッフである．重要な案件の場合は，多くのボランティアがいっせいに議員たちに電話をする．政治献金ではなく草の根の運動で政策の実現をはかるのが，AARPの特色である．政策に命を吹き込むのは，ボランティアであると認識されている．

地域サービスに関しては，西部地方事務所の担当責任者であるヒギンズとワシントン州事務所の担当責任者であるコールドウエルが，AARPの運動スタイルの最近の転換についてつぎのように説明した．

1993年にAARPの理事会は，会員との接触を強める方法を検討し，本部のスタッフを減らしても州レベルの活動人員を増やして地域活動を盛んにする，という決定をした．その結果，最近では，ボランティアが地域で活動する場を多様化し，ボランティアの参加を弾力化するとともに，地域活動の活性化をはかっている．そのためにAARPは，支部活動だけではなく，つぎのような仕組みを創設し活用している．

① インフォメーション・センター　地域社会の人びとにAARPの情報とサービスを提供するためのセンターであり，人びとが出入りしやすいところに設置される．地域住民のためのアクセス・ポイントである．

② キオスク　人の集まるところに設置される情報提供スタンドである．

③ ニュースレター　州内のボランティア活動の情報を伝える各州の情報紙である．

④ AARPウェッブプレース　インターネット上のAARPのホームページで，地域情報の検索ができるようにする．現在は試行段階である．

上述のインフォメーション・センターにおけるボランティア活動については，富沢がタコマで聞き取り調査を行った（6月10日）．

タコマ・インフォメーション・センターは，シアトル市内から南へ自動車で40分ほど行ったピアス郡のタコマという地域にあり，多くの商店が入っている数階建てのショッピング・センター（モール）の入り口部分を占めている．市が借りている100坪ほどのスペースがコミュニティ・リソース・センターと名付けられ，そのなかでAARPのインフォメーション・センターが他の2つの高齢者関連組織とともに活動している．入口の資料棚にはAARPのパンフが160種類ほど並べられ，関心のある人が自由に持ち帰られるようになっている．日常活動はAARPのボランティアが担当している．質問や相談のある人にもボランティアが対応する．

インフォメーション・センターの責任者であるゴーティエ(75歳)は，ボランティアとしてAARPの地域コーディネーター(district coordinator)をつとめている人であるが，ピアス郡での活動についてつぎのように説明した．

　ピアス郡には6つのAARP支部があり，毎月集会をしている．1つの支部は聾唖者の支部である．そのほかに退職教員の地域支部が1つあり，毎月数回の集まりをもっている．これらの組織の調整機関であるピアス郡コミュニティ協議会は，コミュニティ・コーディネーターが毎月1回召集している．

　土木関連の公務員出身であるゴーティエは，6年前にAARPの高齢者運転再教育プログラムに参加して，ボランティアとして教えたさいにボランティア活動の喜びを知り，いまでは週20時間ほどのボランティア活動をしている．1人暮らしの高齢者には毎日電話をかけるというようなこともしている．

「勤めていたときと今はどう違うか」という富沢の質問に，「緊張感は同じだ．しかし，勤めていたときは上司の監督のもとで働くという緊張であったのに対し，今では自発的にやりたいことをやるというなかでの緊張だから，ずいぶん違う．人に喜んでもらえることをするのはとても楽しい」と答えた．

センターのカウンターで来客と対応していたボランティアのショービンガーも，「ここでの仕事は楽しい」と述べた．

「奉仕されるのではなく，奉仕する」というモットーのもとで，高齢者が高齢者を助けるシステムが機能している具体的な事例をここに見ることができる．

高齢者のそのときどきの最重要のニーズに応える活動をすることによって，AARPは発展してきた．その活動を下から支えてきたのが，ボランティアである．「人生からリタイヤするなかれ」(Never retire from life)．これがAARPのもう1つのモットーとなっている．

高齢者が主体となって活動する組織をつくることは，公共セクターにおいても私的セクターにおいても困難である．しかし，民間非営利セクターはそのような組織をつくるための場を提供しうる．AARPの事例がこの点を明確に示

している.

1) 本章の叙述は，勝部・坂林・武市(1996)，および，日本労働者協同組合連合会編(1997)，に依拠するところが大きい．後者は富沢も参加した AARP 現地調査(1997年6月)の結果をまとめたものである．本章は，その調査結果を本書の問題関心からさらにコンパクトにまとめて再編集したものである．調査参加者の協力に感謝する．

第11章　日本のワーカーズコープ
——日本労働者協同組合連合会の事例

1　はじめに

1.1　問題の所在

　本章では，日本のワーカーズコープとしてはもっとも長い歴史をもつ日本労働者協同組合連合会の運動を事例研究の対象とする．国際比較の観点からすると，その運動の特徴は，労働組合運動を起源にもつというところにある．したがって，本章では，ワーカーズコープ運動が労働運動の一環としていかなる意味をもつかという問題を中心に日本の事例を考察したい．

　広義の労働運動は，労働者階級を主体とする諸運動の総体である．イギリスの労働運動史に典型的に見られるように，労働組合運動，協同組合運動，政党運動，文化運動などがそれぞれはっきりとした独自の運動組織を形成するのは19世紀後半であった．総体としての労働運動とその分業化の経緯については，すでに第4章の「1　問題の所在」で詳論した．

　広義の労働運動のなかで，現代のワーカーズコープ運動はいかなる位置を占め，いかなる意義を有しているのであろうか．この問題は，労働運動の背景をなす最近の国際的状況の変化と密接に関連している．

　資本主義諸国においては，1970年代の中頃から経済面で大きな変化が見られた．すなわち，経済成長率が著しく低下し，高度成長の時代から低成長の時代へと移行したのである．それに伴って80年前後から政治面でも大きな変化が生じ，サッチャー政権，レーガン政権，中曾根政権などの政策に典型的に見られるように，経済政策面では民営化方針が基軸とされ，社会政策面では福祉国家政策の見直しがなされるようになった．このような経済的・政治的変化のもとで，従来の高度経済成長と福祉国家政策のもとで展開されてきた労働運動

も変容を迫られることになった．しかしながら，この経済的・政治的な状況の大きな変化に対する労働運動側の対応は，現在のところかならずしも十分ではなく，運動面での停滞・後退現象が生じている．

また，社会主義諸国における官僚主義的な国家指導型計画経済運営の破綻を契機として，社会主義イデオロギーにもとづく労働運動に対する評価も低下し，この面でも運動上の停滞・後退現象が生じている．

このような労働運動の一般的な停滞・後退という状況下で，1970年代中頃から世界の多くの国でワーカーズコープ運動が生成・発展していった．この運動は，国によって現れ方が異なり発展の程度の差も大きいが，一般的に述べるならば，今日の労働運動が抱える上記のような諸困難に対してつぎのような問題提起をしているように見える．

第1は，労働運動の再活性化の問題である．労働運動の基本的原則は，労働者階級の団結である．運動組織としては，広義の労働運動を構成する労働組合運動，協同組合運動，政党運動，文化運動のあいだの有機的関連を強化することが必要とされている．この有機的関連なしに運動をすすめるかぎり，それぞれの運動体はそれ自体が有する限界にぶつからざるをえない．各運動体が他の諸運動体に対する十分な配慮をせずに自己優先的に運動をすすめた結果，それぞれが固有の壁にぶつかっているというのが，今日の状況であるようにも見える．したがって，今日の状況を打破するためには，それぞれの運動がこの限界を認識して，相互の連帯を強化することが必要とされている．

ワーカーズコープは財とサービスの提供を行うというその活動の固有の性質上，他の組織との連携関係を強く必要とする．まず第1に，協同組合相互間の連携の形成と労働組合運動との協力関係の形成とが，ワーカーズコープの発展のための不可欠の条件となる．第2に，ワーカーズコープのための法制面の整備などのために，政党との協力関係が必要となる．第3に，運動発展のために労働者教育をとりわけ重視するワーカーズコープ運動にとって，教育運動などの文化運動との協力関係が必要とされる．

このために，ワーカーズコープ運動はみずからの存続と発展のためにも，地

域社会と全国の民主的諸組織との連携の強化に努力せざるをえない．このような意味でワーカーズコープ運動は，労働運動の諸組織のネットワークづくりのための1つの核となり，労働者階級の団結の強化と労働運動の活性化のための1契機となりうる．

ワーカーズコープ運動が労働運動の現況に対して提起する第2の問題は，社会主義理念にもとづく労働運動のあり方に対する反省と関連する．一方ではソ連・東欧の社会主義諸国の崩壊現象が，従来の社会主義のあり方に疑問を呈するとともに，他方では先進資本主義諸国内でのワーカーズコープ運動が，従来の社会主義理念にもとづく労働運動のあり方に対して再検討を迫っている．

社会主義を規定する不可欠の要因として，生産手段の社会化があげられる．生産手段の社会化の形態としては，国有化と協同組合化がある．したがって，社会主義への途としては，国家主導による社会主義への途の他に，民間主導の自発性にもとづく経済の協同化を通じた社会主義への途がありうる．もともとはマルクス主義においても経済の協同化が重視されていたことは，最近の経済学説史研究が強調している(例えば，植村 1990，大野 1991．マルクスの協同組合論については本節の1.2を参照されたい)．最近，社会主義的経済運営と市場原理との背反性が問題とされているが，社会主義的経済運営と市場原理の活用とは，常にかならず背反するとは言えない．国有化を基盤とする国家指導型計画経済のもとでは市場原理は有効に機能しえないが，協同組合化にもとづく経済運営は市場原理とかならずしも背反しない．国有企業の民営化が今日の経済運営の趨勢となっているが，民営化の形態としては，私有化だけでなく，協同組合化があることが看過されてはならない．

社会主義を規定する要因としては，生産手段の社会化だけでなく，労働の社会化の側面が重視される必要がある(富沢 1974)．資本原理にもとづく労働の社会化は労働疎外の問題を伴うが，この労働疎外の問題を克服することが社会主義運動の基本目的の1つとされてきた．しかるに，国家主導による社会主義のもとではこの労働疎外の問題が十全には克服されえないことが，社会主義諸国の歴史的経験から明らかにされている．これに対してワーカーズコープ運動に

おいては，労働にもとづく人間発達が目指され，現に数々の事例においてこの面での成功例が見られる．ワーカーズコープ運動においては「資本が労働を用いるのではなく，労働が資本を用いる」ということが基本原則とされているが，このような原則にもとづいて，ワーカーズコープは労働の協同化を図り，協同労働を通じての人間の多面的発達をめざしている．労働現場における人間的関係の実現とそれを通しての人間的な豊かさの育成は，ワーカーズコープ運動の基本的な目的の1つとなっている．

これらの点において，ワーカーズコープ運動は労働運動の現況にたいして重大な問題提起をしていると言えよう[1]．

しかしながら，資本主義的原理を基軸とする経済社会のなかで，この運動は存続し発展し続けることができるのであろうか．ここに最大の問題点がある．ワーカーズコープ運動の viability が，今日問われていると言えよう．

上述のような問題視角から，日本のワーカーズコープの歴史と現状を考察することが，本章の課題である．

1.2 補論——マルクスの協同組合論

日本労働者協同組合連合会の運動はマルクス主義的立場に立つ労働組合運動を起源にもつところから，運動の内外において，ワーカーズコープとマルクス主義との関連が大きな論争点をなしている（黒川 1993，参照）．この論争においてはマルクスの協同組合論が多義的に解釈されているので，以下，マルクスの協同組合論を原典に即して忠実に再構成しておきたい．

マルクスによれば，共産主義社会は「共同の生産手段で労働し自分たちのたくさんの個人的労働力を自分で意識して一つの社会的労働力として支出する自由な人々の結合体」（『資本論』第1部，『マルクス＝エンゲルス全集』大月書店，第23巻a, p.105．以下，23a, p.105 というように略記），あるいは「合理的な共同計画に従って意識的に行動する，自由で平等な生産者たちの諸アソシエーションからなる一社会」（『土地の国有化について』18, p.55）である．このアソシエーションとしてマルクスが協同組合を重視していたことは，下記の叙述から明らかで

ある.

> コミューン[パリ・コミューン]は……階級的所有を廃止しようとした. それは収奪者の収奪を目標とした. それは……生産手段, すなわち土地と資本を, 自由な結合労働の純然たる道具に変えることによって, 個人的所有を事実にしようと望んだ. ……もし協同組合的生産が資本主義制度にとってかわるべきものとすれば, もし協同組合の連合体が一つの計画にもとづいて全国の生産を調整し……資本主義的生産の不断の無政府状態と周期的痙攣[恐慌]とを終わらせるべきものとすれば……それこそは共産主義, 『可能な』共産主義でなくてなんであろうか!(『フランスにおける内乱』17, pp.319-320).

マルクスの協同組合論の全体像は, 国際労働者協会の『中央評議会代議員への指示』のなかに簡潔に示されている. 彼は「協同組合労働」という項目のもとで, 協同組合運動の「一般原理」をつぎの5点に分けて記述している.

(イ) われわれは, 協同組合運動が, 階級敵対に基礎をおく現在の社会を改造する諸力のひとつであることを認める. この運動の大きな功績は, 資本にたいする労働の隷属にもとづく……現在の専制的制度を, 自由で平等な生産者の連合社会という……共和的制度におきかえることが可能だということを, 実地に証明する点にある.

(ロ) しかし, 協同組合制度が……零細な形態に限られるかぎり, それは資本主義社会を改造することはけっしてできないであろう. 社会的生産を自由な協同組合労働の巨大な, 調和ある一体系に転化するためには……社会の全般的条件の変化が必要である. この変化は……国家権力を資本家と地主の手から生産者自身の手に移す以外の方法では, けっして実現することはできない.

(ハ) われわれは労働者に, 消費協同組合よりは, むしろ生産協同組合に携わることを勧める. 前者は現在の経済制度の表面にふれるだけであるが, 後者はこの制度の土台を攻撃するのである.

(ニ) われわれは, すべての協同組合がその共同収入の一部をさいて基金をつ

くり，言葉と行動によって協同組合の原理を広めること，すなわち，協同組合の教えを説くとともに新しい生産協同組合の設立を促進することを勧める．

㈥ 協同組合がふつうの中間階級的な株式会社に堕落するのを防ぐため，協同組合に働くすべての労働者が，株主であってもなくても，平等に利潤配当を受け取るようにすべきである．株主がたんに一時的な措置として低い率の利子を得ることは認められる（『中央評議会代議員への指示』16, pp.194-195）．

マルクスは上記㈡と同主旨のことを，協同労働の全社会的規模での実現という見地から，つぎのようにも述べている．

協同労働は，原則においてどんなにすぐれていようと，また実践においてどんなに有益であろうと，もしそれが個々の労働者の時おりの努力という狭い範囲にとどまるならば……大衆を解放することはできない．……勤労大衆を救うためには，協同労働を全国的規模で発展させる必要があり，したがって全国的な手段でそれを助成しなければならない（『国際労働者協会宣言』16, p.10）．

『マルクス＝エンゲルス全集』の事項索引における「協同組合」と「協同組合運動」に依拠して，協同組合に関するマルクスの全記述を読むと，そのほとんどが「労働者の協同組合工場」に関するものであることがわかる．彼は「労働者の協同組合工場」をつぎのように評価している．

所有の経済学にたいする労働の経済学のいっそう大きな勝利が，まだその［イギリスにおける 10 時間法の成立］あとに待ちかまえていた．われわれが言うのは，協同組合運動のこと，とくに少数の大胆な「働き手」が外部の援助をうけずに自力で創立した協同組合工場のことである．これらの偉大な社会的実験の価値は，いくら大きく評価しても評価しすぎることはない．それは……行為によって次のことを示した．すなわち，近代科学の要請におうじて大規模にいとなまれる生産は，働き手の階級を雇用する主人の階級がいなくてもやっていけるということ，……賃労働はやがては，

自発的な手，いそいそとした精神，喜びにみちた心で勤労にしたがう結合労働に席をゆずって消滅すべき運命にあるということ，これである（『国際労働者協会創立宣言』16, p.9）.

ここに端的に見られるように，マルクスはなによりもまず「結合労働」(assoziierte Arbeit)あるいは「協同労働」(kooperative Arbeit)の担い手として協同組合を重視していた．

このような見地から，マルクスは，労働者協同組合工場における資本と労働との対立の廃止についてつぎのように述べ，労働者による協同組合運営を社会変革の要因として重視している．

> 労働者たち自身の協同組合工場は，古い形態のなかではあるが，古い形態の最初の突破である．といっても，もちろん，それはどこでもその現実の組織では既存の制度のあらゆる欠陥を再生産しているし，また再生産せざるをえないのではあるが．しかし，資本と労働との対立はこの協同組合工場のなかでは廃止されている．……このような工場が示しているのは，物質的生産力とそれに対応する社会的生産形態とのある段階では，どのように自然的に一つの生産様式から新たな生産様式が発展し形成されてくるかということである．資本主義的生産様式から生まれる工場制度がなければ協同組合工場は発展できなかったであろうし，また同じ生産様式から生まれる信用制度がなくてもやはり発展できなかったであろう．信用制度は，資本主義的個人企業がだんだん資本主義的株式会社に転化して行くための主要な基礎をなしているのであるが，それはまた，多かれ少なかれ国民的な規模で協同組合企業がだんだん拡張されて行くための手段をも提供するのである．資本主義的株式企業も，協同組合工場と同じに，資本主義的生産様式から結合生産様式への過渡形態とみなしてよいのであって，ただ，一方では対立が消極的に，他方では積極的に廃止されているだけである（『資本論』第3部, 25a, pp.561-562）．

例えば，

> 協同組合工場の場合には監督労働の対立的な性格はなくなっている．と

いうのは，管理者は労働者から給与を受けるのであって労働者に対立して資本を代表するのではないからである(同上書, 25a, p.486).

協同組合に関しては，エンゲルスもまたマルクスと同様な見解を有していた．彼によれば,「いわゆる「社会主義社会」はいっぺんにできあがってしまうようなものではなく，他のすべての社会状態と同様，たえず変化し改造されつづけるものとしてとらえられなけらばならない」(「エンゲルスからベーニクへ, 1890年8月21日」, 37, p.387). このような見地から，彼はつぎのように述べている．

> 僕[エンゲルス]の提案は，既存の生産のなかへ協同組合を根づかせることを要求しているのだ．……完全な共産主義社会への移行にあたって，中間段階として，われわれが協同組合的経営を広範囲に応用しなければならないであろうということ，そのことについてはマルクスも僕も疑問をもったことはなかった(「エンゲルスからベーベルへ, 1886年1月20日」, 36, pp. 373-374).

このような立場からエンゲルスは,「公共事業を資本家に請負わせるのでなく労働者協同組合(Arbeitergenossenschaft)に請負わせる」(「エンゲルスからリープクネヒトへ, 1884年12月29日」, 36, p.236)という提案もしている．

国家指令型社会主義経済崩壊後の今日，アソシエーション論の視点からマルクスの共産主義論を再解読する試みが進行している(例えば，田畑 1994). すなわち前述のように,「自由で平等な生産者たちの諸アソシエーションからなる一社会」という視点から共産主義社会像を再構築する試みである．また，現代的条件のもとで「社会的経済」という新たな理論的枠組みが用意されつつある．すなわち，公共セクターと私的セクターという2つの領域から国民経済を分析するのではなく，さらに民間非営利セクターを加えた3つのセクターから国民経済を分析する理論的枠組みである．現実の運動のレベルにおいても，マルクスとエンゲルスが重視した労働者の協同組合が1970年代以降，ワーカーズコープというかたちで世界各地で活性化しつつある．

今日，これらの観点からのマルクス協同組合論の再評価が必要とされていると言えよう．

2 日本のワーカーズコープ——概観

　ワーカーズコープは，一般的に「従業員が所有し管理する協同組合」と定義される．日本ではワーカーズコープの法人格を規定する法律が存在しないこともあって，多様な名称が用いられている．社会的経済セクターの形成という問題視点からすると，名称にとらわれることなく，「従業員が所有し管理する組織で実態的に協同組合的な運営をしている組織」を社会的経済セクター内の一つのサブ・セクターとして総括的に把握する必要がある．そのような観点からすると，日本の現存のワーカーズコープ的組織はつぎの5類型に分類しうる．

① 日本労働者協同組合連合会傘下の諸組織．
② ワーカーズ・コレクティブ．
③ 市民事業型組織．
④ 労働組合主導の労働者自主管理企業．
⑤ 生活協同組合，農業協同組合，漁業協同組合，森林協同組合，中小企業等協同組合などの伝統的協同組合に関連する諸組織．

　①の日本労働者協同組合連合会は，1992年にICAに加盟し，世界のワーカーズコープ運動の一環として活動している．労働組合運動から発生した点では④の労働者自主管理企業と共通しているが，組織的に労働組合から独立して協同組合としての独自性を明確にしている点が異なる．

　②のワーカーズ・コレクティブは，③の市民事業型組織，あるいは⑤の伝統的協同組合に関連する組織として分類することも可能であるが，主婦層が基本的な担い手となり，しかも生協とは異なるワーカーズコープとしての独自性を明確にしている点で，1つの類型をなしている．

　③の市民事業型組織は，協同組合運動よりはNPOの運動に起源をもつものが多く，近年急速に増加している．

　④の労働組合主導の労働者自主管理企業は，労働組合による自主生産・自主経営闘争から発展した組織である．

⑤の伝統的協同組合に関連する組織としては，農事組合法人，漁業生産組合，森林作業班，企業組合などのうちに，その例を見ることができる．

以上の5類型のうち，ワーカーズコープとしての自覚をもって活動しているのは①と②である[2]．③④⑤の類型のうちのいくつかの組織（例えば，農事組合法人の無茶々園，労働者自主生産企業のパラマウント製靴共働社，「市民立」の黄柳野高校に関連する黄柳野地域総合協同組合）は，①の日本労働者協同組合連合会に加盟している．

日本労働者協同組合連合会については次節以降で詳論するので，以下ではワーカーズ・コレクティブについて概観しておこう．

3 ワーカーズ・コレクティブ

日本のワーカーズ・コレクティブ運動は，1980年代に始まる．班別予約共同購入事業をもっぱらとしてきた生活クラブ生協神奈川は，82年にデポー（荷捌所）という新しい形態の店舗をつくり，その運営の担い手として企業組合を設立しようとした．しかしながら法人格としての企業組合の認可が困難であったので，アメリカのワーカーズ・コレクティブをモデルとして「ワーカーズ・コレクティブにんじん」を設立した．これが，日本におけるワーカーズ・コレクティブ運動の出発点となった．

もともと，1970年代のアメリカ西海岸で，企業社会で管理されるのを嫌った若者たちが設立したパン工場やリサイクル・ショップなどから発展していったワーカーズ・コレクティブ運動は，多くの場合，平等の出資，直接民主制，仕事の輪番制による分業の弊害の克服などを強調することによって，既存の協同組合の活動と異なる新しい社会運動としての独自性を主張した．そこでは，既存の大規模協同組合に対するオルターナティブという意識が強く，おそらくはそのような観点から協同組合という名称を避け，個々人の主体性を重んじる共同体という意味合いを含むコレクティブという名称を選択したのであろう．アメリカのワーカーズ・コレクティブ運動の実践から学ぶことが多く，またそ

の名称を継承した日本のワーカーズ・コレクティブ運動も,個々人の価値と直接民主制の価値を重視するなどして,その独自性を強調している.

「ワーカーズ・コレクティブにんじん」は,1987年にその実績が認められて企業組合としての法人格を取得している.92年には15のデポーが「コミュニティ生活協同組合」を設立し,生活クラブ生協から独立し単協化した.

ワーカーズ・コレクティブは,1980年代以降,主婦層を基本的な担い手として大都市圏を中心にさまざまな領域において数多く設立され,93年には全国で256団体,メンバーは6927人,事業高は63億円となった[3].ワーカーズ・コレクティブ・ネットワーク・ジャパンによれば,97年9月現在では350団体,メンバーは約9000人となっている.

事業内容は,福祉関連では在宅福祉サービス,家事・介護サービス,老人給食,助け合いケア,集合託児・出張託児,など,その他のサービス事業では生協業務の請負,料理・惣菜・弁当,スナック・喫茶店の経営,リサイクル事業,出版,スライド・ビデオ制作,イベント企画,翻訳・通訳など,食品加工関連では,農産物加工,パン・ジャム・クッキーの製造販売など,多様な領域にわたっている.最近は高齢化の進展とも関連して,福祉関連のワーカーズ・コレクティブが増える傾向にある.

多くのワーカーズ・コレクティブのメンバー数は,10名以内か10名台である.ワーカーズ・コレクティブ第1号の「にんじん」は,1995年でメンバー数が351名,事業高が5億669万円となっているが,これは例外的存在で,メンバー数100名を超えるワーカーズ・コレクティブはごく少ない.

多くのワーカーズ・コレクティブは,採算的に厳しい状況にある.設立時に生協が事業面や経営面での自立を援助するケースが多い.

市民に役立つ事業に無担保,保証人なしで融資をする「市民バンク」が設立されており,例えば,パンの製造販売を行う「パンの樹あるれ」は設立時に融資を受け,1995年にはメンバー数15名で3994万円の事業高をあげている.

ワーカーズ・コレクティブの90%が,任意団体にとどまっている.法人格をとる場合は,事業内容や事業実績を考慮して,企業組合,農事法人組合,あ

るいは有限会社，株式会社として法人化されている．しかし，ワーカーズ・コレクティブとしてはいずれの法人格も不適切なので，現在，日本労働者協同組合連合会とともに，ワーカーズコープの法制化運動に取り組んでいる．

全国的な連合会は未成立であるが，1989年に東京ワーカーズ連合会(当時は11団体．93年に事業協同組合の法人格を取得し，東京ワーカーズ・コレクティブ協同組合と改名．95年は37団体)と神奈川ワーカーズ・コレクティブ連合会(当時は約30団体，95年は95団体)とが設立された．その後，千葉県にワーカーズ・コレクティブ千葉県連合会，埼玉県に埼玉ワーカーズ・コレクティブ連絡会が設立された．これら4組織は全国市民事業連絡会(95年に「ワーカーズ・コレクティブ・ネットワーク・ジャパン」と改称)を結成し，全国的なネットワークを形成しつつある．

また，1994年以来，神奈川ワーカーズ・コレクティブ連合会と日本労働者協同組合連合会は，ワーカーズ・コープ研究交流集会を共催するなどして，ワーカーズ・コレクティブ運動と労働者協同組合運動との連携をはかっている．

4　日本労働者協同組合連合会の歴史

ワーカーズコープ運動は，1つの統一理念のもとに組織された運動ではなく，各国それぞれ異なる条件のもとで，いわば自然発生的なかたちで草の根運動における創意によってつくりあげられてきた運動である．したがって，国によって発生の経緯も運動の名称も異なっている．しかしながら，運動の本質において国際的に共通するところがあるので，名称の差異にとらわれないで，質において共通するこれらの運動をワーカーズコープ運動と総称したい．

ワーカーズコープの特質は，その組織形態にある．ワーカーズコープとは，なんらかの事業をしたいと思う人たちが集まって共同で出資し，その事業体のなかで働きつつ共同で管理・運営する協同組合のことである．事業は生産事業に限られない．どのような事業を営もうとも，その事業を営む人びとがその事業体の所有権と管理権を有し，かつ事業が協同組合原則にもとづいて運営され

第11章　日本のワーカーズコープ——日本労働者協同組合連合会の事例——　347

るかぎり，その事業体はワーカーズコープと称されうる．したがって，ワーカーズコープのうちには，生産協同組合，サービス協同組合，文化事業を営む文化協同組合など，種々の事業を行う協同組合が含まれている．

　ワーカーズコープ運動が国際的な規模で発展するのは，1970年代中頃以降である．日本のワーカーズコープ運動の起源もその頃に見られる．日本の運動もまた，1つの統一理念のもとに組織された運動ではなく，日本独自の条件のもとで草の根運動における創意によってつくられてきた運動であった．それにもかかわらず，運動の本質において国際的に共通するところがあるものであった．

　日本労働者協同組合連合会の運動の場合は，中高年雇用・福祉事業団(以下，事業団と略称)の活動を基盤として発展していった[4]．

　では，日本独自の運動であった事業団の運動は，どのような経緯を経てワーカーズコープ運動へと発展していったのであろうか．事業面から見て事業団の運動がワーカーズコープ運動へ発展せざるをえなった必然性については，すでに町田が実証研究にもとづいて考察している(町田 1990, pp.24-25, 34-35)．本章では，事業団運動のワーカーズコープ運動への発展過程を運動理念面の変遷を中心に考察する．この作業は，事業団運動の自己規定の変遷過程をみることによって，今日の日本労働者協同組合連合会の運動の本質を解明する試みでもある．

　事業団は，失業対策事業に従事する労働者を中心とする全日本自由労働組合(以下，全日自労と略称)のイニシャティブでつくられた組織である．

　事業団運動を生み出す直接的契機となったのは，1971年の失対事業への新規就労の打ち切りであった．新規就労停止という労働省の政策に対して，全日自労は地域の失業者を広く結集して「失業者に仕事を保障せよ」という就労闘争を展開した．全日自労の兵庫県西宮支部は市役所と交渉して，「市はあらたに失業者を雇うことはしないが，仕事を請け負う組織には仕事を出す」という確約を得て，72年に西宮高齢者事業団を組織した．そして，市の公園清掃などの仕事の委託を受けた．これを皮切りにして，その後，事業団づくりの運動

が全国各地に拡大していった.

このようにして，地方自治体が仕事を出し，その仕事の管理・運営は労働者自身が行うという「事業団方式」が生み出されていった．このようにしてつくられた事業団運動を発展させる主要因をなしたのは，「民主的改革路線」への全日自労の取組みであった[5]．

「失対事業を町と市民に役立つものにしよう」という提案は，すでに1967年に三重県松阪分会でなされていた．松阪分会委員長の中西五州が提案したこの路線転換方針は当初多くの組合幹部や活動家からはげしく批判されたが，78年に松阪分会で承認されることとなり，ただちに松阪で実践に移された．すなわち，失対就労者自身が「町と市民に役立つ事業」という考え方をもって市民の要望を調査し，それを事業計画にもりこみ，職場編成もみずからの手で実行していった．その結果，運動に対する市民の支持も強化されていった．このような実践が積み重ねられて，「町と市民に役立つ失対事業」という構想は，10年後の77年，全日自労第81回中央委員会で「民主的改革路線」として一般化されるにいたった．

「町と市民に役立つ事業」というこの考え方は，後に「よい仕事」として事業団運動の基本原則の核心をなすようになる．これは，ワーカーズコープ運動の国際的な基本原則の核心をなす「社会的有用労働」と同じ概念であるという点で，注目される必要がある．すなわち，1970年代中頃以降，世界の各地でそれぞれ異なる条件のもとにおいて，いわば自然発生的に形成されていった労働者の自主事業の多くは，労働者が資本を用いる企業，すなわち「資本が労働を用いるのではなく，労働が資本を用いる」企業として形成されるなかで，労働を第一義的に重視する企業として育っていった．この場合，労働の第一義性とは，①組織原則としては「資本が労働を用いるのではなく，労働が資本を用いる企業」，労働者が主人公である企業であること，②運営原則としては，対外的には，「社会に役立つ労働」「社会的有用労働」(より積極的表現としては「社会をよくする労働」「社会変革労働」)，対内的には，「人間発達に役立つ労働」として，労働が重視されることを意味している．このような原則にもとづく企業

が，世界各地で異なる名称(日本の場合は「事業団」)のもとで，ワーカーズコープとしての共通性格を内包しつつ発展していったのである．したがって，これらの自然発生的な労働者企業がワーカーズコープとして自己認識するに至る過程が，国際比較の観点から，また労働運動の社会的法則性という観点から興味深い研究対象とされるのである．

全日自労が「民主的改革路線」を採択した2年後の1979年9月には，全国に散在する36事業団をもって「中高年雇用・福祉事業団全国協議会」が結成され，事業団運動は全国的に統一された運動となった．これに伴って組織統一の基礎をなす事業団運動の理念の明確化が必要とされ，運動理念がつぎの「7つの原則」に集約された．

1. 良い仕事をやり，地域住民，国民の要求と信頼にこたえる事業をおこないます．
2. 自主，民主，公開の原則を確立し，経営能力をたかめます．
3. 労働者の生活と権利の保障をはかります．
4. 労働組合のはたす重要な役割を認識し，組合活動を保障します．
5. 団員の教育・学習活動を重視します．
6. 地域の住民運動の発展と結合してとりくみます．
7. 全国的観点にたち，力を合わせて発展させます．

全国組織の結成と運動理念の明確化は，その後の事業団運動を格段に発展させる大きな契機となった．

事業団運動のワーカーズコープ運動への発展にとってつぎの画期をなしたのは，1982年の「直轄事業団」の設立であった．直轄事業団は，全国協議会本部自身が運動・組織・経営のすべてに責任を負う事業団であり，その目的は，①全国各地の事業団の模範となる事業団をつくる，②全国各地の事業団のための人材研修センターとする，③事業団運動の全国的展開のための財政基盤をつくる，というものであった．千葉県東葛病院で働く19人の団員による東葛地域事業団の結成を皮切りにして，その後全国各地に直轄事業団が設立されていった．直轄事業団はそれ自体が大きく発展するとともに，地域の既存の事業団

(高齢者事業団,中高年事業団)との提携を強化することによって,全国の事業団運動の発展に大きな貢献をした.

事業種目は,当初は公園管理,軽土木,資源リサイクルなどの自治体関連事業が多かったが,その後,生協関連事業,福祉事業,給食・食堂・売店事業などの民間事業が増えていった.

事業団の発展をもたらした運営上の基本的要因は,「7つの原則」にもとづく活動の展開であった.すでに述べたように,事業団運動の活動内容と活動原則は,1970年代以来西欧諸国で発達しつつあるワーカーズコープ運動の活動内容と活動原則に共通するものを持っていた.80年代になると,事業団協議会は外国のワーカーズコープ運動についての調査を開始した.すでに79年1月に,全日自労がイタリアへ生産協同組合調査団を派遣していたが,これに続いて83年10月と84年11月に,事業団全国協議会がイタリアへ生産協同組合調査団を派遣した.その他に事業団全国協議会は,83年10月にICAの労働者生産協同組合専門委員会(CICOPA)の第2回世界会議(1983年10月)へ代表を派遣し,85年2月にはイギリスへワーカーズコープ調査団を派遣した.

外国のワーカーズコープ運動について検討した結果,全国協議会は事業団運動の国際的普遍性(ワーカーズコープ運動としての一般性)を自覚することとなり,1986年の第7回総会で,「事業団は労働者協同組合をめざす」という構想を明確にした.第7回総会は同時に「全国協議会」を「全国連合会」へと組織的に発展させることを決定し,組織名称を「中高年雇用・福祉事業団(労働者協同組合)全国連合会」と改称した.そして「事業団は労働者協同組合をめざす」という観点から「7つの原則」をつぎのように改訂した.

1. 良い仕事をやり,「町づくり」に貢献する事業をおこないます.
2. 団員の自発性を基礎に自主・民主・公開の原則を守り,民主的運営を貫き,経営能力を高めます.
3. 「協同組合原則」を守り,労働者の生活と権利の保障をはかります.
4. 労働組合の重要性を認め,協力・共同を進めます.
5. 団員の教育・学習活動を強めます.

6. 協同組合運動・地域住民運動等との提携を強めます．
7. 全国的観点にたち，全国連合会を強化し，力を合せて運動を発展させます．

旧原則と比べると，この新原則の最大の特徴点は，第3項目に「「協同組合原則」を守り」という文言を，第6項目に「協同組合運動」という文言を挿入することによって，事業団運動の基本的性格を労働者主体の協同組合運動としてとらえなおしているところに見られる．

他の原則における変更も，主としてここに起因する．

第1原則に関しては，旧原則で「地域住民，国民の要求と信頼にこたえる事業」となっていた部分が，「「町づくり」に貢献する事業」という表現に変更されている．ここには，「地域住民，国民の要求と信頼にこたえる事業」を行うことによって事業面で批判を受けないようにするという受動的態度から，「地域社会に貢献する」というICOM的原則，あるいは「社会変革」というモンドラゴン的原則への移行が見られる．「守る運動」から「つくる運動」への移行である．

第2原則では，「団員の自発性を基礎に」という文言と，「民主的運営を貫き」という文言が付加されている．組合員の自発性と組合の民主的運営は，ワーカーズコープの基本的な運営原則である．したがって，この点でもまた新原則は，ワーカーズコープ的特質をより明確化したものと言える．

第4原則では，「[労働]組合活動を保障します」という文言が「[労働組合との]協力・共同を進めます」という文言に変更されている．この変更もまた，労働組合活動の保障という，いささか受動的な態度から，ワーカーズコープと労働組合の役割の差異を認めたうえでの両者の協力関係の促進という積極的な態度への移行を示している．

第7原則には「全国連合会を強化し」という文言が付加されている．ここには，単位協同組合(第1次協同組合)のたんなる協議会ではなく，全国連合会(第2次協同組合)を結成し強化することによって単位協同組合のグループ化，システム化をはかろうとする積極的な意向が示されている．

「7つの原則」は,当時のICA原則(1966年に決定された原則)を基礎にしつつ,事業団運動の実践経験から導出された独自な運営原則を付加している.しかしながら,事業団運動に独自なこれらの原則も,理念的には,あるいはその本質においては,外国のワーカーズコープの諸原則と共通する国際的普遍性をもっている.つぎに,このような観点から「7つの原則」を検討しよう.

第1に,当時のICA原則(66年原則,以下同様)と共通しているのは,第3原則,第2原則および第5原則である.

第3原則では,「労働者の生活と権利の保障」を重点とした「協同組合原則」の遵守が規定されている.

第2原則は,ICAの協同組合原則の第2「民主的管理の原則」に対応する.ただし,事業団の原則においては,「団員の自発性」がとりわけ重視されている.日常的な事業団運営で特に強調されるのは,「徹底した討論→各団員の納得→自発性→雇れ者根性の克服→経営能力の向上」であり,このようなプロセスが「徹底民主主義」と表現されていた(中西 1988).

そして,このような見地から,「団員の教育・学習活動を強めます」という第5原則が強調されている.

以上の3つの原則は,ICAの協同組合原則のワーカーズコープ的な適用と言えよう.

その他の4原則は,ICA原則と異なり事業団に独自な原則であるが,ワーカーズコープの原則として国際的普遍性をもつものである.

公共性,社会性の重視という点で国際的普遍性をもつ原則は,第1原則と第7原則である.

第1原則で強調されているのは,①「良い仕事」をするということ,すなわち営利を目的とする仕事ではなく,社会的に有用な生産物やサービスを提供するという,仕事の内容を重視することであり,②「「町づくり」に貢献する事業」を行うということ,すなわち事業の公共性の重視である.

事業団の経済活動の基本的目的は,収益の増大ではなく,このような社会的意味をもった仕事と公共性の強い事業を拡大することによって,就業の場の増

大をはかることである．そして，このような就業の場の増大はまた，経済民主主義の前進と社会変革の一翼を担う運動に通ずるものとして意義づけられている．

第1原則が事業面にかかわる原則であるのに対して，第7原則は運動面にかかわる原則である．ここでは，全国的観点にたった運動の発展と全国連合会の強化の必要性が強調されている．

上述のような意味あいでの就業の場の増大をはかる全国連合会は，たんに単位協同組合間の調整をはかるだけでなく，公共性の見地から地方自治体と国家の責任を追及することも，その重要な機能としている．そして，このような責任追及は，地方自治体と国家の民主化のための運動，社会変革のための運動に通ずるものとして意義づけられている．

連帯性の重視という点で国際的普遍性をもつ原則は，第4原則と第6原則である．

第4原則では，労働組合との協力の重要性が強調されている．ワーカーズコープ運動の発展にとって労働組合運動との協力関係の強化が重要であることは，国際的な認識となっている．労働組合運動がつくりだしたワーカーズコープ運動の一典型として，事業団運動がこの点を強調するのは当然だと言えよう．労働組合運動もワーカーズコープ運動も，それぞれ広い意味の労働運動の一翼をなしているのであり，両者の協力関係の強化は両者の発展に役立つだけでなく，労働運動全体の発展にとっても大きな意味をもつ，とされているのである．

第6原則では，「協同組合運動・地域住民運動等との提携」が強調されている．すなわち，ここでは，協同組合間協同の強化による協同組合セクターづくり，および地域住民の諸組織との協力を含めた地域社会づくり，といった社会変革のための連帯の強化が志向されている．

全日自労の「事業団運動」という特殊な性格をもつ運動が，労働者を主体とする「協同組合運動」という，より一般的な性格をもつ運動としてとらえなおされることによって，その後，事業団運動の活動範囲がさらに拡大することになった．事業団は，対内的には自己組織の協同組合的再編成に努め，対外的に

は各種の協同組合に「協同組合間の協同」と「協同組合セクターの拡大強化」を呼びかけていった．その結果，とりわけ生活協同組合運動との提携が格段に進み，事業面での発展に結実した．生産・サービス機能を担う協同組合と，流通・消費機能を担う協同組合との提携がスタートしたのである．

　1982年当初，団員19人，事業高600万円からスタートした直轄事業団は，その後，生協との提携事業などを広めることによって，5年後の87年には団員400人，事業高8億円に達した．自治体から受注する仕事の割合は減少し，民間受注の仕事が全体の事業高の9割強を占めるようになった．直轄事業団と地域事業団との統合も進められていった．87年12月には直轄事業団と東京事業団とが統合し，それを契機に直轄事業団は「センター事業団」と改称され，16都道府県，37事業所，団員700人，事業高18億円の組織に拡大していった．

　1988年には「中高年雇用・福祉事業団(労働者協同組合)全国連合会」(以下，事業団全国連合会と略称)が，ワーカーズコープ運動の国際的ネットワークへの参加を決定するに至った．その直接的契機をなしたのは，ワーカーズコープ世界会議への参加であった．

　1970年代中頃以降のワーカーズコープ運動の国際的発展を背景にして，ワーカーズコープの世界会議が，78年以来ほぼ5年ごとに開かれていた．この会議は国際協同組合同盟(ICA)の労働者生産協同組合専門委員会(CICOPA)が主催するもので，第1回会議(ローマ)，第2回会議(ワルシャワ)にひきつづき，1988年に第3回会議がパリで開かれた．

　「参加的・民主的企業の未来」をテーマとするこのパリ会議には，同時期に開催されていたカルガリー冬季オリンピックへの参加国より4か国多い62か国から二百数十名の代表が参加し，運動の現状と課題について報告，討論した．日本からは事業団全国連合会の代表4名と富沢が参加した．

　大会の第1の特徴は，ワーカーズコープ運動が，資本主義諸国だけでなく発展途上国においても発展している事実が明らかにされたことである．大会の第2の特徴は，ワーカーズコープ運動を発展させる条件が多くの国で今日強まりつつあることが認識されたことである．第3の特徴は，働く人たちによる民主

的事業体づくりという課題にとってワーカーズコープという組織形態が有効である，という認識が国際的に広まりつつあることが明らかにされたことである．

大会後，事業団全国連合会はワーカーズコープの国際的な運動に参加するために，CICOPA（ICAのワーカーズコープ委員会）への加盟申請を決定した．

事業団全国連合会は，1990年の第11回総会において，団員5万人，事業高1000億円をめざす「第1次5か年計画」を決定し，この計画を達成するためには全国の事業団が目的意識的にワーカーズコープとして自己変革していく必要があると強調した．

翌1991年，CICOPAが事業団全国連合会の加盟を承認した．同年5月の第12回総会において事業団全国連合会は，これまでの「7つの原則」が主として運営原則であったので，ワーカーズコープ的な基本原則として改訂する必要があると述べ，下記のような新しい原則案を提示した（『第12回定期全国総会議案書』，p.10）．

1. 徹底民主主義と協同責任の実行を通じて，労働者が主人公となる新しい協同組合運動をつくります．（徹底民主主義と労働者が主人公の原則）
2. 雇れ者根性を克服し，よい仕事を行ない，まちづくりに貢献します．（よい仕事の原則）
3. 赤字を絶対に出さず，事業計画にもとづいて仕事を拡大し，経営を強めて，労働と生活の向上につとめます．（経営強化の原則）
4. 「自立と協同と愛」の人間発達の立場に立ち，労働と学習・教育を通じて成長します．（変革と協同と愛の原則）
5. 全国的観点を不断に強め，変革の立場に立って労働者協同組合運動と協同組合運動を発展させます．（変革と協同運動の原則）
6. 労働組合との連帯を重視し，広く社会運動と結合して，労働者・市民が主人公となる企業・地域・社会をつくります．（労働組合・社会運動との連帯の原則）
7. 国際連帯を強め，人類の危機を克服する運動と事業を進めます．（国際連帯の原則）

この新原則案は，事業団運動の実践にもとづいて作成されたというだけでなく，国際協同組合同盟の当時の協同組合6原則，モンドラゴン協同組合の10原則などに示されるワーカーズコープの基本原則などを十分に検討したうえで作成された原則であるという点で，国際的な協同組合運動の実践に根差したものであるとも言える．この新原則案は，内容的に見ても国際的な普遍性を持ち，事業団運動にだけあてはまる特殊な原則ではなく，世界のどの国のワーカーズコープ運動にとっても適合的な一般的原則となっている．

　事業団運動は，その実践のなかから「労働者が企業の主人公になる」「徹底民主主義」「よい仕事」「自立と協同と愛の人づくり」という「4つのキーワード」を生み出し，実践面での指針として常に重視してきた．そして，それらを核心として新原則案を作成していった．これらのキーワードは一見，事業団運動が特殊な歴史的諸条件のもとで生み出してきた事業団に独自なキーワードであるように見える．しかしながら，その内容を深く検討すれば，それらがワーカーズコープ運動一般に通ずる普遍的な原理を表現していることがわかる．

　事業団運動はその初期の頃から，「雇われ者根性の克服」を運動面での核心的なスローガンとしてきたが，「労働者が企業の主人公になる」は，その別表現である．このような見地から，事業団運動はワーカーズコープ運動を「労働者が企業の主人公になる運動」として規定してきたが，この規定は内容的には国際的な規定と共通している．すでに述べたように，イギリスの学者C. コーンフォースによれば，「ワーカーズコープとは，そこで働く従業員が，完全に或いは主として，所有し管理している企業である．資本が労働を用いるのではなく，労働が資本を用いるべきだ，というのが原則である」．すなわち，労働者協同組合とは，その形態から見れば，そこで働く人びとが所有し管理する協同組合であり，その内容あるいは原理から見れば，労働者が主人公として資本を用いている協同組合である．モンドラゴン協同組合の基本原則は「労働主権」(「労働の優位性」)と「社会変革」を基軸に構成されているが，「労働主権」とは「労働者が主人公である」ことの抽象的表現として理解されうる．

　「徹底民主主義」は「労働者が主人公である」ために必要とされる原理であ

る．企業において労働者が主人公であるためには，単に企業組織において民主主義制度が確立されるだけでなく，企業運営のあらゆるレベルで労働者参加が徹底されていなければならない．モンドラゴン協同組合の10原則において「民主的組織」(第2原則)のほかに「管理への参加」(第5原則)が強調されているのは，このためである．また，国際協同組合同盟の「マルコス報告」(1988年)において，協同組合の基本的価値として「参加」と「民主主義の徹底」が強調されているのも，この点に関係している．

また，すでに述べたように，「よい仕事」は「社会的有用労働」と，「自立と協同と愛の人づくり」は「労働を通ずる人間発達」と相通ずるものであり，両者ともにワーカーズコープ運動の特徴を表現するうえで国際的普遍性を有している．

事業団全国連合会の新原則案は，1年間の全国討議を経て1992年3月に全団員投票にかけられた．その結果，文章的により簡潔化された，つぎのような原則が92年5月の総会で採択された．

① 徹底民主主義を通じて，労働者が企業の主人公になります．
② よい仕事をし，まちづくりに貢献します．
③ みんなで出資し，事業計画をつくり，仕事を拡大して，生活を向上させます．
④ 労働と教育を基礎に「自立と協同と愛」の人間に成長します．
⑤ 全国的観点と変革の立場に立って協同組合運動を発展させます．
⑥ 労働組合運動や地域の運動との連帯を強めます．
⑦ 人類の危機を克服する運動と事業を進め，国際連帯を強めます．

事業団原則がこのように「労働者協同組合の基本原則」として改訂された1992年には，10月に連合会のICA加盟が承認された．翌93年5月の総会は，「中高年雇用・福祉事業団(労働者協同組合)全国連合会」という組織名を「日本労働者協同組合連合会」(以下，連合会と略称)に変更することを決定した．こうして90年代に，連合会は名実ともに本格的なワーカーズコープとして国内的・国際的展開の段階に入ったのである．

5 1990年代の活動

5.1 事業と組織の拡大

1991年5月時点での事業団総数は118で,そのうち全国連合会加盟の事業団は79であった.その内訳は,センター事業団が1,中高年事業団が56で多数を占め,65歳以上の高齢者の比率が高い高齢者事業団が8,失対出身者が団員のほとんどを占める全県一本の失対高齢者事業団が10,その他が4であった(中高年雇用・福祉事業団(労働者協同組合)全国連合会『事業団一覧』1991年5月).

1990年代前半(90年3月末-95年3月末)の連合会の量的面での発展を見ると,組合員数は,3633人から6883人へ,事業高は54億円から131億円に増大している.そのうちセンター事業団に関しては,組合員数が583人から2028人へ,事業高が13億円から54億円に増大している.

事業としては,1980年代にはまだ公園やビルの清掃,緑化事業などがかなりの部分を占めていたが,生協との提携関係が進んだ結果,医療生協などの病院のビルメンテナンスや生協の物流センターでの商品の仕分け,発送などの事業も増えてきた.93年5月段階ではビルメンテナンスでは病院が100を超え,生協との提携は28生協を数えていた.地域によっては,病院関連の給食・食堂・売店事業,ゴミ・資源リサイクルの事業,ホームヘルパー事業,土木・建築事業などがなされていた.1995年1月の阪神・淡路大震災のさいには,救援・復興事業やヘルパー事業に取り組み,同年4月には建設労働者協同組合が設立された.このような状況を背景に,連合会は事業の多角化,複合化,総合化に取り組んでいる.

1997年度の業種別事業高を見ると,地域事業団とセンター事業団の総事業高155億1700万円のうち,公園・緑化が30.4%,病院関連が25.1%,生協提携が16.9%,農業・その他が12.1%,建設が4.8%,販売・売店が2.3%,福祉関連が3.3%,食関連が3.0%,リサイクル廃棄物が2.1%となっている(『日本労働者協同組合連合会・事業案内』1998年).

組織拡大の面を見ると，労働組合の企業倒産反対・自主生産闘争の過程でワーカーズコープをめざす組織が生まれていたが，1992年には連合会のイニシャティブで，連合会，エコテック，パラマウント製靴共働社，つばさ流通をはじめ30団体が参加する「労働者協同組合グループ準備会」が結成された．93年11月にはセンター事業団とパラマウント製靴共働社との事業提携がきまり，靴の製造開発・生産・販売などでの協同事業がスタートした．パラマウント製靴共働社，シーアンドシー（出版社），無茶々園（農事組合法人），黄柳野地域総合協同組合（市民立の黄柳野高校の関連協同組合）が連合会に加盟した結果，連合会の事業は，生産，建設，農業，教育の分野にまで広がった．

また，事業団は協同の運動に関心をもつ全国各地の組織と個人に呼びかけ実行委員会を結成し，1987年に「いま「協同」を問うプレ集会」，89年に「いま「協同」を問う5月集会」，90年に「いま「協同」を問う11月集会」，92年に「92年「協同」を問う全国集会」，96年に「協同を問う東北集会」を開催し，協同の運動に関心をもつ人びととの相互交流をはかってきた．また，同趣旨の協同集会が地域別，産業別にも開かれてきた．このような運動エネルギーを基盤にして，91年3月には，連合会のイニシャティブで協同総合研究所が設立された．研究所の目的と立場は「協同総合研究所5つの原則」において，つぎのように述べられている．

1. 世界的連帯の立場に立って人類存亡の危機を克服する方向を究明します．（人類的見地の原則）
2. 協同を誠実につきつめ，金力・権力の支配する社会を変革するための研究活動を進めます．（変革の立場の原則）
3. 協同と変革の根本として「自立と協同と愛」の人間発達を追及します．（人間発達重視の原則）
4. 実践家と研究者が連帯して，労働者協同組合と協同運動が直面する実践的・理論的課題に取り組みます．（実践と研究の結合の原則）
5. 団体，個人の出資にもとづく文化・研究協同組合として，自立した研究を進めるとともに，社会的な協同研究の要求に応えて経営的にも自立

を達成します．（自立の原則）

5.2 事業運営の特徴と戦略的目標

事業団の事業運営の特徴はつぎの点に見られる[6]．

第1は，出資を基礎とする自己資本の拡大である．ワーカーズコープは労働者が所有する企業であるので，労働者の出資が必要条件とされる．センター事業団を例にとると，1口5万円の出資金を添えて申込むことによって正団員（出資組合員）となる．さらに，賃金の2か月分を目標とする増資がはかられている．出資以外では，後述する「自立積立金」や利益の繰り越しによって，自己資本の拡大を進めている．その結果，自己資本が急速に増大している．自己資本が多く，外部資本が少ないということは，外部からの支配の可能性が小さいことを意味する．

第2に，ワーカーズコープは労働者が管理する企業であるので，事業団では，①事業計画など，企業の基本方針の決定，②事業計画の遂行，③実現した剰余の配分の決定，④役員の選出に，団員一人ひとりが責任をもって参加することが事業運営の基本とされている．事業団では，これが「徹底民主主義」の最低要件とされている．

第3に，ワーカーズコープでは，労働者が企業の管理者であるだけでなく，みずからの労働の管理者でもあらねばならないので，事業団においても労働を自己のものとすることが要請される．労働を自己のものとすることは，個人的には労働疎外の克服と労働にもとづく人間発達に通じ，組織全体の問題としては労働者の潜在能力の実現による生産力の向上を意味している．このような観点から，事業団においては事業活動を通ずる人間発達が常に重視されている[7]．

第4の特徴は，「赤字を絶対に出さず，利益を労働者への還元と組合発展のための資金にまわす」という考え方を基本とする健全経営の強調である．ビルメンテナンスを多く手掛けているセンター事業団の場合は，原価率を75％にするとともに，労働者への利益還元として「労働配当」を3％，組合発展のための「自立積立金」を5％とするなどの経営指標にもとづいて，事業を運営し

ている.「自立積立金」は,モンドラゴン協同組合の経験に学びセンター事業団が独自につくりだした制度で,組合員の持分が認められた企業積立金である.

連合会の1995年総会では,第2次5か年計画が採択され,つぎのような「戦略的目標」が確定された.

1. 「生命・労働・地域の再生」をめざして,あらゆる領域に労働者協同組合を確立し発展させる.
2. 労働者協同組合のための法制度を実現させる.
3. 高齢者協同組合を全国的に設立し,「高齢社会」を人間らしい社会づくりへの転換点とする.
4. 「生命・労働・地域の再生」のために活動するすべての人々と手を結んで,「非営利・協同の大連合」の形成に向かう.

6 1990年代後半の新しい課題

連合会は,労働者協同組合運動の歴史をつぎのように3段階にわけて,1990年代後半を新段階としてとらえている(98年5月の連合会第19回総会議案要旨,『日本労協新聞』1998年4月15日).

第1段階は,失業対策事業制度の廃止という国の方針との絡みで事業団が生まれた1970年代から,失対事業廃止の方針が最終的に確定された85年頃までで,労働者協同組合運動の「萌芽の段階」である.

第2段階は,「事業団の本質と発展方向が労働者協同組合であることを確認した1986年から,センター事業団の急成長が続いた1995年頃まで」である.

第3段階は,「高齢者協同組合を展開し,労働者協同組合法案を提起した1996年頃から」で,労働者協同組合運動の「本格的発展段階」である.

国際比較の視点からすると,日本のワーカーズコープ運動の特徴はその運動が失業者たちの組織する労働組合による就業保障要求から発生しているところに見られる.すなわち,前述のように,1971年に政府が失業対策事業の新規就労を停止したのに対して,失業者たちが自らの経営管理組織をつくって仕事

を受注するという事業団方式を生みだし，それがワーカーズコープに発展していったのである．したがって，その運動の歴史は，つぎに見るように，国家と自治体に対する制度要求の運動と密接にからみあっている．

　全日自労が，1979年の第14回大会で中高年雇用・福祉事業団全国協議会の結成を決定した翌年の80年には，労働省は「失対制度調査研究会報告」で65歳以上の失対事業就労者は5年後に就労から排除するという失対制度終息方針を打ち出した．これに対して全日自労は，失対事業の再確立を要求して全国的な闘争を組織した．85年に労働省は年齢の線引きを70歳にして，その年齢を1年ごとに下げて5年後に65歳にするという方針を出し，これが86年8月から実施されることになった．この制度には，年齢線引きとともに，自治体が実施し国が補助する「任意就業事業」を新設し，その事業を，引退者が「自主的に組織する団体」に随意契約で委託するという内容が含まれていた．任意就労事業は，引退過程の高齢者の就労対策として出されたものであるが，この段階で事業団が失対事業の補完的存在から独立した事業体として発展する方向がより確かなものになっていった．このような状況のもとで事業団全国協議会は86年の第7回総会で，「事業団は労働者協同組合をめざす」という構想を明確にし，同時に協議会を連合会に発展させ，「中高年雇用・福祉事業団全国協議会」を「中高年雇用・福祉事業団(労働者協同組合)全国連合会」と名称変更したのである．

　失対事業就労者は1990年4月時点で約1万1000人いたが，労働省は労働大臣の諮問機関「失業対策制度調査研究会」の報告(90年11月)にもとづき，95年度末で失対事業を廃止し，任意就労事業は失対終息後5年で打ち切る，という方針を打ち出した．これに対して事業団全国連合会は，失対事業就労者の就労を保障する立場から，90年の第11回総会で「仲間の仕事と生活を守りぬき，新しい公的就労保障への道を切り開こう」という方針を決定した．それは，労働者協同組合を通じた新しい公的就労保障を要求するものであった．すなわち，現行制度である「高齢者就業機会開発事業」の第1部門であるシルバー人材センターが「生きがい事業」として位置づけられているのに対して，第2部門で

ある任意就労制度を，生活上働かざるをえない高齢者のための就労対策部門として制度化し，高齢者がつくる協同組合(高齢者協同組合)に対して国と自治体が一定期間補助することを要求するものであった[8]．

1995年3月には「緊急失業対策法を廃止する法律」が成立し，95年度をもって失業対策事業は廃止された．このような状況のもとで，失対事業がなくなっても生活のために働かねばならない人たちの就労の場を確保するということが大きな課題となった．この課題は，高齢化が急速にすすむ社会状況のもとで高齢者の生活安定をどうはかるかという，より一般的な課題と結びついていた．こうして90年代後半の連合会は，失業問題とともに高齢者問題という2大社会問題に直面するに至ったのである．

このために1990年代後半の連合会は，従来の諸課題に加えて，「新しい福祉社会の創造——労働の人間化と地域の人間的再生をめざして」というテーマのもとで，労働者協同組合法の制定と高齢者協同組合の設立にとりわけ力をそそぎ，これを2つの法制度にかかわる運動として位置づけている．

労働者協同組合法制定の運動は，労働者協同組合を社会的制度として認知させる運動である[9]．協同総合研究所が作成した労働者協同組合法案は，労働者協同組合を「自発的に結合した労働者その他の市民による協同労働によって事業が行われ，これらの者が，共同で所有し，民主的に管理する，協同組合」と定義づけ，この協同組合は「国民経済の発展と国民生活の安定」のための事業をなすべきもの，と規定している．労働者協同組合法案の特徴は，①労働者協同組合を「協同労働の協同組合」と規定し，②「就労創出・教育・福祉」を主要な事業目的と位置づけ，③事業拡大のための積立金を，私的に配分しない「不分割積立金」として位置づけ，④就労創出のための全国的な連帯基金として「非営利・協同基金」を提唱し，⑤福祉事業などにおいてとくに必要とされる，利用者の組合参加を可能とする「複合協同組合」の設立の枠組みを設定したところに見られる．

高齢者協同組合づくりの運動は，それ自体が重要な社会的意義をもつものであるが，制度面とのかかわりでは，公的介護保険制度の運用に市民が主権者と

して関わり，制度と運用の欠陥を是正していく運動として位置づけられている．

1995年以降，連合会のイニシャティブによる高齢者協同組合づくりは急速にすすみ，95年に三重，沖縄，愛知，福岡で高齢者協同組合が設立されたのを皮切りに，96年に長野，北海道，神奈川，阪神，東京，山形，兵庫で，97年に埼玉，岡山，静岡，大阪，高知，千葉でと，97年末までに16の都道府県で17の高齢者協同組合が設立されている（組合員数，1万数千人）．大半は任意団体であるが，三重高齢者協同組合と愛知高齢者協同組合は生協法人として認可されている．連合会は，20世紀中に全県での設立をめざしている．高齢者協同組合の設立にともなって，連合会の組織は図11.1のようになっている．

全日自労の時代から事業団では，「死ぬまで仲間の面倒を見合う」が合い言葉となっていたが，高齢者協同組合は，直接的には，事業団で働く人たちが高齢になって働けなくなっても助け合える組織をつくりたいということと，一般的には，高齢者がいきいきと生活できるための組織をつくりたいというところから発想されたものである．高齢者協同組合の特徴は，高齢者を援助の対象者とだけ見るのではなく，高齢者自身が主体となり高齢者相互の助け合いをはかるという点にある．東京高齢者協同組合創立宣言によれば，高齢者協同組合とは「一人の力ではなく，お互いがゆるやかに横につながって自立を支え合い，人間らしく最期の一瞬まで輝いて生きたいという思いを実現する」ための組織である．

日本の高齢化のテンポは速く，2007年には65歳以上の高齢者が人口の20.1%に達すると予測されている．それゆえ，高齢者に就業機会と福祉と生活を保障し，その自立を助ける組織の必要性が高まるであろう．そのような認識のもとで，高齢者協同組合では「仕事おこし，福祉，生きがい」を3本柱とする活動がはじまっている．活動内容は地域によって多様であるが，「仕事おこし」としては，ヘルパー事業，共同購入，住宅改造や庭の手入れ，山荘運営，ハンド工房，出版などの他に，給食用農園，養鶏などの農業関連事業がはじまっている．「福祉」関連の活動としては，ヘルパー養成講座(2・3級)，デイセンター・グループホーム・ケアハウスの運営，食品や日用品の宅配，などの他

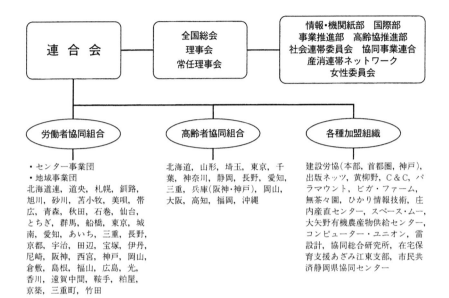

図 11.1 日本労働者協同組合連合会の組織図
出所)『日本労働者協同組合連合会事業案内』1998 年, p.23.

に, 法律・税金・医療・住宅などにかかわる相談サービスを行っている.「生きがい」にかかわる活動としては, 講座(ワープロ, パソコン, 語学, ダンス, コーラス, 気功, 将棋, 生きがい, など), 旅行, 葬送を考える会, などがある.

　高齢者協同組合の設立によって, ボランティア団体等との連帯も広がりつつある. たとえば, 三重県ではボランティア団体の連絡会がつくられ, 高齢者協同組合がそのネットワークの事務局団体になっている.

　ワーカーズコープは財とサービスの供給者であるので, 需要者との結びつきが自己の存立基盤をなしている. このような観点からしても, 社会的経済セクターの拡大強化はワーカーズコープ発展の必要条件となる. この点を自覚して, ①ワーカーズコープが相互の連帯を強化することによって, 協同組合セクター内のサブ・セクターを形成し, ②生産・サービスから消費に至る種々の協同組合と連携することによって, 協同組合セクターを拡大強化し, さらに, ③協同

組合にとどまらず,種々の非営利組織と連携することによって,社会的経済セクターを拡大強化していくことが,ワーカーズコープの基本的課題となる.

すでに第4章ほかで述べたように,「レイドロー報告」によれば,今日の協同組合運動が取り組むべき基本的課題は,つぎのようである.

①財の生産とサービスの提供においてはワーカーズコープの普及をはかり,②流通,消費の分野では「社会の保護者をめざす協同組合」としての消費生協を強化する.③このようなかたちで,生産から消費にいたる各種協同組合のネットワークをつくり,協同組合セクターを拡大強化することによって地域社会を活性化し,国民経済を民主化し,④世界の飢餓問題を解決する.

連合会は「レイドロー報告」の提起する課題を真正面から受けとめ,上述の4大課題を達成する方向で運動を進めている.

「ワーカーズコープの普及」という第1課題に関しては,事業団運動の労働者協同組合運動への発展をはかるとともに,他の諸組織とともに労働者協同組合グループを結成し,その拡大強化をはかっている.事業団運動の発展に伴って,ワーカーズコープ運動に対する社会的認識も,1970年代のほぼゼロに等しい状態からかなりの程度高まっている.

第2課題に関しては,事業団運動と生協運動との提携の進展につれて,生協運動内においてもレイドロー構想の重要性にたいする認識が深まっている.

第3課題に関しては,いくつかの地域において事業団や生協を中軸にして協同をめざす諸組織の提携が進展しつつある.

第4課題に関しては,諸外国の活動家との積極的な交流を含め,協同運動にかかわる世界の諸組織との国際的連携を深めつつある.たとえば,連合会の永戸祐三理事長はICAのワーカーズコープ専門委員会(CICOPA)の執行委員としても活動している.

すでに述べたように,連合会は1995年の総会で第2次5か年計画を決定し,「「生命・労働・地域の再生」のために活動するすべての人びとと手を結んで,「非営利・協同の大連合」の形成に向かう」ことを「戦略的目標」とした.これに引き続き,98年5月の第19回総会では,「協同組合運動の新しい動きは,

それが「協同組合,共済組合,非営利組織」を3本柱とし,各種の労働者所有企業も加えた「社会的経済」というネットワークの広がりの中で自らを位置づけ,展開していることです」(『日本労働者協同組合連合会第19回総会議案』,p.37)という認識のもとで,協同組合間提携の進展とともに「労働団体と市民団体との提携を大きく広げる」(同上書,p.14)ことを主要課題としている.

日本においても,ワーカーズコープが社会的経済セクターづくりの先導役をつとめていると言えよう.

1) ワーカーズコープ運動と労働組合運動との関連を検討した文献としては,芝田(1984),黒川(1986,1993),富沢編(1987),参照.
2) ③の市民事業型組織については,中村(1997),参照.④の労働組合主導の自主管理企業については,石見編著(1986),いま「協同」を問う5月集会実行委員会編(1989),協同総合研究所(準)編(1990),ワーカーズ・コレクティブ調整センター編(1995),を参照.

事例研究としては,山根(1991),内山(1991a,1991b,1992),井上(1991),塚本(1995/96),小関(1998),を参照.

⑤の伝統的協同組合に関連するワーカーズコープについては,塚本(1996),参照.

石見編著(1986)は,②③④の類型の組織だけでなく,⑤の協同組合に関連する諸組織を含めて,多くの事例を紹介している.

なお,ワーカーズコープに関する文献目録としては,富沢(1989b),内山(1991c),がある.
3) 神奈川ワーカーズ・コレクティブ連合会編(1995b),p.1.ワーカーズ・コレクティブについては,その他に,石見編著(1986),石見監修(1988),佐藤慶幸編(1988,1995a,1995b),佐藤慶幸(1996),柳沢(1991),宇津木(1994),神奈川ワーカーズ・コレクティブ連合会編(1995a),の文献を参照.
4) 日本労働者協同組合連合会については,高齢化社会研究会(1985,1986,1987),小林(1987),永戸(1987),町田(1990),協同総合研究所(準)編(1990),富沢(1991),栗田・柳沢(1991),中田(1993),黒川(1993),塚本(1994),角瀬(1995),日本労働者協同組合連合会の機関誌『仕事の発見』;機関紙『日本労協新聞』,協同総合研究所の所報『協同の発見』,を参照.
5) 民主的改革路線と事業団の確立については,中西(1981,1986),全日自労建設一般三重県本部・協同総合研究所編(1996)第4章,を参照.

6) 事業団の経営分析については,『仕事の発見』第13号(1989年12月)の特集「労働者協同組合の経営をめぐって」の諸論文,山口(1991),角瀬(1995),参照.

7) その1例としては,田中羊子(1990),参照.

8) この方針に対して全日自労建設一般労働組合の中央執行委員会は,この方針が全日自労の「全国の各組織に不必要な不統一をつくり出し,全国統一闘争を弱め,大会決定と要求実現に否定的影響を与えるものである」として批判したうえで,「今回の事態をつくりだしている背景には,事業団運動のすすめかたについて,労働者協同組合運動からの立場と,労働組合の立場からの位置付けと,運動のありかたの問題,事業団全国連合会と建設一般全日自労との組織的関係等,明確にすべき問題が,未解決のままになっていることに,それがあるように思われるので,引き続き私たちの検討課題として議論を深め,今回のような事態解決のため努力します」と述べている(第131回中央執行委員会「事業団全国連合会の『提案』に対する中央執行委員会の態度と見解について」1990年8月).この問題に端的に現れているように,労働組合運動と労働者協同組合運動との関係を解明して両者の協力関係を強化することが,今日においてもいぜんとして両者双方にとっての大きな課題となっている.

9) ワーカーズコープの法制化の問題については,石見監修(1988),および協同総合研究所編(1998a),参照.

参考文献

AARP (1993), *AARP Chapter Handbook*, Washington: AARP.
AARP (1996), *The AARP Policy Agenda for 1996: Toward a Just and Caring Society*, Washington: AARP.
Anheier, H. and A. Ben-Ner (1997), "Shifting Boundaries: Long-term Changes in the Size of the For-Profit, Nonprofit, Co-operative and Government Sectors", *Annals of Public and Co-operative Economics*, Vol.68, No.3.
Apelqvist, K. (1997), "Women's Perspective on Globalisation and Co-operation", *Review of International Co-operation*, Vol.90, No.4.
Azurmendi, J. (1984) *El hombre cooperativo: Pensamiento de Arizmendiarrieta*, Gipuzkoa: Azatza, S.A.; 石塚秀雄訳『アリスメンディアリエタの協同組合哲学——スペイン・モンドラゴン協同組合の創設思想』みんけん出版, 1990年.
Baker, L. and J. Brown (1993), *Training in the Social Economy*, Leeds: ICOM.
Batstone, E. (1981)／上林千恵子訳「イギリスにおける労働者協同組合」石川晃弘編『現代資本主義と自主管理』合同出版, 1981年.
Benn, T. (1976), "The Industrial Context", K. Coates ed., *The New Worker Co-operatives*, Nottingham: Spokesman Books.
Böök, S. Å. (1992), *Co-operative Values in a Changing World*, Geneva: The International Co-operative Alliance; 生協総合研究所訳『変化する世界における協同組合の価値』日本生活協同組合連合会, 1993年.
Böök, S. Å. and U. E. Andersson (1988), "New Wave Co-ops in Sweden", *Review of International Co-operation*, Vol.81, No.1.
Böök, S. Å. and T. Johansson (1988), *The Cooperative Movement in Sweden: Past, Present——the Future*, Stockholm: Brevskolan.
Bravorman, H. (1974), *Labor and Monopoly Capital: The Degradation of Work in the Twentieth Century*, New York: Monthly Review Press; 富沢賢治訳『労働と独占資本——20世紀における労働の衰退』岩波書店, 1978年.
Brown, J. (n.d.), *How to Start a Workers' Co-operative*, Leeds: Beechwood College.
Campbell, A. et al. (1977), *Worker-Owners: The Mondragon Achievement*, London: Anglo-German Foundation for the Study of Industrial Society.
CDA (1984), *Annual Report*, London: CDA.
CDA (1985), *Useful Contact Addresses*, London: CDA.
CDA (n.d., 1985?), *An Introduction to Worker Co-operatives: Worker Co-ops*

Work!, London: CDA.
Chaves, R. (1998), "Two Decades of Improvement of Spanish Worker Co-ops", *Review of International Co-operation*, Vol.91, No.1.
中高年雇用・福祉事業団全国協議会編(1985)『イギリス労働者協同組合調査報告』中高年雇用・福祉事業団全国協議会.
Coates, K. and T. Topham (1980), *Trade Unions in Britain*, Nottingham: Spokesman.
Cockerton, P. and A. Whyatt (1984/86), *The Workers Co-operative Handbook: A Comprehensive Guide to Setting Up a Workers Co-operative*, 2nd ed., London: ICOM Co-Publications.
Cole, G. D. H. (1944), *A Century of Co-operation*, Manchester: Co-operative Union; 中央協同組合学園訳『協同組合運動の一世紀』家の光協会, 1975年.
Commission of the European Communities (1989), Communication from the Commission to the Council, Businesses in the "Economie Sociale"sector: Europe's frontier-free market, Brussels, 18 Decmber 1989, SEC (89) 2187 final.
Commission of the European Communities (1994), Proposal for a Council Decision relating to a multi-annual programme (1994-96) of work for cooperatives, mutual societies, associations and foundations in the Community, Brussels, 16 February 1994, COM (93) 650 final.
Cornforth, C. (1982), *An Introduction to Workers' Co-operatives in the U. K.*, Milton Keynes: Co-operatives Research Unit, Open University.
Cornforth, C. and A. Thomas (1994), "The Changing Structure of the Worker Co-operative Sector in the UK: Interpreting Recent Trends", *Annals of Public and Co-operative Economics*, Vol.65, No.4.
Cornforth, C. and A. Thomas (1995), "Worker Co-opeatives 1988-1993: Decline or Growth?", Open University Paper for the World of Co-operative Enterprise 1995.
Crédit Coopératif/Nathan (1988), *Entreprendre ensemble l'économie sociale*, Paris: Editions Nathan-Communication.
Defourny, J. (1992), "The Origins, Forms and Roles of a Third Major Sector", J. Defourny and J. L. Monzón Campos eds., *Economie sociale——The Third Sector*, Bruxelles: De Boeck-Wesmael; 富沢賢治他訳『社会的経済——近未来の社会経済システム』日本経済評論社, 1995年.
Defourny, J. and J. L. Monzón Campos eds. (1992), *Economie sociale——The Third Sector*, Bruxelles: De Boeck-Wesmael; 富沢賢治他訳『社会的経済——近未来の社会経済システム』日本経済評論社, 1995年.
電通総研編(1996)『NPOとは何か——社会サービスの新しいあり方』日本経済新聞社.
Desroche, H. (1987), "Movement coopératif et économie sociale en Europe", *Revue de l'économie sociale*, No.11.

Drucker, P. F. (1989), *The New Realities——In Government and Politics/In Economics and Business/In Society and World View*, New York: Harper & Row; 上田惇生他訳『新しい現実——政府と政治, 経済とビジネス, 社会および世界観にいま何がおこっているか』ダイヤモンド社, 1989年.

Drucker, P. F. (1990), *Managing the Nonprofit Organization*, New York: Harper Collins; 上田惇生他訳『非営利組織の経営——原理と実践』ダイヤモンド社, 1991年.

Drucker, P. F. (1992), *Managing for the Future*, New York: Truman Talley Books Dutton; 上田惇生他訳『未来企業——生き残る組織の条件』ダイヤモンド社, 1992年.

Drucker, P. F. (1993), *Post-Capitalist Society*, New York: Harper Business; 上田惇生他訳『ポスト資本主義社会——21世紀の組織と人間はどう変わるか』ダイヤモンド社, 1993年.

エロルサ, J. R. (1990)「モンドラゴン協同組合グループ」J. アスルメンディ／石塚秀雄訳『アリスメンディアリエタの協同組合哲学——スペイン・モンドラゴン協同組合の創設思想』みんけん出版, 1990年.

Estrin, S., D. C. Jones and J. Svejnar (1984), "The Varying Nature, Importance and Productivity Effects of Worker Participation: Evidence for Contemporary Producer Cooperatives in Western Economies", Research Paper, Department of Economics, London School of Economics and Political Sciences, October 1984.

European Communities——Economic and Social Committee ed. (1986), *The Cooperative, Mutual and Non-profit Sector and its Organizations in the European Community*, Office for Official Publications of the European Communities.

European Council (1984), "Resolution of 7 June 1984 concerning contributioon of local initiatives to creating employment and combating unemployment".

European Council (1992), "Conclusions of the Presidency, Edingburgh, 11-12 December 1992".

Fauquet, G. (1935), *Le secteur coopératif*, Fauquet, G. (1965), *Œuvres*, Paris: Editions de l'Institut des Études Coopératives.

Federation of Swedish Farmers (n.d., 1988?), *Agriculture and Farmers' Co-operatives in Sweden*, Stockholm: Federation of Swedish Farmers.

藤井敦史(1997a)「市民事業組織の成立基盤——組織環境論の視点から」地域社会学会編『〈地域・空間〉の社会学』時潮社.

藤井敦史(1997b)「今日のNPO論議と協同組合——市民セクター形成の視点から」『協同組合経営研究月報』第529号.

藤田暁男(1993)「最近の非営利組織にかんする問題点——「社会的非営利組織」への接近」『金沢大学経済学部論集』第14巻第1号.

藤田暁男(1994)「非営利組織と社会経済制度問題——V. ペストフ(Pestoff)の所説の示唆するもの」『経済学研究』(九州大学経済学会) 第59巻第5・6合併号.
Garson, G. D. ed. (1977), *Worker Self-Management in Industry*, London: Praeger.
GLEB (1984), *Annual Report and Accounts*, London: GLEB.
GLEB (n.d.), *A Strategy for Co-operation: Worker Co-ops in London*, London: GLEB.
Gorroño, I. (n.d., 1986?), "Our Experiment and International Cooperation", paper of Caja Laboral Popular.
橋本理(1998a)「非営利組織理論の研究」『経営研究』(大阪市立大学経営学会) 第48巻第4号.
橋本理(1998b)「非営利組織論からみた協同組合」『大阪市大論集』第90号.
Héritier, P. (1988), *Nouvelle croissance et emploi*, Paris: Syros/Alternatives; 若森章孝監訳『オルタナティブ・エコノミーへの道——時短がひらく21世紀』大村書店, 1991年.
堀越芳昭(1995)「新協同組合原則の意義と課題」『協同の発見』第44号.
堀越芳昭(1998)「イギリス新協同組合法の特徴」『協同の発見』第70号.
ICA (1995), "XXXI ICA Congress Manchester 1995 Agenda and Reports", *Review of International Co-operation*, Vol.88, No.3.
ICOM (1994), *Strategic Management in the Social Economy*, Leeds: ICOM Publication.
ICOM (1995), *ICOM Factsheets*, Leeds: ICOM.
ICOM (1997), *ICOM——Promoting Democratic Employee Ownership*, Leeds: ICOM.
ICOM (1998), *The New Co-operator*, Vol.41, No.1.
ICOM and ICOF (1996), *Towards A Stakeholder Economy*, Leeds: ICOM.
ILO (1966), The Co-operatives (Developing Countries) Recommendation (1966, No.127).
ILO (1988), *Co-operative Management and Administration*, 2nd ed., Geneva: ILO.
いま「協同」を問う5月集会実行委員会編(1989)『自主生産企業・文化団体集覧(1989年試行版)』いま「協同」を問う5月集会実行委員会.
今村都南雄編著(1993)『「第三セクター」の研究』中央法規.
Industridepartmentet (1981), *Kooperationen i samhället* [SOU 1981: 60], Stockholm: Industridepartmentet.
井上雅雄(1991)『日本の労働者自主管理』東京大学出版会.
石川晃弘編(1981)『現代資本主義と自主管理』合同出版.
石塚秀雄(1996)「モンドラゴン協同組合グループの到達点と問題点」富沢・中川・柳沢編著(1996).
石塚秀雄(1997)「EU統合と社会的経済」富沢・川口編(1997).

石塚秀雄(1998)「新展開するイギリスのワーカーズコープ」『仕事の発見』第26号.
伊東勇夫(1986)「協同組合原則の形成と展開」川野重任編『新版:協同組合事典』家の光協会.
岩垂弘(1997)「モンドラゴン協組の最新事情」『生活協同組合研究』第225号.
石見尚編著(1986)『日本のワーカーズ・コレクティブ』学陽書房.
石見尚監修(1988)『いま生活市民派からの提言』御茶の水書房.
Jones, D. C. (1977), "Worker Participation in Management in Britain", G. D. Garson ed., *Worker Self-Management in Industry*, London: Praeger.
角瀬保雄(1992)「転機に立つスペイン・モンドラゴン協同組合——EC統合を迎えての大規模化戦略と組織再編の行方」『経営志林』第29巻第2号.
角瀬保雄(1995)「労働者協同組合の現状と課題」『経営志林』第32巻第3号.
神奈川ワーカーズ・コレクティブ連合会編(1995a)『新版:はたらきづくり,まちづくりガイドブック』神奈川ワーカーズ・コレクティブ連合会.
神奈川ワーカーズ・コレクティブ連合会編(1995b)『資料編:全国のワーカーズ・コレクティブ(コープ)一覧』神奈川ワーカーズ・コープ連合会.
菅野正純(1995)「日本の労働者協同組合運動と協同組合原則改訂案」『協同組合研究』第15巻第1号.
菅野正純(1996)「レーガの「社会的経済戦略」——イタリア協同組合運動の展開過程」富沢・中川・柳沢編著(1996).
菅野正純(1998a)「根本的な対案を示したイギリス協同運動」『仕事の発見』第25号.
菅野正純(1998b)「労働者協同組合とコミュニティ協同組合」『仕事の発見』第26号.
菅野正純(1998c)「イギリス「協同組合法案」関連資料集」『協同の発見』第71号.
Kaplan de Drimer, A. (1997), "Will Co-operatives be able to Preserve Their Nature and Their Members' General Interest in the Face of Structural Changes?", *Annals of Public and Co-operative Economics*, Vol.68, No.3.
加藤敏春(1998)『エコマネー——ビッグバンから人間に優しい社会へ』日本経済評論社.
勝部欣一・坂林哲雄・武市ゆう子(1996)「アメリカの高齢者運動とAARP——全米退職者協会の概要」『協同組合研究』第16巻第2号.
川端久夫(1994)「モンドラゴン協同組合の経営事情」『海外事情研究』(熊本商科大学)第21巻第2号.
川口清史(1994)『非営利セクターと協同組合』日本経済評論社.
KF International (1990), *Annual Report 1989 KF Group*, Sweden, Stockholm: KF.
北島健一(1994)「フランスにおけるエコノミ・ソシアルのルネッサンスをめぐって」『松山大学論集』第6巻第2号.
北島健一(1997)「福祉サービス供給主体の多様化についての覚書——ヨーロッパの議論から」『行財政研究』第31号.
小林謙一(1987)「高齢者事業団の二つの類型」『経済志林』第55巻第2号.
小松章(1990)『企業形態論』新世社.
今防人(1988)「協同組合」見田宗介他編『社会学辞典』弘文堂.

小関隆志(1998)「労働者自主管理企業における経営と生産」(上, 下)『大原社会問題研究所雑誌』第472号, 第473号.
高齢化社会研究会(1985)「高齢者事業団アンケート調査報告」大原社会問題研究所『研究資料月報』第323・324号.
高齢化社会研究会(1986)「高齢者事業団の事例研究」『大原社会問題研究所雑誌』第334・335号.
高齢化社会研究会(1987)「高齢者事業団会員アンケート調査報告」『大原社会問題研究所雑誌』第345・346号.
栗本昭(1987)『先進国生協運動のゆくえ』ミネルヴァ書房.
栗田健・柳沢敏勝(1991)「日本における労働者協同組合の構造」『明治大学社会科学研究所紀要』第30巻第1号.
黒川俊雄(1986)「労働組合運動と労働者協同組合」『三田学会雑誌』第78巻第6号.
黒川俊雄(1993)『いまなぜ労働者協同組合なのか』大月書店.
桑原靖夫(1985)「米国で労働者所有企業がふえている」『エコノミスト』1985年6月3日号.
協同組合経営研究所編(1987)『最新・世界の協同組合』家の光協会.
協同総合研究所(準)編(1990)『調査報告書・労働者協同組合および自主生産企業の実態』協同総合研究所(準).
協同総合研究所編(1998a)『労協法のすすめ』シーアンドシー出版.
協同総合研究所編(1998b)『英国協同組合法の提案と法案』協同総合研究所.
Labour Finance and Industry Group (1983), *Towards Common Ownership*, London: Labour Finance and Industry Group.
Labour Party (1981), A Strategy for Workers' Co-operatives: Statement by the National Executive Committee to the 1981 Conference.
Labour Party (1985), Labour's Charter for Co-ops.
Laidlaw, A. F. (1980), *Co-operatives in the Year 2000*, ICA; 日本協同組合学会訳編『西暦2000年における協同組合[レイドロー報告]』日本経済評論社, 1989年.
Lévesque, B., M. -C. Malo and R. Rouzier (1997), "The 'Caisse de Dépôt et Placement du Québec' and the 'Movement des Caisses populaires et d'Economie Desjardins': Two Financial Institutions, the Same Convergence towards the General Interest?", *Annals of Public and Co-operative Economics*, Vol.68, No.3.
Lipietz, A. (1989), *Choisir l'audace: Une alternative pour le vingt et unième siécle*, Paris: La Découverte; 若森章孝訳『勇気ある選択——ポストフォーディズム・民主主義・エコロジー』藤原書店, 1990年.
Lohrendahl, B. (1997), "Integrating Public and Co-operative/Social Economy: Towards a New Swedish Model", *Annals of Public and Co-operative Economics*, Vol.68, No.3.
London ICOM (1984), *Annual Report 1983-84*, London: London ICOM.
London ICOM (1985), *Annual Report 1984-85*, London: London ICOM.

London ICOM (n.d.), *Trade Unions and Co-ops*, London: London ICOM.
London ICOM (n.d.), *The Worker Co-op A-Z: A Guide to Initial Jargon*, London: ICOM Publications.
Louis, R. (1983), *Labour Co-operatives: Retrospect and Prospects*, Geneva: International Labour Office; 根本久雄・畠山次郎訳『労働者協同組合——その回顧と展望』青弓社, 1985年.
Luyster, C. ed. (1984), *The New Co-operatives: A Directory and Resource Guide*, 3rd ed., London: Co-operative Development Agency.
町田隆男 (1990)「中高年事業団の現状と課題——労働者協同組合の展望」『大原社会問題研究所雑誌』第385号.
Malcolm Lynch Solicitors (1997), *Social Economy*, No.46.
Marcus, L. (1988), "Co-operatives and Basic Values. A Report to the ICA Congress", The International Co-operaitve Alliance, *XXIX Congress July 1988 Agenda and Reports*, Geneva: The International Co-oeraitve Alliance; 日本協同組合連絡協議会訳『協同組合とその基本的価値』[改訂版] 日本協同組合連絡協議会, 1989年.
Mellor, M., J. Hannah and J. Stirling (1988), *Worker Cooperatives in Theory and Practice*, Milton Keynes: Open University Press; 佐藤紘毅・白井和宏訳『ワーカーズ・コレクティブ——その理論と実践』緑風出版, 1992年.
宮本太郎 (1997)「協同組合運動」岡沢憲芙・宮本太郎編『スウェーデンハンドブック』早稲田大学出版部.
Molkte, H. (1996), 大嶋茂男訳「社会的経済企業体の雇用問題への貢献」『生活協同組合研究』第247号.
Monzón Campos, J. L. (1992), "L'économie sociale: troisième secteur d'un système en mutation", J. Defourny and J. L. Monzón Campos eds. *Economie sociale——The Third Sector*, Bruxelles: De Boeck-Wesmael; 富沢賢治他訳『社会的経済——近未来の社会経済システム』日本経済評論社, 1995年.
Monzón Campos, J. L. (1997), "Contributions of the Social Economy to the General Interest", *Annals of Public and Co-operative Economics*, Vol.68, No.3.
Münkner, H. -H. (1992), "Possible ICA Development Strategy for the Next Decades", *Review of International Co-operation*, Vol.85, No 1.
Münkner, H. -H. (1993), "Panorama d'une économie sociale qui ne se reconnâit pas comme telle: le cas de l'Allmagne", *Revue des Etudes Coopératives*, No.44-45, 4e trimestre 1992-1er trimestre 1993.
長岡顕 (1994)「スペインにおけるSocial Economy」『駿河台史学』第91号.
長岡顕 (1996)「スペインにおける協同組合の展開」富沢・中川・柳沢編著 (1996).
永戸祐三 (1987)「事業団で働くこと, 生きること——日本における労働者協同組合づくり」芝田進午編『協同組合で働くこと』労働旬報社.
中川雄一郎 (1990)「ホセ・マリア・アリスメンディアリエタの協同組合思想」J. アス

ルメンディ／石塚秀雄訳『アリスメンディアリエタの協同組合哲学──スペイン・モンドラゴン協同組合の創設思想』みんけん出版.
中川雄一郎(1996)「イギリスにおける労働者協同組合運動とコミュニティ協同組合──労働者協同組合運動の新しい波」富沢・中川・柳沢編著(1996).
中川雄一郎(1998a)「社会的経済とコミュニティ協同組合──ケア・コープの挑戦」『ロバアト・オウエン協会年報』第22号.
中川雄一郎(1998b)「コミュニティ協同組合と福祉事業──イギリスにおける試み」『協同の発見』第72号.
中村陽一(1997)「ボランタリーな市民活動の非営利組織」富沢・川口編(1997).
中西五州(1981)『日本の労働組合運動をどう建てなおすか』合同出版.
中西五州(1986)『労働組合のロマン──苦悩する労働組合運動からのレポート』労働旬報社.
中西五州(1988)「団づくりをめぐって」『じぎょうだん』第170-175号(1988年10月1日号-12月15日号).
中田宗一郎(1993)「国際的に認められた事業団運動の現状と展望」日本労働者協同組合連合会編『ワーカーズコープの挑戦──先進資本主義国の労働者協同組合』労働旬報社.
Neurisse, A. (1983), *L'économie sociale*, Paris: P.U.F.
日本・モンドラゴン協同組合群調査団編(1984)『ヨーロッパの協同組合と市民運動の新しい波』社会運動研究センター.
日本労働者協同組合連合会編(1997)『AARPの挑戦──アメリカの巨大高齢者NPO』シーアンドシー出版.
日本生活協同組合連合会(1994)『協同組合原則の検討資料』日本生活協同組合連合会.
日本生活協同組合連合会(1995)『協同組合原則の検討資料』日本生活協同組合連合会.
日本生活協同組合連合会(1996)『21世紀を拓く新しい協同組合原則』コープ出版.
西堂宏(1995)「日本の農協運動と協同組合原則改訂案」『協同組合研究』第15巻第1号.
西川潤(1994a)「エコノミー・ソシアル」『日本経済新聞』1994年2月14-19日.
西川潤(1994b)「社会的ヨーロッパの建設と「社会的経済」理論」『生活協同組合研究』第220号.
Oakeshott, R. (1975), "Mondragon: Spain's Oasis of Democracy", J. Vanek ed., *Self-Management: Economic Liberation of Man*, Harmondsworth: Penguin Books.
Oakeshott, R. (1978), *The Case for Workers' Co-ops*, London: Routledge & Kegan Paul.
岡真人(1998)「英国労働党の政権復帰と新労働社会政策」『経営民主主義』第7号.
岡野昇一(1981)「労働者生産組合について──事例と思想をめぐる若干の考察」(下), 『立教・経済学研究』第35巻第3号.
大野節夫(1991)「『資本論』の社会主義」『経済科学通信』第66号.
Orbán, S. ed., W. Fremuth, G. Obermann and R. Schediwy (1997), "Structural Changes and Preservation of the General Interest in Austria: The

Influence of Accession to the European Union on the Development of the Public Economy and the Social Economy", *Annals of Public and Co-operative Economics*, Vol.68, No.3.
大谷正夫(1998)「バスクとモンドラゴン協同組合」大谷正夫『協同組合の持続可能な発展を願って』コープ出版.
Pestoff, V. A. (1991), *Between Markets and Politics: Co-operatives in Sweden*, Colorado: Westview Press; 藤田暁男他訳『市場と政治の間で――スウェーデン協同組合論』晃洋書房, 1996年.
Pestoff, V. A. (1992), "Third Sector and Co-operative Services――An Alternative to Privatization", *Journal of Consumer Policy*, No.15; 岩田正美訳「ソーシャル・サービスの第3部門――社会福祉の民営化に対するもう一つの選択肢」『スウェーデンの福祉と消費者政策』(『生協総研レポート』No.5), 1993年.
Pestoff, V. A. (1998), "Civil Democracy and Trust", paper presented at a seminar at Tohoku University, 27 March 1998.
Polanyi, K. (1977), *The Livehood of Man*, New York: Academic Press; 玉野井芳郎他訳『人間の経済』(Ⅰ, Ⅱ) 岩波書店, 1980年.
Prandini, O. (1982), *La Cooperazione*, Roma: Editori Riuniti; 菅野正純訳『協同組合論――イタリアの戦略』芽ばえ社, 1985年.
Ramadier, P. (1993), "The Commission's Work Programme in the Social Economy Area", Summary of the Speech at the 4th European Conference of Social Economy, Brussels, 8, 9, 10 November 1993.
Review of International Co-operation, Vol.81, No.1 (May 1988); 全国農業協同組合中央会国際部訳『スウェーデンの協同組合――協同組合の発展と新たな波』全国農業協同組合中央会, 1989年.
Rhodes, R. (1995), *The International Co-operative Alliance During War and Peace 1910-1950*, Geneva: The International Co-operative Alliance.
Rifkin, J. (1995), *The End of Work*, New York: Jeremy P. Tarcher; 松浦雅之訳『大失業時代』TBSブリタニカ, 1996年.
Ritchie, C. (1997), "Civil Society and the United Nations", *Review of International Co-opeartion*, Vol.90, No.4, pp.81-83.
Salamon, L. M. (1992), *America's Nonprofit Sector*, New York: Foundation Center; 入山映訳『米国の「非営利セクター」入門』ダイヤモンド社, 1994年.
Salamon, L. M. (1994), "The Rise of the Nonprofit Sector", *Foreign Affairs*, Vol.73, No.4;「福祉国家の衰退と非営利団体の台頭」『中央公論』1994年10月号.
Salamon, L. M. and H. K. Anheier (1994), *The Emerging Sector――An Overview*, Maryland: The Johns Hopkins University; 今田忠監訳『台頭する非営利セクター――12カ国の規模・構成・制度・資金源の現状と展望』ダイヤモンド社, 1996年. [本稿では同書の1996年版(*The Emerging Nonprofit Sector――An Overview*, Manchester: Manchester University Press)をテキストとして用いた.]

佐藤紘毅(1997)「イタリアの「社会協同組合」」『社会運動』第221号.
佐藤一子(1997)「イタリアにおける「第三」セクターの現代的発展と「社会・教育・文化」活動——参加・連帯・多元主義の理念にねざす教育構造」『生涯学習・社会教育学研究』第21号.
佐藤誠編著(1984)『協同組合の拓く町——スペイン・モンドラゴンの実験』芽ばえ社.
佐藤誠(1990)「モンドラゴン協同組合とアリスメンディアリエタ——その特殊性と普遍性」J. アスルメンディ／石塚秀雄訳『アリスメンディアリエタの協同組合哲学——スペイン・モンドラゴン協同組合の創設思想』みんけん出版.
佐藤誠(1992)「労働者参加と社会的経済にみるEC統合」『立命館国際研究』第5巻第1号.
佐藤誠(1996)「スペインにおける社会的経済と地域」富沢・中川・柳沢編著(1996).
佐藤慶幸編(1988)『女性たちの生活ネットワーク——生活クラブに集う人びと』文真堂.
佐藤慶幸編(1995a)『新しい働きかた——女性たちのワーカーズ・コレクティブ』早稲田大学第一社会学研究室ネットワーキング研究会.
佐藤慶幸編(1995b)『女性たちの生活者運動——生活クラブを支える人々』マルジュ社.
佐藤慶幸(1996)『女性と協同組合の社会学——生活クラブからのメッセージ』文真堂.
Schediwy, R. (1989), "Sweden" J. Brazda and R. Schediwy eds., *Consumer Co-operatives in a Changing World*, Vol.1, Geneva: International Co-operative Alliance.
生活問題研究所編(1985)『イタリア協同組合レポート——暮らしを変え，地域を変えるプログラム』合同出版.
生協総合研究所編(1998)『欧州における非営利・協同組織の新しい展開——「社会的協同組合」から「社会的企業」へ』(『生協総研レポート』No. 18)，生協総合研究所.
社会運動研究センター編(1983)『協同組合運動の新しい波』三一書房.
芝田進午(1984)「協同組合運動と労働運動」『生活協同組合研究』第100号.
品川尚志(1995)「日本の生協運動と協同組合原則改訂案」『協同組合研究』第15巻第1号.
白石正彦(1995a)「協同組合原則改訂案の主要論点」『協同組合研究』第15巻第1号.
白石正彦(1995b)「協同組合原則改訂の意義と論点——ICA百周年記念マンチェスター大会」『共済総合研究』第16号.
Social Economy Unit of the European Commission (1995), *The Social Economy Unit Seville Update*, Social Economy Unit of the European Commission.
Spear, R. and A. Thomas (1997), "Comparative Perspective on Worker Co-operative Development in Several European Countries", *Annals of Public and Co-operative Economics*, Vol.68, No.3.
Spreckley, F. (n.d.), *Community Co-operatives: A Guide to a Working Constitution with a Social Audit Content*, Leeds: Beechwood College Publications.
Stryjan, Y. (1989), *Impossible Organizatons: Self-Management and Organiza-

tional Reproduction, New York: Greenwood Press.
鈴木岳(1997a)「19世紀後半のフランスにおけるエコノミー・ソシアルの思想と理論」生協総合研究所編『第6回「生活協同組合研究奨励助成」研究報告論文集』生協総合研究所.
鈴木岳(1997b)「1900年パリ万国博覧会におけるエコノミー・ソシアル展——状況と背景」『経済学研究論集』(明治大学)第7号.
The Swedish Institute (1988), *The Cooperative Movement in Sweden* (Fact Sheets on Sweden), Stockholm: The Swedish Institute.
The Swedish Institute (1990), *Agriculture in Sweden* (Fact Sheets on Sweden), Stockholm: The Swedish Institute.
The Swedish Institute (1997), *The Cooperative Movement in Sweden* (Fact Sheets on Sweden), Stockholm: The Swedish Institute.
The Swedish Society for Cooperative Studies (1986), *An Overview of the Swedish Cooperative Movement*, Stockholm: Föreningen Kooperativa Studier.
田畑稔(1994)『マルクスとアソシエーション』新泉社.
Tailor, A. (1986), *Worker Co-operatives and the Social Economy*, Leeds: ICOM.
高橋芳郎・石見尚編(1985)『協同社会の復権——レィドロウ報告と P. デリック』日本経済評論社.
田中角栄(1972)『日本列島改造論』日刊工業新聞社.
田中羊子(1990)「「労働者が主人公」への歩み」『仕事の発見』第14号.
田中洋子(1996)「「資本主義的利潤追及を目的としない」社会——ドイツにみる企業の「社会的 sozial」な位置」西村豁通・竹中恵美子・中西洋編『個人と共同体の社会科学』ミネルヴァ書房.
Taylor, A. (1983), *Worker Co-operatives: How Local Authorities Can Help*, London: ICOM Co-Publications.
Thomas, H. and C. Logan (1982), *Mondragon: An Economic Analysis*, London: George Allen & Anwin; 佐藤誠訳『モンドラゴン——現代生産協同組合の再展開』御茶の水書房, 1986年.
Thornley, J. (1981/82), *Workers' Co-operaitves: Jobs and Dreams*, London: Heinemann Educational Books; 石見尚訳『職そして夢——ワーカーズ・コープの思想と運動』批評社, 1984年.
Thornley, J. (n.d.), "The Product Dilemma for Workers' Co-operarives in Britain, France and Italy", Co-operative Research Occasional Paper No.1, Milton Keynes: Open University.
富沢賢治(1974)『唯物史観と労働運動——マルクス・レーニンの「労働の社会化」論』ミネルヴァ書房.
富沢賢治(1980)『労働と国家——イギリス労働組合会議史』岩波書店.
富沢賢治(1985)「労働者協同組合国際博覧会からの報告」『賃金と社会保障』第923号.

富沢賢治(1987a)「資本主義諸国における労働者協同組合運動」『経済研究』第38巻第1号.
富沢賢治(1987b)「イギリス・産業共同所有運動――モデル定款を析む」『仕事の発見』第3号.
富沢賢治編(1987)『労働と生活』世界書院.
富沢賢治(1989a)「労働者協同組合の基本原則」『経済研究』第40巻第2号.
富沢賢治(1989b)「生産協同組合の意義と可能性」『協同組合研究』第8巻第2号.
富沢賢治(1990)「スウェーデンにおける協同組合セクターの動向」『経済研究』第41巻第4号.
富沢賢治(1991)「中高年雇用・福祉事業団の労働者協同組合運動」『大原社会問題研究所雑誌』第394号.
富沢賢治(1992)「社会的経済――協同組合運動がめざすもの」大内力監修『協同組合の新世紀』コープ出版.
富沢賢治(1995a)「「社会的経済」解題」J.ドゥフルニ他編著／富沢賢治他訳『社会的経済――近未来の社会経済システム』日本経済評論社.
富沢賢治(1995b)「EUのエコノミ・ソシアル理解」『経済研究』第46巻第2号.
富沢賢治(1996a)「ICAの新協同組合原則」『経済研究』第47巻第2号.
富沢賢治(1996b)「欧州統合下の労働者協同組合運動」富沢・中川・柳沢編著(1996).
富沢賢治(1997a)「協同組合とNPO」『協同組合研究』第17巻第2号.
富沢賢治(1997b)「多面的な地域活動と旺盛なボランティア活動」日本労働者協同組合連合会編(1997).
富沢賢治(1998a)「第3セクターの理解に関する欧米比較」『経済研究』第49巻第2号.
富沢賢治(1998b)「協同組合」マルクス・カテゴリー事典編集委員会編『マルクス・カテゴリー事典』青木書店.
富沢賢治・佐藤誠(1986)「イギリスの労働者協同組合運動」『経済研究』第37巻第1号.
富沢賢治・佐藤誠・二上護・坂根利幸・石塚秀雄(1988)『協同組合の拓く社会――スペイン・モンドラゴンの創造と探求』みんけん出版.
富沢賢治・中川雄一郎・柳沢敏勝編著(1996)『労働者協同組合の新地平――社会的経済の現代的再生』日本経済評論社.
富沢賢治・川口清史編(1997)『非営利・協同セクターの理論と現実――参加型社会システムを求めて』日本経済評論社.
津田直則(1992)「モンドラゴン型協同組合と資本主義」『桃山学院大学経済経営論集』第33巻第4号.
津田直則(1993)「民主主義と効率――モンドラゴン協同組合」『社会・経済システム』第12号.
塚本一郎(1994)「労働者協同組合における統制の構造と実態」『大原社会問題研究所雑誌』第432号.
塚本一郎(1995/96)「労働組合自主経営企業における組合機能の性格――自交総連大分地連の自主経営企業の事例」(上,下)『佐賀大学経済論集』第28巻第4号,第28巻第5号.

塚本一郎(1996)「生協組合員によるワーカーズ・コープ」『大原社会問題研究所雑誌』第446号.
恒川謙司(1992)『ソーシャル・ヨーロッパの建設』日本労働研究機構.
都留重人(1994)「「成長」ではなく「労働の人間化」を」『世界』1994年4月号.
T. U. Lankide (1987), No.303.
内橋克人・奥村宏・佐高信(1992)『「会社本位主義」をどう超えるか』東洋経済新報社.
内山哲朗(1991a)「労働組合の自主経営闘争——自交総連大分地連の事例研究」『大原社会問題研究所雑誌』第394号.
内山哲朗(1991b)「労働組合自主経営企業の現地点——大分県の事例を中心に」『工学院大学研究論叢』第29号.
内山哲朗(1991c)「労働者協同組合関係文献目録」『大原社会問題研究所雑誌』第394号.
内山哲朗(1992)「労働組合の経営参加と協同組合」『大原社会問題研究所雑誌』第406号.
植村邦彦(1990)『シュルツとマルクス——「近代」の自己認識』新評論.
UKCC(1994), *The Co-operative Opportunity*, Manchester: UK Co-operative Council.
Unión de Cooperativas Madrileñas de Trabajo Asociado (1994), *Madrid Cooperativo*, No.67.
後房雄(1996)「ワーカーズ・コープ、NPO、社会的協同組合——「市民社会主導の自由主義的改革」のために」協同総合研究所編『NPOと新しい協同組合』シーアンドシー出版.
宇津木朋子(1994)『仲間とはじめる「会社」プラン——ワーカーズ・コレクティブ入門』緑風出版.
Vara, M. J. (1993)/佐藤誠訳「EC統合とスペインにおける社会的経済」『生活協同組合研究』第211号.
Vienney, C. (1994), *L'Economie sociale*, Paris: La Découverte.
Wajcman, J. (1983), *Women in Control: Dilemmas of a Workers' Co-operative*, Milton Keynes: Open University Press.
ワーカーズ・コレクティブ調整センター編(1995)『労働者の対案戦略運動——社会的有用生産を求めて』緑風出版.
Wales Co-operative Centre (1984), *Annual Report 1983-84*, Cardiff: Wales Co-operative Development and Training Centre.
Watkins, D. (1978), *Industrial Common Ownership*, London: Fabian Society.
Watkins, W. P. (1970), *The International Co-operative Alliance 1895-1970*, London: The International Co-operative Alliance.
Watkins, W. P. (1986), *Co-operative Principles Today and Tomorrow*, Manchester: Holyoake Books; 協同組合経営研究所監訳『協同組合原則をどう生かすか』家の光協会, 1987年.
Weisbrod, B. A. (1975), "Toward a Theory of the Voluntary Non-Profit Sector in a Three Sector Economy", E. S. Phelps ed., *Altruism, Morality, and*

Economic Theory, New York: Russell Saga Foundation.
Weisbrod, B. A. (1977), *The Voluntary Nonprofit Sector*, Lexington Mass.: D. C. Heat & Co.
Westlund, H. and S. Westerdahl (1977), *Contribution of the Social Economy to Local Employment*, Östersund: The Swedish Institute for Social Economy.
West Midlands County Council (1985), *Directory of Worker Co-operatives in the West Midlands*, West Midlands County Council.
Whyatt, A. (n.d., 1984?), Self-Management: The Answer to Unemployment? The Worker Co-operative Movement in Great Britain, ICOM Paper.1.
Wiener, H. and R. Oakeshott (1987), *Worker-Owners: Mondragon Revisited*, London: Anglo-German Foundation.
Windass, S. (1982), *Local Initiatives in Great Britain*, Oxford: Foundation for Alternative.
Woodhouse, T. (1996)／中川雄一郎訳「イギリスにおける労働者協同組合運動の展開と課題」富沢・中川・柳沢編著(1996).
Wright, D. N. (1979), *Co-operatives and Community*, London: Bedford Square Press.
山口孝(1991)「事業団の公表会計の在り方と経営状態について――経営分析的アプローチ」『仕事の発見』第17号.
山根雅子(1991)『自主生産労組――東芝アンペックス争議八年のたたかい』木魂社.
柳沢敏勝(1985)「労働者生産協同組合――現代イギリス資本主義における労働者自主管理の試み」粟田健編『現代イギリスの経済と労働』御茶の水書房.
柳沢敏勝(1991)「ワーカーズ・コレクティブ運動の問題提起」『大原社会問題研究所雑誌』第394号.
柳沢敏勝(1998)「社会的経済セクターを担う労働者協同組合――イギリス労働者協同組合運動の動向」『生活協同組合研究』第267号.
吉沢明純(1997)「保険協同組合の国際的現状」『ロバアト・オウエン協会年報』第21号.
全国農業協同組合中央会他編(1977)『協同組合原則とその解明』(改訂版) 協同組合経営研究所.
全日自労建設一般三重県本部・協同総合研究所編(1996)『皆でたたかった50年――全日自労三重県本部の歴史』シーアンドシー出版.

索　引

人名索引

あ行

アスルメンディ, J.　202
アパリシオ, J. C.　57
アリスメンディアリエタ, J. M.　130, 133, 142, 146, 195-199, 202-207
アンダーソン, A.　299
アンダーソン, U. E.　284, 290, 306
アンドラス, E. P.　309-311
アンハイアー, H. K.　33, 34, 37, 50, 52, 56, 59, 62, 67
石川晃弘　266
石塚秀雄　69, 153, 207, 257
伊東勇夫　42
井上雅雄　367
今村都南雄　23, 24
イリエフ, Y.　58
岩垂弘　207
石見尚　234, 238, 250, 266, 269, 367, 368
ヴァーグレン, I.　296
ヴァラ, M. J.　32
ヴァンダラール, J. S.　161
ヴィエニィ, C.　32
ウィナー, H.　202
ウィンダス, S.　250
ウエスタダール, S.　68
ウエストルンド, H.　68
植村邦彦　337
ヴォルフ＝マティエス, M.　55
後房雄　69
内山哲朗　xii, 367
宇津木朋子　367
ウッドハウス, T.　257
エストリン, S.　210, 211

エリティエ, P.　60
エロルサ, J. R.　203
オウエン, R.　3, 112, 113, 161, 211
太田知量　266
大谷正夫　207
大野節夫　337
岡真人　269
岡野昇一　154
オークショット, R.　202
オーバーマン, G.　60
オーバン, S.　60
オーヤネ, A. C.　57
オルソン, P.　303
オルマエチェア, J. M.　x, 133

か行

角瀬保雄　207, 367, 368
勝部欣一　334
加藤敏春　306
カプラン・ド・ドリマー, A.　59
川口清史　13, 35
川端久夫　207
菅野正純　69, 110, 257, 259, 269
北島健一　3, 21, 31, 269
キャンベル, A.　209, 236
クーパー, B.　231
栗田健　367
クリチツキー, S.　112
栗本昭　306
グルット, K.　301
グレゴリ, D.　249
グロウネス, J.　305
黒川俊雄　367
桑原靖夫　210

小関隆志　367
コーツ，K.　223
コッカートン，P.　149, 150, 209, 266, 268
小林謙一　367
小松章　24
コールドリック，P.　56
ゴロサベル，J. R. E.　xii, 153
ゴローニョ，I.　130, 131
コロンバン，M.　153
コーンフォース，C.　134, 215, 217, 237, 240, 257, 268

さ　行

坂根利幸　207
坂林哲雄　334
佐藤一子　69
佐藤経明　56
佐藤紘毅　69
佐藤誠　xii, 32, 148, 203, 207, 208, 266
佐藤慶幸　367
サラモン，L. M.　7, 8, 33, 34, 37, 40, 50, 52, 62, 66, 67, 69, 70
シェディヴィ，R.　60, 112, 306
ジード，C.　4, 5, 161
品川尚志　109
芝田進午　367
ジャンテ，T.　62
シュルツェ゠デーリチュ，H.　161
ジョレス，J.　4
ジョーンズ，D. C.　210, 213
白石正彦　109
スヴェイナー，J.　210
鈴木岳　31
スターリング，J.　266
ストゥルイヤン，Y.　283, 306
スピアー，R.　59, 255, 257
スプレックリ，F.　250
ソーダーソン，B.　57, 81, 84
ソーンリー，J.　214-216, 224, 226, 243, 244, 266-268

た　行

高島善哉　xii
高橋芳郎　234, 238, 250, 266, 269
武市ゆう子　334
武田清子　xii
田中角栄　23
田中羊子　368
田中洋子　22
田畑稔　342
塚本一郎　367
津田直則　207
恒川謙司　8
都留重人　18
デイビス，L.　310
テイラー(Tailor)，A.　20
テイラー(Taylor)，A.　234, 243, 268
ティリ，B.　58
デュノワイエ，C.　3
デリック，P.　xii, 234, 266, 269
デロッシュ，H.　3, 5, 31
テンニース，F.　68
ドゥフルニ，J.　3, 4, 19, 31, 32, 34, 157
トッパム，T.　223
トーマス，A.　59, 255, 257
トーマス，H.　133
ドラッカー，P. F.　6, 7, 25, 29, 61, 62
トンプソン，W.　3

な　行

長岡顕　32, 208
中川雄一郎　32, 203, 257
中田宗一郎　367
永戸祐三　366, 367
中西五洲　348, 352, 367
中村陽一　14, 367
西川潤　3, 4, 13-15, 31
西堂宏　109
ヌリス，A.　9, 31

は　行

橋本理　69
バットストーン，E.　266

バーネット, W. 226
ハミルトン, G. J. 57
ハメナホ, S. 264
原嘉彦 266
ハンナ, J. 266
ビュシェ, P. 4
ヒョールトリング, B. 301
フォーケ, G. 5, 153
フォルスルンド, J. 297
フォン・クレーマー, R. 272
藤井敦史 69
藤田暁男 14, 31
二上護 207
プファイファー, E. 161
ブラウン, J. 234
ブリデマン, B. 299
ブレィヴァマン, H. 27
フレムート, W. 60
ブロンクヴィスト, M. 300
ヘイズ, M. 265
ベイトマン, M. 222, 232
ベーク, S. Å. 78, 283-285, 290, 306
ペストフ, V. A. xii, 64-66, 69, 296
ベン, T. 223-227, 253
ベン＝ナー, A. 59
ポッター, B. ix
ポランニー, K. 27
堀越芳昭 110, 269

ま 行

マクファーソン, I. 78, 81, 83, 93, 106
町田隆男 347, 367
マッツィーニ, G. 161
マルコス, L. 76-78
マロ, M. -C. 60
マンウェアリング, T. 269
宮本太郎 296, 297, 306
ミュンクナー, H. -H. 20-22, 90
ミル, J. S. 3, 4
メラー, M. 266
メーン, H. J. 68
モニエ, L. 58

モルクテ, H. 54
モンソン・カンポス, J. L. 5, 19, 31, 32, 34, 59, 157

や 行

柳沢敏勝 32, 257, 259, 266, 367
山口孝 368
山田秀雄 xii
山根雅子 367
吉沢明純 69
ヨハンソン, T. 283-285, 306

ら 行

ライト, D. N. 267
ライト, G. 249, 251
ライフアイゼン, F. 161
ラマディエ, P. 169, 170
リッチー, C. 69
リピエッツ, A. 60
リフキン, J. 62
ルイ, R. 266
ルイスター, C. 209
ルエ, R. 159
ルジエ, R. 60
ルツァッティ, L. 161
ル・プレ, F. 4
レイドロー, A. F. ix, 5, 116, 118-124, 153, 154
レヴェスク, B. 60
ロカール, M. 56
ローガン, C. 133, 248
ローズ, R. 109
ローレンダール, B. 59

わ 行

ワイアット, A. 149, 150, 209, 211, 266, 268
ワイクマン, J. 213, 221, 222, 266
ワイスブロッド, B. A. 49
ワトキンズ, D. 227
ワトキンズ, W. P. 110
ワルラス, L. 4, 5

事項索引

欧文

AACE　291
AARP西部地方事務所　330-333
ACAM　181
ADDES　10
AGCI　181, 190, 191
AICPL/ANCoTAT　192
ANCPL　191
ARIES　176, 183
ARIES Information Network　177
CCACC　183, 291
CCI　181, 190, 191
CDU　190
CECODHAS　291
CECOP　182, 183, 260, 291
CECOPA　177
CEDES　12
CFDT　60
CFI　181
CGM　177
CGSCOP　189
CICOPA　182
CIRIEC　12, 34, 55-58, 112
CMC　191
CNLAMCA(クラムカ)　9
COCETA　188
CONACO　181
CONFESAL　188
Co-operative Development Society　190
COOPTECNITAL　181
CPF　211, 213, 214
CU　211, 214, 232
CWS　211, 267
DEMINTRY　218, 221
DIES　10
DKF　187
ECAS　291
EC会社法　180
EC協同組合調整委員会　→ CCACC
EEC協同組合振興ネットワーク　→ NETWORK
EEIGs　180
EUROCONSCOOP　182
EUROCOOP　291
EUROFORCOOP　183
EU協同組合調整委員会　→ CCACC
FCTAC　188
FEBECOOP　185
Federlavoro/Federservizi　191
FINCOOP/FECOOPSERV　192
FINCOPEL　181
Folksam(フォルクサム)　273, 274, 278, 293
FONDES　10
Fonus(フォヌス)　274, 278, 293
GLEB　244
HSB(ホーエスベー)　274, 275, 277, 278, 287, 288, 293, 298, 303
ICA　19, 36, 42, 71-110, 114, 182, 211
ICGA　186
ICIE　181
ICMIF　36, 69
ICOF　150, 222, 228
ICOM　148-150, 179, 217, 218, 234, 236, 241, 257, 259-263
ILO　36, 79, 110
INAISE　182
INFES　12
Irish Federation of Worker Co-operatives　190
ISO　186
KF(コーエフ)　273, 274, 276-279, 292, 293
KFインダストリィ　273

事項索引───387

KFO　297
KIC　297-299
Kooperativ Service　305
Koopi　294, 295
KUR　299
LCEB　244-246
Lega(レガ)　31, 177, 181, 190, 191, 210
LKU　284, 285, 296-301
LO　278
local exchange trading system　304
LRF　275, 279, 280, 294
Netwerk Vlaanderen　185
NETWORK　183
NGO　41
　──の定義　41, 42
NPO　37
　──の定義　37, 38
NRTA　309, 310, 324
OK(オーコー)　274, 277-279, 293
Ökobank(エコバンク)　186
Reso(レソ)　273, 274, 277
SAPA　187
SAW　185
SCC　290
SCOP　189
SIDA　290
SLR　275
SOCODEN-FEC　189
SOFICATRA　176
SOFIGA　185
SR(エスアール)　274, 275, 278, 294
STIL　296
Šuma(スマ)　267, 268
UCMTA　188
UKCC　255, 257, 259
VDP　186
VPO　192
Welsh TUC　248

あ 行

アソシエーション・ヨーロッパ委員会
　→ ECAS
イエムトランドLKU　300, 301
イギリス協同組合協議会　→ UKCC
イタリア協同組合総連合　→ AGCI
イタリア協同組合同盟　→ CCI
ウェールズ協同組合振興機関　257
ウェールズ協同組合振興・訓練センター
　247-250
ウェールズ労働組合会議　→ Welsh TUC
オファドール医療協同組合　301, 302

か 行

カークビー社　224, 253
カタロニア協同労働協同組合連合
　→ FCTAC
共済組織　36
　──の定義　36
協同組合　36
　──の価値　76-78, 95, 96
　──の定義　36, 37, 89, 94
協同組合卸売連合会　→ CWS
協同組合協議会　296
協同組合共済組合全国連盟　→ Lega
協同組合, 共済組織, アソシエーション, 財
　団のヨーロッパ諮問委員会　176
協同組合銀行連合会　280
協同組合振興機関法　228, 267
協同組合振興機構　→ CDU
協同組合振興センター　→ LKU
協同組合生産委員会　214, 233
協同組合生産連合　→ CPF
協同組合セクター　122, 123
協同組合全国投資財団　→ FINCOPEL
協同組合同盟　→ CU
協同組合同盟　→ DKF
協同総合研究所　359
ギルド社会主義運動　266
近隣住区サービス協同組合　217, 243
グリニッジCDA　264-266
経済民主主義　140
建設業協同組合連合　→ ICIE
建設・建設資材協同組合　→ CMC
公共経済・社会的経済・協同組合経済に関
　する研究・情報のための国際センター
　→ CIRIEC

公的介護保険制度　363
高齢者協同組合　363-365
国際協同組合・共済保険連合　→ ICMIF
国際協同組合同盟　→ ICA
国際第3セクター学会　13
国連環境開発会議　104
コープこうべ　47
コミュニティコープ　250, 287, 288, 299
雇用における年齢差別禁止法　311

さ　行

財政保証協会　→ SOFIGA
サンウエスト高齢者住宅協同組合　303
産業共同所有運動　→ ICOM
産業共同所有基金　→ ICOF
産業共同所有法　213, 215, 222, 227
産業信用会社　→ CFI
産業・節約組合法　234, 236
自主管理企業連合　186
自主管理・自主組織のためのネットワーク　186
自主組織・自主管理企業のための研究所　→ ISO
市場の失敗　67
持続可能な開発　104
持続可能な人間的な発展　103-106
市民バンク　345
社会改革と社会的経済のための代表会議　10
社会住宅ヨーロッパ連絡委員会　→ CECODHAS
社会的協同組合　47, 48, 176
社会的経済関連各省代表会議　→ DIES
社会的経済関連資料振興協会　→ ADDES
社会的経済基金　→ FONDES
社会的経済事務局　11
社会的経済諮問委員会　10
社会的経済情報ネットワーク組織　→ ARIES
社会的経済振興機関(IDES)　189
社会的経済振興協会(IDES)　10
社会的経済の組織原則　20

社会的経済ヨーロッパ・クラブ　→ CEDES
社会的市場経済　22
従業員持株企業連合　→ CONFESAL
住宅貯蓄協同組合　→ HSB
消費協同組合連合会　→ KF
消費者協同組合ヨーロッパ連合　→ EUROCOOP
ジョブ所有会社　233
人的資源活用委員会　227
スウェーデン協同組合研究所　→ Koopi
スウェーデン協同組合センター　→ SCC
スウェーデン購買・作物販売農協連合会　→ SLR
スウェーデン国際開発庁　→ SIDA
スウェーデン社会的経済研究所　301
スウェーデン農民連合　→ LRF
スクルッベン保育協同組合　302, 303
スコット・ベイダー社　218-221, 266
スコットランド協同組合振興委員会　228, 232
スコットランド社会サービス委員会　232
スコットランド労働組合会議　232
スコティッシュ・デイリー・ニューズ社　224, 253
ストックホルム自律生活　→ STIL
スペイン協同労働協同組合連合　→ COCETA
スマ　→ Suma
生産協同組合総連合　→ CGSCOP
生産コレクティブ・労働コミュニティ同盟　→ SAPA
生産・労働協同組合全国連盟　→ ANCPL
生産・労働・サービス協同組合全国連合　→ Federlavoro/Federservizi
生産労働者協同組合　→ SCOP
政府の失敗　67
石油消費および自動車オーナーの協同組合（石油共同組合）　→ OK
全国 CDA(協同組合振興機関)　217, 227-233, 241-244, 254

全国供給販売事業連合 → ACAM
全国建設協同組合 → SR
全国建設協同組合連合 → CONACO
全国社会的経済助成局 → INFES
全国退職教員協会 → NRTA
全日本自由労働組合(全日自労) 347-349, 362
葬儀協同組合 → Fonus

た 行

第3セクター研究のための国際学会 67
大ロンドン企業事業団 → GLEB
タコマ・インフォメーション・センター 332, 333
タワーハムレット労働組合地区評議会 268
知の社会化 146
地方CDA 229-232, 241-247
地方CDA全国ネットワーク 230
中央基金 → ICOF
中高年雇用・福祉事業団全国協議会 349
ドイツ生産協同組合連合 → VDP
特定非営利活動促進法 14, 39-41
特定非営利活動法人 39-41

な 行

日本労働者協同組合連合会 47

は 行

発展途上国への技術援助のための組織 → COOPTECNITAL
リスボン・コミュニティコープ 303
フィランソロピー 7, 8
福祉ミックス 64, 65
フランス民主労働同盟 → CFDT
フランドル・ネットワーク → Netwerk Vlaanderen
ベルギー協同組合連合会 → FEBECOOP
北部地域協同組合振興協会 233
保険協同組合 → Folksam
ボランタリー組織全国協議会 217

ま 行

マドリード協同労働協同組合同盟 → UCMTA
マルカム・リンチ法律事務所 257
マルコーラ法 181, 190
民主的産業統合 → DEMINTRY
メリデン・モーターサイクル社 223-225, 253
モンドラゴン協同組合 47, 113, 120
——の基本原則 125-148

や 行

ユニティ・トラスト銀行 257
ヨーロッパ・アソシエーション法案 19, 180
ヨーロッパ共済組織法案 19, 180
ヨーロッパ協同組合法案 11, 180
ヨーロッパ協同組合保険組織 → AACE
ヨーロッパ社会憲章 8

ら 行

ラグンダおよびハグンダ購買協同組合 272
旅行組合 → Reso
労働組合評議会 → LO
労働者基金法 288
労働者協同組合法案 363
労働者参加企業同盟 → VPO
労働者生産協同組合委員会 → CICOPA
労働主権 133-137, 141, 147, 151
労働党の協同組合憲章 253
労働の協同化 133, 134
労働の社会化 ix
労働の尊厳性 133, 134, 141
労働の優越性 135
ロスラーゲン協同組合振興センター → KUR
ロッチデール公正先駆者組合 71-73, 110, 113, 114, 211
ロンドン協同組合事業団 → LCEB

わ 行

ワーカーズコープとプロジェクトのための
　協同組織　→ ICGA
ワーカーズコープ・ネットワーク　190
ワーカーズコープの定義　134
ワーカーズコープ・ヨーロッパ委員会
　→ CECOP
ワーカーズ・コレクティブにんじん
　344, 345
ワーカーズ・コレクティブ・ネットワー
　ク・ジャパン　345, 346
ワロン地域オルターナティブ連帯
　→ SAW
ワロン地域社会的経済協議会　11, 19

■岩波オンデマンドブックス■

一橋大学経済研究叢書 別冊
社会的経済セクターの分析
——民間非営利組織の理論と実践

1999年2月19日　第1刷発行
2016年7月12日　オンデマンド版発行

著　者　富沢賢治

発行者　岡本　厚

発行所　株式会社　岩波書店
　　　　〒101-8002　東京都千代田区一ツ橋2-5-5
　　　　電話案内　03-5210-4000
　　　　http://www.iwanami.co.jp/

印刷／製本・法令印刷

© Kenji Tomizawa 2016
ISBN 978-4-00-730448-4　　Printed in Japan